»Jeder Avatar
ist ein beunruhigendes Phänomen,
aber es ist ebenso beunruhigend,
Ihn nicht anzuerkennen.«

Sai Baba

Don Mario Mazzoleni

Wer ist Sai Baba?

Ein Priester erfährt Gott
in Indien

ESSENZ + EVIDENZ
Verlag Die Waage Zürich

Aus dem Italienischen übersetzt
von Ingeborg Gianini und Ingrid von Eyb
Titel des Originals:
Un Sacerdote incontra Sai Baba
Il Maestro indiano è una incarnazione divina?

Umschlaggestaltung Ingeborg Gianini und Kurt Hauri

Die Deutsche Bibliothek – CIP-Einheitsaufnahme
Mazzoleni, Mario:
Wer ist Sai Baba? : Ein Priester erfährt Gott in Indien /
Mario Mazzoleni. [Aus dem Ital. übers. von Ingeborg Gianini
und Ingrid von Eyb]. – Zürich: Verl. Die Waage, 1993
(Essenz + Evidenz)
ISBN 3-85966-061-6

Für meine Mutter,
die Katholische Kirche,
die ich weiterhin lieben werde,
trotz ihrem Unverständnis,
und auf daß sie nicht eifersüchtig sei
auf eine Braut,
Satya – die Wahrheit –
der nie die Möglichkeit
abgesprochen werden kann,
auch zu Fleisch und Blut zu werden
zur Ewigen Hochzeit
mit dem, der sich in sie verliebt.

Vorwort

Einige meiner Freunde und Bekannten waren sofort beunruhigt, als sie von meiner Absicht erfuhren, ein Buch über Sai Baba zu schreiben. Sie kannten meine Ansichten über diese Erscheinung, die vom Menschlichen nur den Körper hat. Aus brüderlicher Besorgtheit haben sie mich beraten, gebeten und angefleht, dieses Buch unter einem Pseudonym zu veröffentlichen, denn sie fürchteten die verhängnisvollen Folgen, denen ich seitens der kirchlichen Hierarchie begegnen würde.

Ich fragte mich, was ich zu befürchten haben sollte, wenn ich aussprechen würde, was meine Augen gesehen haben. Warum sollte ich Angst haben, die Gefühle zu offenbaren, die mein armes Herz dieser Erscheinung gegenüber empfindet? Sollte ich mich vielleicht schuldig fühlen für etwas, das in all den Jahren in mir reifte, und Angst haben, dies auch zu verkünden? Ganz sicher nicht! Im Gegenteil, ich fühle mich recht glücklich. *Necessitas enim mihi incumbit:* Es ist unmöglich, dem Drang der Wahrheit zu widerstehen. Wehe mir, wenn ich darüber schweigen wollte!

Ich widme dieses Buch in erster Linie der Kirche, weil ich nicht schweigend an Ihr, meiner Mutter, vorübergehen möchte, denn diese Botschaft darf nicht länger hinter Gleichgültigkeit versteckt, aus Angst und allgemeiner Ratlosigkeit unbeachtet bleiben. Dieses Buch – von mir nur als Handlanger geschrieben, den Inhalt aber verfaßte ein Anderer – habe ich hauptsächlich geschrieben für meinen Bischof, für den Papst, und dann erst für alle meine Mitbrüder, meine Vorgesetzten und für all jene, die seit Jahrhunderten ihr Leben in den Dienst der Wahrheitssuche zu stellen versuchten.

Im Gegensatz zu den Befürchtungen meiner Freunde hoffe ich – und mein Herz ist davon überzeugt – daß diese Betrachtungen wie ein Ruf und eine Mahnung nach großem, spirituellem Wiedererwachen klingen werden.

Diese Ära – die Ära von Satya, die Ära der Wahrheit – ist meiner Meinung nach eine einzigartige Gelegenheit, die geschichtliche und religiöse Ordnung der Völker zu verändern. Das Außergewöhnlichste an meinem Studium aber ist, daß ich, in einem Zeitalter von Sekten und religiösen Gruppierungen, in all den Jahren nichts gefunden habe, was im Widerspruch zu unserer Religion, unserem Glauben steht. Im Gegenteil! Durch Meditation bin ich allmählich den Mysterien, die ich zelebrierte, oft ohne sie wirklich zu kennen, sehr viel näher gekommen. Die Neubelebung meines Priesterseins verdanke ich Satya Sai Baba.

Ich kann nur hoffen, daß sich dieses auch für viele meiner Mitbrüder bewahrheiten wird, die ich müde, erschöpft und enttäuscht angetroffen habe.

Ich danke all denen, die mir mit wertvollen Ratschlägen zur Seite gestanden haben, besonders Prof. Pierantonio Di Coste, der mir Mut gemacht hat, dieses Buch zu schreiben.

Ich lege ihm, – dem Eingeborenen Sohn von gestern, heute und immerdar, der unveränderlichen Wahrheit – dieses von Ihm inspirierte Buch zu Füßen und hoffe, daß Ihm diese Frucht gefällt, die er allein zu pflücken das Recht hat. Möge er sie zu seiner noch größeren Ehre annehmen.

23. November 1990   *Don Mario Mazzoleni*

Erster Teil

Unterwegs auf der Suche
nach Gott

I. KAPITEL

Auf der Suche

So führt das Verlangen nach Weisheit zur Herrschaft hinauf.

Das Buch der Weisheit 6, 20

Zwei Grundvorstellungen bewogen mich, dieses Buch zu schreiben. Die erste war die einer werdenden Mutter: monatelange geduldige Arbeit, äußerste Konzentration auf die Arbeit, der man ein großteil seiner zur Verfügung stehenden Energie opfert, die Angst um die Gesundheit und Vollkommenheit des Sprößlings und schließlich das große Verlangen, seine eigene Schöpfung zur Welt zu bringen, die fast immer eine übertriebene Anhänglichkeit zur Folge hat.

Nicht, daß mir der Gedanke zu schreiben mißfällt. Im Laufe meines spirituellen Weges empfand ich aber diese Grundvorstellung als eine immer deutlicher werdende Bedrohung der Demut und als Hindernis für die Überwindung des Ego; beides sind aber grundlegende Tugenden der inneren Evolution. Auch die Motivation, die mir mein Verstand vorgab zu schreiben – eine Art Mission zum Wohle der Menschheit zu vollbringen – schien sich mir mit der zarten teuflischen und verführerischen Stimme der Schlange von Eden auszudrücken, die mich trieb, eine verbotene Frucht zu essen. Der Ehrgeiz, sich der menschlichen Rasse gegenüber nützlich zu erweisen, ist sogar stärker als der Instinkt des Selbst-Schutzes.

Die zweite Grundvorstellung, die ich zugegebenermaßen immer noch nicht bewältigt habe, ist die Tatsache, daß alles, was ein Mensch zu sagen hat, bereits seit Jahrtausenden immer wieder gesagt worden ist, und, nach der Erfindung des Druckes, in unzähligen Worten auf unendlich viel Papier niedergeschrieben wurde. Diese Überzeugung erhärtet sich jedesmal, wenn ich einen Buchladen betrete und entdecke, daß selbst über die banalste Frage irgendjemand eine Abhandlung verfaßte. Diese Erkenntnis hat beträchtlich dazu beigetragen, nicht nur meine Inspiration zurückzuhalten, sondern auch meine Trägheit zu bestätigen, mich dem Schreiben zu widmen.

Obwohl dieses Buch keine autobiographischen Absichten verfolgt, werde ich besonders in Teil I bestimmte Tatsachen meines Lebens berühren, die mehr Licht auf den Ursprung meines spirituelllen Weges, seine Impulse und Hindernisse werfen. Hätte ich jedoch eine Biographie geschrieben, würde ich sagen, mein Leben begann, als ich anfing zu suchen. Davor war mein Leben das eines toten Menschen, oder, falls Sie diese Aussage als übertrieben betrachten, das Leben eines todkranken Menschen ohne Hoffnung auf Heilung.

Es mag Ihnen seltsam erscheinen, daß ein Priester so spricht. Sie, der Sie gewöhnt sind, in uns Priestern unerschütterlich inspirierende Ehrfurcht und Zurückhaltung zu vermuten. Sie, der Sie glauben, daß wir die Macht haben ›zu lösen und zu binden‹, werden überrascht sein zu erfahren, daß ein Priester den Weg der spirituellen Suche beschreitet. »Arme Seele« – werden Sie sagen, – er vergleicht einen Teil seines priesterlichen Lebens mit dem eines sterbenden Menschen.

Warum sollte ein Priester es nötig haben, ein Suchender zu werden, wo ihm doch so viele Wahrheiten gut verpackt und unangreifbar gelehrt wurden? Gibt es irgendwelche existenziellen Fragen, die ein Priester noch nicht beantwortet hat? Gibt es noch zu lösende

Probleme für einen Mann, der mit der erhabenen Mission beauftragt wurde, das menschliche Gewissen zu führen? Und – so werden Sie sich weiter fragen – was muß ein Kirchenmann noch hinterfragen, der seine Ausbildung und sein Wissen abgerundet haben sollte? Sollte es einen solchen Priester geben – werden Sie beschließen – ist er nicht würdig, zu den Menschen gezählt zu werden, die während Jahrhunderten für spirituelle Führung verantwortlich waren, denn, wenn er selbst blind ist, wie kann er andere Blinde leiten, ohne sie an den Abgrund zu führen.

Also ja! Ich bestätige dies ohne mildernde Umstände. Ich wurde erst geboren, als ich über die hochheilige Schwelle des inneren Labors trat und Experimente durchzuführen begann; die Arzneiflaschen der absoluten Prinzipien berührte, deren Inhalt, bestehend aus starrer Schematik und statischer Erziehung entleerte, sowie die prächtigen und unnahbaren Destillierkolben einer Theologie, die zu einer rein intellektuellen Übung geworden ist.

In der Natur unterliegt alles der Verwandlung, und unser Verstand ist Teil der Natur. Die fundamentalen Wahrheiten verändern sich nicht, wohl aber die menschliche Auslegung dieser Wahrheiten. Das hat zur Folge, daß die heiligen Wahrheiten, die in der Vergangenheit formuliert wurden, notwendigerweise neu zu betrachten und zu korrigieren sind. Die Bewußtseinsebene der Menschen erweitert sich ständig, und eine Formulierung, die vor Jahrtausenden richtig gewesen zu sein schien, ist heute einfach überholt. Nicht etwa die zugrundeliegende Wahrheit ist überholt, sondern die Art und Weise, wie sie ausgelegt wird. Die Kleider ändern sich, nicht aber der Körper, der sie trägt.

Warum aber verspürte dieser junge Priester gerade nach zehnjährigem Priestertum das Bedürfnis, den Weg spiritueller Suche einzuschlagen?

Ich muß Ihnen hier einige persönliche Tatsachen anvertrauen, um Ihnen den Grund für diesen Richtungswechsel aufzuzeigen. Sie erhalten nun auch einmal die Gelegenheit, sich in die Rolle eines beichtenden Priesters zu versetzen.

1972 war ich überzeugt, mein Priesteramt nur dann mit größerer Klugheit ausüben zu können, wenn ich meine theologischen Studien spezialisierte. Ich bat meinen Bischof um Erlaubnis, für ein oder zwei Jahre nach Rom gehen zu dürfen. Dort befand und befindet sich noch heute die Akademie, die genau meinen Bedürfnissen entsprach, mir mehr Wissen in der Moraltheologie anzueignen. Bischof Monsignor Clemente Gaddie stimmte liebenswürdigerweise meinem Wunsche zu. Wir sprachen von zwei oder drei Jahren, dann sollte ich wieder zu meiner eigenen Diözese in Bergamo zurückkehren, um mit neuer Energie und neuem kulturellem Handwerkszeug wirken zu können.

Aber Er, der bereits damals alles genau überwachte, was ich tat, änderte meine Pläne. Anstatt drei brauchte ich vier Jahre. Nach dem Abschluß schrieb ich meine Doktorarbeit, und das Gefühl, das ich inzwischen dieser Stadt entgegenbrachte, trug dazu bei, mich auf unbestimmte Zeit in Rom aufzuhalten. Kardinal Ugo Poletti, der damalige Vikar der Diözese Rom, machte mir den verlockenden Vorschlag, in der Diözese der Ewigen Stadt inkardiniert[1] zu werden, um als stellvertretender Pfarrer der mir zugeteilten Pfarrei meinen Dienst ohne Entgelt[2] auszuüben. Ich erhielt dafür freies Wohnen und Verpflegung. In der Diözese selbst sollte ich auf dem Gebiet der in den Massenmedien angewandten Katechese tätig werden.

Vor mir zeichneten sich also eine Reihe von Aktivitäten ab, die mein Leben erfüllen und befriedigen würden. Damals erkannte ich noch nicht die Bedeutung von »verzichte auf die Früchte des Handelns«, obwohl ich den sich auf die Evangelien beziehenden und oft zitierten Satz kannte und predigte »wir sind unnütze Knechte«. Alles, was Bewegung und Handeln versprach, fügte sich einwandfrei in die Erwartungen eines jungen Priesters im brisanten Alter von 27 Jahren, der aus dem Tal von Brembana im Schoße von Rom landete.

In kurzer Zeit lief alles nach Wunsch; der Wind blies günstig in die vollen Segel: ich arbeitete mit Radio Vatikan zusammen, hielt Vorträge über die Anwendung audiovisueller Mittel in pastoraler Arbeit, war in Kontakt mit Experten des italienischen Radios und Fernsehens, schrieb Artikel und hatte mühelos Zugang zu hochstehenden klerikalen Persönlichkeiten. Das mir entgegengebrachte Wohlwollen einiger hochwürdiger Vorgesetzter wirkte wie eine Ermutigung, diesen eingeschlagenen Weg weiter zu gehen. Auch sagten mir einige Freunde und Kollegen eine brillante Karriere voraus.

Verbrachte ich einige Ferientage zu Hause, schauten mich die Dorfbewohner mit gewisser Bewunderung an, die Priester erkundigten sich bei mir nach Tendenzen im Vatikan und wollten Einzelheiten über das Leben und die Gedanken der Bischöfe und Kardinäle erfahren. Sie glaubten, nur weil ich mich im Zentrum des Christentums aufhielt, mußte ich auch mit dem Geflüster in den Korridoren der Vatikanspaläste vertraut sein.

Das linderte das Leiden meiner Eltern, die die Trennung von mir nicht so recht verwinden konnten. Besonders die Mutter eines Priesters leidet unter der emotionalen Einsamkeit des Sohnes, der er sich hingegeben hat, und betrachtet ihn erst als ›versorgt‹, wenn er den Höhepunkt seiner Karriere erreicht hat. Sogar eine Freundin meiner Mutter, die ein klein wenig Hellseherin ist, hat ihr die lustige Idee in den Kopf gesetzt, daß ich eines Tages Papst werden würde! Mutter, die arme, erzählte voll Freude und typisch mütterlicher Übertreibung, ihr Sohn ›sei im Vatikan‹.

Somit glaubte ich, mein Gewissen beruhigt zu haben und nahm an, mein Bestes zu geben. Tatsächlich aber war ich auf der Suche nach mir selbst. Dies aber erkannte ich selbst noch nicht, und die Menschen, die mich umgaben, lebten in der gleichen Illusion, stimmten mir entweder zu oder beneideten mich. Beide Reaktionen aber bestätigten in meinen und ihren Augen die Richtigkeit meines Tuns.

Etwas aber ließ mich unbefriedigt. Anfänglich konnte ich es kaum definieren; es war verschwommen wie ein Phantom, das ich nicht einfangen konnte. Dann fing ich an, den Knoten allmählich zu entwirren. Keine Seele flüsterte mir zu:»schau her, du machst alles falsch, denn du suchst nur nach Selbstbestätigung«; keine Seele, die mir helfen könnte, das Problem zu verstehen. Meine Unzufriedenheit nahm Formen an, die eine vollständige Revision meines Lebens gerechtfertigt hätten. Bewegt dachte ich über die Widmung eines befreundeten Arztes nach, die er mir auf die erste Seite eines Buches geschrieben hatte, das er mir schenkte:»Meinem liebsten Don Mario, möge er immer mehr Don[3] und immer weniger Mario sein«.

Für viele bedeutet Unzufriedenheit den ersten Schritt auf dem spirituellen Weg; ist man offen für diese Botschaft, kann der eigene, geistige Zustand diagnostiziert werden und die Therapie beginnen. Ich wurde mir meiner Enttäuschungen bewußt und analysierte ihren Ursprung. Dies konnte aber nur durch eine umfassende Untersuchung meines Gewissens erfolgen, ein Vorgang, den ich schon immer unternahm. Während geistlicher Exerzitien, denen ich mich alljährlich unterzog, wurde mir meine Situation erbarmungslos bewußt; sie glich einer Leiche im fortgeschrittenen Stadium der Verwesung. Die Exerzitien aber kamen immer dann zum Stillstand, wenn es notwendig erschien, ein Heilmittel für diese traurige Entdeckung zu finden. Die Ruhe dieser Woche bescherte mir stets ein hervorragendes Ergebnis in meiner Eigenschaft als Teilzeit-Mönch, denn die Leiche verschmutzte nicht die Gewässer meines Gewissens. Trotzdem aber mußte ich mich dieses Hemmnisses entledigen. Der unvermittelte Wiedereintritt in die Arbeitswelt löschte aber unglücklicherweise diese Entdeckung aus, und ich betrachtete meine Arbeit als Heilmittel gegen diesen Ekel.

Unser westlich orientiertes Leben hat uns beigebracht, Untätigkeit als unehrenhafte Entschuldigung zu bewerten, sich den auferlegten Pflichten zu entziehen. Diese Untätigkeit ist jedoch manchmal, wenigstens einmal im Leben notwendig, zu sich selbst zu finden. Eine Verschnaufpause offenbart den Dreck, der sich über die Jahre unter dem Teppich angesammelt hat.

Schmerzen zu fliehen und Vergnügen zu suchen ist Teil des menschlichen Instinktes. Selbst wenn wir nicht unmittelbar Vergnügen suchen, sei es aus ethischen Gründen, die uns Abstinenz auferlegen, oder aus eigener Wahl, suchen wir um jeden Preis, dem Schmerz zu entfliehen. Um dies zu erreichen, ist uns jedes Mittel recht. Arbeit bietet z.B. eine wirksame Flucht vor Selbst-Analyse, eine edle und unanfechtbare Zerstreuung. Dennoch unterscheidet uns von dem arbeitsamen Biber und der fleißigen Biene folgende, bewußte Wahrnehmung: Ich bin unglücklich, aber ich weiß nicht warum. Wird Arbeit als Lebensanker betrachtet, der uns vor der Fülle unserer Probleme schützt, die in unser Bewußtsein aufsteigen wollen, dann wird sie zu einem pervertierten Heilmittel, das uns Menschen zu Robotern macht. Oberflächlichkeit ist der Lebensstil vieler menschlicher Wesen, die Angst haben, sich selbst zu entdecken. Auch ich tauchte vor Angst, in den Spiegel zu schauen, in meine Arbeit ein, deren Sinnlosigkeit sich mir immer stärker offenbarte.

Der ärgste Feind eines Suchenden ist die Überzeugung, das Problem verstanden zu haben, und es in Begriffe zu fassen. Ich sprach mit einigen anderen Priestern über meinen seelischen Zustand, aber die Antwort war: »Sei nicht so kompliziert. Es sind nur Hirngespinste. Hast du kein Hobby? Zerstreue Dich ein wenig und du wirst sehen, die Ruhe kehrt wieder ein.« Manchmal konnte ich durch Lesen meine Probleme lösen; ich stopfte mein Gehirn mit Ideen und Plänen voll, aber letztendlich wäre nur eine Sache hilfreich gewesen: mein Gehirn zu entleeren, die Oberfläche des Wassers zu beruhigen, um ungehindert das sich reflektierende Sonnenlicht sehen zu können...

Wühlte ich nicht selbst das sich langsam beruhigende Wasser auf, gab es immer eine fromme Seele, die es für mich tat und glaubte, mir damit einen guten Dienst zu erweisen. Das beginnende, nach einer Antwort verlangende Bewußtwerden wurde stets von Ratschlägen, Beschäftigtsein und geistiger Faulheit gehemmt. So ertränkte ich meine Fragen in Unbewußtheit.

Heute verstehe ich, wie wichtig es ist, »sich selbst zu lieben«. Ich meine damit nicht die Art zu lieben, wie es die meisten Menschen tun, sondern ich meine damit, und das möchte ich betonen, die Aufmerksamkeit, die ein Mensch seinem eigenen Leben schenkt, um es zu verbessern. Wie kann ein Mensch andere Menschen lieben wie sich selbst, wenn er sich selbst nicht hinreichend kennt, um sich zu lieben? Diese Beschränkung ist an und für sich für jeden Menschen schmerzlich, noch schmerzlicher aber ist sie für einen Menschen, der sein ganzes Leben den Göttlichen Mysterien geweiht hat.

Hiermit begann ein nicht mehr rückgängig zu machender Prozess in meinem Leben, der seinen Höhepunkt in der Erfahrung fand, die mich veranlaßte, dieses Buch zu schreiben.

Ich weiß, daß dem ersten Schritt eines außergewöhnlichen, revolutionären Umbruchs in unserem inneren Leben ein aus tiefster Seele kommender Ruf vorausgeht, so wie Salomon rät:

Daher bete ich, und es wurde mir Klugheit gegeben; ich flehte, und der Geist der Weisheit kam zu mir.

Das Buch der Weisheit 7,7

An einem jener Tage, als mir der Augenblick der Entscheidung gekommen zu sein schien, begab ich mich zu meinem Beichtvater, Padre Enrico, einem treuen Jesuiten mit beeindruckendem und zugleich liebevollem Auftreten, erfüllt von der Liebe Gottes, revolutionär, trotzdem aber den Lehren der Heiligen Mutter gehorchend. Obwohl ich ihn selten aufsuchte, kannte er mein Leben in allen Einzelheiten, denn stets versuchte ich meinen geistigen Führern gegenüber ein offenes Buch zu sein. Einer seiner immer wiederkehrenden Sätze, die bereits zu diesem Zeitpunkt zu einer Art Lösung für mich geworden waren, lautete: »Wenn Du etwas ändern willst, beeile Dich, denn es wird Dir nur bis zu Deinem 35. Lebensjahr gelingen. Danach wird es Dir nicht mehr möglich sein.«

Ich weiß nicht, ob diese Regel wirklich so ernst zu nehmen ist, dennoch verstand ich sie so; ich war von der Richtigkeit dieser Aussage überzeugt. Immer wieder hatte er mir diesen Satz gesagt, und nun war ich fast 35 Jahre alt und das Wasser stand mir bis zum Hals. Einerseits suchte ich verzweifelt nach einer Veränderung meines Lebens, andererseits wußte ich nicht, wo ich beginnen sollte.

»Vater«, sagte ich an jenem Tag, »heute bin ich ganz besonders beunruhigt, denn ich sehe keinen Ausweg mehr. Mir ist so, als sei ich an der Endstation eines Außenbezirks angekommen, und keine Verkehrsmittel stehen mir mehr zur Verfügung.«

Er: »Willst Du Dein Leben verändern, so tauche in die Liebe Gottes ein. Warte nicht länger. Du weißt, nach Deinem 35. Geburtstag gibt es nicht mehr viele Möglichkeiten.«

Von dem Versinken in die Liebe Gottes zu reden schien mir, wie mit einem zum Tode Verurteilten über sein beträchtliches Bankkonto zu sprechen; auch irritierte mich seine Bemerkung über den letzten Termin einer eventuellen Konvertierung. Ich erwiderte ihm: »Aber Vater, sollte meine Liebe zu Gott jetzt noch nicht vollkommen sein, könnte sie es doch später werden. Vielleicht gewähren mir die kommenden Jahre Weisheit. Mit wachsendem Alter wird sicher auch die Selbst-Kontrolle wachsen, und alles wird leichter, glauben Sie das nicht auch?«

»Warum warten, bis die Zeit vergeht« antwortete er mir, »um Gott den bereits angebissenen Apfel anzubieten? Gib ihm Deine beste Kraft jetzt, sofort. Warte nicht auf morgen.«

Das Gleichnis mit dem angebissenen Apfel weckte in mir ein Gefühl des heiligen Stolzes. Niemals zuvor hatte ich einen eindrucksvolleren Ausspruch gehört.

»Helfen Sie mir, bitte,« antwortete ich. »Ihre Worte hätten an einem so grauen Tag in meinem Leben nicht passender sein können, obwohl sie mich tief erschüttern.«

Meine Erschütterung war tief. Ich wandte mich an Gott und in diesen kurzen Augenblicken des Schweigens flehte ich ihn an: »Oh Gott, Du bist so weit entfernt! Sollte es wahr sein, daß Du uns im Augenblick der Versuchung nahe bist, strecke Deine Hand aus und befreie mich. Ich weiß nicht, was ich machen soll; ich bin verwirrt; ich verstehe nicht. Bitte hilf. Gib mir ein Heilmittel, was auch immer es sein mag: ich werde mich aufopfern. Ich werde alles annehmen, auch eine Heilbehandlung, die mich leiden läßt. Bitte laß mich nicht allein in dieser Not.«

»Du bist nachdenklich!« meinte Padre Enrico.

Ich sprach mit ihm über das Gebet, das ich in meinem Herzen formuliert hatte. Ich hatte Tränen in den Augen und war zu allem bereit. Er versicherte mir, sich meinem Bittgebet anzuschließen, segnete und umarmte mich und begleitete mich mit dem üblichen Abschiedsgruß zur Tür: »Gehe in Frieden!«

Anmerkungen

[1] Ein kirchenrechtlicher Ausdruck, der besagt, daß ein Priester in eine Diözese aufgenommen wird.

[2] Ein Diözesan-Priester (auch Weltgeistlicher genannt) hat sich selbst zu unterhalten, während ein ›kirchlicher‹ Priester, der zu einer bestimmten Ordensgemeinschaft oder einem Kloster gehört, von dieser Institution unterstützt wird. Zu jener Zeit war die neue Vereinbarung zwischen dem Heiligen Stuhl und dem italienischen Staat noch nicht beschlossen, die besagt, daß 0.8 % der von den Bürgern gezahlten Steuern teilweise zum Unterhalt der Kirche abgetreten werden. Zu jener Zeit jedenfalls war der Priester selbst für seinen Unterhalt verantwortlich, oder aber die Gemeinde, für die er tätig war.

[3] In Italien erhält ein Priester den Titel ›Don‹ als Achtungserweis und Ehrerbietung.

II. KAPITEL

Ein Kreuz, den Weg zu bahnen

Leide mit mir
als guter Soldat Christi Jesu

Paulus an Timotheus II, 2,3

Wird der Geist durch unendlichen Schmerz überlastet, verliert er die Fähigkeit und die Stärke, nach der Weisheit zu suchen: sein Hauptanliegen ist, seinen Schmerz zu beseitigen. Darum gibt es auf der Welt nur wenige Menschen, die ernsthaft bestrebt sind, die Wahrheit zu suchen. Die meisten Menschen sind damit beschäftigt, ihrem Leiden durch flüchtige Zerstreuung zu entfliehen. Sie verfallen kurzlebigen Befriedigungen, werden davon abhängig, verstricken sich in ihnen und haben letztendlich nicht mehr das Bedürfnis, einen Ausweg aus dieser bedenklichen Situation zu suchen. Sie glauben, dies sei ›normal‹. So verhaftet, erkennen sie nicht Das, was jenseits der Dinge liegt.

Wird der Schmerz jedoch lebensbedrohlich, packt er dich von allen Seiten und gibt dir keine Chance mehr, werden alle bis jetzt angewandten Heilmittel – reine Surrogate – selbst Teil und Ursprung dieses Schmerzes, denn auch sie sind nur Illusion und ungeeignet, das ersehnte Glück zu schenken, dann schlägt die Geburtsstunde des Suchenden.

Ich habe viele Menschen besonders unter den Wohlhabenden getroffen, die behaupten, mit ihrem Leben völlig zufrieden zu sein, und die nicht das geringste

Bedürfnis verspüren, den spirituellen Weg einzuschlagen. »Was gibt es da zu suchen?« sagten sie freimütig, »wir haben alles, was uns das Leben bieten kann: einen guten Ehepartner, eine ausgezeichnete soziale Stellung, fleißige und gesunde Kinder, eine unfehlbare Religion. Ihre quälende Suche nach Wahrheit ist uns nur schwer verständlich.«

Versuchte man aber ihre Sicherheit mit folgender Frage zu erschüttern: »Kann denn nicht auch Ihr Glück jeden Augenblick zu Ende gehen? Was machen Sie dann?« – lautete ihre Antwort meistens, daß sie sich darüber noch keine Gedanken gemacht hätten, denn dies sei noch nicht eingetreten, und fügten, falls sie irritiert waren, hinzu, sie wollten die bösen Geister auch nicht herbeirufen.

Hat ein Mensch jedoch den Punkt erreicht, wo ihm alles unwichtig erscheint, so besteht eher die Möglichkeit, sich zu ändern, denn er wird sich die Frage stellen: »Wie kann ich dieser Sinnlosigkeit entfliehen?« Diese Frage ist unabhängig von jeder Gesellschaftsschicht: sowohl der Reiche als auch der Arme kann sie sich stellen. Der Reiche, weil er von seinem Überfluß angeekelt ist, der Arme, weil er der Korruption des Wohlstandes entsagte, weil ihm Wohlstand nicht wünschenswert erschien.

Erreicht ein Mensch das Stadium ›Vanitas vanitatum‹[1], eröffnet sich ihm eine neue Ebene der Wahrnehmung; er wird empfänglich für alle möglichen Lösungen fundamentaler Lebensfragen.

Es kam der Sommer 1979: 35 Jahre alt! Ultimatum für eine endgültige Lösung, oder spirituelle Sklerose? Es schien jedoch, als hätte ich diese Frage nach dem tiefempfundenen Gebet bei meinem Beichtvater aufgeschoben. Sie lag außerhalb meiner Mächtigkeit. Vertrauensvoll harrte ich der Dinge, wie ein Patient im Wartezimmer eines Krankenhauses.

Den Monat August verbrachte ich im heißen Rom.

Selbst die Temperatur erreichte – welche Ironie – 35 Grad C. Mein Körper sandte seltsame, alarmierende Signale aus, die aber nicht verstanden wurden: Ich hatte Schüttelfrost, vertrug die für jedermann in dieser Hitze wohltuende Brise nicht, Müdigkeit überfiel mich, und bei jeder geringsten Anstrengung brach mir kalter Schweiß aus.

Auch der Körper hat seine eigenen Gesetze, die gehört und befolgt werden sollten. Treten bereits akute Schmerzen auf, ist es einfach, das Gebrechen zu ermitteln. Schleicht sich jedoch das Gebrechen heimtückisch in den Körper ein, ist es viel schwieriger zu entdecken. Physiologisch gesehen ist Schmerz ein Segen, denn die Erkrankung kann rechtzeitig erkannt und geheilt werden. Auch im übertragenen Sinn ist Schmerz ein Segen, denn er rüttelt den Menschen, der heutzutage nicht mehr auf seine innere Stimme hören will, aus seiner Stumpfheit auf.

Ich brauchte lange, um zu verstehen, daß mein Körper angeschlagen war. Die letzte Warnung erhielt ich, als ich feststellen mußte, daß meine Kleider und Schuhe zu eng wurden und besonders meine Gelenke unverhältnismäßig angeschwollen waren. Schließlich sah ich mich veranlaßt, einen Arzt aufzusuchen. Gleichlaufend mit meiner spirituellen Suche begann die Suche auf körperlicher Ebene, die zwar auch wichtig, mir aber nicht ganz so wesentlich zu sein schien.

Im Laufe meines Lebens habe ich wiederholt versucht, das Geheimnis der Unterscheidung zwischen Gottgewollter Fügung und eigenen, egoistischen Wünschen zu lüften. Erhört Gott, so fand ich heraus, das Geschöpf, das Ihn im Augenblick der Not um Seine Hilfe und Seinen Segen angerufen hat, so wendet sich alles wie nach einem magischen Plan zum Guten. Auch jetzt erfahre ich immer wieder, daß die Göttliche Mutter schützend Ihre Hand über Ihre geliebten Kinder hält und alles auf unergründlichen We-

24

gen zu ihrem Vorteil gereichen läßt – vielleicht sollte
ich hier sagen: zum Vorteil ihrer spirituellen Evolution
gereichen läßt. Diesen Nachsatz möchte ich besonders
unterstreichen, denn selten ist in Ihren Augen gut für
uns, was wir dafür halten. Sie kennt und leitet unser
Schicksal. Nicht immer erkennt der Sohn den Wert
der Erfahrungen, in die er hineingezogen zu werden
scheint; im Laufe des Lebens aber – manchmal Monate oder Jahre später – erweisen sich diese Erfahrungen als göttliche Vorsehung. Menschliche Logik ist
nicht mit göttlicher Logik vergleichbar.

Ein Chirurg, ergebenes Kirchenmitglied und stellvertretender Chefarzt, machte mir den Vorschlag,
mich sofort in sein Krankenhaus einzuweisen. Ich
erhielt ein Krankenhausbett, was nicht immer leicht
ist. Frohen Mutes überwachte er alle klinischen Tests
und versorgte mich wie ein Freund. Nach 15-tägi-
gem Krankenhausaufenthalt lautete die Diagnose:
glomerulonefrite membranosa (akute Nierenentzün-
dung).

Sofort mußte ich zu arbeiten aufhören, denn die
Krankheit befand sich in einer akuten Phase. Da es
noch keine speziellen Medikamente zur Heilung dieser Krankheit gibt und Spotanheilungen selten sind,
und aus der Angst heraus, sie könnte sich verschlimmern, eine Dialyse notwendig machen oder sogar zum
Tode führen, war ich gezwungen, mir absolute Ruhe
aufzuerlegen. Es hätte keine göttlichere Vorschrift
geben können. Meine frenetische körperliche Arbeit
kam zu guter Letzt zu einem Ende.

Ich verließ Rom ohne Bedauern, wie ein Blinder,
geleitet von vertrauter Hand auf unbekannter Straße.
Da es ein Abschied mit Hoffnung auf Rückkehr war,
fanden keine herzergreifenden, sonst bei Priestern
üblichen Abschiedsveranstaltungen statt. Mein be-
freundeter Arzt riet mir, einen Platz im Schlafwagen
zu reservieren. Am Abend meiner Abreise betrach-

tete mich eine Frau der Kirchengemeinde melancholisch und meinte: »Don Mario, Sie gehen für immer.« Tatsächlich war dies mein Abschied. Ich war froh, daß mein Weggehen nicht sehr sentimental war und daß ich die Möglichkeit hatte, mich auf Zehenspitzen, wie man so schön sagt, zu verabschieden.

Mein Abschied von Rom war der erste – wenn auch unfreiwillige – Schritt auf einer mühsamen und immer tieferen Suche.

Nicht alles Schlechte ist schädlich, sagt man. Die Krankheit kam im richtigen Moment, obwohl sie anfänglich alles andere als lustig war. Aus diesem Grunde bin ich heute noch dem Herrn dankbar, daß Er sie mir im richtigen Augenblick schickte. Ich betrachtete sie, wenigstens damals, als den größten Segen meines Lebens.

Eine schwere Krankheit hat auch den Vorzug, den Erkrankten aller materiellen Unsicherheit zu entheben. Ohne Körper würden sich zweifelsfrei alle unsere materiellen Pläne von selbst auflösen. Diese Entdeckung ist für denjenigen wertvoll, der den spirituellen Weg zu beschreiten beginnt, vor allem, wenn er selbst noch nicht genügend Willenskraft entwickelt hat, diesen Weg weiterzugehen.

Ganz sicher handelt es sich um keine Heldentat, sich im Augenblick schwindender Kräfte Gott zu ergeben. Wer würde denn schon aus Stolz selbst die angebotene Hilfe eines Fremden verweigern, wenn er im Schlamm zu versinken droht? Wie demütigend auch immer die Erfahrungen des Verlorenen Sohnes gewesen sein mögen, die Rückkehr zu seinem Vater wurde durch triumphale Versöhnung gekrönt.

Gerade als Priester hätte ich mir Gedanken über den Sinn des Leidens machen müssen. Im Augenblick meines Leidens, denke ich jetzt daran zurück, tat ich es nicht; diese Frage stellte ich mir nicht. Stattdessen neigte ich zu Depressionen und versteckte feige meinen mangelnden Lebenswillen hinter der Bereitschaft, mein Schicksal zu akzeptieren.

Menschen reagieren auf Leiden sehr unterschiedlich. Ein schwacher Mensch bäumt sich gegen die Schicksalsschläge auf, kann dabei sein Gleichgewicht verlieren und der Verzweiflung anheim fallen. Ein unreifer Mensch gibt sich den verschiedenartigsten Zerstreuungen hin: sinnlichen, intellektuellen und sogar religiösen. Um nicht zu leiden, stürzen sich manche Hals über Kopf in die Sinnesfreuden, andere verstricken sich in rein intellektuelle Erklärungen und wieder andere flüchten sich in verzweifelte Frömmelei.

Um Schmerzen begreifen zu können, bedarf es jedoch einer gewissen Unschuld und großer innerer Kraft. Ich weiß nicht, ob ich auch nur einen Bruchteil dieser beiden Eigenschaften besaß. Eines aber ist sicher: der stets parate Satz – »denn auch Christus hat für euch gelitten und euch ein Beispiel gegeben, damit ihr seinen Spuren folgt« – sagte mir wenig, und noch weniger tröstete es mich, diesen Satz von Menschen zu hören, die selbst nicht davon überzeugt waren. Als ich diesen Satz hörte, verstand ich, wie oft wir Priester erhabene Weisheiten verunglimpfen, sie geistlos und leer erscheinen lassen, wenn wir deren Bedeutung nicht selbst erfahren haben.

Man spürt sofort, wenn jemand aus dem Herzen spricht; man spürt, ob ein Wort vom Tonband oder aus dem Herzen kommt. Ich habe beispielsweise bemerkt, daß ein bereits auf die Probe gestellter Mensch nicht gerne mit Worten philosophiert, sondern, sollte er ein reifer Mensch sein, ein Beispiel an Gelassenheit und Losgelöstheit ist. Das Lächeln eines Krebskranken ist weitaus wertvoller als eine akademische Abhandlung über Schmerzen.

Als mein Beichtvater Enrico mich im Krankenhaus besuchte, gewannen diese ›stereotypen‹ Sätze, die von seinen Lippen und aus seinem Herzen kamen, jedoch übermenschliche Kraft. Sie bewegten mich tief. Die Worte einer Nonne, die plötzlich aus dem Nichts vor mir erschien, als ich nach einer Nieren-Biopsie im Operationssaal bäuchlings im Bett lag, hatte eine ähnliche Wirkung: »Übergib Deine Schmerzen«, flehte sie mich an und drückte meine Hände: »Seelen warten bereits auf Deine Opfergabe.«

Ich hatte einen Kloß im Hals. Damals war ich nicht geneigt, an helfende Seelen zu denken ... Aber Er, der uns in Seiner unendlichen Güte niemals verläßt und als Lehrer begleitet, nahm die Gestalt einer Nonne an, um mir nahe zu sein und ermahnte mich, in einer hauptsächlich körperlich empfundenen Krise in meiner priesterlichen Berufung nicht zu schwanken.

Seit dem Altertum wurde Krankheit als unmittelbare Folge menschlicher Sünde betrachtet. In diesem Sinn unterscheidet sich die Lehre vom Karma der orientalischen Religionen nicht vom biblischen Gedankengut. Im Alten Testament gibt es unzählige Hinweise, die den Menschen die Verantwortung für ihre Leiden zuweisen. In Bibeltexten, in denen das Bild Gottes als Mensch dargestellt wird, wird ›karma‹ als ›die Strafe Gottes‹ übersetzt. Geht man davon aus, daß Gott nicht nur in jedem Einzelnen von uns lebt, sondern auch die menschliche Natur transzendiert, so kann das vollkommene Gesetz vom ausgeglichenen Geben und Nehmen in bezug auf menschliches Verhalten nur von dieser innewohnenden Göttlichkeit stammen. Manchmal ist es wirklich nur eine ›theographische‹ Frage um zu verstehen, wie nahe wir unseren Brüdern im Osten sind: Es reicht, Gott die rechte Dimension zuzuweisen, um Ihn als Autor des Ganzen zu verstehen. Wir werden noch darüber in einem Kapitel reden, das ich vollständig der Frage ›karma‹ gewidmet habe.

Warum sollte Jesus die Sünden des Lahmen vor seiner Heilung vergeben, wenn wir nicht selbst diese Freuden und Leiden dieser Welt geschaffen hätten? Warum sagten Propheten den Städten Unglück voraus, die durch Laster und Ungerechtigkeit verdorben wurden? Die sich prompt erfüllenden Prophezeiungen bezogen sich auf die Städte Babylon, Ninive, Sodom, Gomorrah und so weiter. Manchmal waren die Voraussagungen unheilbringend; andere Male wiederum versprachen sie Vergebung im Falle der Bekehrung.

Leider ging dieses Wissen und diese Wahrheit – die Wechselwirkung von Sünde und Leid, zwischen schlechtem Verhalten und Unglück – nicht nur im Herzen des Katholizismus, sondern auch in den theologischen Lehren verloren. Es ist auch nicht schwierig, Gelehrte zu finden, die über die Naivität jener lachen, die daran noch glauben. Heutzutage werden wissenschaftliche Erklärungen vorgezogen. Äußere Ursachen werden gesucht: man spricht von Viren, DNS und Zellwucherungen. Während der Theologe keine wirklich ernstzunehmende Erklärung für Leiden anbieten kann, vertritt die moderne, aufgeklärte Medizin immer mehr die Hypothese der psychosomatischen Krankheiten. Immer mehr Ärzte ziehen heutzutage die psychologische Verfassung des Patienten mit in Betracht, und dieses Bewußtwerden verändert die Krankenhausbehandlung und das Therapiekonzept. Anders ausgedrückt: selbst die wissenschaftliche Welt beginnt, dem Leiden weitaus tiefere Ursachen als nur die körperlichen zuzuschreiben.

Welche Diagnose kann ein Arzt auf den Totenschein des Ehegatten schreiben, der nur wenige Augenblicke nach dem Ableben seines Gefährten verschied? Herzstillstand? Gehirnschlag aus Kreislaufschwäche? Herzmuskelinfarkt? Kennt er überhaupt die zarten Bande, die diese beiden Leben liebevoll miteinander verbanden, wo durch das Ableben des

Einen auch das Leben des Anderen stillstand? Woran starb Argus, Ulysses' Hund, der, als er seinen Herrn schwanzwedelnd erkannte, tot umfiel? Welche Medizin heilt ein Kind, das sich in seiner Umgebung ungeliebt und mißachtet fühlt? Welches Gift tötet einen Krankenhaus-Patienten, der unter Depression und Angst leidet, der lebensmüde und einsam ist und nur noch sterben will?

Aus diesen kurzen Überlegungen läßt sich schließen, wie schädlich es ist, negativ zu denken, und was für ein Heilmittel gute Gedanken sind. Als ich selbst krank war, sah ich es nicht so; nicht, weil ich nicht daran glaubte, sondern weil ich es nicht anders wußte und niemand mit mir darüber geredet hatte. Selbst wenn mir die Bedeutung guter Gedanken in der alten und weisen Morallehre bekannt gewesen wäre, hätte ich niemals diese Lehre wirklich begriffen, denn ich kannte ihren esoterischen Einfluß nicht. Demzufolge behandelte ich meine körperlichen Leiden chemisch und mein inneres Leiden durch trostreiche Worte, die mir die menschliche Gesellschaft oder Hobbies zukommen ließen; damals leicht zugängliche Heilmittel gegen meine Depression.

»Und das Gebet?« werden sie sich fragen. »Hätten nicht gerade Sie Trost im Gebet finden müssen?« Es ist sehr unwahrscheinlich, daß das Gebet eine menschliche Seele erheben kann, wenn ihr Geist unterdrückt und krank ist. Zuerst sollte die geistige Verfassung behandelt werden, ehe das Gebet helfen kann. Kann ein Mensch, der den Glauben an sich selbst verloren hat und doch weiß, daß er existiert, an Gott glauben, den er weder kennt noch sieht?

Je mehr ein Mensch davon überzeugt ist, unglücklich und ohne Hoffnung zu sein, umso schneller erschöpft er sich; er öffnet sich den Kräften der Zerstörung. Aus diesem Grunde verbreiten sich Tumore bei Unglücklichen; Optimisten widerstehen ihnen oder diese bilden sich wieder zurück. An dieser Stelle kann aber auch der kleinmütige Don Abbondio zitiert werden: »Optimismus kann man sich nicht selbst schenken.« Zweifelsohne ist der optimistisch, der auch gute Gründe dafür hat.

Das psychische Leben, subtil und nicht sofort erkennbar, ist nur ein Aspekt des komplexen Apparates, der Leiden erzeugt. Es ist nicht immer möglich, den geistigen Zustand eines Menschen zu ermitteln und einen Zusammenhang zwischen Ursache und Krankheit herzustellen. Ein guter Mensch kann erkranken, ohne daß dafür eine Erklärung gefunden werden kann. Die im Geist festgehaltenen Rhythmen für ausgeglichenes Geben und Nehmen entsprechen nicht immer in Pünktlichkeit und Regelmäßigkeit den Rhythmen des Körpers.

Da der Körper aus dichterer Materie besteht, folgt er auch einer dichteren Zeitsequenz. Aus diesem Grunde kann die Wirkung des Rauchens, des Alkohols, der Aufputschmittel und der Drogen auf den Organismus in kurzer Zeit nachgewiesen werden. Physische Wirkstoffe, wie langsam ihre Reaktion auch sein mag, schädigen den Organismus immer schneller als psychische. Niemand erweist seiner Gesundheit einen guten Dienst, wenn er Genußmittel zur Beruhigung seelischer Schmerzen einnimmt. Überdenkt man es richtig, sind die von den meisten Menschen ergriffenen Maßnahmen, den Schmerzen zu entfliehen, schädlicher als der bereits bestehende Schaden. Nach jüngsten Analysen verursacht eine in Leid verstrickte Psyche Krankheit; diesem Leid mit schädigenden Zerstreuungen zu entfliehen, verursacht größeres Leid. So, als ob ein kleines Feuer durch das Öffnen eines Staudammes gelöscht werden sollte. Es gibt keinen Ausweg! Leiden muß verstanden und nicht vermieden werden.

In der manifestierten Natur gibt es drei fundamentale Eigenschaften. Die erste ist Trägheit, die sich im

Menschen als Unwissenheit manifestiert; die zweite ist Tatkraft, die sich im Handeln zeigt; die dritte ist Intelligenz, die in Weisheit kulminiert. Sind diese drei Eigenschaften im Gleichgewicht, dann leben Mensch und Natur in harmonischer Beziehung. Beherrscht eine Eigenschaft eine andere, entstehen Ungleichgewicht und Disharmonie auf jeder Ebene.

Das Gleichgewicht dieser drei Eigenschaften sieht man beispielsweise in einer Pflanze. Ein Baum weiß, wann er zu blühen, seine Farben und Düfte zu offenbaren hat. Dies entspricht seinem Intelligenz-Aspekt. Er schläft im Winter und scheint sein Leben in Trägheit zu verbringen. Dann regeneriert er und trägt Früchte, dies entspricht dem Aspekt der aktiven, vitalen Energie.

Auch Menschen haben diese Eigenschaften. Während jedoch bei Mineralien, Pflanzen und Tieren diese Eigenschaften in vollkommen harmonischem Gleichgewicht aufeinander abgestimmt sind, weicht der Mensch auf Grund seiner Neigungen und Idiosynkrasien dieser Harmonisierung aus. Die Intelligenz wird weit unter ihrem tatsächlichen Potential eingesetzt, und der verbleibende Rest wird zur Perfektionierung des Krieges, der Unordnung, für Militärprojekte und Technologien versklavt. Die Menschheit leidet unter den Übeln wie Krebs und AIDS. Wieviele Krankenhäuser, Institute und wissenschaftliche Studien hätten mit den Summen Geldes unterstützt werden können, die für Waffen und sogenannte Verteidigung ausgegeben wurden?

Ein weiteres Zeichen dieses Ungleichgewichtes ist, daß der Mensch – und nur der Mensch ist dazu fähig – einen Großteil seiner Schaffenskraft (einschließlich Erholung) auf Zeiten verlegt, die dem menschlichen Organismus Ruhe und Entspannung bringen sollten. Dieses Ungleichgewicht wird nicht nur im Laufe eines Tages, sondern auch innerhalb eines Jahres sichtbar.

Die Stunden, die er täglich der Arbeit, dem Essen, der Erholung und dem Schlaf widmet, stehen im krassen Mißverhältnis zu den Stunden, die er der Besinnung widmet. Nachts, wenn Blumen ihre Blütenblätter schließen und Tiere sich in ihren Höhlen zurückziehen, halten Menschen Sitzungen ab und entscheiden über wichtige Fragen, oder sie gehen ins Kino oder ähnliches. Die beste und reinste Zeitspanne des Tages, den frühen Morgen, verschlafen die meisten Menschen oder sie gehen zu ihrem Arbeitsplatz. Die Vögel aber widmen in dieser Stunde ihre schönsten Gesänge der Natur. Im Winter nimmt die Tatkraft zu; in einer Jahreszeit, in der man naturgemäß träge sein sollte, mindestens gemäßigten und mehr verinnerlichten Tätigkeiten nachgehen sollte. Aus diesem Grunde sind die Menschen im Frühling müde und machen dann die Jahreszeit dafür verantwortlich, nehmen Aufbaupräparate, um den verbrauchten Körper, der während einer ungeeigneten Zeitspanne überbeansprucht wurde, wieder zu stärken.

Der Winter ist tatsächlich eine Jahreszeit, die dem Menschen Ruhe und Entspannung bringen sollte. Sie aber ziehen Produktivität der Gesundheit vor. Darum haben auch so viele Menschen vor dem Alter Angst, der Zeit der Ruhe und Besinnung, und geben ihre Arbeit erst auf, wenn sie dazu gezwungen werden. Viele Menschen sterben nach ihrer Pensionierung an dem Syndrom des Nichtstuns. Sie hätten sich aber an dieses Nichtstun schon eher gewöhnen können, denn dieser Zustand erlaubt nicht nur Ruhe, sondern auch die Aktivität eines ruhigen, verinnerlichten Lebens.

Der Wettlauf und die Sorge um höheren Wohlstand und technischen Fortschritt beuten die besten menschlichen Fähigkeiten aus, berauben den Menschen der mystischen und kontemplativen Augenblicke, durch die er weise, ausgeglichen und befähigt worden wäre, das Leid der Welt zu bewältigen.

Dieses Ungleichgewicht des Lebensrhythmus' ist verantwortlich für Leid, Krankheit und Schmerz. Woher rührt aber dieses Ungleichgewicht? Was sind die Gründe dieses unsinnigen Widerspruchs im Menschen, der, obwohl mit einem potentiell hohen Bewußtheitsgrad ausgestattet, derart gegen seine Intelligenz handelt? Die Menschheit hat einen Punkt erreicht, wo sie mit einer Pflanze nicht mehr konkurrieren kann, die ganz sicherlich über einen weitaus niedrigeren Bewußtheitsgrad, aber dafür über eine innewohnende Intelligenz verfügt, die ihr gesamtes Leben vollkommen geregelt ablaufen läßt.

Würde die Menschheit nicht ihre Energie in destruktiven Aktivitäten vergeuden, wäre die menschliche Technologie nicht nur weitaus fortgeschrittener als heute, sondern sie wäre auch auf jeden Lebensbereich anwendbar. Es gäbe keinen Unterschied mehr zwischen Arm und Reich (zumindest gäbe es keine Armen mehr), keinen Unterschied mehr zwischen denen, die Waffen herstellen und denen, die verhungern. Die Sahara wäre ein fruchtbarer Garten, entsalztes Wasser würde die Felder bewässern, und auf den Straßen würden Autos mit sauberer Energie, beispielsweise Sonnenenergie, fahren. Was nur hat den Menschen veranlaßt, dieses Gleichgewicht zu stören, das unseren Planeten zu einem wahrhaft irdischen Paradies hätte machen können?

Dies mit dem Begriff der Ursünde erklären zu wollen, auch wenn es einer (noch zu klärenden!) Wahrheit entspräche, wird dieser Frage keineswegs gerecht. Verläßt man intellektuelle Akrobatik und versucht stattdessen, menschliche Erklärungen zu finden und durchleuchtet sein eigenes Herz, entdeckt man eine Wirklichkeit, die nicht in den vielen Geschichtsbüchern und moralischen Abhandlungen beschrieben wurde.

Menschen versuchen immer und überall mit allen

Mitteln und immer größerem Umfang zu erreichen, was sie wollen. Im Grunde genommen ist das nicht von Übel. Es ist ihr Recht zu suchen, was ihnen gut tut. Es ist kein Verbrechen, Glück zu suchen. In dieser Hinsicht erwies so mancher Kirchenmann dem Katholizismus keinen guten Dienst, diejenigen mit dem Schandmal zu bestrafen, die Freude suchten. Die Hinwendung zur Freude ist eines der wenigen Zeichen menschlicher Göttlichkeit: ein so wertvolles Indiz sollte nicht zerstört werden. Dieses Recht zu leugnen bedeutet gleichzeitig, einen Menschen in selbstmörderischen Masochismus zu treiben. Viele Menschen, die als heilig galten, quälten sich und ihren Körper, als sie nach Freude verlangten. Sehr viel mehr Heilige hätten geboren werden können, wenn der Mensch der Ursache dieser Suche nach Freude nachgegangen wäre und sich die Frage gestellt hätte, ob es stattdessen nicht etwas anderes, nicht so schnell Vergängliches und Enttäuschendes gegeben hätte, als die gemeinhin freudeverheißenden Dinge, die unser Verlangen nach Glück befriedigen.

Nehme ich einem Menschen das Recht, banale Freuden zu suchen und die Dinge nicht im rechten Verhältnis zu sehen, bleibt mir kaum etwas, ihn zu Gott zu führen. Warum einen Menschen angreifen, der verzweifelt ständig irgendwelchen äußeren Befriedigungen nachjagt, anstatt ihm zu zeigen, daß er die Erde nur horizontal durchpflügt? Sage ich ihm hingegen, daß er tief graben muß, um Diamanten zu finden, ist er vielleicht davon überzeugt und ändert seine Methode; auf jeden Fall aber kann er in seinem Herzen der Wahrheit nachgehen und selbst den Wunsch erfahren, falschen Entscheidungen zu entfliehen.

Horizontal zu suchen bedeutet oberflächlich zu suchen und ist mehr oder weniger ein Betrug. Hat man erst einmal alle ersehnten Dinge bekommen, breitet sich niemals wirklich und auf Dauer Glück im Herzen aus. Um dieses kurzlebige Glück zu erreichen, bedarf es außerdem großer Anstrengung und enormer Opfer und bedeutet Vergeudung geistiger Energien und Geldes: ein unverhältnismäßig großer Aufwand für ein zu geringes Resultat. Wie viele Menschen sterben in hochgradigem Schwachsinn, nachdem sie ihr Leben in krampfhafter Suche nach Geld verbrachten, sie arbeiteten Tag und Nacht dafür, vergaßen darüber Familie und Gesundheit und erklären dann, niemals Zeit zur Besinnung gehabt zu haben!

Die falsche Richtung einzuschlagen und falsche Mittel anzuwenden ist die Ursache des Ungleichgewichts der drei menschlichen Fähigkeiten.

Anmerkung

[1] Der berühmte Ausspruch Kohelets 1,2:
Windhauch, Windhauch, sagte Kohelet, Windhauch, Windhauch, das alles ist Windhauch.

III. KAPITEL

Vom Paranormalen zum Übernatürlichen

Ich öffne meinen Mund zu einem Spruch;
Ich will die Geheimnisse der Vorzeit verkünden.

Psalm 78, 2

Ich zog mich in meinen Heimatort zurück. Begleitet von der mir auferlegten äußerlichen Ruhe, die der körperlichen Genesung diente, war die innere Behandlung, die meinen Durst stillen sollte. Mein Theologiestudium ließ zu viele Fragen unbeantwortet. Immer wieder verlangten Religionslehrer und junge Menschen meiner Gemeinde eine Antwort auf so brennende Fragen wie: gibt es Engel, gibt es ein Leben nach dem Tode? Stets antwortete ich ausweichend, denn mir fehlte über den Dogmenglauben hinaus eine einleuchtende Begründung.

Da ich immer sehr rational in meinen Nachforschungen vorgehe, und es mir einerseits an wissenschaftlichen Theorien erheblich mangelte und ich andererseits mit den herrschenden Lehren unzufrieden war, fühlte ich mich veranlaßt, diese Lücke zu füllen. Stellte ich hingegen meinerseits anderen Priestern diese Frage, antworteten sie: »Der Glaube gibt Dir die Antwort.« Eine solche Antwort ist völlig sinnlos, denn hätte ich den Glauben, würden alle Probleme und Zweifel durch die Kraft dieses Glaubens beseitigt werden. Aus welchem Grunde sollte ich einer Religion und all ihrem Beiwerk zugehören, wenn ich bereits am Ziel angekommen bin? Wird hingegen Religion als ein Weg betrachtet, mich zum Glauben hinzuführen, warum antwortet sie mir dann mit der Frage, die ich ihr stellte?

Glaube ist ein Begriff, der richtig verstanden werden muß. Im Namen des Glaubens wurde getötet, wurden Kriege geführt und Gewalt ausgeübt.

Ich erkannte sogleich, daß in unserer westlichen Philosophie und folglich auch in der heutigen Theologie ein Vakuum besteht: spricht man über spirituelle Themen, so werden alle esoterischen Aspekte als unlauter und entwürdigend verbannt. Esoterik und das gesamte Gebiet des Okkultismus werden der Magie gleichgesetzt und als verdammenswürdig in die Gefilde der Schwarzen Kunst verdrängt. Nach den dunklen Jahren, in denen nicht nur Fanatiker, sondern auch Gelehrte, die sich ernsthaft mit dem Okkultismus befaßten, mit so schändlichen Namen wie Hexenmeister und Hexe belegt und bei lebendigem Leibe öffentlich verbrannt wurden, versuchte man ausnahmslos die Erinnerung an ein Studiengebiet – Parapsychologie – auszulöschen. Dieses Gebiet wäre sonst in den Bereich der Wissenschaft aufgenommen worden und hat in der Tat sehr wenig mit Hexerei gemeinsam.

In der Bibel befinden sich sehr viele Beispiele paranormaler Ereignisse, die an Wunder grenzen und nicht ohne gewisse parapsychologische Vorkenntnisse verstanden werden können.

Das berühmte Phänomen von Idioplastie[1] der kleinen Katzen von Nizza erinnert an ein entsprechendes biblisches Ereignis. Die Kätzchen wurden mit der auf ihrem Unterleib gedruckten Jahreszahl 1921 geboren. Diese Zahlen standen auf einem Sack, vor dem sich die tragende Mutter vor ihrer Niederkunft stundenlang hingekauert hatte, um eine Maus mit starrem Blick zu beobachten, die sich hinter dem Sack versteckt hielt. Genesis 30, 37–43 erzählt, daß Jakob geschälte Ruten in die Tröge legte, zu denen die Tiere zur Tränke kamen und, falls sie sich vor diesen Ruten begatteten, »gestreifte, gesprenkelte und scheckige Junge« warfen.

Dieses Phänomen birgt nichts Magisches in sich und kann mit der Kraft visueller Eindrücke erklärt werden, die auf allen Gebieten des menschlichen Lebens eine bestimmende Rolle spielen. Man stelle sich die Wirkung sinnlicher Reize vor, denen ein menschliches Wesen ausgesetzt ist, das noch dazu mit Verstand ausgestattet ist. Die Existenz der Riesen ist daher weniger mysteriös, noch ist es naiv, ihre Existenz anzuzweifeln, wenn wir dem Buch Numeri[2] Glauben schenken. Es erzählt uns von einem Land, dessen Bewohner ›hochgewachsen‹ sind (Riesen in der Vulgata[3]) und daß sich die von Moses ausgesandten Erkunder ihnen gegenüber ›wie Heuschrecken‹ vorkamen.

Was ist zu der Zauberkunst ägyptischer Weiser und Beschwörungspriester zu sagen, die angesichts von Moses' Verwandlung eines Stockes in eine Schlange zu Gleichem fähig waren, oder als Jahwe das Wasser des Nils in Blut verwandelte?[4]

Eines der merkwürdigsten paranormalen Phänomene der Bibel ist ganz sicher die Geschichte von Bileams Esel, der »den Engel des Herrn auf dem Weg stehen sah, mit dem gezückten Schwert in der Hand, und er verließ den Weg und wich ins Feld aus« bis »der Herr dem Esel den Mund öffnete« und der Esel zu Bileam, seinem gestrengen Meister sprach, der ihn geschlagen hatte.[5]

Sowohl in den Evangelien als auch im Alten Testament wird den zukunftsweisenden Träumen eine wichtige Rolle eingeräumt. Joseph hatte einige vielsagende Träume, die er zu deuten verstand, und die sich auch fristgerecht erfüllten. Seine Brüder aber verspotteten ihn als Träumer und verkauften ihn an eine reisende Karawane.[6]

Auch der andere Joseph, der Mann Marias, der Mutter Gottes, nahm seine Träume ernst. Ein Traum offenbarte ihm, daß er der Vater des Messias werden sollte. Ein Traum warnte ihn vor Herodes, der den Säugling töten wollte; durch einen Traum erfuhr er, daß die Feinde des Säuglings jetzt tot seien und daß er nach Israel zurückkehren könne.[7] Auch Pilatus' Frau hatte einen Traum. Sie ließ ihm sagen, als er auf dem Richterstuhl saß: »Laß die Hände von diesem Mann, er ist unschuldig. Ich hatte seinetwegen heute nacht einen schrecklichen Traum.«[8]

Nicht die Häufigkeit der Träume ist erstaunlich, sondern die Tatsache, sie ernst genommen zu haben, und daß sie sich bewahrheiteten. Aus diesem Grunde ist es notwendig, die auf so ungewöhnliche Weise erteilten Mitteilungen in Entscheidungen mit einzubeziehen. Dies alles steht in den Evangelien. Wir Priester aber haben niemals in unseren Predigten die esoterische Welt, die unser tägliches Leben umgibt, berücksichtigt.

Wenn ein Schreiner aus Nazareth auf Grund einer nächtlichen Vision die Richtung seines Lebens und auch die äußere Lebensgestaltung erheblich verändert, bedeutet das nicht, daß er von altem Aberglauben beherrscht war, sondern es zeigt, daß er sich der Bedeutung einer solchen Mitteilung bewußt war. Sie transzendiert die dichteste Ebene sinnlicher Wahrnehmung zu einer tieferen Ebene, auf der der Göttliche Plan der Erlösung wirken kann.

Die alte, heute vergessene bäuerliche Gesellschaft wußte, wenn auch unbestimmt, von diesen Dingen, die durch die Sinne nicht unmittelbar wahrnehmbar waren. Zu jenen Zeiten entsprach die Religion dem Bedürfnis, okkulte Mächte auszutreiben, deren Einfluß nicht ganz offensichtlich war, aber aus diesem Grunde nicht unterschätzt werden durfte.

Der alte Römische Ritus, von Paul VI abgeschafft,

trug unzähligen Lebensumständen Rechnung, in denen Menschen um göttlichen Beistand baten, wenn sie das Gefühl hatten, aus eigener Kraft nicht mit ihnen fertig zu werden. In jenen Tagen trug der gute, alte Gemeindepfarrer oft ein Buch, in eine Stola gehüllt, unter seinem Arm, das besondere Segenssprüche enthielt, um mit unerfreulichen Umständen fertig zu werden. Es gab eine ›Benedictio deprecatoria contra mures, locustas, bruchos, vermes et alia animalia nociva‹, um mit der Maus-, Heuschrecken-, Raupen-, und Wurmplage und anderen gesundheitsschädlichen Tieren fertig zu werden.

Vor einigen Jahren wurde ich Zeuge, wie ein haushoher Baum vor meinem Hause gefällt wurde, dessen einzige Schuld Parasiten waren, die manche Nachbarn störten. Die Unschuld der Bauern ging verloren und wurde durch oberflächliche, zerstörende Technologie ersetzt. Heutzutage bittet kein Mensch mehr den Priester bei einer Ameisenplage um Hilfe, stattdessen wird das praktischere und wirksamere Vernichtungspulver benutzt.

Der alte Römische Ritus sah auch Gebete und Prozessionen vor ›ad petendam Pluviam‹ oder ›ad postulandam Serenitatem‹ oder ›ad repellendam Tempestatem‹, um Regen oder reines Wasser zu erbitten oder Hagelstürme fernzuhalten.

Die Wirksamkeit und der Erfolg dieser Gebete waren erstaunlich. Hatten meine Großeltern eine kranke Kuh oder ein verrückt gewordenes Mutterschwein, das seine Neugeborenen auffraß, wandten sie sich an den Gemeindepriester, der die entsprechenden Segenssprüche übermittelte und alles wurde gut. Der Film von E. Olmi ›Der Baum der hölzernen Sandalen‹ berichtet von einer solchen bewegenden Begebenheit.

Ich beende die Auflistung der zahlreichen Beispiele, für die alle es einen Segensspruch gab, möchte aber die Realität dieser Phänomene unterstreichen.

Auch möchte ich nicht die religiöse Bedeutung dieser Praktiken hinterfragen, noch beabsichtige ich zu behaupten, daß die damaligen Zeiten besser als die heutigen waren. Der Mensch jener Zeit erkannte nicht die ihm innewohnende, göttliche Kraft, die alle anfallenden Probleme hätte lösen können. Trotzdem aber wurzelte sein Glaube fromm in der Gewißheit, daß sein Gebet nicht unbeachtet vor Gottes gütigem Auge bleiben würde. Er schuf mit priesterlicher Vermittlung den anderen Pol, der die Allmächtige Göttliche Energie freisetzte.

Der Positivismus, von der Kirche abgelehnt, hatte aber bereits die Herzen der Kirchenleute derart infiltriert, daß kein Theologe den außer Kraft gesetzten, alten Römischen Ritus und die Gültigkeit dieser überlieferten Form der Anbetung zu verteidigen wagte. Allmählich begannen die Priester, das Verlangen nach Danksagungen und sakramentalen Riten einzudämmen. Derartige Riten schienen ein Nährboden für Aberglauben zu sein; ein gesegnetes Taschentuch auf einen schmerzenden Körperteil zu legen, wurde als heidnischer Fetischismus betrachtet. Immer weniger Wöchnerinnen erbaten das ›post partum‹, und als letzter Schlag strichen die neu erlassenen Verfügungen des Papstes Paul VI das ›Rituale Romanum‹ des Papstes Paul V. Als Kompensation wurde aber – ›ad usum delphini‹ – das Ritualbuch ›De exorcitandis obsessis a daemonio‹ beibehalten. Das Interesse an der Macht des Teufels hat niemals in der Kirche nachgelassen.

Noch vor einigen Jahren wurden in einigen Landgemeinden die ›Rogationes‹ gefeiert, Gebete und Prozessionen abgehalten, um die Ernte zu segnen. Dies entspricht den Opferfeiern Vedischen Ursprungs, genannt ›Yajna‹, und ist in den Hindu-Kulturen üblich. Ich kenne noch einige alte Bauern, die die heilbringende Kraft, Felder und Menschen zu segnen, bestätigen können. Auf den Feldern aber entstanden Zementbauten, und der Brauch, über frühlingsduftende Feldwege zu gehen, ging verloren. Es wäre übertrieben, die gegenwärtige, ökologische Unordnung dieser Entwicklung zuzuschreiben; sicher ist aber, daß diese alten Riten der Ernte nicht geschadet haben.

Ich weiß, daß einige tibetische Mönche durch das Erklingenlassen eines besonderen Horns meteorologische Phänomene beherrschen. Ich hoffe, daß ihre gottesdienstlichen Vorschriften nicht so radikal geändert, und die für die Menschheit so segensreichen, überlieferten Andachtsriten nicht abgeschafft worden sind.

In der Bibel befinden sich ebenfalls Hinweise auf die Numerologie. So erscheint beispielsweise die Zahl 9 in vielen Zusammenhängen. Die Zahl 9 wird auch in der Hindu-Theologie gewürdigt und steht für Unveränderlichkeit und Unbestechlichkeit des Göttlichen. So ergibt das Vielfache dieser Zahl immer 9, wenn die Summe der zu addierenden Zahlen auch 9 ergibt. So entspricht 27 beispielsweise der Zahl 9, denn 7 + 2 ist gleich 9; 36 (3 + 6 = 9); 7542 ergibt 9, usw. In der Bibel obsiegt die Zahl 9: die 9 Stämme Israels, um 9 Uhr morgens wurde Jesus gekreuzigt; 18 Menschen wurden beim Einsturz des Turms von Shiloach erschlagen[10]; Gott würde Sodom vergeben, wenn er 45 Gerechte finden könnte[11]; der Herr suchte 72 andere aus und sandte sie in alle Städte und Ortschaften zu predigen[12]; 99 Schafe will Gott der Hirte auf den Bergen zurücklassen, um ein Verirrtes zu suchen[13]; 144.000 sind von jedem Stamm auserwählt[14]; mit 153 großen Fischen war das Netz gefüllt[15]; usw.

Es wäre hochinteressant, würden sich ausgebildete Parapsychologen analytisch und monographisch mit dem Paranormalen in der Bibel befassen. In der westlichen Theologie, so glaube ich, herrscht auf diesem Gebiet ein großer Mangel. Parapsychologie wäre mit Sicherheit ein ganz wesentlicher Schritt zur Entdeckung subtilerer, physischer Ebenen, der dann nach und nach zur metaphysischen Ebene hinführen könnte.

Eine Studie auf diesem Gebiet müßte jedoch ausschließlich wissenschaftlich und ernsthaft betrieben werden. Zuviele Menschen, die dieser Suche nachgingen, verstrickten sich im bloßen Verlangen morbider Neugierde und endeten in billigem Spiritismus, vielleicht sogar in der Schwarzen Magie. So gesehen ist Parapsychologie – wenn sie dann überhaupt noch so bezeichnet werden kann – ein Hindernis auf dem Weg zu spirituellem Leben. Das Interesse an subtileren Bereichen, das zu Dem hätte führen können, was jenseits des ätherischen Bereiches der Materie liegt, geht schmählich in Geistern, Kobolden, Dämonen, Besessenheit, Zauberei, Kartenlegen, Wahrsagen und in den verschiedenen Formen von Hexenkraft unter. Anstatt einen qualitativen Sprung vom Materiellen zum Spirituellen zu machen, ertrinkt man in einem Meer von selbst erschaffenen Gefühlen und Phänomenen, verstrickt sich in reine Spekulationen, die nur den Ehrgeiz anstacheln. Anstatt die bereits auf physischer Ebene herrschende Unersättlichkeit unseres Verstandes zu überwinden, wird diese Situation durch neue Nahrung, die gierig hinuntergeschlungen wird, zugespitzt – eine heimtückische Nahrung, deren Auswirkung noch nicht völlig bekannt ist. So, als ob man der Schönheit eines Pilzes verfiele, von dem man noch nicht weiß, ob er giftig ist.

Heutzutage vertreten zu viele Menschen Theorien und Ansichten in Bezug auf das Okkulte und geben sich als Experten oder Fundgruben für fadenscheinige Offenbarungen aus, die nur einigen wenigen vorbehalten sind. Diese Menschen spielen ihre Karten aus, nutzen die Gunst der Stunde und ziehen Vorteil aus der Unanfechtbarkeit ihrer subjektiven ›Offenbarungen‹ und des nicht Beweisbaren.

Ich kenne einige Menschen, die den spirituellen

Weg beschreiten wollten und an weissagenden Mitteln wie dem Pendel strandeten, das sie befragen, um niesen zu dürfen. Ihre mysteriösen Reden sind ein Fallstrick für Einfaltspinsel und Naive. Was aber noch schlimmer ist, sie glauben mit den Geistern von Toten zu reden, die ihnen übermenschliche Botschaften zukommen lassen. Sie vergessen, daß es unter den Lebenden genügend Bekenntnisse gibt, um das Herz von sechs Milliarden menschlichen Wesen zu sprengen!

Wie klar erscheint mir heute Jesajas Warnung:

»Wenn man euch sagt: Befragt die Totengeister und Zauberkundigen, die flüstern und murmeln! (dann erwidert:) Soll ein Volk nicht lieber seinen Gott befragen? Warum soll man für die Lebenden die Toten befragen? Lehre und Warnung: Wer nicht so denkt, für den gibt es kein Morgenrot.«[16]

und weiter:

»Ich bin der Herr, der das Wirken der Zauberer vereitelt und die Wahrsager zu Narren macht, der die Weisen zum Rückzug zwingt und ihre Klugheit in Dummheit verwandelt.«[17]

Mit dieser Vorsichtsmaßregel im Kopf betrachtete ich Phänomene wie Hellsehen, Telepathie und Vorherwissen nicht nur mit größtem Interesse, sondern sie eröffneten mir allmählich ein Gebiet materieller Existenz, das ich vorher niemals ernsthaft in Erwägung gezogen hätte. Im Gegenteil, ich habe mich nicht nur einmal öffentlich über die Tatsache lustig gemacht, ›irrationale‹ Phänomene überhaupt in Erwägung zu ziehen. Ich fühle mich schuldig, über etwas mir Unbekanntes geurteilt zu haben. Ein Fehler, der mich schmerzt, und den ich auch bei vielen anderen sehe.

Als ich mit diesem Studium begann, betrat ich eine Welt, die mich immer mehr von rationalen Hypothesen entfernte und folglich auch von den mich umgebenden Menschen, die ich als Rationalisten ansah, und die mich ihrerseits aus gleichem Grunde achteten. Der Parapsychologie heute den Stempel der Wissenschaft aufzudrücken ist schwierig, denn die auftretenden Phänomene sind derart vielgestaltig, und die Unterscheidung zwischen paranormalen und nicht paranormalen Phänomenen ist problematisch; auch können die in der Wissenschaft angewandten Untersuchungsmethoden nicht zum wissenschaftlichen Beweis herangezogen werden. Ein zukunftsweisender Traum, auch wenn er sich bewahrheitet, kann nicht ›verifiziert‹ werden, denn normalerweise träumte nur eine Person diesen Traum. Kurz, paranormale Phänomene können nicht mit Hilfe der Sinne bewiesen werden, die aber sind unersetzlich für wissenschaftliche Experimente. ›Nihil est in intellectu quod prius non fuerit in sensu‹ sagte bereits St. Thomas, nichts begreift der Verstand, was nicht vorher gefühlt wurde.

Die Frage, welche unerschüttlichen und dogmatischen Grundsätze einer wissenschaftlichen Studie zugrunde liegen müssen, ist heute immer noch sehr umstritten. Da dies nicht Thema dieses Buches ist, werde ich diese Frage auch nicht weiter verfolgen. Ich erwähne diese Problematik nur, um zu Beginn meiner Nachforschungen festzustellen, ob ich die Schwelle der Sinneswahrnehmungen überschreiten könnte, ohne des Irrglaubens oder Verrücktseins bezichtigt zu werden.

Ganz sicher entspricht der heute erreichte Wissensgrad des Menschen seinen ihm zur Verfügung stehenden Mitteln. Hätte Galileo damals dieses Mittel – das Teleskop – nicht zur Verfügung gehabt, hätte er niemals die Venusphasen und die sich daraus ergebende Rotation um die Sonne beobachten können. Die Erde war, nach Ansicht der Gelehrten, der zentrale Planet, um den sich die Sonne drehte. Was bedeutete Wissenschaft in ihrer Selbstgefälligkeit, noch dazu im Hinblick auf die biblische Offenbarung!

Alle unsere Sinneswahrnehmungen gehören der Vergangenheit an. Am nächtlichen Sternenhimmel beobachten wir bereits erloschene Sterne; wir können sie aber nicht nur mit Hilfe unserer Augen, sondern auch auf Grund ihrer zurückgelegten Lichtjahre wahrnehmen. Es ist unglaublich aber wahr. Wer würde glauben, daß die am Horizont untergehende Sonne im Spätsommer, ermüdet nach einem schweren Tag, in Wirklichkeit das Phantom eines Sternes ist, der bereits vor 8 Minuten untergegangen ist?

Würde man über ein extrem leistungsfähiges Teleskop verfügen, das das Leben auf einem zweitausend Lichtjahre von uns entfernten Planeten erkunden könnte, so würde der Beobachter das geschichtliche Leben auf dem Planeten vor zweitausend Jahren entdecken. Wäre nun dieser Beobachter zweitausend Lichtjahre von der Erde entfernt, würde er geschichtliche Szenen zur Zeit Jesu und der Römer beobachten können. Dies klingt wie ›science fiction‹. Stimmt aber die Relativitätstheorie, ist diese Schlußfolgerung absolut logisch! Alles ist Licht und ohne Licht könnte die Welt ihre Illusion nicht projizieren.

So, ›quid est veritas?‹ Wo ist die Wahrheit? Wie kann ein wissenschaftliches Axiom stabil sein, wenn es sich auf den äußerst unbeständigen und instabilen Faktor Zeit gründet?

Haben Sie hingegen das deutliche Gefühl, Ihrem Sohn würde ein Motorradunfall zustoßen und, da es sich hierbei nur um eine unbewiesene Vorahnung handelt und andere sie wegen ihres düsteren Pessimismus kritisieren, gelangen sie zu der Annahme, keinen hinreichenden Grund zu haben, ihn zu hindern, das Haus zu verlassen. Tritt der tragische Unfall aber tatsächlich ein, fühlen sie sich wie Kassandra, der niemals geglaubt wurde. Nach wissenschaftlichen Aspekten wäre eine Warnung nur begründet gewesen, wenn eine nicht retouchierte Photographie dieses Unfalles – vor dem Unfall selbst aufgenommen worden wäre.

Nachdem ich entdeckt hatte, daß selbst Wissenschaft relativ sein kann, insofern sie von Meßgeräten jenseits unserer fünf Sinne abhängt, begann ich an die Existenz von Wahrheiten zu glauben, die sich der normalen Wahrnehmung entziehen. Der Gedanke, daß jenseits der Welt, die ich sehen und fühlen konnte, eine andere Welt aus viel dünnerer, physikalischer Dichte existierte und daher nur mit subtileren Sinnen erfahrbar war, schlug wie ein Blitz ein. Diese Erkenntnis hätte ich niemals an einer Universität lernen können.

Wiederholt fragte ich mich, wie ein subjektiver Beweis objektive Gültigkeit erlangen könnte? Kann ein Phänomen erst dann als ›normal‹ erklärt werden, wenn eine Mehrheit dieses Phänomen als normal betrachtet? Wie abnormal ist es, rot fälschlicherweise für grün zu halten? Handelt es sich hierbei tatsächlich um einen Fehler des Wahrnehmungsorganes, oder handelt es sich um eine zweckdienliche, von der Allgemeinheit unterstellte Entscheidung?

Mit wachsendem Interesse las ich Hypothesen über das Leben nach dem Tod. E. Bozzanos Werke gefielen mir sehr, obwohl sie nicht unbedingt als wissenschaftlich betrachtet werden können. Mir kam es nicht so sehr darauf an, daß die in seinen Schriften dargelegten Gedanken von den meisten Denkern geteilt wurden, sondern mir kam es auf die Tatsache an, daß ich sie als wahr empfand.

Ein Gesprächspartner hätte mich durch überzeugende Argumente wohl auf ›den Boden der Wirklichkeit‹ zurückgeholt, und dennoch wußte ich, daß das, was ich las und physikalisch nicht zu beweisen war, der Wahrheit entsprach, und kein Mensch auf der Welt hätte mich vom Gegenteil überzeugen können. eine innere Stimme sagte mir: ›genauso ist es‹. Die Stimme der unfehlbaren Intuition verdrängte den Verstand. Diese Stimme wurde für mich schonungslos ›wissenschaftlich‹.

Die Entdeckung des Möglichen, einst von meinem Verstand vehement abgelehnt, öffnete mir neue Horizonte und ermöglichte mir, mich den verschiedenen Weisen zu nähern, die ihren Auftritt in meinem Leben vorbereiteten.

Anmerkungen

[1] Ein von Durand De Gros im Jahre 1860 geprägtes und in der Parapsychologie angewandtes Wort. Es wird vom griechischen ›eidos‹ (Bild, Idee) und ›plassein‹ (modellieren, Gestalt geben) abgeleitet. Eine Idee wird auf ein hypnotisiertes oder beeinflußtes Subjekt aufgeprägt.

[2] Das Buch Numeri 13,32 ff.

[3] Vulgata: lat. Bibelübersetzung des Hieronymus aus dem 4. Jh.

[4] Buch Exodos, 7,11–22

[5] Buch Numeri 22,23–30

[6] Genesis 37

[7] Matthäus 1,20; 2,13,19; 27,19

[8] Matthäus 27,19

[9] Buch Josua, 13,7, Markus, 15,25

[10] Lukas, 13,4

[11] Genesis, 18,28

[12] Lukas, 10,1

[13] Matthäus 18,12

[14] Apokalypse 14,1

[15] Johannes 21,11

[16] Jesaja 8,19–20

[17] Jesaja 44,25

IV. KAPITEL

Die Entdeckung
von Heiligen und Meistern

Es genügt nicht,
nur die Worte des Meisters zu hören,
Ihr müßt in die Tat umsetzen,
was Er sagt,
hört genau jedes Wort,
führt jeden Hinweis aus.
Ein nicht befolgter Hinweis,
ein nicht gehörtes Wort
sind für immer verloren,
denn Er wiederholt sie nicht.

Krishnamurti

Meine Neugierde für die Welt des Okkulten hatte sich erschöpft: eine Frage nach der anderen verstummte wie in einem musikalischen Kontrapunkt im Konzert der sich auflösenden Antworten auf viele Geheimnisse. Nun verspürte ich das Verlangen nach auserwählter Nahrung. Neben den Büchern der Parapsychologie warteten noch andere Bücher auf meinem Schreibtisch, wie z.B. die *Bhagavad Gita*, Yogānandas *Autobiographie eines Yogi*, *Konzentration und Meditation* von Swami Shivananda Saraswati, einige *Upanishaden* und die *Sutra von Patanjali*.

Eine reichhaltige Auswahl. Ich wußte noch nicht, wie wohltuend das Studium dieser Bücher sein würde. Wenn ich mich recht erinnere, begann ich mit dem einfachsten Buch: *Autobiographie eines Yogi*. Dieses Buch spielte bereits eine gewisse Rolle in meinem

Leben, und darauf zurückzugreifen hatte für mich eine besondere Bedeutung.

Einige Monate vor meiner Abreise aus Rom borgte mir jemand dieses Buch. Allein schon das Äußere dieses Buches erweckte nicht unbedingt mein Vertrauen. Auf dem Umschlag des Buches war ein Inder mit fließendem, langem Haar abgebildet. Meine Gefühle der indischen Welt gegenüber waren stark durch mein jahrelanges Theologiestudium geprägt worden, und ich bewertete meine eigene Religion höher als alle anderen Religionen, die ich sogar, ich möchte fast sagen, verachtete. Indien und sein religiöses Beiwerk hatten für mich den Beigeschmack des Heidentums. Ich wurde in dem Glauben erzogen, daß einzig und allein meine Religion Menschen retten könnte, und keine andere Theologie den Katholizismus übertraf.

Das Ausmaß dieses Vorurteils war beachtlich, trotzdem aber las ich die *Autobiographie* Yoganandas. Ich muß hier nochmals den Leser daran erinnern, daß ich mich im dunklen Wald »selva oscura« in der Mitte »nel mezzo del cammin« meines Lebensweges befand.[1] Das Buch stand auf meinem Nachttisch, und in jenen nicht enden wollenden schlaflosen Nächten las ich einige Seiten dieses Buches.

Meine mißtrauische Einstellung forderte mich gewissermaßen heraus. Nach fünzig Seiten hörte ich auf zu lesen. Das Buch berichtete von einem Heiligen, der Düfte verströmte, von einem anderen, der seinen von zwei Verbrechern abgehackten Arm wieder anflickte, von zahmen Tigern, von vegetarischen Löwinnen, die Om rezitierten … Kurz, ich glaubte mich in einem Märchenland wiederzufinden. Mein rationalistischer Verstand, gepaart mit einer großen Portion Ego, rebellierten gegen diese Art von Information. Ich klappte das Buch zu, gab es ziemlich ärgerlich zurück und sagte: »Dieses Buch ist nichts für mich!«

Vielleicht würde mir Jesaja sagen: »Vieles sieht er,

aber er beachtet es nicht; die Ohren hat er offen und hört doch nicht.«[2] Im Bereich der Überzeugungen ist nichts mächtiger als das Vorurteil. Es entspricht dem Glauben; tatsächlich einem deplacierten Glauben.

Erst heute, nach einigen Jahren Abstand, bin ich in der Lage, meine damalige, eingeschränkte Geisteshaltung zu kritisieren; dank dieser Erfahrung aber kann ich Menschen verstehen, die Schwierigkeiten haben, sich Neuem, Beunruhigendem, oder Wahrheiten zu öffnen, die das dogmatische Gerüst einer Tradition niederreißen. Im Grunde genommen ist das Vorurteil eine Fessel, die die Wurzel des Bewußtwerdens zerstört. Das Bewußtsein eines Menschen voller Vorurteile gleicht einer Bonsai-Pflanze, deren Wurzel abgeschnitten wurde, um Zwergwuchs zu ermöglichen.

Das Vorurteil ist eine weitverbreitete Krankheit. Viele Menschen sind bereit, auf eine bessere Zukunft zu schwören, aber nur unter einer Bedingung, daß sich der *status quo* ihrer Gedankenwelt nicht ändert. Das Gehirn der meisten Menschen ist mit folgendem Aphorismus programmiert: »Der mit einer Transformation einhergehende Gewinn oder Verlust rechtfertigen sie nicht.«

Die vom Vorurteil am hartnäckigsten Betroffenen sind selbstverständlich die, die mehr »haben«, und zwar nicht nur im Sinne von materiellem Besitz, sondern vor allem in Hinblick auf Kulturgut. Jemand, der eine gewisse Sicherheit erlangt hat, – sei sie wirtschaftlicher, sozialer oder religiöser Art – ist mit den Dingen zufrieden, so wie sie sind, und sucht keine radikalen Veränderungen. In Bezug auf spirituelle Suche sind diejenigen am wenigsten zugänglich, die sich einem dogmatischen Glauben verschrieben haben.

Es liegt in der Natur der Menschen, eine Orientierungsgröße zu suchen, die ihnen eine erkennbare Ordnung im Leben verheißt: dies verschafft Seelenruhe. Aus diesem Grunde ist es auch weniger erstaunlich, daß sich Christen in ihrer zweitausendjährigen Kirchengeschichte nicht gegen die Idee sträubten, die für ihr *eigenes* Seelenheil notwendigen Maßnahmen und Richtlinien einer Oligarchie abzutreten. Die so erstrebenswerten, aus eigenem Antrieb durchgeführten Nachforschungen auf den Gebieten existenzieller und metaphysischer Realitäten wurden niemals durch kirchliche Vorschriften und Lehren unterstützt. Kein Mensch würde hingegen in weltlichen Angelegenheiten die Verwaltung seiner eigenen Finanzen blindlings einem Außenseiter anvertrauen. Auf diese Weise entstand eine Abhängigkeit zwischen Gläubigen und den geistlichen Führern. Es entstand die Autorität und mit ihr die Unanfechtbarkeit.

Ich hoffe, daß niemand, der dieses Buch liest, annimmt oder denkt, ich möchte mit dem Gesagten der Katholischen Kirche schaden oder über sie richten, zumal ich an ihrem Tische sitze, und sie mich ernährt. Ich möchte an dieser Stelle bereits klarstellen, was erst aus den nächsten Seiten ersichtlich wird: erstens ernährt mich die Kirche nicht, und zweitens bekräftige ich mit diesem Buch meine Liebe zur Kirche, die ich als Mutter, wenn auch manchmal als schwierige Mutter, verehre.

Spricht man von der Kirche im historischen Sinn, sollte man unterscheiden zwischen der kirchlichen Organisation, die ein Produkt des menschlichen Verstandes ist mit all dem Beiwerk, der Bürokratie, dem Pomp und der äußerlichen Erscheinungsform, und ihrer erzieherischen Arbeit in menschlichen Werten. Kurz: ihre Verdienste und ihre Mängel. Es besteht kein Grund der Verbitterung gegenüber der Kirche: sie ist ein Gemisch der physischen und geistigen Lebenseinstellung der Menschen, aus der sie sich zusammensetzt.

Warum sollte man über Priester und Bischöfe verärgert sein, wenn man weiß, daß sie selbst nur ein

Produkt ihres Umfeldes sind, in dem wir alle jahrelang gelebt und uns entwickelt haben? Ich habe viele Menschen getroffen, die von Mönchen oder Nonnen erzogen wurden und diese Institutionen mit tiefer, quälender Abneigung für alles Klerikale und Kirchliche verließen. Ganz sicher haben sie gute Gründe für diese Abneigung, ihre Rebellion zeigt aber auch, wie wenig sie vom Abenteuer Leben verstehen, das niemals Zufall ist.

Dann gibt es noch die andere Kirche. Sie setzt sich aus Menschen zusammen, die nach Gerechtigkeit und Wahrheit dürsten und einen Großteil ihrer Energie für Antworten auf existenzielle Fragen einsetzen und ihr Leben der Nächstenliebe widmen. Unter ihnen befinden sich viele, die niemals eine Kirche betreten haben, die keine Sakramente empfangen; Atheisten, die keine Steinidole anbeten, sondern anderen Menschen gerecht und aufrichtig dienen.

In den Reihen dieser großen, unsichtbaren Gesellschaft traf ich oft vom Leben geprüfte Menschen, frei von jeder Heuchelei. Das ist die wahre Kirche. Das sind die Schafe, die nur von dem einen Hirten geleitet werden, jener Kraft, die die Menschen zum Guten und zur Liebe drängt, jenes Wesen, das uns alle vereint, ungeachtet unserer Hautfarbe, unserer Kleider oder unserer Zeremonien. Dieser Hirte braucht keine Bilder, obwohl er sich auch ihrer bedient, um den Menschen zu helfen, die durch sinnlose Gedanken und oberflächliches Tun abgelenkt sind. Diese Kirche braucht weder Tempel noch Institutionen, denn sie ist machtvoll und geht niemals unter. Selbst wenn alle Einrichtungen der Welt zusammenbrechen würden, so gäbe es immer noch ein Meer von Menschen, die nach Gott dürsten und sich mit aufrichtigem, vorurteilslosem Herzen nach Ihm sehnen.

Die wahre Pflicht der Priester wäre es, sich um das Wachsen dieser Kirche zu bemühen. Die Aufgabe des Priesters sollte sein, den Menschen nicht vorgefertigte Antworten auf Fragen anzubieten, sondern in jedem Menschen die latente Fähigkeit zu fördern, zu reflektieren, zu suchen und innerlich zu wachsen.

Tradition ist für Zeremonien sinnvoll, wird aber im Bereich des Seins zum Hindernis. Eine Tradition mit ihren Dogmen, ihren Überzeugungen und Theorien muß notgedrungen statisch bleiben; die Transformation eines einzelnen Menschen kann sich unmöglich nach festgesetzten, äußeren Regeln vollziehen. Bei einem Ritual oder einer Liturgie ist es notwendig, einheitliche, festgelegte Regeln zu befolgen. Somit ist ein vorgeschriebener, unantastbarer Ablauf für die vorgegeben, die diesen Weg beschreiten wollen. Die Konzepte in den unendlichen Welten des Bewußtseins konservieren zu wollen, würde das Bewußtsein einengen und am Wachsen hindern.

Darin unterscheidet sich die östliche Religion vom Katholizismus ganz deutlich. Im Osten ist die freie Suche nach dem Göttlichen Tradition, während das vedische Ritual streng eingehalten wird. Im Westen ist es genau umgekehrt: die Lehre wird gemäß den Dogmen streng befolgt, während sich die Rituale der Zeit und den Päpsten entsprechend ändern.

Die traurigste Folge aber davon ist, daß die kirchliche Obrigkeit mehr als einmal repressive Maßnahmen ergreifen mußte, um die Integrität ihrer Lehren zu sichern, die Handhabung der Liturgie aber dem Einfallsreichtum vieler Pfarrer überließ. Der einzige Sinn der Liturgie aber besteht darin, mittels Symbolen und Gesten die ihr innewohnenden, verborgenen Wahrheiten zu offenbaren. Ist die Symbolik hingegen einem ständigen Wechsel unterworfen, verliert sie ihre hintergründige Bedeutung. Die uneingeschränkte, durch Verbote, Ängste und Drohungen unbehinderte Suche nach dem Göttlichen stärkt die Intuition der Wahrheit. Sie kann durch den Verstand allein nicht gestillt werden.

Wird das Funktionieren einer Obrigkeit auf repressive Maßnahmen reduziert, verliert sie das Charisma eines Lehrers und bildet unfähige Menschen heran. Hat aber ein Gewissen mit seinen Empfindungen, Neigungen und Eingebungen zu kämpfen, gibt es keine freie Suche; es bleibt nur der Konflikt: Ideologie steht im Widerspruch zur täglichen Wirklichkeit. Weitere Spannungen entstehen, zusätzlich zu denen, die das eigene schicksalhafte »ego« schafft.

Ich selbst befand mich ganz sicherlich in einer solchen Krise: ein Priester, der Opfer zahlreicher, religiöser Vorurteile geworden war. Diese Situation verschärfte sich noch dadurch, daß das theologische Wissen uns Priestern ein kostbares, kulturelles Erbe bedeutet und oft zu einem unerschütterlichen Verhaftetsein mit unseren eigenen Überzeugungen führt.

Auch sollte hier erwähnt werden, daß ein Priester »vom Altar lebt«, um einen Paulinischen Ausdruck zu benutzen. Das bedeutet, um leben zu können, erhalten wir Bezüge aus unserer Tätigkeit als Diener der Religion und Prediger. Dies trägt ganz erheblich zu Vorurteilen bei: es gibt vielleicht Priester, die anders als die offiziellen kanonischen Bücher der Kirche *denken*, hingegen Priester zu finden, die ihre Gedanken auch offen *ausdrücken*, dürfte schwierig sein, denn sie kämen in große wirtschaftliche und rechtliche Schwierigkeiten.

Die liebende Hand, die mich leitete und beschützte, nahm sich dieser Schwierigkeiten an. Um mich zu erhalten, gab ich Religionsunterricht. Aus gesundheitlichen Gründen arbeitete ich nur einige – fünf – Stunden die Woche. Durch anderes Einkommen und niemals mangelnde Unterstützung reichte es für meinen Lebensunterhalt. Meine neue Art zu denken verfehlte nicht ihre Wirkung auf die Klassen, die ich an einer

Oberschule in der Provinz Bergamo unterrichtete. Die Schüler waren von meinem Unterricht begeistert. Ich sprach mit ihnen über Parapsychologie als Einstieg in das spirituelle Leben und bezog mich auf ernstzunehmende und belegte Texte, sowie faszinierende Fallstudien. Am Ende des Jahres jedoch wurde mir ohne vorherige Warnung oder Begründung gekündigt.

Ich konnte mich also nicht mehr auf die Kurie von Bergamo verlassen, die mich anfänglich der Schule vorgeschlagen und nun gesetzwidrig ihre Berufung zurückgenommen hatte. Um meinen Lebensunterhalt zu sichern, sah ich mich genötigt, andere Lösungen zu finden.

Zunächst wollte ich mich an einer Universität einschreiben, denn alle an der Lateran-Universität erworbenen Titel waren für den italienischen Staat bedeutungslos. Auch hier hatte der Meister aller Meister bereits einen fest umrissenen Plan und ließ mich einen Weg beschreiten, den ich noch nicht vor mir sah. Ich wollte mich an der Universität Ca'Foscari in Venedig einschreiben. Diese Universität schien meiner Neigung zur östlichen Philosophie entgegen zu kommen und ich hoffte, nach einem entsprechenden Abschluß die Lehrerlaubnis zu erhalten.

Diese Universität erkannte jedoch meinen in Rom erworbenen Abschluß als gültige Voraussetzung zur Einschreibung nicht an. Ich wußte jedoch, daß ein kirchlicher Abschluß dem Abitur einer Oberschule entsprach und bat den Rektor der Universität, nochmals meinen Antrag zu überprüfen. Ich erhielt jedoch die gleiche Antwort. Hartnäckig verfolgte ich mein Ziel und schrieb an den Erziehungsminister und wurde persönlich bei ihm vorstellig. Endlich erhielt ich eine vom Minister selbst unterschriebene Antwort, die besagte, daß der Universität ein Fehler unterlaufen sei, und anhand beigefügter Mitteilungen mir recht gab. Zwischenzeitlich waren jedoch Monate vergangen und ich hatte mich nach anderen Lösungen umgeschaut. Ich hatte mich um eine Jahresstelle in einer Schule in der Nähe von Bergamo als Verwaltungsangestellter beworben und wurde auch angenommen.

Es war ein schwieriges Jahr für mich. Genau das aber war die Absicht meines Meisters: die Zerstörung meines Egos, wenn auch sehr rigoros. Die Doktorwürde in Östlichen Wissenschaften wäre mir ganz sicherlich in den Kopf gestiegen, und meine beginnende Suche hätte sich in hochtrabenden Neigungen erschöpft. Hinter einem Schreibtisch, beschäftigt mit Ablage und Stempeln, schrumpfte indes mein Ego.

Positiv war auch, daß ich zumindest für ein Jahr wirtschaftlich gesichert und gegen ungerechtfertigte Einflußnahmen gefeit war. Selbstverständlich waren sehr viele Menschen über mich erstaunt. Ich war der einzige »Angestellte Priester« in der Provinz, vielleicht sogar in der ganzen Region, mit Ausnahme der von der Kurie angestellten Monsignori. Auf die verwunderte Frage vieler, warum ich gerade diese Stellung bekleide und nicht die eines Religionslehrers, antwortete ich: »Warum erstaunt es Sie, daß ich nicht Religion lehre, sondern weshalb Religion überhaupt gelehrt wird?«

Der Regisseur meines Lebens führte mich schrittweise in die Einsamkeit, um unbehindert in meinem Herzen regieren zu können. Ich sollte nicht auf institutionelle Unterstützung hoffen, denn nur Er gibt Sicherheit. Lädt Er zu Seiner Hochzeit ein, sollten keine alten Kleider getragen werden. Ich fühlte mich fast unbekleidet und wartete auf ein neues Hochzeitsgewand.

Bleibt die Unterstützung versagt, wird die Freiheit, Neues zu entdecken, geboren. Dieses Gefühl der Freiheit entwickelt neue Energie, die nicht der Rebellion, sondern wahrer Unschuld gleichkommt.

Erst jetzt war ich bereit, die Autobiographie von Yogananda zu lesen. Parapsychologisch vorbereitet, befreit von Vorurteilen und der Angst, eine Stellung und den Ruf zu verlieren, nahm ich dieses heilige Buch in meinem Innersten auf und es offenbarte mir Geheimnisse, die ich vorher nicht verstanden hätte. Jetzt war ich nicht mehr über den Parfüm-Heiligen empört, noch beunruhigte mich die Möglichkeit der Existenz übermenschlicher Wesen im Himalaya.

Dieses Buch erleuchtete mir mit äußerster Klarheit den von mir einzuschlagenden Weg. Ich träumte von Yogananda, der, von seinen Schülern umgeben, sich mir näherte, mich segnete, und ein von der Mitte seiner Stirn ausströmender Lichtstrahl fiel auf meine Stirn.

In Yoganandas Buch stieß ich auf parapsychologische Erscheinungen, die dem Bereich spiritueller Wahrheiten einzuordnen sind. Auch unternimmt er in seinen Büchern den edlen – und wie ich meine – erfolgreichen Versuch, östliches, religiöses Wissen mit dem Christentum auszusöhnen. Im »Höchsten Schwan« (Symbol der Seele) *Paramahansa* entdeckte ich eine bemerkenswerte ökumenische Mission, der ich meine Energie widmen wollte.

Spricht man in der katholischen Kirche vom Ökumenismus, meint man normalerweise den Versuch, alle christlichen Konfessionen zu vereinen. Die Tatsache, daß das Christentum sich in derart viele Sekten und Konfessionen zergliedert hat, war ihrem Bestreben nach Expansion bestimmt nicht förderlich. Ein Ehegatte, der viele Trennungen durchlebt hat, hat guten Grund zur Annahme, daß er selbst für diese Trennungen mitverantwortlich ist. Betrachtet ein zum Übertritt ins Christentum bereiter Mensch diese Abspaltungen genau, mißtraut er unter Umständen einer Religion, die sich nicht nur von vielen Menschen trennte, sondern auch in zahlreiche Gruppierungen aufsplitterte: Protestanten, Waldenser, Evangelikale, Lutheraner, Calvinisten, Zeugen Jehovas, usw. Aus diesem Grunde ist es absolut notwendig, den gemeinsam Nenner dieser Gruppen zu finden.

Trotzdem konnte ich mir nicht vorstellen, daß eine Vereinigung aller Christen, die unter Protestanten bereits utopisch ist, auch die östlichen Konfessionen mit einbeziehen könnte; Religionen, die sich von unserer Kultur so deutlich unterscheiden. Yogananda zeigte mir jedoch, wie nahe sich alle Religionen stehen. Dies war wohl die bedeutendste Entdeckung meiner Suche.

Das Buch *Autobiographie eines Yogi* beeindruckte mich so stark, daß ich den Wunsch verspürte, mich auf die Suche nach Heiligen und Yogis zu machen, die dieser Planet eventuell noch beherbergte. Auch begegnete und las ich Kriyananda, einen Schüler Yoganandas, der das ausgezeichnete Buch *Der Weg: Autobiographie eines westlichen Yogi* geschrieben hat und versteckte Züge des Meisters Yogananda aufweist. Ich selbst hatte das Vergnügen, Kriyananda zu treffen und anläßlich einiger Zusammenkünfte in der von ihm gegründeten Gemeinschaft an seiner Seite zu sein.

Zwischenzeitlich gab ich ein weiteres Vorurteil auf, nämlich den Glauben, nur nach dem Tod Heiligkeit erlangen zu können. Der Tod mag vielleicht die Tore für das Verfahren der Seligsprechung oder Heiligsprechung durch die Kirche als Institution öffnen, was aber ganz sicher nicht bedeutet, auch tatsächlich ein Heiliger zu sein, noch kann eine Nicht-Heiligsprechung durch eine offizielle Behörde als negatives Indiz betrachtet werden. Ich bin der tiefsten Überzeugung, daß die meisten Heiligen von der Kirche noch nicht anerkannt wurden. Stehen auf dem liturgischen Kalender jene Berühmtheiten, die sich Verdienste durch besondere Wohltaten und Selbstverleugnung erworben haben, so stehen auf Gottes Kalender die Heiligen, die Ihn durch Ego-Aufgabe erreicht haben und oft in einer vergessenen und verlassenen Höhle lebten.

Ich entdeckte, daß Heiligkeit nicht nur ein Privileg der Christen ist, sondern auch all jener, die ihre ganze Energie der Gottessuche widmen, ungeachtet ihres Glaubens und ihrer Rasse. Diese Wahrheit, mag sie noch so offensichtlich oder oberflächlich klingen, bedeutet immer noch für viele Priester und Katholiken absolute Ketzerei. »Nur Christus erlöst«, würden sie sagen. Eine unantastbare Wahrheit, die so leidenschaftlich von den Verfechtern des Christentums angeführt wird. Die Bedeutung dieser Worte werde ich später erklären.

Meine Sehnsucht nach Heiligen war noch nicht gestillt. Während das Studium der *Bhagavad Gita* und der *Upanishaden* mich in reinste Paradiese führte, und meine Vorurteile gegenüber den östlichen Religionen immer mehr zerbrachen, entdeckte ich eine andere, außergewöhnliche Persönlichkeit: Jiddu Krishnamurti.

Seine Bücher faszinierten und berührten mich unbeschreiblich. Er verbreitete nicht die liebevolle und überzeugende Botschaft eines Yogananda, sondern forderte auf, ohne Krücken auf eigenen Beinen zu laufen. Seine Worte entsprachen höchster Philosophie. Obwohl sein Stil mich manchmal wie ein Peitschenhieb traf und mich zur reinen, rückhaltlosen Suche ermahnte, fühlte ich mich nach seinen Vorträgen verändert, ruhevoll und erfüllt von überströmender Dankbarkeit für seine Worte. Ich könnte über ihn sagen: »Du hast Worte des ewigen Lebens«.[5] Diejenigen, die Krishnamurti nicht gut genug kennen und glauben, er sei zu intellektuell, sind vielleicht überrascht, wenn ich sage, daß seine Botschaft die Kraft besitzt, Menschen in Tränen ausbrechen zu lassen. Seine Argumentation zielt nicht darauf ab, das Herz zu erweichen, sondern gründet auf klarem Verstand und geschultem Intellekt und trifft das gleiche Ziel: die edelsten Gefühle. Seine Lehre ist auf das Formlose gerichtet, ohne durch die Form hindurchzugehen oder sie zu transzendieren: kein leichtes Unterfangen und nur für jene geeignet, die kein Interesse mehr an der Form haben, die das Gold verstehen gelernt haben und Juwelen verabscheuen.

Als ich erfuhr, daß er in Saanen, Schweiz, persönliche Vorträge hält, wollte ich diese kostbare Gelegenheit nicht verpassen.

Auf meinen Reisen auf der Suche nach Heiligen traf ich andere Suchende so wie ich. Hocherfreut stellte ich fest, daß ich mich in vortrefflicher Gesellschaft befand. Es tat mir wohl, in einer für mich dunklen und zukunftslosen Welt die vielen, versammelten Menschen zu sehen, die auf der Suche nach Gott waren und sich verlangend nach ihm sehnten.

Nach Yogananda und Krishnamurti wandte ich mich einem gewissen Babaji zu; eine Erfahrung, die ich nicht schweigend übergehen kann.

In Yoganandas *Autobiographie* wird ein heiliges Wesen erwähnt, das im Himalaya lebt und Babaji heißt. Es verfügt über außergewöhnliche Kräfte und lebt seit Jahrtausenden in einem jugendlichen Körper. Yogananda berichtet unglaubliche Wunderdinge über diesen ›unvergleichlichen Meister‹, über Phänomene, die einen abgestumpften Skeptiker wohl abschrecken würden. Dieses Christus-gleiche Wesen verließ seinen Körper und versprach, in einer Höhle des Himalaya später wieder zu erscheinen.

Als ich wieder einmal an einem Vortrag eines weisen Mannes teilnahm, was ich gerne tat, erzählte mir ein junger Mann von seinem Treffen mit Babaji. »Das ist unmöglich«, antwortete ich, »Babaji hält sich nach

Yogananda nicht mehr im Himalaya auf.« »Nein«, sagte der junge Mann, »er ist zurückgekommen.« Ich kam mir wie in einer Traumwelt vor. Der junge Mann gab mir genaue Anweisungen, wie dieses Gebiet im Himalaya zu finden sei. Sollte es tatsächlich stimmen, daß Babaji zurückgekehrt ist, durfte ich diese einmalige Gelegenheit nicht versäumen.

Ich kaufte ein Buch – das letzte Exemplar im Buchladen – mit dem Titel *Babaji, die Botschaft aus dem Himalaya*. Das Buch enthielt sehr viele Photographien. Einige Photographien, auf denen Babaji während der ersten Jahre seiner gegenwärtigen Manifestation abgebildet war, ähnelten verblüffend Yoganandas Beschreibung: ein äußerst gut aussehender, junger Mann, geheimnisvoll, sein Gesicht glich dem eines Christus, sein weißes Gewand weht im Wind, der Blick ist durchdringend. Im Laufe der Jahre hatte sich aber diese anmutige Erscheinung erheblich verändert. Nun wirkte er fettleibig mit angeschwollenem Gesicht und unordentlichen Haaren, sein Blick war manchmal furchterregend, manchmal weich. Dieses letzte Bild erinnerte mich an einen unlängst geträumten Traum, in dem mir Babaji, nicht in der mir bekannten Gestalt, erschien. Er stand, korpulent und in weiße Seide gehüllt, einige Meter entfernt von mir und gab mir mit seinem Zeigefinger zu verstehen, zu ihm zu kommen.

Als ich die Photographie von ihm sah, erkannte ich das Bild aus meinem Traum wieder. Ich zeigte dieses Bild einer Frau, die wie ich auf der Suche war. Sie sagte, auch sie habe einen ähnlichen Traum in der vorherigen Nacht gehabt: die Gestalt glich jener auf der Photographie im Buch.

Auf meiner zweiten Indienreise vom August bis September 1982 wagte ich ein ganz verrücktes Unterfangen. Ich organisierte eine Reise in den Himalaya, um den unsterblichen Babaji zu suchen. Obwohl meine körperliche Verfassung wegen der nicht ausgeheilten Nierenerkrankung dagegensprach, war mein Entschluß unerschütterlich und nichts hätte mich von meinem Vorhaben abbringen können. Nichts, oder besser fast nichts. Als ich die Wälder auf den Hängen des Kailash Gebirges – Shivas Wohnsitz – durchquerte, war mir dank göttlicher Fügung die Gefährlichkeit der Fauna nicht bewußt: Tiger, Schlangen und Löwen. Obwohl ich in der *Autobiographie* darüber gelesen hatte, hatte sich ein Schleier des Vergessens über diese Information gelegt, wohl um dieses Abenteuer nicht zu verhindern. Nur so hatte ich den unverdienten Mut zur Unbefangenheit, dieses gesegnete, aber auch wilde Gebiet zu durchqueren. Erst im Nachhinein wurde mir die herausgeforderte Gefahr erst wirklich bewußt. Auch dann verstand ich erst, warum eine mir entgegenkommende, in ein Sari gekleidete westliche Frau von zwei Soldaten mit geschulterten Gewehren begleitet wurde.

Das Treffen mit Babaji dauerte nur einige Tage. Die unmittelbare Gegenwart des Meisters erweckte in mir keine besonderen Gefühle, seine Haltung war keineswegs übersinnlich, eher erdgebunden, und es war schwierig, in ihm eine verkörperte Göttlichkeit wahrzunehmen. Für uns Neuankömmlinge war alles sehr seltsam. Ein junger Amerikaner, den ich dort traf, vertraute mir seine Enttäuschung an den Ufern des Ganges an, und ich selbst konnte ihn nicht trösten, denn auch ich war enttäuscht.

Trotz vielen Zeichen und Gegenzeichen zweifle ich noch heute; fünfzig Prozent sprechen für einen göttlichen Ursprung, fünfzig Prozent aber sprechen dagegen. Ich erinnerte mich an Yoganandas Worte über Babaji: »Babaji kann nur gesehen oder erkannt werden, wenn er es will.«[6]

Meine Jagd nach Meistern war noch nicht beendet. Eine andere Erfahrung erwartete mich, die mein tägliches Leben beeinflussen und eine entscheidende

Wende in meiner spirituellen Schulung herbeiführen sollte.

Alle Bücher, die ich las, sprachen von Meditation und Yoga-Techniken, um die umherwandernden Gedanken, eine dem Verstand innewohnende Eigenschaft, zu heilen. Da jedes Buch verschiedene Techniken vorschlug, konnte ich nicht viel damit anfangen.

Yogananda schlug *Kriya Yoga* vor. Als ich jedoch die Self-Realization Fellowship in Los Angeles um nähere Information bat, empfahl man mir, als Priester meine Kirche zu konsultieren. Sofort wurde mir wieder bewußt, wie weit sich die Schüler vom Meister entfernen; sie werden durch Labyrinthe von Organisationen und Bürokratie getrennt statt vereint – so geschah es dem Christentum und allen anderen Konfessionen der Welt.

Krishnamurti schlug keine Technik vor. Er hält nicht viel von Techniken außer der einen: beobachte deine Gedanken, denn das ist Meditation.

Ich fühlte mich orientierungslos und hatte das Bedürfnis, meine Gedanken so schnell wie möglich zu zähmen und neu zu erziehen. Alle Texte über Yoga stimmen darin überein, um *samadhi* – den Zustand der Glückseligkeit durch die Vereinigung mit dem Göttlichen – zu erreichen, müssen die Gedanken von aller Rastlosigkeit befreit werden; mein Gehirn aber glich einem tätigen Vulkan.

Ich traf einen Lehrer der Transzendentalen Meditation und er schlug mir vor, diese Technik zu erlernen. Sie wird von Maharishi Mahesh Yogi gelehrt, einem jetzt sehr alten Meister mit kleiner, besonders amerikanischer Anhängerschaft. Als Technik schien TM gut für mich zu sein, nur hatte ich einige Bedenken über die Art und Weise, wie sie sich präsentierte.

Die Technik wird gegen Bezahlung gelehrt, und ich war auch bereit, dafür zu bezahlen. Meine spirituelle Verwirklichung war mir das Geld wert. Ich verstand

dennoch nicht, warum mein Verlangen nach spiritueller Verwirklichung auch gleichzeitig ihre Hemmung
bedeutete, und daß mit Geld dieses Ziel erreicht werden könnte. Ich beruhigte mich schließlich mit dem
Gedanken, daß der Besuch eines Psychotherapeuten
letztendlich teurer wäre. So dachte ich jedenfalls damals. Ich akzeptierte den »Meditations-Vertrag«. Die
Technik war zumindest für eine gewisse Zeitspanne
erfolgreich. Ich wurde geistig ruhig und stabiler.

Der größte Erfolg jedoch war, daß ich, die Technik
gewissenhaft befolgend, mir angewöhnte, jeden morgen frühzeitig aufzustehen, eine Angewohnheit, die
mir vorher widerstrebte.

Auch heute frage ich mich noch, wieviel Distanz
eigentlich zwischen einem indischen Weisen und dem
marketing seiner Organisation liegt. Meine Verehrung
östlicher Weiser ist viel zu hoch, als daß ich sie durch
die Annahme beeinträchtigen möchte, sie würden
menschliche Erlösung für Geld anbieten.

Obwohl ich auch Maharishi bewunderte, waren
meine Gefühle ihm gegenüber niemals so rein, wie
Yogananda oder Krishnamurti gegenüber. Ganz sicher habe ich nicht zufällig diesen Weg beschritten.
Der Suchende muß experimentieren, ehe er den königlichen Pfad findet. Jede Erfahrung bedeutete einen
kostbaren Beitrag zur Vollendung des nächsten Schrittes.

Zwischen Yogananda und Krishnamurti und vor
Babaji und Maharishi machte ich eine völlig neue
Erfahrung. Ich traf auf ein menschliches Wesen, das
mein ganzes Leben zwar nicht sofort, sondern allmählich übernehmen sollte; mit der Befähigung eines Gottes lockte es kunstreich die Seinen an, nachdem sie
vorher ihr Pulver verschossen hatten. Der Meister
aller Meister erwartete mich auf dem Weg. Er betrat
mein Leben nicht gebieterisch, sondern gütig, auf daß
seine Macht mich nicht erschreckte und seine Glut

mich nicht verbrannte. Hatte Er damals mein Gebet, mein Bittgebet, bei der Beichte beim Jesuiten-Pater erhört? Zur Zeit meiner Wiedergeburt offenbarte er sich mir liebevoll wie eine Mutter, die ihrem Sohn das in seiner Verwirrung Verlorene zurückgeben möchte.

Anmerkungen

[1] Die ersten Zeilen aus Dantes Göttlicher Komödie: Nel mezzo del cammin di nostra vita / Mi ritrovai per una selva oscura, / Che la diritta via era samarrita.« (Wohl in der Mitte unserer Lebenswege / geriet ich tief in einen dunklen Wald / da vom geraden Pfad ich abgeraten.

[2] Das Buch Jesaja 42,20

[3] Johannes 10,16: ›Ich habe noch andere Schafe, die nicht aus diesem Stall sind; auch sie muß ich führen, und sie werden auf meine Stimme hören; dann wird es nur eine Herde geben und einen Hirten.‹

[4] Ref. I. Korinther 9,13: »Wißt ihr nicht, daß alle, die im Heiligtum Dienst tun, vom Heiligtum leben, und daß alle, die am Altar Dienst tun, vom Altar ihren Anteil erhalten?«

[5] Johannes 6,65–68: ›Deshalb habe ich zu euch gesagt: Niemand kann zu mir kommen, wenn es ihm nicht vom Vater gegeben ist. Daraufhin zogen sich viele Jünger zurück und wanderten nicht mehr mit ihm umher. Da fragte Jesus die Zwölf: Wollt ihr auch weggehen? Simon Petrus antwortete ihm: Herr, zu wem sollen wir gehen? Du hast Worte des ewigen Lebens.‹

[6] P. Yogananda, *Autobiographie eines Yogi*

V. KAPITEL

Der Meister aller Meister

Kamen Worte von Dir,
so verschlang ich sie,
dein Wort war mir Glück
und Herzensfreude

Jeremia 15, 16

Einige Monate nach meiner Rückkehr in das Gebiet von Bergamo sagte mir eine Bekannte, daß ein großer Guru namens Sai Baba nach Italien kommen würde. Dies war im Jahre 1980. Welch goldene Gelegenheit für mich, der ich ein so starkes Verlangen nach Meistern hatte.

Sai Baba: wer war das? Der Name sagte mir nichts. Mir gelang es jedoch, sofort eine kurze Biographie über ihn zu beschaffen. Ein gewisser Amerikaner namens Shulman hatte dieses Buch geschrieben und berichtete über seine persönliche Erfahrung mit Sai Baba in Indien. Zuerst las ich es skeptisch, dann aber immer fleißiger. Die in diesem Buch beschriebenen Dinge klangen so unglaublich, daß ich glaubte, der Autor hätte sich das alles nur ausgedacht, um übersättigte Leser das Staunen wieder zu lehren.

Bald aber fand ich heraus, daß noch ein anderer Autor, Howard Murphet, über das gleiche Thema geschrieben hatte. Sein Buch lautet: *Sai Baba, Man of Miracles*. Ich kaufte es und las es mit der gleichen Begeisterung wie das erste – nur diesmal zweifelte ich nicht mehr an der Glaubwürdigkeit dieser Persönlichkeit. Es schien mir unwahrscheinlich, daß zwei Autoren dieselben Lügen oder Hirngespinste erzählen würden. Alle von ihnen beschriebenen Phänomene und Erläuterungen wurden außerdem von meinen bereits durchgeführten Studien gestützt.

Die Angelegenheit wurde immer ernster. Sai Baba war nicht nur ein Guru im üblichen Sinn, sondern, falls den ihn betreffenden Aussagen geglaubt werden kann, weitaus überlegener. Seine Wunder – ich schreibe im Imperfekt, da ich mich meiner Gedanken erinnere, als ich das Buch las – waren zu verblüffend. Etwas Theatralisches umgab sie: er materialisierte Ringe, Ketten, goldene Statuen, sogar nicht der Jahreszeit entsprechendes Obst. Warum? fragte ich mich. Jesus hat wenigstens Kranke geheilt. Warum all diese wertvollen Gegenstände, warum diese Vergeudung von Fähigkeit und Macht?

Damals war ich noch viel zu unbedarft, um die Tiefe dieser Botschaften zu verstehen. Immer noch trug ich diese Unruhe und Ungeduld in mir, alles möglichst sofort und mit Preisnachlaß zu erfahren. Ich konnte mir nicht im entferntesten vorstellen, wie weit mein Weg noch sein würde, um auch nur eine winzige Geste oder auch nur ein Wort von Ihm zu verstehen. Damals wußte ich nicht, daß ich nichts weiß, und glaubte auf Grund meiner Kaste über spirituelles und theologisches Wissen zu verfügen. Ich schaute mir sein stirnrunzelndes Gesicht auf der Umschlagseite an; seine äußere Erscheinung sagte mir nicht viel, nur der Ausdruck seines Gesichtes schien mir anzudeuten: »Auch du wirst mir nicht entgehen! Es handelt sich nur um Tage.«

Ich hatte bereits gelernt, Bücher nur wegen ihres ungewöhnlichen Inhalts nicht einfach auf die Seite zu legen, und versuchte, alle in mir aufsteigenden Fragen zu beantworten.

Was die »Wunder« anbetraf, hatte ich meinerseits

keine Einwände. Die Tatsache, daß es Wunder gab, erstaunte mich nicht sonderlich. Da es Menschen gab, die Teelöffel biegen konnten, Ectoplasma aus ihrem Munde produzierten, Streichhölzer durch bloßes Betrachten anzuzünden vermochten, warum sollte ich mich dann über jemanden wundern, der das materialisierte, was ihm gerade einfiel. Ich wußte, daß das eine Frage der materiellen Ebene und des Bewußtseinsgrades des Ausführenden ist.

Aber, so fragte ich mich, wer ist dieser Mann, der die Materie beherrscht, der sie nach Wunsch manipuliert und sie tricklos entstehen läßt? Ein Zauberer tut dies zweckgebunden, für Reichtum, Erfolg, Ruhm, aber er kann nicht ständig zaubern; und Er? Warum tat Er das? Außerdem holt ein Zauberer die Möwen und Kaninchen aus einem Zylinder hervor, die, wie jeder weiß, irgendwo unter dem Tisch versteckt waren. Sai Baba aber hat wiederholt demonstriert, daß die von ihm erschaffenen Gegenstände vorher nicht existierten und erstmals zu diesem Zeitpunkt erschaffen wurden: somit ein Akt der Schöpfung, der jeden Naturforscher verwirrt.

Manche Wunder erstaunten mich durch die Art und Weise, wie sie vollbracht wurden; so wurde beispielsweise eine Perlenkette durch die Welle des Indischen Ozeans an Sai Babas Füße gespült, als er sich dem Wasser näherte: eine fromme Reverenz der Unendlichkeit für den, der behauptete, der Unendliche zu sein?

Nur das Repertoirc seiner Wunder zu kennen, reicht nicht. Murphets Buch ist im Grunde genommen nur eine Anthologie der Wunder und räumt Sai Babas Gedanken wenig Platz ein. Mich befielen jedoch die heftigsten Zweifel, als ich feststellte, daß er Themen streifte, die ein Katholik niemals gewagt hätte, auch nur anzutasten.

Seine Kräfte waren wirklich erstaunlich, aber …

war er vielleicht eine Art Antichrist? Schließlich sagten die Schriften das Kommen dieser beunruhigenden Gestalt voraus. Mir schien, als ob der Teufel seine Hände mit im Spiel hätte. Schaute ich in dieses dunkle, negroide Gesicht und verglich es mit dem hieratischen und engel-gleichen Hollywood-Jesus – blond, blauäugig, dem Jesus, wie er traditionell dargestellt wird – fragte ich mich: »Und wenn er wirklich ein Dämon ist? Keineswegs kann ich die Möglichkeit ausschalten, daß er ein Dämon ist, nur kann ich es momentan nicht beweisen«. Dann, das orange-farbene Gewand. War nicht auch Flamm-rot seit jeher in unserer Tradition die geeignete Farbe, den Teufel und sein Umfeld zu malen?

Ich Armer! Ich erkannte die Irrationalität und Grundlosigkeit dieser Gedanken nicht. Ich bemerkte nicht, wie unlogisch und infantil sich der Doktor der Theologie benahm, der glaubte, einen *avatar* durch bloßes Betrachten seines Bildes verstehen zu können. Dieser diplomierte Gelehrte übersah selbst die Kleinigkeit, daß Jesus mit Sicherheit nicht blond und blauäugig war, sondern ganz sicherlich eine oliv-farbene Haut hatte, und daß Karminrot in der Katholischen Kirche die Farbe höchster Würde ausdrückte.

Damals begriff ich vor allem noch nicht, wie leicht die Gedanken sich in infamen Unsinn verlieren können, wenn sie sich an der äußeren Form festhalten. Wäre ich damals Jesus begegnet, hätte ich mit Sicherheit seine zu kleine Statur bemängelt, seine hervorstehenden Backenknochen, sein langes Hippie-Haar, seine Ähnlichkeit mit einem Drogensüchtigen oder Geistesgestörten, den starken Glanz seiner Augen … und daß er aus diesem Grunde kein Messias hätte sein können. Mag sein, daß ich zu jenen Seiner Zeit gehört hätte, die gesagt haben: Kann er »nur mit Hilfe von Beelzebub, dem Anführer der Dämonen«,[1] Zeichen und Wunder vollbringen?

Warum sollte man diesen Fehler wiederholen?

Manche Menschen sind der Meinung, ihr unerschütterlicher Glaube an Jesus mache es überflüssig, sich anderswo umzuschauen. Der wahre Prüfstein des Glaubens aber ist Handeln, und nicht die Überzeugung allein. Es ist leicht, an eine Gestalt zu glauben, die körperlich nicht mehr existent und durch die Überzeugungskraft der Schreiber und durch seinen Märtyrertod glorifiziert wurde. Zieht man in Betracht, daß Menschen dazu neigen, sich nur an die glücklichen Augenblicke im Leben eines Verstorbenen zu erinnern und seine Schwächen zu vergessen. Trifft das für einen Großteil der Menschheit zu, die unbedarft oder verdorben ist, um so mehr wurde Jesus idealisiert als »das Lamm ohne Fehl und Makel.«

Um Mißverständnissen vorzubeugen möchte ich betonen, daß die Person Jesu, unabhängig von geschichtlichen und literarischen Beschreibungen, leuchtet: ich wiederhole aber nochmals, daß ein Blick auf die Photographie des Nazareners mit Sicherheit viele Menschen enttäuscht hätte. Viele, die ihn persönlich kannten, waren sogar enttäuscht. Ist es nicht merkwürdig, daß viele seiner Zeitgenossen noch nicht einmal seine Göttlichkeit erkannten, während die heutigen Christen, die ihn nie gesehen haben, dies tun? Warum hat ihn nicht nur der arme Judas verraten, alle zwölf Seiner engsten Vertrauten wankten im entscheidenden Augenblick mit Ausnahme von Johannes, der am Fuße des Kreuzes ausharrte? Führt dieser allgemeine Überblick nicht zu der Annahme, daß die menschlichen und geschichtlichen Umstände seines Todes die Menschen vorübergehend daran hinderten, das innere Wesen Christi und Seine Göttlichkeit zu sehen?

Mein Kampf dauerte an. Die Worte aus dem Matthäus-Evangelium klangen drohend: »Denn es wird mancher falsche Messias und mancher falsche Prophet auftreten, und sie werden große Zeichen und Wunder tun, um, wenn möglich, auch die Auserwählten irre zu führen.«[2]

Auch der heilige Paulus trug zu meinem Argwohn bei: »Laßt euch durch niemand und auf keine Weise täuschen! Denn zuerst muß der Abfall von Gott kommen und der Mensch der Gesetzwidrigkeit erscheinen, der Sohn des Verderbens, der Widersacher, der sich über alles, was Gott oder Heiligtum heißt, so sehr erhebt, daß er sich sogar in den Tempel Gottes setzt und sich als Gott ausgibt.«[3]

Die geschichtlichen Umstände und Gegebenheiten, sowie die ernst gemeinten Aussagen Jesu oder seiner Apostel nicht der Zeit entsprechend zu berücksichtigen und auf Grund dessen ein Urteil der Verdammung auszusprechen, ist ein anderes Vorurteil, das vermutlich von den Heiligen Schriften gestützt wird.

Viele Katholiken lesen die heiligen Texte im allgemeinen oberflächlich. Glauben wir ein passendes Wort für einen Menschen in einer bestimmen Situation zu haben, zitieren wir es oft anschuldigend, um zu verletzen. Wie leicht ist es einem getrennt lebenden Paar zu sagen: »Das Evangelium sagt, was Gott zusammengefügt hat, soll der Mensch nicht scheiden!«, ohne die traurige Geschichte des Paares zu kennen, dessen vielleicht einzige Verbindung nicht einmal Gottes Werk war!

Wie oft habe ich während der Predigt Menschen beobachtet, die, sobald ich auf menschliche Schwächen zu sprechen kam, mit einem typischen und unmißverständlichem Ausdruck in ihrem Gesicht ihrem Nachbarn zuflüsterten: »Das ist für X bestimmt. Das trifft genau auf Y zu!«

Die Evangelien bieten sich in einigen ihrer ernsten und drohenden Aussagen an, als Verdammung ausgelegt zu werden, und Intolerante haben mit der Bibel in der Hand ein leichtes Spiel, Urteile abzufeuern. Diese menschliche Veranlagung muß dem Heiligen

Geist entgangen sein, als er die biblischen Schreiber inspirierte. Hätte er diese menschliche Schwäche nicht übersehen, die Bibel wäre nie geschrieben worden.

Je gekürzter vor allem die Bibeltexte wiedergegeben werden, umso wirkungsvoller sind sie; eine gern angewandte Kunst, um andere zu verletzen. Des Paulus' (oben zitierter 2. Brief an die Thessalonicher endet mit folgenden Sätzen: »Denn die geheime Macht der Gesetzwidrigkeit ist schon am Werk; nur muß erst der beseitigt werden, der sie bis jetzt noch zurückhält. Dann wird der gesetzwidrige Mensch allen sichtbar werden. Jesus, der Herr, wird ihn durch den Hauch seines Mundes töten und durch seine Ankunft und Erscheinung vernichten. Der Gesetzwidrige aber wird, wenn er kommt, die Kraft des Satans haben. Er wird mit großer Macht auftreten und trügerische Zeichen und Wunder tun. Er wird alle, die verlorengehen, betrügen und zur Ungerechtigkeit verführen; sie gehen verloren, weil sie sich der Liebe zur Wahrheit verschlossen haben, durch die sie gerettet werden sollten.«[4]

Hier wird von einem Antichrist gesprochen, der durch die Geburt Jesu vernichtet wird, und von »trügerischen Zeichen und Wundern«, welche die betrügen, die sich der Wahrheit verschlossen haben. Prüft man Sai Babas Lehre und Handeln, dann müssen diese Aussagen ernsthaft überprüft werden.

Ebenso steht im 1. Brief des Johannes: »Meine Kinder, es ist die letzte Stunde. Ihr habt gehört, daß der Antichrist kommt, und jetzt sind viele Antichriste gekommen. Daran erkennen wir, daß es die letzte Stunde ist.«[5] Es ist leicht zu erkennen, daß sich Johannes auf eine aktuelle, zeitgenössische Situation bezieht. Allerhöchstens kann man sagen, daß in Zeiten, vergleichbar denen bei der Ankunft Christi viele Rivalen hervortraten; man kann daraus allerdings nicht schließen, daß sich diese Passage unbedingt auf Antichristen zweitausend Jahre später bezieht. Sollte dies aber zutreffen, und vorausgesetzt, daß die Heiligen Schriften stets eine die Zeit transzendierende Warnung sind, welche Kriterien bestimmen den Antichristen des 20. Jahrhunderts als den authentischen, teuflischen ›Rebellen‹, der alle anderen befehligt und organisiert?

Das wahre Werk des Teufels ist ganz offensichtlich, daß Menschen jemanden daran hindern, einer Frage nachzugehen, und sich hysterisch gegenüber der bloßen Möglichkeit einer Hypothese verschließen. Daraus wird ersichtlich, inwieweit sich diese Menschen »der Liebe zur Wahrheit verschlossen haben, durch die sie gerettet werden sollten.«

Um eine entscheidende Antwort auf Sai Baba zu finden, – so wurde mir bewußt, – war die schwachherzige (feige) Zurückhaltung derer, die das Unbekannte fürchten oder die glaubten, bereits alle dem menschlichen Verstand zugänglichen Wahrheiten erfaßt zu haben, keine Hilfe. Um eine Antwort zu finden, mußte ich diesmal meine Vertäuung lösen, mich auf das offene Meer begeben und tief tauchen. Am Ufer des Wassers findet sich niemals Kostbares, nur Treibgut.

Meine Suche schien nicht nur ein Abenteuer zu werden, sondern sie war es auch: das inspirierendste Abenteuer meines Lebens. Ich ging nach zwei Methoden vor: destruktiv und konstruktiv. Mit der ersten Methode räumte ich mit verschiedenen theologischen Vorurteilen auf und versprach mir selbst sie später, falls möglich, wieder zu retten.

Ich gab sozusagen vor, ein Theologe zu sein, der alles Gelernte, alle Dogmen und Überzeugungen vergessen hatte. Ich machte *tabula rasa*, hatte nichts zu verteidigen und nichts zu bestätigen, außer dem universellen Erbe des gesunden Menschenverstandes. Jeder meiner Kollegen wäre wohl über meine Kühnheit schockiert gewesen, heute glaube ich hingegen, daß keine Theologie dem einfachsten und reinsten gesunden Menschenverstand überlegen ist. Zuerst überprüfte ich den unantastbaren Gedanken, die Menschheit sei nur durch Christus und keinen anderen erlöst worden. Mein Christus-Konzept war noch nebulös: erst später entdeckte ich, daß dieses Dogma absolut wahr ist, wenn auch in einem anderen Sinn, wie üblicherweise gelehrt.

Ich fragte mich: kann Gott, dem jede Religion alle Macht, Weisheit und Liebe zuschreibt, von den Menschen nur auf eine einzige Inkarnation beschränkt werden? Ich befand mich in einem unentrinnbaren Dilemma. Stellte ich mich auf den Standpunkt, daß Gott mehr als einmal inkarnierte, würde ich mit der Kirche und ihren Lehren kollidieren. Behauptete ich hingegen, daß Gott außer in Jesus Christus keine andere Inkarnation hatte, würde ich gegen die Wahrheit verstoßen – das bedeutet gegen Gott selbst – und somit voraussetzen, daß Gott nur zu dem fähig ist, was im Bereich des menschlich Vorstellbaren liegt. Mir mangelt es weder an Achtung gegenüber bedeutenden und gelehrten Kirchenleuten, noch gegenüber einer Lehre, die viele Heilige hervorbrachte. Habe ich aber zwischen beiden Möglichkeiten zu wählen, kann ich mich nicht gegen die Gottes-Wahrheit stellen.

Ein fest verankertes Vorurteil brach zusammen, ein Vorurteil, das über Jahrhunderte bei vielen guten Christen vorherrschte. Das war die destruktive Methode. Um neu erbauen zu können, müssen alte Gebäude niedergerissen werden.

Um Sai Babas Gedanken genauer überprüfen zu können, richtete ich mein Augenmerk auf Johannes' wertvolle Klarstellung: »Wer leugnet, daß Jesus der Sohn ist, hat auch den Vater nicht; wer bekennt, daß er der Sohn ist, hat auch den Vater.«[6]

Und weiter: »Daran erkennt ihr den Geist Gottes:

Jeder Geist, der bekennt, Jesus Christus sei im Fleisch gekommen, ist auch Gott. Und jeder Geist, der Jesus nicht bekennt, ist nicht aus Gott. Das ist der Geist des Antichrists, über den ihr gehört habt, daß er kommt. Jetzt ist er schon in der Welt. Ihr aber, meine Kinder, seid aus Gott und habt sie besiegt; denn er, der in euch ist, ist größer als jener, der in der Welt ist. (...) Daran erkennen wir den Geist der Wahrheit und den Geist des Irrtums.«[7]

Hier begann die konstruktive Methode. Ich mußte so viel wie möglich über Sai Babas Reden und Schriften, wenn es sie überhaupt gab, herausfinden. Nur so konnte ich die ernsten Zweifel ausräumen, daß dieser Mann mit der dunklen Haut, dem Haar eines Rocksängers und dem orange-farbenen Gewand, vielleicht doch der Antichrist ist. Wenn ich in seine Gedanken schaute, seine Gewohnheiten, Bewegungen und Worte studierte, würde ich etwas mehr über sein Wesen erfahren. Durch Fragen, was ihm Jesus bedeute, ob er auf Seiten Christi stände oder ein Antagonist sei, würde ich herausfinden, wer er ist.

Ich war sehr aufgewühlt. Mein Herz sagte mir, ich stände auf einer Diamantmine, und jede Schürfbewegung ließ meine Gefühle erzittern. Ich schien vor der Tatsache Angst zu haben, der ganze Schatz stünde zu meiner Verfügung und läge direkt unter meinen Füßen. Ich fühlte mich wie ein Lotto-Spieler, der gewonnen hat und seinen Augen nicht zu trauen wagt, der immer wieder die Zahlen verglich, um sich ja nicht getäuscht zu haben. Eine Täuschung dieser Dimension wäre fatal gewesen.

Ich fand sofort die entsprechenden Bücher. Auch heute noch, zehn Jahre später, wundere ich mich, wie schnell der Engel des Herrn das heilige *dossier* für mich zusammengestellt hatte. Heute noch haben Menschen Schwierigkeiten, gewünschte Publikationen von Ihm zu finden. Ich erhielt sie sofort: Ein Zeichen, daß ich nicht länger in meiner Unwissenheit verharren sollte.

In dem Augenblick, als ich seine Worte las, entschwebte ich auf geheimnisvolle Weise in eine göttliche Atmosphäre. Ich konnte nicht mehr unterscheiden, ob das Gelesene den Evangelien entnommen war, oder aus einem himmlischen Buch stammte, das den meisten Menschen unbekannt ist. Ich war absolut sicher, daß das Gelesene von göttlichem Ursprung war. Außerdem berührte mich die Autorität und Erhabenheit seiner Aussagen zutiefst: »Ich gehöre euch, ob ihr es wollt oder nicht; ihr gehört mir, ob ihr mich haßt oder mir auszuweichen sucht.«

»Ich bin in euch, ihr seid in mir. Es gibt keine Entfernung und keinen Unterschied. Ihr seid nach Hause gekommen. Das ist euer Haus. Mein Haus ist euer Herz!«[8]

»Warum sich ängstigen, wenn ich da bin? Setzt allen Glauben in mich. Ich werde euch führen und beschützen.«[9]

Mit meinem Finger die Buchseite markierend, schloß ich das Buch und schaute bewegt in den Himmel hinauf: »Du bist noch da?« fragte ich voller Dankbarkeit die mein Leben bestimmende, wohlwollende Hand. »Träume oder wache ich?« Das Gesicht Sai Babas, auf der Umschlagseite eines Buches abgebildet, schien mich anzulächeln, und ich begann diesen kleinen, dunkelhäutigen Mann sympathisch zu finden.

Sofort, meine Krankheit vergessend, ging ich in ein Reisebüro und buchte einen Flug nach Indien. Ziel: Puttaparti, Sai Babas Aufenthaltsort, wo er die meiste Zeit des Jahres verbringt.

Sollte ich ihn wirklich verstanden haben, dürfte ich keinesfalls den Rest meines Lebens verbringen, ohne ihn leibhaftig gesehen zu haben; Ihn der sich als »die Mutter und den Vater des Menschengeschlechts« betrachtet.

Der Augenblick einer Begegnung rückte näher. Zweifel plagten mich, denn ich hatte gelesen, daß man Ihn nicht immer antrifft oder sieht. Auch steht geschrieben, daß er sich oft ankommenden Suchenden entzieht.

Nein. Dies würde nicht geschehen. Nicht ich besuchte Ihn: Er kam mir entgegen, um mich zu Ihm zu holen.

»Nicht ihr habt Mich erwählt, Ich habe euch erwählt.«

Anmerkungen:

[1] Matthäus. 12,24
[2] Matthäus 24,24
[3] II. Thessalonicher, 2,3–4
[4] II. Thessalonicher, 2,7–10
[5] I. Johannes 2,18
[6] I. Johannes, 2,23
[7] I. Johannes, 4,2–4, 6
[8] N. Kasturi, Sathyam Sivan Sundaram, vol. 3, S. 148
[9] N. Kasturi, vol. 1, S. 99

VI. KAPITEL

Die ersten Schritte zum Avatar

Jetzt will ich meine Schafe selber suchen
und mich selber um sie kümmern.
Wie ein Hirt sich um die Tiere
seiner Herde kümmert an dem Tag,
an dem er mitten unter den Schafen ist,
die sich verirrt haben,
so kümmere ich mich um meine Schafe
und hole sie zurück von all den Orten,
wohin sie sich
an dunklen, düsteren Tagen verstreut haben.

Ezechiel 34, 11–12

Hat man Sai Baba entdeckt, sollte man ihn auch unbedingt studieren. Abgesehen vom Studium der Bibel oder der Ästhetik hat mir nichts in der Welt größere Freude und Seligkeit bereitet, als diese Person zu studieren. Dies ist an sich aussergewöhnlich. Während meiner Schulzeit langweilte mich ungeheuer das aufgezwungene Studium von Persönlichkeiten wie Napoleon, Cavour, Mazzini, der Herrscher des alten Roms oder der Geschichte der Päpste. Ich sehnte stets das Ende des Unterrichts herbei. Widme ich mich hingegen dem Studium Sai Babas, Seinem Werk und Seiner Lehren, werde ich niemals müde, selbst wenn ich Dinge lese, die ich bereits kenne (oder zu kennen glaube). Es gereicht mir immer zum Nutzen, es baut mich auf und erfrischt mich.

Über ihn zu reden ermüdet nie. Stundenlang können seine göttlichen Spiele und Wunder, seine Kontakte mit Anhängern, seine »Verführungen« diskutiert werden, ohne daß Hunger darüber aufkommt. Seitdem ich mich mit Sai Baba beschäftigte, wird durch das bloße Reden über Ihn Energie neu aufgeladen, das Herz wird warm. Erinnert man sich an seine Anekdoten oder an die ihm eigene Gestik, kann man manchmal sogar während eines Gespräches über Sai Baba in Tränen der Freude ausbrechen. Spreche ich mit anderen über ihn, bemerke ich oft Tränen in ihren Augen, selbst wenn ich sie das erste Mal traf, und sie weder gläubig noch religiös waren.

Studiert Sai Baba! Dieser Ausspruch mag überheblich für die klingen, die ihn bereits kennen: wie kann man mit einem bescheidenen Verstand auch nur versuchen, Geheimnisse dieser Größenordnung und Unerklärbarkeit zu verstehen?

Obwohl Sai Baba auch einer skeptischen, wissenschaftlichen Neugierde standhalten würde, war mein »Studium« keine Herausforderung an Seine Größe, sondern eher ein Versuch, mehr über ihn zu erfahren. Trifft man einen Menschen mit gleicher Wellenlänge, so ist es natürlich, in das Leben dieser Person eintreten zu wollen. Verlief die Begegnung positiv, wünscht man sich mehr als eine Bekanntschaft, man wünscht sich Vertrautheit.

Für mich bedeutete das Studium Sai Babas in erster Linie, Ihm begegnen zu wollen, dann seine Tätigkeit zu untersuchen und als drittes seine Gedanken, seine Botschaft zu verstehen. Obwohl ich schrittweise vorgehen wollte, mußte ich feststellen, dass eine Differenzierung unmöglich ist. Sai Baba war vom ersten Augenblick an eine Botschaft. Ihn auch nur gesehen zu haben, bedeutet bereits viel empfangen zu haben. Ich meine dies nicht rein rhetorisch, denn das durch eine Begegnung mit ihm ausgelöste Verständnis kann ein ganzes Leben revolutionieren. Dieses Verständnis ist aber im

Verhältnis zum nicht Verstandenen äußerst gering und klärt sich erst ganz allmählich durch spätere Ereignisse.

Sollte ich tatsächlich eine solche Reise antreten, müßte ich mich vorher informieren. Aus den mir zugänglichen Büchern ergab sich die Adresse eines Sai Baba Zentrums in Turin. Ich glaube, es war das erste Zentrum in Italien. Ich entschloß mich, an dieses Zentrum zu gelangen, um genaue Informationen für eine Reise nach Puttaparti zu erhalten.

Nachdem ich gebeten wurde, meine Schuhe auszuziehen, betrat ich eine freundliche Mansardenwohnung. Sie war hell. Ein großes Photo Sai Babas hing in der Mitte der Eingangswand. Darunter befand sich ein Bild seiner Füße, umgeben von vielen Blumen. Weihrauchstäbchen verbreiteten den typisch orientalischen Duft. Auf den ersten Blick war ich sehr überrascht und etwas verunsichert. Als ich Männer und Frauen in zwei Gruppen getrennt von einander sitzen sah, in einer mir unverständlichen Sprache, begleitet von einem Harmonium, rhythmisch singen hörte, spürte ich, daß diese Art von Andacht nicht ganz die meine war. Für einen Priester, der selbst täglich Riten und Zeremonien zelebriert, ist der Anblick anderer Kulte nicht besonders interessant. Ich glaubte, mich in einer götzendienerischen und heidnischen Sekte wiedergefunden zu haben.

Ich ließ mich aber nicht entmutigen und wollte diesen äußeren Formen nicht zu viel Bedeutung beimessen. Ich erkundigte mich, was ich nach Puttiparti mitbringen müßte, ob es dort Unterkunftsmöglichkeiten gebe, wie die Mahlzeiten arrangiert sind, kurz, alles was man über ein unbekanntes, problemreiches Reiseziel wissen muß.

Der mir erteilte Rat war recht dürftig: Ich sollte ein Leinentuch mitbringen. Der wichtigste Satz aber, den ich nicht vergessen werde, war: »Swami prüft die Menschen, die zu ihm kommen.«

Swami ist ein Wort aus dem Sanskrit und bedeutet so viel wie »Meister«. Sai Babas Anhänger benutzen diesen Ausdruck oft, wenn sie über ihn reden.

Ein Mann mit einem stark südländischen Akzent fragte mich, ob ich *vibhuti* hätte, die von Sai Baba materialisierte Asche, von der ich schon viel gelesen hatte. Niemals hätte ich geglaubt, von dieser wundertätigen Asche etwas zu erhalten, noch ehe ich in Puttaparti war. Als er mir ein Päckchen *vibhuti* anbot, fühlte ich mich vor Glück tief gerührt.

Ich wußte, daß im *Ashram* von Sai Baba, dies ist eine Art Kloster oder heilige Stätte, weder Fleisch, Fisch noch Eier gegessen werden. Da ich befürchtete, so viele Fastentage hintereinander nicht durchstehen zu können, entschloß ich mich auf der Stelle, bis zu meiner Abreise kein Fleisch mehr zu essen.

Dieser Entschluß mag unbedeutend scheinen, er war es aber nicht für mich, und zwar aus den zwei folgenden Gründen: erstens aus gesundheitlichen Gründen. Die akute Krankheit, an der ich litt, hatte einen großen Teil der Nierenfunktion beeinflußt: der für diese Krankheit typische entzündliche Verlauf beeinträchtigte die Austauschfunktion der glomeralen Kapillaren und verursachte dadurch ein Fehlverhalten in der elementaren Nährstoffaufnahme und dem Ausscheiden von Schadstoffen. Kurz, mein Körper verlor wichtige Nährstoffe, besonders Proteine, und hielt Schadstoffe zurück, die er abstoßen sollte. Der befreundete Chirurg, der mich in das Krankenhaus eingewiesen hatte, riet mir, diesen Verlust durch eine Diät reich an Proteinen (mindestens 120 Gramm täglich) und arm an Kochsalz auszugleichen. Fleisch und Fisch schienen für diese Diät sehr geeignet zu sein. Eine derart radikale Umstellung meiner Diät wäre vielleicht meiner Gesundheit abträglich.

Heute esse ich überhaupt kein Fleisch mehr und ersetze es durch Milchprodukte. Ich wußte nicht, daß dies so einfach ist, und vor allem traute ich meinen Augen nicht, als ich nach Monaten eine entscheidende Besserung meines Zustandes feststellte, obwohl ich weniger Proteine durch die sowieso geringen Milchprodukte zu mir nahm.

Der zweite Grund, warum ich Vegetarier werden wollte war, meinen Geist zu disziplinieren. Ich hatte viel über dieses Thema gelesen und war überzeugt, daß *mens sana in corpore sano*, oder umgekehrt »in einem gesunden Körper ein gesunder Geist« lebt.

Meine vorangegangenen Studien hatten mich überzeugt, daß der Geist auf die chemischen und subtilen Substanzen unserer Nahrung anspricht. Später fand ich in Sai Babas Lehren umfassende und differenzierte Erklärungen zu diesem Thema. Aus meinem Studium der Parapsychologie weiß ich, daß die mit dem Schlachten der Tiere verbundene Gewalt und Todesangst nicht rein hypothetisch, sondern eine das Leben beeinflussende und nachweisbare Tatsache ist. Kurz, ißt man ein Tier, so ißt man auch sein Wesen: seine Angst, seinen *stress*, seinen Todeskampf, seine Würde und Sehnsüchte. Bedenkt man, daß in einer einzigen Zelle das zukünftige Wesen programmiert ist, wie Farbe, Gestalt und Aussehen, könnte man dann nicht auch davon ausgehen, daß in dieser Zelle die zukünftige *mens – antahkarana* programmiert wurde? Dies bedeutet das »innere Organ« nach der Philosophie von Sankhya – in dem sich in potenzierter Form die Energie des ganzen Samens befindet.

Ich weiß, daß diese eher intuitive Argumentation schwer zu belegen ist. Viel wurde bereits und wird immer noch zur Verteidigung des Vegetarismus geschrieben. Die offizielle Medizin bewertet heute diese Art von Diät freundlicher und kennt ihre großen Vorteile in vielen Therapien an.

Ein Körper kann jedoch nicht nur durch eine Änderung der Diät gesunden. Er ist nicht nur ein erstaunlich gut funktionierender, chemischer Mechanismus, der auf chemische Vorgänge reagiert, sondern er ist viel mehr: er ist auch gesetzgebende Kraft. Ist der Geist entsprechend sensibilisiert dies wahrzunehmen, können diese Gesetze auch einen anderen *iter* einschlagen. Ist erst das »Objekt« meiner Studien gefunden, so ändert sich nicht nur für mich, sondern auch für viele andere, diese gesetzgebende Kraft.

Persönlich konnte ich den Einfluß des Fleisches auf die Psyche erfahren. Zur Freude Andersdenkender mußte ich anfänglich eine gewisse Mattigkeit eingestehen, die sich jedoch letztendlich in eine *felix culpa* verwandelte. Es wäre scheinheilig, den Leser glauben zu lassen, daß ich stark genug war, mein ›Fastengelübde‹ absolut einzuhalten. Einmal gab ich nach, als ich nach der transzendentalen Meditationstechnik meditierte. Die TM-Lehrer erklärten, daß ich den durch meine vegetarische Lebensweise ausgelösten *stress* zu überwinden hätte, und daß deshalb das Problem Fleisch immer wieder an die Oberfläche drang. Den Wunsch, Fleisch zu essen, hatte ich nicht völlig aufgegeben – sagten sie mir – und deshalb stieg er immer wieder in mir auf. Kaum setzte ich mich zum Meditieren nieder, kamen mir die üppigsten Fleischgerichte, wie gegrilltes Huhn, Braten, oder die verschiedensten Wurstsorten in den Sinn.

Was sollte ich tun? Sollte mich tatsächlich ein gegrilltes Huhn an meinen Meditationen hindern, wäre es dann nicht besser, das Problem sofort zu lösen, *pardon!* ... Nach dreijähriger, vegetarischer Lebensweise entschloß ich mich, diesen Wunsch ein für alle Mal zu stillen und Fleisch zu essen. Außerdem versuchte ich mein Schuldgefühl mit dem Gedanken zu beruhigen, daß Fleisch zu essen kein Verbrechen sei, auch könnte ich nicht behaupten, nur weil ich Vegetarier bin, besser als die anderen zu sein, die Fleisch essen.

Es war fast eine traumatische Erfahrung. Ich erinnerte mich an eine ähnliche Erfahrung, die Gandhi in seiner Autobiographie beschrieb. Ein Freund überzeugte ihn, daß Indien nur durch den Mut eines Mannes, der Fleisch aß, befreit werden könnte. Heimlich aß er am Ufer eines Flusses das gegrillte Fleisch einer junge Ziege: in der darauffolgenden Nacht fühlte er die kleine Ziege in seiner Brust bluten. Ich selbst bin kein Gandhi mit erhabenen Zielen, sondern nur ein kleiner Suchender, der seine Diätprobleme zu lösen suchte. Dennoch konnte ich die Mahlzeit nicht in Frieden verzehren. Kaum aß ich den »fiero pasto«, diese wilde Mahlzeit, wurde ich von Reue und Pein über diesen Glaubensverrat zerfressen. Ich sah das Tier lebend vor mir, und mein sehnliches Verlangen nach Fleisch versiegte sofort.

Auch physische und psychische Merkmale stellten sich sofort ein. Ich verdaute dieses Essen nicht so schnell wie Gemüse, und mein seit Jahren durch fleischlose Nahrung sensibilisierter Geruchssinn nahm den Geruch des gekochten Tieres auf meiner Haut wahr. Ein unangenehmes Gefühl. Auch psychisch stellte ich fest, daß mein Geist, durch dreijähriges Fasten von unerwünschten Gedanken nicht mehr heimgesucht, einen Rückschlag durch dieses »carnevale« erlitt: verunreinigte Gedanken hielten einen triumphalen Einzug.

Mir wurde eine Lektion erteilt. Durch eigene Erfahrung lernt man wie immer mehr als durch Worte. Mein Entschluß, Vegetarier zu werden, war auch religiös motiviert. Da ich einen geweihten Ort, den Wohnsitz eines lebenden Avatars besuchen wollte, schien es mir angebracht, auch meinen Körper auf diesen wichtigen Augenblick vorzubereiten.

Nach einer langen Flugreise und erschöpfenden Aufenthalten erreichte ich in der zweiten Hälfte August 1981 Puttaparti. Von Bangalore waren es immerhin noch 150 km mit dem Taxi, um den *ashram* Sai Babas zu erreichen. Es dauerte vier Stunden. Die Straße war eng, und wir durchquerten eine unwirtliche, von kleinen Felsbrocken übersäte Savanne, die wie vom Himmel gefallene, durch Jahrtausende geschliffene Meteoriten aussahen. Das Taxi, ein alter Fiat 1100, versprach weder Komfort noch Sicherheit. Meine Nieren schmerzten unerträglich.

Der Fahrer hielt an, um aufzutanken und eine Tasse Kaffee zu trinken. Es war erstickend heiß, und kaum hielt das Auto an, kam ein Bettler und bat um Almosen. Als ich ihm etwas gegeben hatte, war ich sofort von anderen Bettlern, auch Leprakranken, umringt, die ihre Hände und Stumpen ausstreckten. Alles schien unwirklich zu sein. Ich war bereits zwei Tage unterwegs und den Tag zuvor hatte ich einen Taxifahrer zu bezahlen, der eigentlich vom Reisebüro hätte bezahlt werden sollen. Ich sprach nur sehr wenig englisch, aber kein indisch-englisch. Mir reichte es. Ich kurbelte das Fenster hoch und fragte mich verzweifelt: »Warum bin ich nur in diese Hölle gekommen? Was für ein idiotischer Gedanke!«

Es war der Moment der Prüfung. Der Augenblick war gekommen, zu beweisen, wie sehr ich zu leiden bereit war, um das Höchste zu erlangen. Auch in der Mythologie werden die verfallenen, geheimnisvollen Verliese, in denen große Schätze versteckt sind, von wilden Tieren und giftigen Schlangen bewacht. Nur der wagemutige Abenteurer erlangt Zutritt zu diesen Reichtümern, nachdem er alle Hindernisse überwunden hat.

Unter diesen Umständen war ich nicht geneigt zu philosophieren und hätte es als Wunder angesehen, wenn jetzt ein Hubschrauber mich aufgelesen und nach Hause gebracht hätte. Ein tatsächliches Wunder aber lief schon ab: ich fühlte mich entführt und konnte meinen Entschluß nicht mehr rückgängig machen.

Diese Straße führte mich unaufhaltsam zu dem Ort des Höchsten Friedens. Es lag nicht mehr in meiner Macht, in das Wahre Haus zurückzukehren.

Jemand wachte über mir und plante meine Rückkehr. Wie sehr ich mich auch diesem Zugriff entziehen wollte, es wäre fatal gewesen, ihn zu lockern; auch würde Er, dem ich meine Rettung anvertraut hatte, dies nicht mehr gestatten. Die Liebe einer Mutter ist groß, auch wenn sie ihrem eigenen Kind nachläuft und es mit entschlossenem Griff zwingt, die verweigerte Medizin einzunehmen.

Endlich, Prashanti Nilayam: Sai Babas Wohnsitz entspricht tatsächlich der Bezeichnung, der Ort des Höchsten Friedens zu sein. Es schien, nach dem was ich gelesen hatte, äußerst schwierig zu sein, den Göttlichen Meister zu treffen. Fordert man aber das Glück heraus, hofft man immer auf das Beste. So geschah es auch. Kaum hatte ich meinen Koffer beim Empfangsbüro abgegeben, erfuhr ich, daß unmittelbar ein *darshan* stattfinden würde.

Darshan bedeutet »Sehen, Schauen« und wird oft in Indien für die Zeitspanne benutzt, in der sich eine religiöse Persönlichkeit ihren Anhängern zeigt. Vor einiger Zeit las ich im »Osservatore Romano« über südindische Bischöfe, die vom Papst empfangen wurden. Einer erwähnte in der üblichen Begrüßungsrede, daß der Hl. Vater ihnen erst kürzlich einen *darshan* gewährt hatte.

Selbst wenn der überlieferte Ausspruch wahr sein sollte, daß die spirituelle Kraft des Segens durch sieben Mauern dringt (tatsächlich kann sie alles durchdringen), würde jeder gute Katholik den sonntäglichen Segen des Papstes lieber unmittelbar auf dem St. Peters Platz empfangen, als über den Fernsehschirm. So glauben auch viele Inder, daß die körperliche Anwesenheit eines Heiligen weitaus wirkungsvoller ist, als die einfache, geistige Kommunion.

Solange der Mensch nicht jede Form transzendieren kann, um sich geistig mit dem Formlosen zu vereinigen, ist alles, was ihn in dieser äußerlichen Welt an das Göttliche erinnert, hilfreich und sollte sorgfältig unter diesem Blickwinkel betrachtet werden. Jemand, der über der Form steht, braucht weniger Hilfsmittel, um das Göttliche zu erreichen, aber auch nur dann, wenn er sich von der Konditionierung seiner Sinne befreit hat. Niemand kann sich hier betrügen, und niemand kann behaupten, die äußere Form überschritten zu haben, wenn er immer noch gerne gut ißt, den Komfort einer luxuriösen Villa liebt, die Bequemlichkeit eines Autos und den Genuß vorübergehender Freuden. Hat der Mensch jegliches Interesse an Sinnesobjekten verloren, kann er sich mit dem Formlosen vereinen. Bleibt er auch nur geringfügig in der Sinneswelt verhaftet, braucht er die Form, selbst wenn er auf der Suche nach Gott ist.

Vor zehn Jahren gab es noch nicht so viele Menschen in Puttaparti wie heute. Damals begriff ich noch nicht, wie glücklich ich war, soviel Platz für mich alleine und Gelegenheiten zu haben, Sai Baba aus der Nähe zu sehen. Bedenke ich, daß auf der geweihten Erde um den *mandir* herum nur drei Reihen von Menschen auf einem weichen, roten Sand saßen, ohne sich gegenseitig einzuengen, und das mit dem heutigen Zustand vergleiche, wie der ganze Ashram mit Menschen bevölkert ist!

Ich beeilte mich, diesen Ort zu betreten, der mit einer verzierten Mauer umgeben war. Gegenüber befand sich der Tempel. Eine orangefarben gekleidete Person trat ruhigen und gemessenen Schrittes heraus. Sie ähnelte einem großen Priester. Das dicke, krause Haar glich einer mächtigen Krone, einem königlichen Diadem. Ein sanfter Wind milderte die feuchte Hitze der letzten Tage der Monsunzeit und ließ sein zeitloses Gesicht erkennen.

Die Gruppe der Männer glich einem weißen See, die Gruppe der Frauen einem bunten Regenbogen. Der Tempel war rosahellblau, die Bäume tief grün: dieses Fest der Farben ähnelte einem verzauberten Garten, in dem Lilien und Wiesenblumen blühten: sein orangefarbenes Gewand hob sich lebhaft von diesen Farben ab und fiel, seine Füße bedeckend, gerade am Körper herunter und ließ ihn wie einen fest in den Boden gepflanzten uralten Baum erscheinen. Der Wind spielte mit seinem Gewand und ließ seinen Körper zart und zugleich kraftvoll aussehen.

Es war eine Atmosphäre der unbeschreiblichen Stille. Obwohl Krähen krächzten, Singvögel und Papageien umherflogen und sich von dem tiefen Blau des Himmels und den vorüberziehenden Wolken abhoben – herrschte der Eindruck großer Ruhe. Die Vögel und Wolken schienen nur ein Abbild unserer vorüberziehenden Gedanken zu sein, ein ständiger Wirbelwind in zeitlosem Rhythmus. Die Ruhe glich reinem Bewußtsein, das die vorüberziehenden Gedanken beobachtete, ohne durch sie beeinflußt zu werden.

Alles geschah ohne Widerstreit. Die Zeit schien still zu stehen. Ich vergaß die Zeit, die Familie, Probleme, die Müdigkeit und die Gebrechen des Körpers.

Nur die Gegenwart zählte. Er näherte sich mir. Nahm Briefe entgegen oder bewegte seine Hand, als ob er sagen wollte: »Warte, morgen. Geduld. Bleib sitzen«. Er blieb stehen, beugte sich über einen Fragenden und sprach mit liebevoller, unschuldiger Stimme »EH?« wie jemand, der nicht verstanden hatte oder nicht verstehen wollte und bat die Frage zu wiederholen. Manchmal hielt er an, ging zurück, bewegte kreisend seine Hand, aus der ein weißes Pulver, *vibhuti* erschien. Alles schien mir selbstverständlich zu sein, denn alles hatte ich bereits in den Büchern gelesen.

Als er die geweihte Asche materialisierte, hielt ich auch dies für selbstverständlich und war erstaunt, daß ich nicht überrascht war. »Wieso«, fragte ich mich. »bin ich über dieses außergewöhnliche Geschehen nicht erstaunt?« Meine Gleichgültigkeit entsetzte mich.

Er stand vor mir und lächelte mich herzlich an, gleich einer bekannten Persönlichkeit, die einen Freund in der Masse entdeckt hat und sagt: »Oh, du bist auch da? Grüß dich!« Ich schaute mich um, da ich befürchtete, er könnte vielleicht jemand anderen gemeint haben, zumal ich gerade angekommen war, aber niemand war hinter mir.

Kaum war er vorübergegangen, erfüllte mich unbeschreibliche Freude, die ich nur mit Tränen besänftigen konnte. Unser kleiner Körper kann übermäßige Freude nicht ertragen und um nicht vor Freude zu zerspringen, muß er ein Ventil finden. Neben mir saß ein Japaner, vielleicht auch Thailänder, der mir mit unerschütterlicher Würde ein Papiertaschentuch anbot.

Jeder, der Prashanti Nilayam besucht, hegt die Hoffnung, einmal von Sai Baba persönlich empfangen zu werden. Auch ich war keine Ausnahme. Ich wagte nicht daran zu denken, von Ihm, der die Gedanken und die Herzen der Menschen durchschaut, empfangen zu werden. Sai Baba empfängt gewöhnlich Gruppen, denn es gibt immer jemanden in der Gruppe, der es wagt, um ein *Interview* zu bitten, wie die privaten Treffen genannt werden. Für eine Gruppe ein Interview zu erbitten, erscheint mir fair und richtig. Daß eine einzelne Person persönlich empfangen werden will, erscheint mir nicht nur überheblich, sondern auch ungewöhnlich.

Dieser Tag kam. Mein Nachbar namens Francesco sagte, nachdem er festgestellt hatte, daß ich Italiener war, ich sollte mich der italienischen Gruppe anschließen, falls diese zu einem Interview gebeten würde. Alles schien vorbereitet zu sein. Ganz sicherlich hat er nicht geahnt, daß Sai Baba die italienische Gruppe etwas später zum Interview bitten würde. Als dieses kleine, kraftvolle Wesen im orangefarbenen Gewand am Ausgang des Tempels erschien, beobachtete ich alle seine Bewegungen. Zuerst ging er auf die Seite der Frauen, dann zu den Männern. Einer dieser Männer stand auf und flüsterte ihm etwas zu. Sai Baba fragte nach, hielt inne, machte mit seinen Fingern eine unmißverständliche Geste, die klar erkennen ließ, was die in englisch gesprochene Silbe »Go! – Geht« zu bedeuten hatte. Tatsächlich erhob sich sofort eine kleine Gruppe und ging geordnet auf die Räume des Tempels zu. Francesco nahm mich bei der Hand und sagte: »Komm, laß uns gehen!«

Ich wußte nicht, was ich machen sollte und befürchtete, Sai Baba würde mich fragen, »Wer hat dich gerufen?«, und ich wäre gewissermaßen dem Schicksal des Hochzeitsgastes des bekannten Gleichnisses ausgesetzt, der von dem Meister zurückgewiesen wurde, weil er nicht das passende Hochzeitskleid trug. Ich fühlte mich wie ein kleines, zitterndes Hündchen und hoffte, daß niemand mich zurückschicken würde. Baba kam und betrat sicheren Schrittes den Raum. Wir folgten ihm. Ich war erleichtert.

Da waren wir also; die Männer auf der einen und die Frauen auf der anderen Seite, um den Mann der Wunder von Angesicht zu Angesicht zu sehen. Ganz selbstverständlich stellte Sai Baba den Ventilator an und setzte sich auf den Stuhl, der in der Ecke des Zimmers stand. Er wirkte sehr klein und auch nicht so imponierend wie beim *darshan*. Er wirkte sehr »menschlich«, und mein Gehirn begann bereits neue Theorien zu entwickeln.

»Diese Person soll tatsächlich Gott in Fleisch und Blut sein? Er sieht nicht so aus wie Gott, eher wie ein listiger Zauberer.« Ganz offensichtlich maßte sich mein Verstand, nach einer plausiblen Erklärung suchend, bereits an zu wissen, wie Gott auszusehen hat; sonst hätte er ihn wohl nicht für einen Zauberer gehalten. Das Lächeln meines Freundes, der mich liebenswürdigerweise mitgenommen hatte, erschien mir trügerisch. Ich wußte wirklich nicht, wie mir geschah.

Die Haut Seines Gesichtes war außerordentlich hell und nicht, wenn ich zurückdenke, oliv-farben wie üblich, sondern bläulich wie die Wolken eines Sommergewitters. Seine Haut schien von Licht durchdrungen zu sein. Zweifelsohne war das nicht das Gesicht eines 56-jährigen Mannes, sondern das eines erwachsenen, reinen und engelhaften Jünglings.

Kaum hatte er sich hingesetzt, schaute er mir in die Augen und fragte: »How are you? (Wie geht es Dir?)« Mein englisch war kümmerlich, aber dank meines Englischunterrichts verstand ich, was er sagte und wußte zu antworten: »Fine, thank you! (Danke gut.)«

Die Situation ähnelte einer Frace, in der ein Schauspieler, in diesem Fall ich, bei dem einzigen Satz, den er kennt, steckenbleibt. Sai Baba, der sich bei der Frage etwas nach vorne gelehnt hatte, setzte sich wieder mit einem Ausdruck auf seinem Gesicht zurück, als wollte er sagen: »Bist du da sicher?« Vor Verlegenheit biß ich mir auf die Zunge, seine Frage derart dumm beantwortet zu haben.

Dann bewegte Sai Baba kreisend seine rechte Hand und materialisierte *vibhuti* und gab sie einem Jungen, der rechts von ihm saß; ein zweites Mal bewegte er kreisend seine Hand und schenkte das materialisierte Medaillon einem kranken Kind. Als drittes materialisierte er einen Ring, den er dem Vater des kranken Kindes an den Finger steckte. Das alles geschah in Sekunden und in solcher Nähe, daß ich die durch seine Hände entstandenen strahlend glänzenden Gegenstände genau sehen konnte. Alle Anwesenden waren tief berührt.

Danach wandte er sich wieder mir zu und fragte ein zweites Mal: »How are you?« Ich war ihm sehr dankbar, mir noch einmal die Gelegenheit zu geben, meine vorhergehende Antwort zu korrigieren.

Es war überhaupt nicht meine Absicht, ihn um eine körperliche Heilung zu bitten. Ich bin aus Italien mit ganz klaren Vorsätzen abgereist. Ich wußte, daß er nicht nur die Macht besitzt, Materie zu manipulieren und zu heilen, sondern auch die Kraft, die Herzen der Menschen zu berühren, um ihnen so den meisterlichen Weg zum endgültigen Ziel zu weisen. In Gegenwart all dieser Menschen über mein persönliches Befinden zu reden und Richtlinien für diesen Weg zu erbitten, schien mir ungebührlich zu sein. Da ich keine andere Wahl hatte, antwortete ich ihm, Schwierigkeiten mit den Nieren zu haben.

»Ja«, sagte er, »ich weiß«. Er beschrieb die Krankheit in allen Einzelheiten. Francesco übersetzte. Der Sinn seiner Rede war, ich solle mich nicht um meine Krankheit kümmern, sondern Er würde es tun, und daß der Ursprung allen Leidens der Geist sei. »Vergiß deine Depression,« sagte er, »und denke nicht an die Zukunft.« Diese beiden Ratschläge beeindruckten mich sehr, denn sie beschrieben sehr genau meinen damaligen Gemütszustand: gefühlsmäßige Schwankungen und große Zukunftsängste.

Warum aber hatte er soviel Seiner kostbaren Zeit einem Problem gewidmet, das für mich nicht sehr wichtig war. Vielleicht hätte dieses Problem für mich wichtig sein sollen. Begegnet man Sai Baba, geschieht alles in einer besonderen Sinnesdimension; man ist überwältigt und versteht seine Umgebung nicht mehr. Die Botschaft, die er übermittelt, wird erst später, oft sogar sehr viel später verstanden.

Anfänglich verstand ich nicht, warum Er soviel Gewicht auf meine Krankheit legte, anstatt sich meine spirituellen Fragen anzuhören. Erst später verstand ich, daß nur mittels eines geläuterten und geheilten Körpers spirituelle Disziplin und höchste Verwirklichung möglich sind. Ich sollte meinen Körper pflegen – dies ist nun ein Widerspruch in sich selbst – indem ich ihn vernachlässigte, d.h. mich nicht mehr als nötig um ihn kümmerte.

Körperliche Krankheit ist Folge einer sittlichen Krankheit und entsteht aus einem falsch verstandenen Vertrauen in den Körper; als ob der Körper für eigene Zwecke ausgebeutet werden könnte, anstatt ihn als Instrument geistiger Erkenntnis zu betrachten. Je mehr man sich mit Tätigkeiten befaßt, die nicht über das äußerliche Geschehen hinausreichen, umso größer wird die Angst, das für diese äußerlichen Tätigkeiten notwendige Instrument zu verlieren. Angst entsteht, und mit dieser Angst auch Krankheit.

Nachdem Baba seine Lektion über meine Leiden beendet hatte, wandte er sich den anderen zu. Zu einer Frau sagte er: »Während des *darshan* fragtest du dich, ›warum schaut er mich nicht an? Warum wendet er seinen Blick woanders hin?‹« Die Frau bestätigte ihre Gedanken und brach in Tränen aus. Zwischen einfachen, praktischen Lehren wurden humorvolle Bemerkungen eingestreut und alles geschah in liebevoller Vertrautheit. Dann erhob er sich.

Als ich mit gesenktem Kopf gedankenverloren da saß, bemerkte ich nicht, daß Baba vor mir stand. Ich sah sein orangefarbenes Gewand und fühlte seine zarte Hand unter meinem Kinn, das er wie bei einem mürrischen Kind leicht nach oben zog, um mir in die Augen schauen zu können. Als sich unsere Augen trafen, gab er mir einen aufmunternden Klaps auf meine linke Wange und ging weiter.

Alle erhoben sich. Gedränge entstand um ihn herum. Stehend bemerkte ich, wie klein er eigentlich war. Sein dichtes Haar reichte mir buchstäblich bis zur Nase. Wir standen sehr eng beieinander. Sein Körper berührte meinen und ich hatte das starke Gefühl, ihn umarmen zu wollen wie einen lieben, alten Freund, den man wiedergetroffen hat. Ich war überglücklich, ohne zu wissen warum. Unser Wortschatz kennt nicht viele Worte, um das Gefühl, unendliche Liebe erfahren zu haben, beschreiben zu können.

Wir wurden gebeten, uns in ein Nebenzimmer zu setzen. Von dort bat Sai Baba einzeln die Anwesenden zu sich. Beide Räume wurden nur durch einen kleinen Vorhang getrennt, und trotzdem konnte weder ein Murmeln noch ein einziges Wort oder Atmen vernommen werden. Es schien, als ob diese dünne Trennwand eine Panzertür sei. Tief bewegt und mit verwandeltem Gesichtsausdruck kamen sie wieder zurück. Danach verteilte Baba aus einer Art Einkaufstasche *vibhuti* an uns alle.

Mit Frieden im Herzen verließen wir den Raum. Wir fühlten uns wie Gäste, die das Mahl verließen, mit dem Nektar einer tiefen, niemals zuvor erfahrenen Liebe gesättigt. Andere Anhänger fragten uns wie Studenten nach einer Prüfung aus: »Wie war es? Was sagte er euch? Was fragte er? Ihr Glücklichen!«

Während meines Aufenthaltes im *Ashram* konnte ich beobachten, daß Seine Gegenwart auch Zeichen in der Natur hinterläßt. Eines Abends – es war bereits dunkel und Wolken bedeckten den Mond, – sah ich kurz bevor ich zu Bett gehen wollte, einen großen Regenbogen sich klar gegen den Himmel abzeichnen. Niemals zuvor hatte ich nachts einen Regenbogen gesehen. Ich glaubte, daß dieses Ereignis vielleicht nichts Ungewöhnliches in den Tropen sei, aber ein in der Nähe stehender Inder beeilte sich mit zum Gruß gefalteten Händen mir mit natürlicher Liebenswürdigkeit zu sagen »Dies ist ein Wunder Babas!« Am nächsten Tag sprach jeder von diesem nächtlichen Ereignis.

Eines Tages, kurz bevor Baba aus seinen Räumen zum *darshan* heraustrat, betrat ein Affe die Einfriedung des *mandir*. Der Affe ist ein witziges Tier, das absichtlich Verwirrung zu stiften scheint; denn kein anderes Tier kann den Menschen so gut nachahmen und karikieren wie er. Einen Affen zu beobachten ist immer amüsant und unterhaltsam. In dem Augenblick, als Sai Baba heraustrat, um seinen Anhängern entgegen zu gehen, flogen zwei Raben gleichzeitig herab. Sie ähnelten dem F-16 Luftgeschwader und stürzten direkt auf den Rücken des Affen zu, irritierten ihn und vertrieben ihn gewaltsam, bis er von dannen lief.

Es herrschte immer noch Monsun, und obwohl sich das Wetter langsam besserte, gab es noch wolkenverhangene Tage und plötzliche Regenfälle. Während vieler Regentage ohne Hoffnung auf *darshan* änderte sich plötzlich das Wetter im letzten Augenblick, es hörte auf zu regnen, und am Himmel über dem Tempel erschienen blaue Öffnungen. Überall sonst war es düster, schwarz und regnerisch. Die Anhänger konnten eintreten und die Begegnung mit dem Göttlichen Meister in Frieden genießen.

Bei einer anderen Gelegenheit duftete die Luft intensiv nach Jasmin in dem Augenblick, als Sai Baba den Tempel verließ. Dieser Duft aber stammte nicht von den Jasminbüschen im *ashram*, denn der Wind blies nur in einer Richtung, wie viele Menschen beobachteten; der Duft konnte aber in jeder Ecke des mandir festgestellt werden.

Es mag sich hier nur um unbedeutende Zufallserscheinungen handeln, addiert man aber all diese kleinen Anekdoten, ergibt sich eine durchaus nicht gewöhnliche Wirklichkeit. Ich glaube nicht, daß wir in unserem täglichen Leben immer dann schönes Wetter haben, wenn wir am Wochenende hinausgehen wollen, oder daß ferngesteuerte Vögel den Hund verjagen, der uns durch sein Gebell bei der Arbeit stört.

Die Menschen sind niemals mit dem zufrieden, was sie haben. Wir möchten immer unglaublichere Wunder. Nachdem wir den Heiligen von Assisi mit Vögeln sprechen hörten, ihn einen wilden Wolf zähmen sahen, wollen wir ihn auch über die Dächer fliegen sehen, um an Wunder zu glauben. Wunder, die uns bereits umgeben und die wir selbst sind. Würde der Wolf aber über die Dächer fliegen, gäbe es bestimmt jemanden, der auch die Häuser fliegen sehen möchte.

Das Wunder entspricht genau dem Menschen, wie er es sehen und haben will. Die Blume ist ein Wunder, die ihren Duft bis zu den entlegensten Winkeln des Waldes verströmt; die Quelle ist ein Wunder, die stets frisches Wasser hervorbringt; die Sonne ist ein Wunder, die niemals müde wird, uns zu erwärmen. Richten aber Menschen all das zugrunde, verlieren sie diese Pfründe; die Quellen verlieren ihre Reinheit, die Sonne hört auf zu scheinen, die Blumen verwelken, noch ehe sie erblühten, und erst dann werden wir entdecken, daß alles, was wir besaßen, ein Wunder war. Ein beständiges, großartiges Wunder ist die Widerstandskraft der Natur und ihr unglaublicher Wille, wieder aufzubauen, was der Mensch zerstörte: eine Kraft, die uns den Lebenswillen der Welt zeigt, eine Energie, die nicht zum äußersten ausgenutzt werden sollte.

Der Mensch könnte sich die Schöpfung selbst zu Füßen legen; er tut es nicht, denn er glaubt nicht an die Macht, die er besitzt. Er hat sich einer Macht zweiten Grades ergeben, dem Ego, einer Energie von kurzer Dauer. Würde der Mensch in Harmonie mit der Welt leben, die großen Ziele des Kosmos erstreben, würde der Kosmos sich vor ihm verbeugen und ihm wie einem Gott dienen.

Ich bin überglücklich, von Sai Baba sofort empfangen worden zu sein. Ich hatte mir nicht so viel erhofft und empfand mein Willkommensein als gutes Vorzeichen. Nichts unter diesem Himmel ist wirklich verhängnisvoll, alles geschieht nur zum Wohle derer, die unter ihm Schutz suchen.

Alles erscheint wünschenswert in der Nähe eines Menschen, der frei von Wünschen ist.

VII. KAPITEL

Eine andere Religion
oder ein einziger Glaube?

Ut unum sint[o]

Jesus

Nach meiner Rückkehr nach Italien erwarteten mich viele Schwierigkeiten. Wie ich bereits gesagt habe, wurde mir die Lehrerlaubnis an einer der beiden Schulen, an denen ich Religionsunterricht gab, entzogen. Vor Glück ertrug ich aber alles, nur um der Welt meine Entdeckung kundtun zu können; die vorüberziehenden Episoden meines Lebens bedeuteten mir nichts mehr. Meine einzige Freude war zu verkünden, was ich entdeckt hatte. Ich mußte aber feststellen, daß die mich umgebende Welt kalt und gleichgültig gegenüber meiner Mitteilung war.

Einige Tage nach meiner Rückkehr rief ich meine Schwester an, die, wie ich wußte, als Katechetin und gläubiges Gemeindemitglied äußerst empfänglich für religiöse Fragen war. Sie wußte von meiner Reise nach Puttaparti und war, obwohl sie meine Meinung achtete, im Grunde ihres Herzens nicht damit einverstanden. »Weißt Du«, sagte ich, »Er ist tatsächlich wiedergekommen. Ich versichere dir, Er ist noch hier!« Am anderen Ende der Leitung aber herrschte verlegenes Schweigen, das meine Begeisterung schmälerte.

Hielt ich eine Messe, fragten mich die Leute nach meiner Reise, und ich erzählte ihnen die sensationellen Dinge, die ich gesehen hatte. Alles war zwecklos!

Sie schauten mich nur prüfend an, um festzustellen, ob ich geistig gesund oder verwirrt wäre. Die Sache war damit beendet. Manche bemitleideten mich und wunderten sich, was mir die Krankheit angetan hatte.

Ich erinnere mich noch an eine sonntägliche Homilie – es war das Dreikönigsfest und die Kirche voller Menschen – als ich erklärte, daß sich die Phantasie Gottes nicht auf die Geburt Jesu beschränkte oder erschöpfte und den folgenden Satz konnte ich nicht zurückhalten: »Ihr wißt nicht, was für Überraschungen Gott diesem Zeitalter vorbehalten hat. Meine Augen haben selbst unmißverständliche Zeichen Seiner Gegenwart in der Welt gesehen.« Diese Worte entsprangen *ex abundantia cordis*, aus vollem Herzen. Ich hatte offen gesagt angenommen, daß eine derartige Behauptung einige Reaktionen auslösen würde, zumindest aber Neugierde. Aber nicht eine einzige Seele nahm mich nach der Messe beiseite und fragte: »Von wem reden Sie? Können Sie mir das erklären? Was haben Ihre Augen gesehen?«

Die Zeit ist offenbar noch nicht reif dafür. Wenn eine Wahrheit von so ungeheurem Ausmaß den eigenen Glauben erschüttert, bemühen sich die Menschen nicht, dadurch dem ›Schock‹ ausweichend, die Wahrheit zu verstehen. Die Faulheit, eine gute Verbündete der Angst, gewinnt die Oberhand, und der Mensch kommt zu dem Schluß: »Es mag schon sein, aber ich glaube es nicht.«

Heute verstehe ich den vor nicht allzu langer Zeit erteilten Rat einer Nonne, die ihrem Gehorsamsgelübde sehr ergeben war. Sie bemerkte, wie enttäuscht ich eines Tages über einige aufwieglerische Artikel war, die alles aus dem Orient kommende als »Sektenwesen« beschuldigten (es war zur Zeit des berühmten Briefes von Kardinal Ratzinger). Diese Gläubige sagte gelassen: »Don Mario, kümmere dich nicht um diese Einwendungen. Die Wahrheit gleicht dem Licht: wenn es sich ausbreitet, braucht es kein anderes Licht, es scheint von selbst.«

Ich stellte angesichts des Falles Sai Baba fest, daß nicht nur die Wissenschaft mit ihren Gesetzen, sondern auch die Theologie transzendiert wird, insofern die Theologie als eine vom Verstand abhängige Wissenschaft betrachtet wird und aus diesem Grunde ebenso begrenzt ist, wie der menschliche Verstand. Falls die Medizin oder die Physik ihre eigenen Positionen umwerfen oder sich dem ›Phänomen‹ Sai Baba unterwerfen müßten, müßte sich auch die Theologie angesichts der Offenbarung, die da ist Sai Baba, anschließen.

Also, entweder Revolution oder Kapitulation.

Ist es überhaupt wichtig, daß die Welt Ihn anerkennt, fragte ich mich. Auch dies ist Teil Seines Planes. Warum sollte ich mich um etwas kümmern, was einzig und allein Ihn angeht? Es wäre traurig, mich durch Angst blenden zu lassen und dem Bedürfnis nachzugeben, mein Ansehen zu schützen. Ich wäre wieder von dem Kreis der Skeptiker aufgesaugt worden, hätte ich mich aus Angst zurückgezogen, um nicht heilige und unverletzbare Theorien umzustoßen. Wem würde es nützen, würde ich so handeln? Es nützt nichts, sich über die Gleichgültigkeit anderer zu beschweren, wenn man sich selbst gestattet, von den gleichen Gesetzen der Gleichgültigkeit geprägt zu werden.

In diese Gedanken vertieft entschloß ich mich, den Fall Sai Baba, zumal ich Ihn in Person gesehen und Ihm begegnet bin, weder ad acta zu legen, noch aus Angst vor Unverständnis oder Vergeltung seitens der Obrigkeit zu schließen. Er mußte stattdessen, zumindest für eine gewisse Zeit, *in pectore* weitergeführt werden.

Es gab noch viele Dinge zu verstehen, die ich dem geduldigen Leser auf den nächsten Seiten zu erklären versuchen möchte. Ich möchte keine Schlußfolgerungen ziehen, nur Überlegungen anbieten, die mir für neue Suchende hilfreich erscheinen. Ich ergebe mich nur den Schlußfolgerungen, die ich selbst erarbeitet habe und übermittle sie. Ich entschuldige mich bei denen, die dadurch bestürzt oder aufgebracht sind. Zu meiner Rechtfertigung kann ich nur das Argument anführen, daß es einem Perlenfischer schwer fällt, sich nur auf die Beschreibung des *habitat* zu beschränken, also auf die Farbe, die Form und die Beschaffenheit des Wassers. Es wäre aus diesem Grunde für mich ungeheuer beschämend, das »Phänomen« Sai Baba nur mit den Augen eines experimentierenden Wissenschaftlers zu beschreiben. Gewährt mir bitte die Zeit, damit ich das, was ich sagen möchte, auch übermitteln kann.

Ich möchte gleich hier eine wichtige Feststellung machen. Alles was ich in diesem Buch schreiben werde, ist die Frucht meiner persönlichen Suche. Der Leser sollte nicht durch die Tatsache, daß ein Priester schreibt, irregeleitet werden und annehmen, daß er die offizielle Meinung der Kirche wiedergibt. Diesem Mißverständnis verfallen viele Katholiken und Nicht-Katholiken. Viele Menschen glauben, ein Geistlicher hat den Status eines Offiziers, der keinen eigenen Verstand zum Denken zu haben hat, und alles, was er sagt, rigoros der Zensur unterliegt. Dieses gilt sicher nur für fundamentale Wahrheiten, die sich weder durch die Zeit noch die Völker geändert haben. Nur durch die ewige Wahrheit können wir uns vereint und als Brüder empfinden, sie ist das gemeinsame Gut aller Menschen.

Als freier Denker machte ich meine Untersuchungen und fordere die Leser auf, nicht passiv die Argumente einer Obrigkeit hinzunehmen, sondern sie kritisch und differenziert zu betrachten.

Man sollte nicht davor zurückschrecken, Dinge zu

ergründen, die der Veränderung unterliegen. Es gibt vieles, was sich in der Welt verändert. Auch Rußland hat sich politisch geöffnet, warum scheuen sich unsere eigenen Kirchenleute, die eigentlich ein kristallklares Beispiel geben sollten, hell und klar vor die Menschen zu treten? Wie oft mußten bereits unwesentliche Wahrheiten geändert werden? Die Angst, sich zu verändern, ist die Angst, sich zu entwickeln. In der Welt der Gedanken ist alles in Bewegung, und der suchende Mensch sollte immer höher steigen und selbst die Gedanken transzendieren.

Mir ist bewußt, daß alles, was ich sagen werde, besonders von den ehrwürdigen Gelehrten der offiziellen Kirche angezweifelt werden wird. Ich fürchte mich nicht vor einer Aussprache, aber nur, wenn der Gesprächspartner bereit ist, wohlwollend zu diskutieren und nicht wie ein Inquisitor von vornherein alles in der Annahme verdammt, er hätte bereits alles verstanden. Ich werde sagen, was ich über Sai Baba denke, nicht mehr und nicht weniger, so wie Priester ihre Meinung über die Erscheinungen von Medjugorje ausdrückten. Es gibt Menschen, die bereits alles über Sai Baba gesagt haben und Ihn *a priori* mit sehr zweifelhaften Argumenten verdammen. Tolerieren wir die, die andere verdammen, so berufe ich mich auf jene, die nicht bereit sind, eine derart geheimnisvolle und unergründliche Persönlichkeit wie Sai Baba zu beurteilen.

Nachdem ich mich so viele Jahre mit einer so umstrittenen Person wie dem ›barfüssigen Heiligen‹ aus Puttaparti auseinandergesetzt habe, entschloß ich mich, die Meinungen derer nicht mehr zu berücksichtigen, die Ihn weder gesehen, von Ihm gehört, noch seine Abhandlungen gelesen haben. Die weder das Ambiente seines Geburtsortes, noch sein religiöses und soziales Umfeld kennen und kein fundiertes wissenschaftliches oder theologisches Wissen haben. Um auch nur einen Bruchteil von Sai Babas Realität verstehen zu können, reicht es eben nicht, nur eine der oben angeführten Qualifikationen aufzuweisen, man sollte sie, zumindest bis zu einem gewissen Grad, alle haben. Dennoch gibt es gerade unter den Katholiken Gruppierungen, die bereits ihr Urteil über Sai Baba als Dämon oder mächtigen, betrügerischen Zauberer fällten. Fragt man jedoch nach, so stellt sich heraus, daß sie gerade ein Photo von Sai Baba gesehen oder etwas über ihn gehört haben. Die Menschen haben Angst vor der Konkurrenz oder vor einem Gott, der kommen könnte, um ihr Königreich zu stürzen oder ihre Wechslertische an die Luft zu setzen.

Mindestens drei Faktoren rufen eine apologetische, leidenschaftliche Reaktion hervor. Ein wesentlicher Faktor ist die Angst, das Phänomen Sai Baba, das bereits Millionen von Menschen angezogen hat, könnte die Stabilität der etablierten Religionen bedrohen und Schäflein ermutigen, ihre Herde zu verlassen. Diese Sorge ist durchaus edel, falls sie einem aufrichtigen apostolischen Eifer entspringt. Ein gesunder, apologetischer Geist ist manchmal notwendig, steigt er aber auf das Niveau einer aggressiven Polemik herab, ist man geneigt anzunehmen, daß er der großen Angst und einer tiefsitzenden Unsicherheit entspringt, an etwas zu glauben, was nicht mehr hinreichend glaubwürdig ist.

Mit diesem Beweggrund ist ein zweiter Faktor verbunden, und zwar die starke, von Sai Baba ausgehende Anziehungskraft, die sogenannte ›Heiden‹ hindern könnte, die Wahrheit zu erfahren, die jede Religion für sich selbst glaubt gefunden zu haben. Somit würden diejenigen, die sich aus verschiedenen, nicht ganz ungerechtfertigten Gründen von der religiösen Praxis entfernt haben, durch die östliche Realität verunsichert werden, und der Versuch, sie ihrer eigenen Religion wieder zuzuführen, wäre mißlungen.

Auf diesen Einwand komme ich gleich wieder zurück. Ich habe bei den tausenden Sai Baba Anhängern, die ich kenne, bemerkt, daß bei ihnen der große Wunsch besteht, sich ihrer ursprünglichen Kirche mit erneuertem Eifer wieder zuzuwenden. Diese Rückkehr wurde aber oft durch Priester oder sogar Exkommunikationen verhindert, und sie wurden als Verräter ihres eigenen Glaubens angeprangert. Dennoch gibt es vorurteilslose Gemeindepriester, die bemerkt haben, daß sich im Leben der im »Licht des Orients« getauften Menschen eine wahrhaftige, spirituelle Verwandlung vollzogen hat, die jede Achtung verdient.

Der dritte Faktor des apologetischen Feldzuges ist die in vielen Christen verwurzelte Überzeugung, ihre Religion sei aus einer Offenbarung erster Hand entsprungen, während alle anderen Religionen zwar auch gültig sind, aber dieses Niveau nicht erreichen.

Im zweiten Vatikanischen Konzil ermahnt die Kirche in einer kurzen Abhandlung über »Die Beziehung der Katholischen Kirche zu nicht-christlichen Religionen« – im kirchlichen Bereich unter dem Titel *Nostra Aetate* bekannt, u.a. »die Christen ... falls möglich und nach eigenem Vermögen in Frieden mit allen Menschen zu leben« ungeachtet des Glaubens, der Rasse und der verschiedenen nicht-christlichen Religionen. Es steht geschrieben:

»Die katholische Kirche verwirft nicht, was diesen Religionen wahr und heilig ist. Sie betrachtet mit aufrichtiger Wertschätzung deren Art zu handeln und zu leben, deren Gebote und Lehren, obwohl sie in vieler Hinsicht von ihrem eigenen Glauben und ihren Lehren abweichen, denn nicht selten strahlt darin die Wahrheit auf, welche alle Menschen erleuchtet.«

»Aus diesem Grund fühlt sie sich verpflichtet zu verkünden, Christus ist ›der Weg, die Wahrheit und das Leben‹ (Joh. 14,6), in Ihm müssen die Menschen die Erfüllung ihres religiösen Lebens finden, und Gott hat durch ihn alles Geschaffene mit sich selbst versöhnt.«[1]

Der Kirchenbann des Konzils von Trient wurde fallengelassen, der stets mit den drohenden Worten begann »Si quis dixerit ...« und mit der Verbannung endete »anathema sit«: sollte jemand sagen, daß ... das wird gebannt und verflucht.

Das II. Vatikanische Konzil veranlaßte die Kirche, größere Toleranz ... zu dulden. Trotzdem aber bleibt die Überzeugung tief verwurzelt, daß einem Außenseiter der Katholischen Kirche viele Wohltaten versagt bleiben, die nur Christus seinen Schäflein angedeihen läßt. Aus diesem Grunde bestätigen die oben angeführten Zitate recht deutlich, daß »die *Fülle* des religiösen Lebens« nur in Christus gefunden werden *muß*. Obwohl die oben zitierten Ausdrücke *Fülle* und *muß* eher unwiderruflich und endgültig als anfechtbar erscheinen, sind sie im tiefsten Sinne wahr.[2]

Der Fehler der Kirchenleute liegt in ihrer absolutistischen und monopolistischen Überzeugung, die christliche Wahrheit gefunden zu haben; sie ist aber das Erbgut aller und muß nicht unbedingt nur den Erwartungen einer Kultur, der Kultur des Westens entsprechen. Christus, der »gestern, heute und immerdar lebt«, der der »Anfang und das Ende« aller Dinge ist, das »Alpha und das Omega«, transzendiert die Welt der Riten und Lehren. Er überquert die Kontinente und Meere, erreicht jedes Herz und bedient sich jeder Ihm gefälligen Form.

Nimmt man an, daß Christus keine im All herumwandernde Wesenheit ist, sondern die in jedem Herzen wohnende Wahrheit, so gehört er nicht nur den Katholiken, sondern der ganzen Menschheit. Es ist nicht nur überflüssig, sondern auch ausgesprochen kontraproduktiv, anderen Menschen Glaubenslehren aufzwingen zu wollen. Lebt die Liebe Christi in den Herzen der Menschen, offenbart sie sich durch gutes und rechtes Verhalten, und versteht ein Mensch seinen Mitmenschen zu lieben, dann trägt er diese Liebe und Wahrheit weiter. »Daran werden alle erkennen, daß ihr meine Jünger seid: wenn ihr einander liebt.«[3]

Es bleibt zu bestimmen, was der Plan Christi umfaßt, was die wahre Herde bedeutet, in welcher Form sich der Hirte manifestiert und wer seine Schafe sind.

Hier gibt es eine witzige und zugleich dramatische Anekdote, die den heutigen Geist nicht nur der katholischen Kirchenleute wiederspiegelt.

In Belfast, Irland, diskutierten ein katholischer Priester, ein evangelischer Pfarrer und ein jüdischer Rabbi aufgeregt über ein theologisches Thema. Von jedem wurde eine unterschiedliche Auslegung des gleichen Bibeltextes gegeben. Obwohl die Unterredung anfänglich kirchlichen Argumenten galt, nahm sie immer polemischere Züge an und wurde sehr gereizt. Keiner von ihnen konnte die anderen überzeugen. Sprachen sie über Gott, bezichtigten sie sich der Ketzerei, der Abtrünnigkeit und des Verrates an der Religion. Sie fingen an, sich zu hassen.

Plötzlich erschien mitten unter ihnen ein Engel und sagte: »Gott schickt euch Seinen Segen. Erbittet etwas für den Frieden, und Gott wird euch diesen Wunsch gewähren.«

Der evangelische Pfarrer sagte:

»Mach, daß alle Katholiken unsere schöne Insel verlassen, nur so kann der Friede ungestört regieren.«

Der katholische Priester sagte:

»Kein einziger Protestant soll auf der heiligen Erde Irlands verbleiben, und die Insel wird in Frieden leben.«

»Und du, Rabbi?« fragte der Engel, »hast du keinen Wunsch?«

»Nein«, antwortete der Rabbi. »Solange die Wünsche dieser beiden Männer erfüllt werden, bin ich zufrieden.«[4]

Die verschiedenen religiösen Gemeinden, die sich als Kirchen institutionalisiert haben, legen besonderen Wert auf Ideologie, theologische Spitzfindigkeit, apologetisches Lesen heiliger Texte und deren polemische Auslegung. Dies ist übrigens ein Phänomen, das alle Religionen betrifft.

Fühlt sich jemand religiös und fromm, von der Kirche beschützt und ihr zugehörig, interpretiert aber die Schriften selbst und lehnt es ab zu glauben, daß Gott sich nach Seinem eigenen Willen in der Welt manifestieren kann, so ist dieser Mensch ein *homo ecclesiasticus* und wenig *sapiens*, denn Gott soll sich seinen Interpretationen fügen; Gott aber ist absolute und bedingungslose Freiheit.

Im Laufe der Kirchengeschichte ging das fundamentale Ziel der Heiligen Schriften, der Vorhersagungen der Propheten und Weisen, die Gegenwart des *Avatars* allmählich verloren. Ziel des göttlichen Eingreifens war immer, den Lebenswandel des Menschen zu ändern und ihn zu göttlicher Erkenntnis und Identifikation zu führen.

Theologien und ideologische Strömungen verherrlichen den menschlichen Intellekt: sie fördern intellektuelle Spiele und haben das Konkrete aus den Augen verloren: die von begnadeten Männern verkündete Botschaft auch wirklich zu leben.

Der Disput verdunkelt diese Botschaft, anstatt sie zu erhellen, und ruft durch die Provokation am Ende nur Zwietracht hervor.

Warum endet der Mensch, der über genügend Einsicht verfügt, seine Kraft und Energie der Entdeckung der eigenen Identität zu widmen, in unrühmlichen Disputen und Zwietracht?

Grundsätzlich ist seine Suche richtig, aber dann beginnt sein Verstand im fortgeschrittenen Stadium der Suche die eigenen intellektuellen Errungenschaften zu bewahren; es entsteht der Wunsch, diesen vom

Verstand geschaffenen Winkel der Sicherheit auch zu schützen. Der Wunsch nach Sicherheit entspringt dem Ego; zuerst individuell, dann kollektiv und aus dem ursprünglich psychologischen Sicherheitsbedürfnis wird ein Mechanismus der Macht.

Um diese künstliche Sicherheit zu schützen, beginnt der Mensch seinen Mitmenschen gegenüber zuwiderzuhandeln, denn gerade in der Gedankenfreiheit des Menschen liegt für ihn die größte Bedrohung dieser Sicherheit. Anstatt die Wahrheit zu suchen, verteidigt der schon so lange Suchende sich selbst, seine eigene Ideologie und seine eigene Interpretation.

Der Starrsinn, der zwei Theorien trennt, könnte sie allerdings auch vereinen. Durch kürzlich ausgeführte Studien wurde mir bewußt, daß die unterschiedlichen, theologischen Deutungen einer Auslegung im Grunde genommen auf Faulheit und Engstirnigkeit beruhen. Sollte man dann nicht anstatt zu diskutieren, die Einheit miteinander fördern?

Wir brauchen heute Menschen und Theologen, die mit aufrichtigem Herzen diese Einheit suchen – sie täglich praktizieren – tötende Haarspaltereien aufgeben und stattdessen alles umarmen, was vereint!

Wie der Dichter Kabir sagt:

Was nützt es, wenn der Lernende
Worte und Begriffe abwägt,
wenn sein Herz nicht vor Liebe überfließt?
Was nützt es, wenn der Asket
safran-farbene Kleider trägt,
wenn er innen bleich ist?
Was nützt es, wenn du Moral zur Schau trägst
und sie vor den Menschen glänzen läßt,
wenn in ihr keine Musik erklingt?

In der Bescheidenheit und der Reinheit des Herzens erkennt man die Wahrheit, die vereint. Im Hochmut und in der Mißgunst trifft sich, was entzweit.

Starrheit und Launenhaftigkeit machen oft eine Einigung schwierig. Die Kunst des Schweigens scheint hier die einzige Lösung zu sein. Das Licht erleuchtet seinen eigenen Weg; es ist weise, einen Streit zu vermeiden, der oft nur den Frieden zerstört.

Wichtig ist zu erkennen, daß alle Religionen immer nur *ein* Ziel verfolgen. Die hierfür angewandten Mittel aber sind unterschiedlich: die eine reist im Boot, die andere auf dem Floß oder auf einem Schiff, sie alle aber bewegen sich im gleichen Wasser.

Das größte Hindernis des Menschen, Einheit zu finden, ist seine Überheblichkeit. Es gibt Menschen, die überzeugt sind, Gottes Willen durch Verfolgung, Töten und Foltern auszuführen. Man beobachtet, wie leicht die überall entstehenden religiösen Strömungen der Versuchung verfallen, gewisse Sicherheiten anderen Menschen aufzudrängen und wie jene, die sich über die Greueltaten der Inquisition aufregen, selbst Inquisitoren sind. Vielleicht ist der Leser selbst schon Adventisten begegnet, oder Zeugen Johavas und fundamentalistischen christlichen Gruppen, die bereit sind, ihre erhaltene Offenbarung zu beschwören, Sai Baba sei der Satan in Person. Selbst die Mitglieder der Hare Krishna Bewegung, die sehr leicht Gemeinsamkeiten zwischen Sai Baba und ihrem geliebten Krishna herausfinden könnten, rümpfen ihre Nase, wenn sie ein Haus betreten, an dessen Wand ein Bild von Sai Baba hängt.

Man kann nichts machen. Vielleicht braucht es nochmals fünftausend Jahre, bis eine andere Bewegung entsteht – die Hare Sai Bewegung –, und ihre Mitglieder werden von Tür zu Tür gehen, Geschichten von Babas göttlichen Spielen verkünden, von der Liebe seiner *gopis*[5], von Hirtenmädchen, die nicht mehr den Kühen ergeben sind, sondern vielleicht dem *Computer*. Diese »Hare Sai« wissen, daß das Göttliche immer noch unter ihnen weilt, und sie werden einstimmig singen: »Liebt euch, wie ich euch liebe. Immer wieder steige ich herab, um euch dies zu lehren.«

Der spirituelle Mensch ist niemals Fanatiker, es ist unwichtig für ihn, ob man auf die eine oder andere Weise singt, ob man um den Hals einen *japamala* oder ein Kreuz an der Kette trägt; sie versuchen, die Herzen ihrer Brüder nicht aufzuwühlen, sondern suchen verzweifelt, sich mit ihnen eins zu fühlen.

Sai Baba tritt nicht in Wettstreit mit den Religionen. Das macht Seine Größe aus. Er steht für sich selbst und transzendiert die Religionen. Er legt keinen Wert auf Adepten und Anhänger. Er verändert nicht »ein einziges Jota« der Schriften, sondern erklärt sie und macht aufmerksam, wo sie verzerrt oder vergessen wurden.

Diejenigen, die in Sai Baba einen Menschen sehen, der aus Liebe zur Macht und zum Geld Dörfer und Schulen organisiert, vergessen, daß Er, der über alles Gold der Welt verfügt und mit einem einfachen Gedankenimpuls Perlen und Diamanten aus dem Ozean holt, nicht um Almosen zu bitten hat. Sie bemerken nicht, daß sie ein geheimnisvolles Wesen mit einem häßlichen und kläglichen Maß messen, ein Wesen von unermesslicher Schöpfungskraft, von dem sie unwissend und undankbar profitieren. Sie erkennen nicht, daß sie in Ihm nur sehen, was sie selbst in sich haben.

Sai Babas grenzenlose Liebe empfindet Mitleid mit den korrupten und dekadenten Religionen. Um sich Sai Baba zu nähern, muß das Herz offen für die Wahrheit und verschlossen für das Vorurteil sein. Dann und nur dann offenbart sich Sai Baba.

Anmerkungen

[1] Nostra Aetate, §2

[2] In der ›Erklärung zur Religionsfreiheit‹, ›Dignitatis humanae‹ des II. Vatikanischen Konzils, wird die angenommene Ober-

hoheit der Katholischen Kirche mit folgenden Worten geachtet: »Das Heilige Konzil bekennt, daß der gleiche Gott den Menschen den Weg zeigt, auf dem sie, ihm dienend, durch Christus erlöst und selig werden. Diese einzige und wahre Religion, so glauben wir, besteht in der katholischen und apostolischen Kirche: dies der Menschheit zu verkünden, wurde sie von Jesus beauftragt.« (§1)

Dennoch räumt das Konzil im ›Lumen gentium‹ , in der ›dogmatischen Konstitution der Kirche‹ ein, daß der Plan der Erlösung auch die einschließt, die an den Schöpfer glauben, und daß »Gott nicht weit entfernt von jenen ist, die den unbekannten Gott in Trugbildern und Idolen suchen, denn er schenkt allen das Leben und den Atem, und als Retter will er, daß alle Menschen gerettet werden.« (§16)

[3] Johannes 13,35

[4] Diese Anekdote wurde der ›Preghiera della rana‹ von A. De Mello, Ausg. Paoline frei entnommen.

[5] Krishna verbrachte seine Jugend unter den Hirtenmädchen. Durch ihre völlige Hingabe an die Göttliche Inkarnation symbolisieren sie wahre Ergebenheit dem Herrn gegenüber, die sich auf den absoluten Verzicht auf alle Bindungen gründet.

Zweiter Teil

Die Lehre Sai Babas

VIII. KAPITEL

Die Lehre der Wunder

Alles, was dem Herrn gefällt,
vollbringt er, im Himmel, auf der Erde,
in den Meeren, in allen Tiefen.

Psalm 135

Im Allgemeinen beeindruckt am meisten Sai Babas Leichtigkeit, Wunder zu vollbringen. Auf ihn könnten sich Johannes' Worte beziehen, die er von Jesus am Ende seines Evangeliums sagt: »Es gibt aber noch vieles andere, was Jesus getan hat. Wenn man alles aufschreiben wollte, so könnte, wie ich glaube, die ganze Welt die Bücher nicht fassen, die man schreiben müßte.«

Sai Babas *lila*, wie sie in der Sprache seines religiösen Geburtslandes genannt werden, oder sein ›Göttliches Spiel‹, enthält ein breites Spektrum von Erscheinungen, die folgendermaßen klassifiziert werden können.

1) *Materialisationen*. Seit seiner Geburt sind dies seine am häufigsten vollbrachten Wunder. Durch eine einfache Handbewegung mit nach unten gekehrter Handfläche, so als ob er Luft mischen wollte, entstehen aus dem Nichts die verschiedenartigsten Gegenstände: Statuen verschiedener Größe, Ringe und Ketten aus allen möglichen Metallen und in den verschiedensten Ausführungen, Rosenkränze, Medaillen, seltene Früchte, gewaltige Mengen von Speisen, *lingam*[1], Heiligenbilder, Kruzifixe, wundertätige Salben, usw.

117

Durch leichtes Blasen verändert plötzlich ein Gegenstand nicht nur seine Zusammensetzung, sondern auch seine Form. Befindet sich der Zuschauer im richtigen Blickwinkel, kann er manchmal sogar beobachten, wie sich sekundenschnell in Sai Babas Handfläche eine kleine Lichtmasse bildet, die sofort die gewünschte Form annimmt: ein Hauch, und eine kleine Wolke aus leuchtender Energie hat sich in ein Schmuckstück verwandelt, das, ungeachtet der Schwerkraft, einige Sekunden in der Luft schwebt. Berührt der Gegenstand die Hand des Beschenkten, leuchtet er stark und fühlt sich noch warm an.

Abgesehen von einigen Fällen, die als spiritistische Erscheinung in der Parapsychologie bekannt sind, handelt es sich in den meisten Fällen seiner Materialisationen um unvermittelt entstandene Materie. Es scheint, als ob seine Hand aus einer überweltlichen Dimension Atome und Moleküle verschiedener chemischer und organischer Zusammensetzung sammelte und sie nach eigener Berechnung, völlig unabhängig von den uns bekannten physikalischen Gesetzen, blitzschnell neu zusammenstellte; als hätte er den unter seiner Handfläche befindlichen Luftteilchen befohlen, eine bestimmte Form anzunehmen.

»Schöpfungsakt« wäre gewiß die geeignetste und nicht übertriebene Definition dieser *lila*. Man behauptet, daß ein Künstler ein Kunstwerk »erschaffe«, aber in Wirklichkeit verwendet er bereits existierende Materie und gibt ihr eine neue Form. Die Kreativität des Künstlers ist seine Fähigkeit, durch Phantasie und mit Hilfe der Hände, der Materie neue Formen zu geben, oder sie durch persönliche Interpretation zu imitieren. Sai Baba dagegen muß das Material für seine Schöpfung *ex novo* herstellen, er hat kein Modell, nur seine Phantasie.

Die christliche Lehre hat immer behauptet, die Schöpfung sei ein »Erschaffen der Dinge aus dem

Nichts.« Das Wort »Nichts« erscheint auf Grund der heutigen wissenschaftlichen Erkenntnisse ungeeignet und naiv; die klassische Theologie konnte jedoch bisher keine bessere Definition für die Entstehung eines Gegenstandes aus einer unsichtbaren Dimension finden; mit dieser Definition versuchte sie einst die Entstehung des Universums zu erklären.

Zu Beginn meiner Studien störte mich das Gefunkel der Schmuckstücke sehr. Damals erkannte ich noch nicht die zahlreichen und bedeutungsvollen Botschaften seiner Gesten. Seine Materialisationen als Magie anzusehen hindert die Tatsache, daß viele seiner erschaffenen Schmuckstücke aus edlem Material sind. Ein Zauberer wäre diesem Aufwand nicht gewachsen. Oft sind die Ringe und Ketten aus massivem Gold oder Platin, mit Edelsteinen besetzt, aus Diamanten von überraschender Größe, Perlen, Topazen, Smaragden, usw. Dann wiederum bestehen die Gegenstände aus bescheidenem Material, besitzen aber einen großen geistigen Wert, wie z.B. Rosenkränze aus einfachem Kristall, *japamala* genannt, oder *vibhuti*, die geweihte Asche.

Sicherlich wäre es denkbar, daß kleine Gegenstände, wie Ringe oder Medaillen, in den Ärmeln oder Manschetten des Zauberers versteckt sein könnten, wie aber wäre es möglich, große Gegenstände wie z.B. eine dreißig Zentimeter hohe Statue aus purem Gold zu verstecken, die Sai Baba früher an den Ufern des Citravati zu materialisieren pflegte.

Vibhuti ist hinsichtlich des Materials das armseligste Geschenk, das Sai Baba seinen Anhängern zu geben pflegt, tatsächlich aber ist es das kraftvollste und bedeutungsvollste aller Geschenke. Die vielen schwerkranken Menschen, die dank *vibhuti* wieder gesund wurden, sind kaum noch zu zählen. Wie oft *mir* vibhuti bei Fieberzuständen und Schmerzen geholfen hat, will ich erst gar nicht erwähnen. Neben ihrer starken Heilkraft besitzt die geweihte Asche eine besondere geistige Bedeutung.

Asche ist chemisch gesehen das letzte Stadium der Materie: unverderblich, stabil, keimfrei, rein und reinigend. Asche ist in der Tat keimfrei und kann ohne weiteres als blutstillendes Wundmittel verwendet werden. Früher benutzten die alten Bauern Asche als einziges und sofortiges Heilmittel bei Amputationen und Unfallverletzungen bei der Arbeit. Frauen benutzten Asche als Bleichmittel für die Wäsche; fragt einmal eine alte Bauersfrau, warum die Leinentücher einst so weiß und duftend aus der Wäsche kamen?

Die Asche bedeutet in ihrem tiefsten Sinn den erlösenden Tod oder besser, ein dem Leben vorangehendes Todesstadium. Immer wieder spricht Sai Baba vom Tod des »Ego«, aus dessen Asche der Mensch als unsterbliche Gottheit aufersteht. Unter »Ego« versteht man die Gesamtheit der Gefühle wie Zorn, Neid, Eifersucht, Wollust, Ehrgeiz, usw.; sie sind das Gerüst und der tatsächliche Tod des inneren Menschen.

Diese mystische Bedeutung der *vibhuti* läßt an die christliche Liturgie des Aschermittwochs denken, wenn der Geistliche geweihte Asche auf das Haupt der Gläubigen streut und spricht: »Denke daran, Mensch, daß du Staub bist und zu Staub wirst.« Diesen Text würde ich folgendermaßen ändern: »Denke daran, Mensch, daß dein Leib Staub ist und zu Staub wird.« Die vorhergehende Formulierung könnte in der Tat den Eindruck entstehen lassen, daß wir der Leib sind und mit ihm vergehen. Der Leib stirbt, aber nicht wir. *Vita mutatur non tollitur,* das Leben wandelt sich, vergeht aber nicht.

Die von Sai Baba nahegelegte Deutung ist auf diese Liturgie anwendbar und verleiht ihr sogar eine größere Tiefe: Dein Ich, Ursache allen Übels, werde zu Asche, und du wirst zu göttlichem Leben auferstehen, vollkommen und unzerstörbar, wie die Asche selbst.

Wollte man sämtliche von ihm erschaffenen Gegenstände zusammentragen, reichte der Platz in eurem Haus nicht. Diese Behauptung scheint übertrieben, berücksichtige ich aber N. Kasturis Behauptungen, so scheint meine Aussage vielleicht sogar bescheiden zu sein. N. Kasturi war der bedeutendste Biograph Sai Babas und lebte jahrelang bis zu seinem Tod bei Sai Baba. 1961 schrieb er, daß Sai Baba täglich ein halbes Kilo *vibhuti* materialisiert hat, und daß die bis zu dem damaligen Zeitpunkt materialisierte Asche einem Gewicht von fünf Tonnen entsprach. Bedenkt man, daß Sai Baba während eines jeden *Interviews* die von ihm materialisierten Gegenstände sofort verschenkt, und daß er zweimal täglich einer oder mehreren Gruppen nach dem *darshan* Interviews gewährt!

Was aber ist der Sinn all dieser Materialisationen? Sai Babas Motive hierfür sind, wie sein Einfallsreichtum, grenzenlos und unergründlich. Trotzdem aber kann die Bedeutung auf Grund seiner eigenen Aussagen und der Aussagen der so ungewöhnlich Beschenkten andeutungsweise erfaßt werden.

Sai Baba gibt folgende Erklärung:

»Meßt meinen Wundern nicht so viel Bedeutung bei. Sie sind nur *lila*, göttliche Spiele. Zuerst gebe ich den Menschen, was sie sich wünschen, damit sie sich später das wünschen, was ich ihnen zu geben gekommen bin.«[2]

Dies ist im allgemeinen die Erklärung für die Wunder Sai Babas und ist insbesondere für die an seine Anhänger verschenkten Gegenstände anwendbar. Ein Geschmeide oder Schmuckstück zu verschenken ist Ausdruck tiefer Liebe und geschieht normalerweise nur bei Liebenden. Diese Geschenke stammen nicht aus Juweliergeschäften, sondern aus einer selbst gelehrten Physikern unbekannten Welt. Ihre Erschaffung setzt absolute Beherrschung und tiefe Kenntnis der Materie voraus.

Eine weitere Erklärung ist der durch den Talisman gewährte Schutz für den Träger. Sai Baba erklärte, daß die von seinen Anhängern getragenen Objekte im Augenblick der Gefahr als eine Art Sender/Empfänger funktionieren, die Verbindung mit ihm herstellen und so dem Anhänger Energie zur Überwindung des schwierigen Augenblickes zuleiten.

Eines Tages schenkte Sai Baba einem lieben Freund von mir einen Ring mit einem mindestens 15-karätigen Diamanten. Als dieser sich vom Schock des Wunders erholt hatte, bewertete er, selbst ein studierter Ingenieur und Kenner von Edelsteinen, den Stein auf ungefähr eine halbe Milliarde Lire. Sai Baba spricht ziemlich ironisch über den finanziellen Wert seiner erschaffenen Juwelen. Die Schnelle und Leichtigkeit ihrer Entstehung soll auf die illusionäre Natur der Materie hinweisen und auf die Wichtigkeit, höhere und beständigere Ziele anzustreben. Am 5. August 1988 sagte er vor einer großen internationalen Versammlung folgendes:

»Es wird euch schwer fallen, Sai zu verstehen. Sai spricht wie ein gewöhnlicher Mensch und bewegt sich frei unter euch. Es wäre jedoch trügerisch zu glauben, Sai sei wie jedes andere menschliche Wesen. Dies ist nicht der Fall. Sai kann in einem einzigen Augenblick die ganze Welt verändern. Gold, Diamanten, alles liegt in seinen Händen. Ihr versteht das Phänomen Sai nicht. Seht her! Mit einer Handbewegung von mir wird sogleich ein großer Diamant entstehen (während er das sagt, bewegt er kreisend die Hand, und ein Diamant von außergewöhnlicher Schönheit erscheint), der, wie ihr gleich sehen werdet, durch einen Hauch Swamis wieder verschwinden wird. (Er bläst auf den Stein und läßt ihn verschwinden.) Alles geschieht nach Swamis Willen. Die wahre Natur Gottes kann nicht von allen verstanden werden. Glaube ist notwendig.«

2) *Heilen physischer Krankheiten.* Ich spreche bewußt von »physischen Krankheiten«, denn die Wunder, die Sai Baba in den Herzen der Menschen vollbringt – Wunder, die durch eine objektive Analyse schwer zu erfassen sind –, sind weitaus zahlreicher als körperliche Heilungen.

Zu diesem Thema weise ich auf das Buch eines Arztes und lieben Freundes hin: Dr. G. C. Rosati, *Sai Baba, l'uomo venuto dal cielo.* Der Verfasser beschreibt in diesem Buch Wunderheilungen, die sowohl aus biologischer als auch physischer Sicht unerklärbar sind.

Ich habe mit eigenen Augen die Heilung Krebskranker im letzten Stadium miterlebt. Die Patienten, ihres baldigen Todes gewärtig, sahen nur einen Ausweg: ein von Sai Baba für diesen Zweck erschaffenes *lingam,* das in geweihte Asche oder Wasser getaucht wurde. Eine durch die Verzweiflung hervorgerufene Zuversicht breitet sich zuerst bei den Schwerkranken aus, dann setzt Heilung ein. Ohne mich auf die schweren, gewiß eindrucksvollen Fälle beschränken zu wollen, habe ich festgestellt, daß in fast allen Fällen *vibhuti* oder das mit dem *lingam* geweihte Wasser denjenigen Besserung verschafft, die danach verlangen.

Oft verlief jedoch die Lösung des Problems in eine andere Richtung. Wurde die an die Gnade Sai Babas gerichtete Bitte nach körperlicher Genesung nicht erfüllt, erreichte der Patient eine geduldigere Einstellung seiner Krankheit gegenüber. Ich habe viele Menschen gesehen, die nicht geheilt wurden, sie erlangten aber aus ihrem Verlangen nach Gnade die nötige Kraft, größere Prüfungen, auch die des Sterbens, zu ertragen.

Eine meiner Schwestern litt an Brustkrebs. Als die Krankheit erkannt wurde, versuchte man durch einen chirurgischen Eingriff das lokalisierte Tumorgewebe zu entfernen. Die Metastasen waren jedoch so weit fortgeschritten, daß die Ärzte keine Hoffnung mehr hatten. Vor und nach der Operation gab ich ihr *vibhuti* auf die Stirn und riet ihr, auch etwas davon dünn auf die Wunde zu streichen. Sie sagte mir, daß ihre Aufregung vor der Operation plötzlich verschwunden war, und selbst die Ärzte wunderten sich über die Geschwindigkeit ihrer Genesung. Sie lebte noch zweieinhalb Jahre, obwohl die Ärzte ihr eine Lebensdauer von knapp einem Jahr vorausgesagt hatten. Besonders beeindruckend war, daß sie bis zum Ende ihres Lebens kaum Schmerzen gehabt hatte – und dies im Endstadium einer Krankheit, die normalerweise von starken Schmerzen begleitet wird.

Für die Menschen mit ihrer Sehnsucht nach Leben bedeutet die Unsterblichkeit des Körpers ein wahres Wunder. Ein Wunder heißt jedoch nicht, die Verwesung einer bestimmten organischen Masse zu verhindern, sondern nur die Abberufung in eine andere Welt zu verzögern, um so die zusätzlich gewährten Tage bestmöglich nutzen zu können. Auch Lazarus, von Jesus durch ein Wunder in das Leben zurückgerufen, mußte seinen Körper wieder verlassen, ohne daß die Erhabenheit des Wunders der Auferstehung dadurch geschmälert wurde.

3) *Beherrschung der Naturgewalten.* Ich erwähnte bereits, daß ich selbst auf meiner ersten Reise nach Prashanti Nilayam während des *darshan* ein Wunder miterlebte und zwar als Sai Baba Wolken auflöste. Dieses Ereignis ist jedoch verhältnismäßig mittelmäßig, wenn man bedenkt, daß Sai Baba das Wasser des Flußes Citravati zurückweichen ließ, um eine Überschwemmung des Dorfes Puttaparti zu verhindern. H. Murphet spricht auch in seinem Buch von einem senkrechten Regenbogen. Die von N. Kasturi verfaßte und leider nur in englischer Sprache erhält-

liche Biographie beschreibt sehr anschaulich viele Wunder dieser Art.

Während der trockenen Jahreszeit hielt Sai Baba am 24. November 1990 im großen Stadion von Prashanti Nilayam eine Rede vor hunderttausenden von Menschen, die sich über das ungewöhnliche Wetter wunderten. Er sagte:

»Ihr wart Zeugen der Vorkommnisse des gestrigen Tages. Tiefschwarze, schwere Wolken bedeckten den Himmel. Morgens gegen 7:30 Uhr hatten sich die Wolken zusammengeballt und versprachen nichts Gutes. Ein schwerer Wolkenbruch bahnte sich an. Anstatt die Wassermassen freizugeben, verhielten sich die Wolken einer Klimaanlage entsprechend und gewährten Schutz vor der brennenden Sonne; erst später verzogen sie sich.«

4) *Auferstehungen*. Viele betrachten dieses Thema mit großem Argwohn und großer Skepsis. Es mag in Ordnung sein, zu heilen und Gegenstände aus dem Nichts zu erschaffen, aber Auferstehungen zu bewirken, das geht zu weit! So denken wohl die meisten.

Untersucht man jedoch diese Einstellung kritisch, läßt sich diese geistige Blockade auf die christliche Auffassung zurückführen, daß nur Christus allein das große Wunder der Auferstehung vollbringen konnte. Viele Katholiken sollten sich ihrer Unkenntnis der Apostelgeschichte bewußt werden, in der Petrus den Tabitā aus Joppe hat auferstehen lassen[3], und Paulus einen jungen Mann wieder zum Leben erweckte, der während seiner Rede schlafend aus dem Fenster gefallen war.[4]

Gewiß, im Fernsehen werden keine Auferstehungen gezeigt, Ereignisse dieser Art werden ignoriert. Werden sie jedoch in Frage gestellt, müßten dann nicht auch die biblischen Auferstehungen in Frage gestellt werden?

Im XIII. Kapitel des oben erwähnten Buches beschreibt H. Murphet[5] die Auferstehung eines gewissen Radhakrishna; sie weist sehr viele Ähnlichkeiten mit dem biblischen Vorkommnis des Lazarus auf. Es gibt Augenzeugenberichte für einige von Sai Baba vollbrachte Auferstehungen. Ich selbst kenne die Geschichte einer Frau, die in Prashanti Nilayam starb und durch Sai Baba, als er an ihr vorüberging, wieder Leben und Kraft erlangte. Vor einigen Jahren hörte ich auch, daß ein Student seines Internats wieder zum Leben erweckt wurde. Wieviele seiner Wunder, so frage ich mich, geschehen von der Welt unbemerkt!

Ich möchte hier nicht alle Fälle der »Wiederbelebung eines Leichnams«, wie Dr. Rosati in typischer Ärztesprache die Auferstehung bezeichnet, untersuchen; der Wissenschaft zuliebe nehme ich Abstand von einer Verunglimpfung. Es genügt aufzuzeigen, daß es auch in der Macht Sai Babas steht, diese Wunder zu vollbringen. Wer mehr darüber wissen möchte, sollte alle diese Fälle genau studieren und, wenn möglich, nicht nur am Schreibtisch!

»Es handelt sich weder um Mesmerismus, noch um Wunder und Magie!« sagt Sai. »Ich besitze eine ursprüngliche, göttliche Macht. Stets bin ich in den Herzen aller.«[6]

Ich möchte hier keine langweilige theologische Abhandlung über Wunder schreiben, sondern ich möchte dieses Thema vom christlichen Standpunkt untersuchen, um festzustellen, ob Sai Babas Heilkraft göttlicher Herkunft ist. Meine Suche zwang mich zu diesem Schritt, denn ich wollte Sai Baba analysieren. Ich bewertete und untersuchte seine Wunder gemäß den von den theologischen Schulen aufgestellten Bedingungen, insbesondere derjenigen der Apologeten. Diese verteidigten in erster Linie die christliche Lehre gegen etwaige Angriffe und Fälschungen. Aber auch die biblische Theologie gibt viele Anregungen für eine ernsthafte Untersuchung der von Sai Baba vollbrachten Wunder. Eine Auseinandersetzung auf diesem Gebiet würde mir sehr viel mehr Sicherheit in der Beurteilung der Person Sai Babas geben.

Der Begriff »Wunder« ist sehr umstritten, weil einige Menschen darin das Wunderbare suchen, während die gesamte Schöpfung in ihrer unendlichen und vollkommenen Ordnung als Wunder betrachtet werden sollte. Die gesamte Schöpfung scheint Gegenstand liebevoller Planung zu sein, eine Planung, die der Zufälligkeit trotzt, und der die Äonen und die Unendlichkeit des Universums unterliegen. Die rationalistische, kritisch eingestellte Schule zu Beginn dieses Jahrhunderts, von A. Harnack vertreten, bestritt die Wahrhaftigkeit des Wunders und betrachtete das Wunder als »Verstoß gegen die Naturgesetze.«[7]

Außergewöhnliche Ereignisse können als sichtbare Ausnahmen der Naturgesetze eine rationale Erklärung finden, stellen sie doch im Grunde genommen nichts anderes dar als ungewöhnliche, aber von der natürlichen Ordnung der Dinge abhängige Vorgänge. Das bedeutet, die Natur verhält sich nicht im Widerspruch zu sich selbst und ihren Gesetzen. Sollte der berühmte Ausspruch von Leibniz *natura non facit saltus* hinsichtlich der Evolution wahr sein, so würde er auch heute noch für Phänomene gelten, die nicht mit allgemein anerkannten Begriffen erklärt werden können. Anders ausgedrückt, geschieht etwas in der Natur, das den heute bekannten Gesetzen widerspricht, so liegt diese scheinbare Unverträglichkeit in unserer Unkenntnis neuer Gesetze, die diese Abweichungen deuten könnten.

So gesehen gibt es tatsächlich keine Wunder. Somit gibt es nichts auf der Welt, was der Mensch nicht verstehen oder zumindest nachvollziehen könnte; diese Unzulänglichkeit sollte uns eher in Erstaunen versetzen, als das Wunder selbst. Als die Lokomotive erfunden wurde, betrachtete man sie als das Werk des

Teufels. Der *Computer* mit seinen unzähligen Entwicklungsmöglichkeiten auch auf dem Gebiet der Informatik kann im Vergleich zu den Kenntnissen, die man noch vor einigen Jahren auf dem Gebiet der Elektronik besaß, als Wunder betrachtet werden. Größeres steht uns noch bevor!

Den durch die Kraft des Geistes, durch Pranotherapien oder Konzentrationstherapien bewirkten Heilungen wird immer mehr Aufmerksamkeit geschenkt. Durch sakrale Liturgien werden sogar Heilungen erfleht und sofort vollzogen. Sind diese Phänomene über jeden Verdacht der Hysterie erhaben, verdienen sie Beachtung, denn sie erweitern die menschlichen Fähigkeiten und entkräften gleichzeitig die Hypothese, daß eine äußere, fremde Macht den Menschen steuert.

Nicht der Genius ist außergewöhnlich, dies bedeutet: außerhalb der gewöhnlichen Norm, sondern außergewöhnlich sind all jene, die kein Genius sind, also der größte Teil der Menschheit. Ein Genius sollte ein normaler Zustand sein und der höchstentwickelten Art der Säugetiere entsprechen. Die Menschen haben jedoch diese Bewußtseinsebene nicht erreichen können, die ihnen gestattet hätte, in vollkommener Harmonie mit den Gesetzen der Natur zu leben und sich ihrem Willen zu beugen. Dieser Zustand läßt sich nicht darauf zurückführen, daß der Mensch für ein niedrigeres Bewußtseinsniveau geplant wurde, sondern dieser Zustand beruht auf einer Unfähigkeit, deren Ursache gründlich erforscht werden müßte, um geeignete Heilmittel zu finden.

Anderseits ignoriert das Alte sowie das Neue Testament den Unterschied zwischen der Vorsehung und dem rational Gerechtfertigten, sie schenken aber der religiösen Bedeutung der Wunder größte Beachtung, ob diese nun innerhalb der wunderbaren Ordnung der Natur oder außerhalb des natürlichen Ablaufes zu beobachten sind. Das Wunder ist auf jeden Fall ein wesentlicher Bestandteil der Evangelien: Es kann nicht geleugnet werden, ohne gleichzeitig das ganze Evangelium zu verleugnen.

Der Zweck, warum Jesus Wunder vollbrachte, war die Wahrheit seiner Behauptungen zu beweisen. Es wäre jedoch übereilt, *a priori* behaupten zu wollen, daß die Wunder Sai Babas »einer Liebe zum Wunderbaren« entsprängen und die Wunder Jesu »der Liebe für die Leidenden« und »um das Reich Gottes zu offenbaren«, so wie es in einem Artikel der Zeitschrift *Familia Christiana*[8] geschrieben steht.

Wer Wunder beurteilt, ohne ihre übermittelte Botschaft genauer zu kennen, setzt sich dem Vorwurf der Unglaubwürdigkeit aus. Auch sollten die sensationellen Wunder nicht vergessen werden, die der Meister aus Galiläa vollbrachte. Wäre bei der Hochzeit zu Kana das Wasser in den Krügen nicht in Wein verwandelt worden, wahrhaftig guten Wein, hätte sich keine Tragödie abgespielt; vielleicht hätten dann die Ungezügelten der geladenen Gäste einen klareren Kopf bewahrt. Hätte nicht auch das Wunder der Materialisation einer Münze im Maul des Fisches durch eine Geldsammlung ersetzt werden können? War die Verklärung des Herrn auf dem Berge Tabor nicht nur ein Schauspiel? Was soll man von dem Feigenbaum halten, der sofort verdorrte, weil er unfruchtbar war? Welchen Fragen in der *Times* und im *Giornale* wäre wohl Sai Baba ausgesetzt worden, hätte er eine Herde von zweitausend Schweinen in die Fluten des Flusses Citravati gejagt! Wer kann einen göttlichen Geist erfassen und beurteilen, ob es mehr oder weniger günstig gewesen wäre, auf diese oder jene Weise zu handeln? Welcher menschliche Geist, in Gottesangelegenheiten unerfahren, kann überhaupt feststellen, ob ein Wunder aus Sensationslust oder aus Liebe zum Reiche Gottes vollbracht wurde?

M. Schmaus, bekannter Theologe am Münchner Lehrstuhl schreibt in seinem Werk *Katholische Dogmatik*, daß Christus seine Wunder »nicht einfach aus reinem Erbarmen für die Leidenden vollbracht hat und auch nicht, um Bewunderung hervorzurufen oder menschliche Neugierde zu befriedigen. Daß er Wunder nicht aus reiner Barmherzigkeit vollbrachte, belegt die geringe Zahl der von ihm Geheilten im Verhältnis zu der großen Anzahl von Kranken. Daß er Wunder nicht zur eigenen Selbstverherrlichung vollbrachte (und darin unterscheidet er sich ganz wesentlich von den hellenistischen Wundertätern und Magiern) bezeugt die Tatsache, daß er keine Wunder ohne vorhandenen Glauben vollbringen konnte (Mc. 6,5) Die Wunder sollten den Glauben in ihn und seine Botschaft vorbereiten. Trifft es auf ein verhärtetes Herz oder auf einen erblindeten Geist, kann es nichts bewirken, nicht weil ihm die Kraft fehlte, sondern weil sein Sinn mißverstanden worden wäre.

Warum kann man dieses nicht, zumindest hypothetisch, auch für Sai Baba gelten lassen? Sai Baba heilt nicht alle unterschiedslos, er schenkt denen liebevolle Aufmerksamkeit, die sich an ihn wenden, und diese Zuwendung kann entweder den Körper oder den Geist gesunden lassen. Er kann nicht gegen den Willen der Menschen handeln, denn Er, der sich *Narayana*, der Getreue im Herzen aller nennt, würde es verabscheuen, dem Bewußtsein eines Menschen Gewalt anzutun.

Johannes führt sehr gut aus, warum Wunder vollbracht wurden, und hebt den apologetischen Zweck der von Jesus bewirkten »Zeichen« sehr klar hervor. Das griechische Wort *semaia*, mit dem Johannes die Wunder Jesu bezeichnet, ist im Sinne der oben angeführten Betrachtungen gewiß der geeignete Ausdruck.

»Es kamen viele zum Glauben an seinen Namen, als sie die Zeichen sahen, die er tat.«[10]

Nikodemus, ein Würdenträger der Pharisäer, suchte heimlich Jesus auf, um der Kritik seiner von ihm angeführten Sekte zu entgehen und wandte sich mit folgenden Worten an ihn: »Rabbi (Meister, Swami) wir wissen, du bist ein Lehrer, der von Gott gekommen ist; denn niemand kann die Zeichen tun, die du tust, wenn nicht Gott mit ihm ist.«[11]

Der Hl. Thomas von Aquin unterstreicht die göttliche Herkunft des Wunders: »Nur Gott kann Wunder vollbringen.«[12]

Als Jesus eines Tages gerufen wurde, um den Sohn eines königlichen Beamten zu heilen, sagte er angesichts der Ungläubigkeit und Hartherzigkeit seines Volkes enttäuscht: »Wenn ihr nicht Zeichen und Wunder seht, so glaubt ihr nicht.«[13]

Wie Sai Baba hat auch Jesus den »Zeichen« keine besondere Bedeutung beigemessen. Der Nazarener verbot in der Tat den Geheilten, diese Kunde zu verbreiten; er versuchte alles, um sich der Begeisterung des Volkes zu entziehen, lehnte es ab, auf Bestellung Wunder zu vollbringen und mißbilligte die, die begierig das Außergewöhnliche suchten: »Diese böse und treulose Generation fordert ein Zeichen.«[14]

Meßt den Wundern keine Bedeutung zu, unterstreicht Sai Baba. Übertreibt ihre Bedeutung nicht. Die Größe meiner Macht liegt nicht in diesen Wundern, sondern ausschließlich in meiner Liebe. Ich könnte zwar die Erde in den Himmel und den Himmel in die Erde verwandeln, aber die göttliche Energie liebt keine Verschwendung, um sich zu offenbaren. Nur die Macht der Liebe läßt die Göttlichkeit als *avatar* herniedersteigen. Die Wunder sind nichts anderes als Tropfen im Ozean der Liebe. Laßt euch nicht von den Tropfen blenden. Sucht den Ozean und taucht tief in ihn hinein.[15]

Es ist töricht zu denken, ich sei nur ein Mensch, der Wunder vollbringt. Wunder sind für mich nichts anderes als eine Mücke, die sich auf den Rücken des Elefanten setzt. Sie spielen nur eine unbedeutende Rolle in meiner Ganzheit. Manchmal lächle ich über die Bedeutung, die die Menschen meinen Wundern beimessen. Die Menschen sprechen nur über diese Kleinigkeiten und vergessen den wichtigeren Aspekt meines Wesens.[16]

Die »Zeichen« von Jesus beweisen seine messianische Botschaft und seine Göttlichkeit, die er durch sein Werk und sein Leben immer wieder bezeugte und bestätigte. Er beschränkte sich nicht allein darauf, seine wahre Göttlichkeit nur zu behaupten, sondern bezeugte sie durch seine vollbrachten Wunder und Prädikationen, die stets die Zeichen begleiteten. Um ein echtes von einem falschen Zeichen zu unterscheiden, sind diese Merkmale zu beachten; wie Pascal sagte, »die Wunder lassen die Lehre erkennen, und die Lehre läßt die Wunder erkennen.«

Besondere Bedeutung wird heute der Frage zugemessen, ob Gott oder der Teufel die Wunder vollbringt. Wir beziehen uns auf das Prinzip *adaequatio rei ad intellectum*, was besagt, daß durch die Fähigkeit des Verstandes, sich Problemen anzupassen, die ihn überschreiten, gleichzeitig die Frage geprüft wird, die von vornherein falsch ist. Es gibt tatsächlich viele Menschen, die Sai Baba aus emotionaler Überempfindlichkeit ablehnen und behaupten, er bewirke Wunder nicht auf Grund göttlicher, sondern teuflischer Kraft, und die damit den in den Evangelien beschriebenen Tatbestand wiederholen, wo Jesus beschuldigt wird, den Teufel »im Namen des Beelzebub, des Anführers der Dämonen« auszutreiben.

Die Antwort Jesu bestätigte nur seine erhabene Weisheit: »Jedes Reich, das in sich gespalten ist, geht zugrunde, und keine Stadt und keine Familie, die in sich gespalten ist, wird Bestand haben. Wenn also der Satan den Satan austreibt, dann liegt der Satan mit sich selbst im Streit. Wie kann sein Reich dann Bestand haben?«[17]

Wie bereits oben erwähnt, ist diese Frage von vornherein irreführend, denn die Frage, ob Gott oder der Teufel Wunder vollbringt, verstrickt die Menschen in den Schlingen des Dualismus. Es gibt nur eine einzige göttliche Energie, einen einzigen Schöpfer des Ganzen, ein einziges Gesetz, das alles regiert. Er ist aber selbstverständlich nicht der Schöpfer des Bösen, sondern nur sein Zeuge. In diesem, von einem unergründlichen Willen inszenierten Schauspiel, sind das Gute und das Böse zwei Größen, die ein bestimmtes Ziel verfolgen: Alles mit Allem zu vereinen. Das ist der Ursprung und das Prinzip des Spiels.

In diesem Spiel, vom launischen menschlichen Verstand als unbegreifbar und abwegig abgelehnt, tritt das höchste Prinzip nicht in Wettstreit mit sich selbst, ergreift weder Partei für das Gute, noch beeinflußt es das Geschehen, um dem Guten zum Sieg zu verhelfen. Das biblische »Ich bin« ist reiner Zeuge, uneingeschränkter Beobachter des Geschehens, in vollkommenem Einklang mit seinem Gesetz. Alles kommt von ihm. Wie könnte er Partei ergreifen? Der Unterschied zwischen Gut und Böse sowie die Ethik und Moralvorschriften stammen vom Menschen und ändern sich mit den Zeiten, den Örtlichkeiten, den Epochen und mit den Völkern.

Das einzige, unveränderliche Prinzip ist gemäß der östlichen Philosophie das Ewige Gesetz, *Dharma*. »Die Weisheit ist das Gesetz, das Jahrhunderte überdauert,« schreibt der Prophet Baruch[18] in seinem Buch. Der Evangelist Lukas sagt: »Aber eher werden Himmel und Erde vergehen, als daß auch nur der kleinste Buchstabe im Gesetz wegfällt.«[19]

Die Urheberschaft der Wunder zu bezweifeln und die so erzeugte Energie als unheilvoll zu betrachten, käme der Frage gleich, ob nicht der Urheber der

Leiden der Kriege sie wie ein Regisseur in den Ateliers von Cinecittà oder Hollywood inszeniert habe. Es wäre hingegen sinnvoller, sich nach dem Zweck und der Botschaft der Wunderzeichen zu fragen. Das Ziel jedoch ist, alle eventuellen gegensätzlichen Kräfte von Gut und Böse zu transzendieren.

In diesem Sinn wirft der Hl. Thomas diese Frage wieder auf und löst sie mit der ihm eigenen, glasklaren Beweisführung. Dieser Doctor angelicus widmet dieser Argumentation eine besondere *quaestio: Utrum daemones possint homines seducere per aliqua miracula*, »Können Teufel Menschen durch Wunder verführen«[20] Die Antwort: Erkennt man das Wunder in seiner wirklichen Bedeutung, können weder die Teufel noch andere Geschöpfe, außer Gott, Wunder vollbringen.« Sich auf den Hl. Augustin beziehend behauptet er jedoch in seiner *Summa Theologica*, daß Gott Satan gestattete, Wunder als »Zeichen der Lüge« zu vollbringen, da »die Zeichen des Antichristen das Ziel verfolgen, den Menschen die Lüge zuzutragen.«

Ob Sai Baba beabsichtigt, den Menschen die Lüge zuzutragen, werde ich in dem Kapitel untersuchen, das seiner Botschaft gewidmet ist. Die gründet sich im wesentlichen auf fünf Werte: Wahrheit, Rechtschaffenheit, Friede, Liebe, Gewaltlosigkeit.

Höre ich die unumstößlich und unanfechtbar klingenden Urteile der Gruppen und Sekten christlicher Einstellung, die weder die Persönlichkeit Sai Babas studiert, noch ein einziges Wort seiner Ansprachen gelesen haben und ihn kurzweg als Teufel bezeichnen, so kann ich nur die bittere Klage Jesu wiederholen, die er gegen die Generation seiner Zeit aussprach: »Mit wem soll ich diese Generation vergleichen? Sie gleicht den Kindern, die auf dem Marktplatz sitzen und anderen Kindern zurufen: wir haben für euch auf der Flöte Hochzeitslieder gespielt und ihr habt nicht getanzt; wir haben Klagelieder gesungen, und ihr habt euch nicht an die Brust geschlagen. Johannes ist gekommen, er ißt nicht und trinkt nicht, und sie sagen: Er ist vom Dämon besessen. Der Menschensohn ist gekommen, er ißt und trinkt; darauf sagen sie: dieser Fresser und Säufer, dieser Freund der Zöllner und Sünder! Und doch hat die Weisheit durch die Taten, die sie bewirkt hat, recht bekommen.«[21]

In welchem Namen verjagen sie ihre Dämonen?

Ein weiterer, möglicher Einwand gegen die Wunder Sai Babas ist der der Zauberei. St. Augustin unterscheidet klar zwischen den Wundern, die von Zauberern oder Heiligen vollbracht werden: »Vollbringen Zauberer ähnliche Taten wie Heilige, so geschieht dies mit Hintergedanken und aus unterschiedlichem Grund. Der eine tat es um des eigenen Ruhmes willen, der andere um des Ruhmes Gottes willen. Der eine um des eigenen Verdienstes wegen, der andere leistet einen universellen Beitrag auf Befehl Gottes, des Schöpfers aller Dinge.«[22] Diese Aussage wird sich durch die Gegenüberstellung mit Sai Babas Werk und Taten weiter erhellen.

Sind die Wunder Sai Babas wahrhaftig? Sind sie das Ergebnis einer Illusion, oder kann man ihnen Glauben schenken, echt und authentisch zu sein?

Renan schreibt in seinem aufsehenerregenden Buch »Das Leben Jesu«, anstatt die Unmöglichkeit der Wunder anzuerkennen, kann behauptet werden, daß kein Wunder bestätigt wurde.[23] Sai Baba hingegen gestattet jedem, den unbestreitbaren Beweis seiner Wunder zu überprüfen und zu bestätigen. Einige skeptische Wissenschaftler näherten sich Sai Baba mit der festen Absicht, ihn zu entlarven; trotz ihrer herausfordernden Einstellung aber blieb ihnen nichts anderes übrig, als die Wahrhaftigkeit seiner, mit eigenen Augen wahrgenommenen Phänomene zu bestätigen.

Die klassische Theologie nennt vier Eigenschaften, *conditio sine qua non*, die für die Echtheit eines Wunders erforderlich sind. Es handelt sich hierbei um von der Kirche offiziell anerkannte Richtlinien, die auf Grund der *dossiers* erstellt wurden, die sich entweder auf die Heilungen von Lourdes, Fatima und anderen anerkannten Wallfahrtsorten beziehen, oder auf die Heilig- oder Seligsprechung von Menschen, die im Geruch der Heiligkeit gestorben sind.[24]

1) Ein wahres Wunder muß ein historisch belegtes Ereignis sein (*Veritas historica miraculi*). Das Wunder ist ein einzigartiges Vorkommnis, das von den allgemein anerkannten Gesetzen abweicht. Es muß nachgewiesen werden können, daß es sich, gerade wegen seiner Einzigartigkeit, nicht um eine Einbildung handelt. Eine Heilung ist beispielsweise kein ungewöhnliches Ereignis. Die Genesung eines Krebskranken im Endstatium oder die Heilung von Metastasen ist jedoch ein Wunder. Ist ein Wunder selten nachprüfbar, so besteht selbstverständlich ein größerer Verdacht auf Unglaubwürdigkeit, als wenn es sich häufiger wiederholt. Können Dritte dieses Ereignis nicht bestätigen, erhöht sich wiederum die Unglaubwürdigkeit.

W. Bousset behauptet, daß »von Menschen nicht festgestellte (anerkannte) Wunder keine wahren Wunder sind. Nicht Wunder haben den Glauben zu unterstützen, sondern der Glaube hat die Wunder zu unterstützen.«[25] Für viele ist diese Hypothese ausgesprochen drastisch, aber verständlich, wenn die Leichtigkeit in Betracht gezogen wird, mit der Menschen sich täuschen oder belügen, wie D. Hume[26] seinerzeit feststellte.

2) Um ein Ereignis als Wunder betrachten zu können, muß der übernatürliche Charakter dieses Ereignisses mit Sicherheit festgestellt werden (*Veritas philosophica miraculi*). Oft ist dies kein einfaches Unterfangen, aber in vielen Fällen durchführbar. Die Gren-

ze zwischen dem »Natürlichen« und dem »Übernatürlichen« zu ziehen ist schwer. Der häufigste Einwand ist das Suggestionsvermögen, auch *Placebo-Effekt* genannt. Wir wissen nicht genau, inwieweit die Suggestion in die Abläufe des Lebens eingreift, um sie zu manipulieren; wir können aber mit Sicherheit feststellen, was Suggestion nicht vermag. Könnten durch Suggestionen eindeutig Heilungen bestätigt werden, brauchte es in den Krankenhäusern weder Kobalttherapien noch Dialysen, und viele chirurgische Eingriffe könnten vermieden werden.

Der Hl. Augustinus sagt: »Wir wissen, daß aus einem Korn keine Bohne wächst und aus einer Bohne kein Korn.«[27] Alle natürlichen Ursachen eines Phänomens müssen nicht, um als Wunder anerkannt zu werden, bekannt sein, und sich ständig auf unbekannte, verborgene Ursachen der Wunder zu berufen, bestätigt nur den außergewöhnlichen Aspekt des Ereignisses: Zeugen von Wundern sind oft große Skeptiker, die mit ihrer Sturheit die historische Wirklichkeit der Wunder verneinen.

3) Ein außergewöhnliches Ereignis, das das Göttliche offenbart, hat, um als »Wunder« definiert werden zu können, ein weiteres Merkmal aufzuweisen: Es darf unter keinen Umständen durch teuflischen Einfluß entstanden sein. A. Lang bestätigt in seinem *Compendio di Apologetica*, der ich einen großen Teil meiner Überlegungen entnommen habe, daß »neue Schöpfungen und Zerstörungen realiter oder gleichbedeutend nur durch die Allmacht des einen Schöpfers erschaffen werden können (*creatio* ed *annihilatio*). ... Das von Gott vollbrachte Wunder, so Lang, wird immer den Zielen Gottes dienen; die wider Gott handelnden Geister werden sich immer durch ihre gottfeindlichen Bestrebungen verraten.

»An ihren Früchten werdet ihr sie erkennen.« (Mt. 7,16)[28]

4) Das Wunder ist eng mit einer Wahrheit verbunden, die es zu enthüllen wünscht: entweder die Göttlichkeit eines göttlichen Wesens oder die Wahrheit einer Botschaft zu bestätigen (*Veritas respectiva miraculi*). Diesbezüglich sagt Lang: »Die Frage, ob alle Wunder ein apologetisches Ziel verfolgen, ist unklar; man kann aber nicht *a priori* die Möglichkeit bestreiten, daß Gott auch nicht-christlichen Menschen zur Hilfe eilt, die auf bewunderswerte Weise für Religion und Moral kämpfen. Gott wird andererseits niemals durch Wunderzeichen den Irrtum bestätigen. Wird Gott als Zeuge gerufen, wird er nur die Wahrheit bezeugen.«[29]

Die Wunder Sai Babas haben meine »Prüfung« bestens bestanden, denn:

1) Tausende von Menschen durften Sai Babas unzählige Wunder beobachten, und jedermann kann auch heute noch diese Wunder ausdrücklich und zuverlässig bezeugen.

2) Der Verdacht auf Mesmerismus oder kollektive Hypnose ist ausgeschlossen, da die erschaffenen Gegenstände als Zeugnis des Wunders erhalten bleiben. Auch kann man die geweihte Asche *vibhuti* nicht des »Placebo-Effektes« bezichtigen, da auch Tiere durch sie geheilt werden. Wäre der Placebo-Effekt selbst bei Tieren nachweisbar, so trifft dies bestimmt nicht bei Kranken zu, denen ohne ihr Wissen *vibhuti* verabreicht wurde. Die geweihte Asche wirkt sogar – *incredibile dictu* – bei unbeweglicher Materie, wie zum Beispiel beim Inbetriebsetzen oder Instandsetzen von Maschinen.

Der Hl. Augustinus sagte, daß aus einem Korn keine Bohne wachsen kann; über dem Dorf von Puttaparti auf einem Berg aber wuchsen auf Geheiß Sai Babas an einem Tamarindenbaum fünf verschiedene Früchte gleichzeitig.

3) Sollte Langs Behauptung wahr sein, daß *creatio* und *annihilatio* nur von Gott vollbracht werden können, so zeugen die fortwährenden Schöpfungen und Materialisationen Sai Babas von dem Ursprung seiner Macht.

4) Sai Babas Wunder dienen ausschließlich der Erlösung. Abgesehen von seiner wundertätigen Kraft besitzen sie eine moralische Kraft, die den Empfänger beeinflußt. Bei jeder Heilung weist Sai Baba darauf hin, daß das menschliche Übel in der Unordnung seines Geistes begründet ist und ermahnt, sich der göttlichen Kraft hinzugeben, denn diese Hingabe bewirkt Wunder.

Verschenkt er ein Schmuckstück, erklärt er immer, falls die Symbolik nicht klar ersichtlich ist, den symbolischen Sinn. Der Diamant z.B. stellt für ihn das Symbol des zur Ruhe gekommenen Verstandes dar, den Tod des Verstandes also, der durch das Ego verseucht wurde. (Sai Baba spielt hier mit der Klangähnlichkeit des englischen Wortes *diamond = died-mind*; andere Edelsteine wiederum symbolisieren das Gefühlsleben, Wünsche und Bindungen, die aufgegeben werden sollten; ein Ring ist z.B. ein von Gott entrichtetes Pfand der Treue oder ein Symbol der heiligen Hochzeit zwischen Gott und dem Gläubigen oder zweier Menschen.

Wer Zeuge oder Empfänger eines Sai Wunders war, ist nicht nur tief berührt, sondern auch verwandelt. Oft erwächst aus einem sinnlosen Leben voller Irrwege ein ruhiges, glückliches Dasein in Harmonie mit den Mitmenschen, der Welt und mit sich selbst.

Das ist wahrlich sein größtes Wunder.

Die Möglichkeiten Gottes erschöpfen sich nicht, noch sind sie mit der Erschaffung des Universums versiegt. Der Kosmos ist ein endloses Wunder und zeugt noch im matten Abglanz von der Herrlichkeit Gottes. Werden dieser natürlichen Ordnung weitere, außergewöhnliche Zeichen hinzugefügt, dann nur aus dem alleinigen Grund, dem Menschen das Urbild zu zeigen, dem er und seine gesamte Umwelt entsprungen sind.

Anmerkungen

[1] »Das *Lingam* hat die Form eines perfekten geometrischen Körpers: das Ellipsoid. Es hat weder einen Anfang noch ein Ende, ein Vorne und Hinten. Seine vollkommen glatte Oberfläche zeigt weder Unebenheiten noch Unregelmäßigkeiten. Seine geometrische Gestalt gleicht der eines perfekten Ellipsoids. Da es keine Charakteristiken aufweist, könnte man es eine »formlose Form« nennen. Aus diesem Grunde hielt es Sai Baba für das geeignete Symbol zur Darstellung des Göttlichen Wesens, des Gestaltlosen, des Absoluten. Das Austreten des *lingam* aus Sai Babas Mund bedeutet das Eintreten des Formlosen und Ewigen in Raum und Zeit.« (E. B. Fanibunda, *Vision of the Divine*)

[2] N. Kasturi, *Sathyam Sivam Sundaram,* vol. II, S. 12,

[3] Apostelgeschichte 9, 36–41

[4] dto. 20, 7–12

[5] H. Murphet, *Sai Baba und Seine Wunder*

[6] Arjan D. Bharwani, *The Spring of Divine Sakthis-Bhagavan Sri Sathya Sai Baba.*

[7] A. Harnack, *Das Wesen des Christentums*, Leipzig 1908, S. 17; 26.

[8] Famiglia Christiana Nr. 5/1990

[9] M. Schmaus, *Dogmatica Cattolica,* Bd. II, Marietti, ff. 163–164

[10] Johannes 2, 23

[11] dit. 3, 2

[12] Summa Theologica, P. I, Q. 110, Art. 4

[13] Johannes 4, 48

[14] Matthäus 16, 4

[15] Baba, Satya Sai II, S. 88–89

[16] Sommerregen in Brindavan 1974, S. 282

[17] Matthäus 12, 22–27

[18] Baruch 4, 1

[19] Lukas 16, 17

[20] Op. cit. Teil I, Heft 114, Art. 4

[21] Matthäus 11, 16–19

[22] aus Thomas, siehe oben

²³ E. Renan, *Vie de Jésus*, Paris, 1891, S. 20

²⁴ Ich befragte einen Geistlichen, der Fachmann auf diesem Gebiet ist und der von der Diözese Bergamo in Angelegenheiten der Heilig- und Seligsprechung beauftragt wurde. Aus dem mir freundlicherweise gewährten Gespräch ließ sich erkennen, welchen strengen Auflagen die Gesuche unterliegen, einen tugendhaften Menschen auf den Altar zu erheben. Mit äußerster Sorgfalt begutachten die offiziellen Stellen der Katholischen Kirche beispielsweise Erscheinungen der Jungfrau und alle Ereignisse, die ein außergewöhnliches Eingreifen des Göttlichen in das Menschliche vermuten lassen.

Nachstehend sind die erforderlichen Merkmale einer Selig- oder Heiligsprechung aufgeführt, die ein Diener oder eine Dienerin Gottes zu erfüllen haben:

1) Voraussetzung für jede Heilig- oder Seligsprechung ist heldenhafte Tugend. Dieses Heldenhafte muß von der Untersuchungskommission oder dem Kirchengericht und von zwei weiteren Stellen der Hl. Kongregation im Ermittlungsverfahren anerkannt werden: seitens der theologischen Kommission und der Kommission der Kardinäle.

2) Die Kirche verlangt ein Wunder, sowohl für die Heiligsprechung, als auch für die Seligsprechung.

3) Bei der Heilung, die von einer Person bewirkt wurde, deren Selig- oder Heiligsprechung bereits im Gang ist, muß es sich um eine physische Krankheit handeln, die mit ärztlichen oder chirurgischen Mitteln unheilbar ist.

4) Es muß sich um eine Spontanheilung einer Krankheit handeln, die während der nächsten 10–15 Jahre nicht wieder auftreten darf. (sic)

5) Die Heilung muß von Fachärzten, die dem medizinischen Beratungsausschuß der Römischen Kongregation angehören, einstimmig bestätigt werden.

6) Das von der offiziellen Wissenschaft als unerklärbar betrachtete Wunder muß von der Kirche (theologische Kommission und der Kommission der Kardinäle) als Folge eines übernatürlichen Eingreifens anerkannt werden.

7) Wird eine als unbehandelbar und unheilbar geltende Krankheit durch Medikamente geheilt, die sonst nur in äußerst seltenen Fällen helfen, kann man nicht von einem Wunder sprechen, sondern von einem »außergewöhnlichen Ereignis«. Die Katholische Kirche unterscheidet streng zwischen »Wunder« im Sinne des übernatürlichen Eingreifens und dem »außergewöhnlichen Ereignis«, das nicht unbedingt eine göttliche Beteiligung voraussetzt.

[25] W. Bousset, Das Wesen der Religion, Halle 1920, S. 209
[26] D. Hume, *Ricerca sull'intelletto umano*, S. 10
[27] Genesis, 1, 9 Kap. 17, n.32; PL 34, 406
[28] A. Lang, *Compendio di Apologetica*, Marietti, S. 116
[29] dto. S. 117

IX. KAPITEL

Sai Baba und Jesus, zwei Erlöser, eine Erlösung

*Versucht nicht, mich mit euren leiblichen
Augen zu erfassen.
Wenn ihr in der Kirche vor Gottes Abbild
steht und betet,
sind dann eure Augen nicht geschlossen?
Denn ihr fühlt, daß ihr ihn nur durch das
innere Auge, das Auge der Weisheit,
wahrnehmen könnt.*

Sai Baba

Die Forschung über Sai Baba ist von zwei entgegengesetzten Aspekten bestimmt: einem positiven und einem negativen.

Während die Evangelien zur Erforschung der Persönlichkeit Jesus Christus als einzige Quelle zur Verfügung stehen, die hinsichtlich der historischen Existenz Jesu erst später aufgezeichnet wurden und darüberhinaus nur kärgliche Zeugnisse der *ipsissima verba Christi*, wortgetreue Reden Jesu, überliefern, verfügt man hingegen von Sai Baba über eine große Anzahl von Schriften und Erfahrungen aus erster Hand, einschließlich persönlicher Erfahrungen.

Während in den ersten Jahrhunderten des Christentums die Früchte dieses Baumes reichlich Zeugnis ablegten, befinden sich die Früchte im Zeitalter Sai Babas noch in der Blüte.

Bewertet man Ereignisse mit den Augen der Vergangenheit und bringt nicht den Mut auf, Begebenhei-

143

ten von einem anderen Standpunkt zu beleuchten, mag es voreilig und unvorsichtig erscheinen, über einen orange-farben gekleideten Heiligen aus Puttaparti ein eindeutig günstiges Urteil zu fällen.

In Bezug auf beide, Jesus und Baba sind folgende Fragen wesentlich: Wer bist du? Wer behauptest du zu sein? Wie bezeichnest du dich?

Alles selbstverständliche Fragen. Wer von uns würde sich gerne mit einem Menschen befassen, der sich nicht vorstellt? Wir erwarten vom Gesprächspartner am Telefon, daß er sagt, wer er ist; lernen wir jemanden kennen, so ist es für uns ausschlaggebend, wie er sich vorstellt und wie er sich ausdrückt. Da die eigene Meinung von sich selbst nicht immer der Wahrheit entspricht, wird das endgültige Urteil von Sprache und Benehmen beeinflußt. Sogar im Gerichtsverfahren ist die Unschuldserklärung des Angeklagten von größter Bedeutung, auch wenn schwerwiegende Vorwürfe gegen ihn vorliegen. Die Wahrheit muß dann allerdings durch Tatsachen erwiesen werden.

Die Botschaft Jesu wurde durch die klare Erkenntnis geprägt, »beauftragt«, »gesandt«, »gesalbt« zu sein. Das Wort »Messias«, bezogen auf Jesus, wird von dem Hebräischen »Mashi-ah« abgeleitet und bedeutet »der Gesalbte«, so wie der Name »Christus«. Johannes ist der Evangelist, der mit außergewöhnlicher Klarheit die Ankunft Christi beschrieben hat.

»Denn von Gott bin ich ausgegangen und gekommen. Ich bin nicht in meinem eigenen Namen gekommen, sondern er (der Vater) hat mich gesandt.«[1]

»Denn ich bin nicht vom Himmel herabgekommen, um Meinen Willen zu tun, sondern den Willen Dessen, der Mich gesandt hat.«[2]

»Meine Lehre stammt nicht von Mir, sondern von Dem, der Mich gesandt hat.«[3]

Jesus war sich völlig bewußt, der Messias zu sein und sagte es offen. Gerade dieser messianische Anspruch führt zu wesentlichen Meinungsverschiedenheiten mit den Pharisäern. Selbst die Dämonen nannten ihn »den Heiligen Gott«. Das uns bekannte Leben Jesu gründet auf seiner Botschaft, der Gesandte des Vaters zu sein, und gipfelt in einem Prozeß, der diese Äußerung als Hauptanklage anführt.

Heute, nach zweitausend Jahren, ist es unmöglich, Jesus ein zweites Mal physisch an das Kreuz zu schlagen; niemand stößt sich daran, Ihn als den Gesandten Gottes aus Fleisch und Blut anzuerkennen; das Gegenteil zu behaupten wäre sogar ungeheuerlich. Vielleicht hat der Tod Jesu Seine Göttlichkeit erhellt und der Kirche ohne Widerspruch und direkte Beweise erlaubt, stillschweigend Theorien aufzustellen?

Zu Lebzeiten hat Jesus offen an seinem messianischen Anspruch festgehalten. Als er gestorben war, sprach man vom »Mord am Sohn Gottes«, als dem größten aller Skandale. »Er war wahrhaftig Gottes Sohn,« rief der römische Legionär am Fuße des Kreuzes aus, aber nur, weil gerade in diesem Moment die Erde bebte. Hätte die Erde jedoch gebebt, als Jesus noch am Leben war, wäre er dann vielleicht als Teufel bezeichnet worden?

Sai Baba präsentiert sich mit gleicher Klarheit, nur stellt er sich anders vor. Den ersten Skandal löste Sai Baba durch die Verkündung seiner Identität aus: bedeutende Worte, die entweder von einem Wahnsinnigen stammen mußten oder von jemandem, der sich im Zustand reinsten Gottesbewußtseins befindet:

»Meine Wirklichkeit ist unerreichbar, unerreichbar nicht nur heute, sondern noch in tausend Jahren, selbst wenn die gesamte Menschheit tausend Jahre lang dieses einzige, gemeinsame Ziel ruhelos suchen würde. Aber die Seligkeit, die von dieser Wirklichkeit ausstrahlt, erfaßt alle Völker der Erde, und ihr sollt alle daran teilhaben.

Meine Energie, Meine Kraft, Mein Geheimnis kann

von niemandem verstanden werden, wer auch immer er sei, wie lange er sich auch bemühen und welche Mittel er auch immer einsetzen möge.«[4]

Die Person Sai Baba zeichnet sich durch keine besonderen Merkmale aus, die mit seinem Sendungsauftrag in Beziehung gebracht werden könnten. Es wäre falsch, von ihm zu behaupten, er sei der Messias; in unserer westlichen Terminologie gibt es keinen Ausdruck, der dem Begriff *Purnavatar, »Avatar der Fülle«* entspricht. Sai Baba beruft sich auf keine ihm übergeordnete Autorität. Sein Wort ist unwiderruflich und machtvoll gleich dem Wort desjenigen, der alles in Seinen Händen vereint.

Es gibt Menschen, die fragen, warum diese Botschaft nicht feierlich verkündet wird, so daß sie in kürzester Zeit die meisten Menschen erreichen kann. Als der Hohepriester Jesus fragte: »Bist du der Messias, der Sohn des Hochgelobten?« antwortete Jesus vor dem versammelten Rat: »Ich bin es«, worauf sich der Hohepriester das Gewand zerriß und die Gotteslästerung verwünschte. Welchen Nutzen hatte also diese feierliche Verkündung?

Verschafft sich in unserer heutigen Zeit ein Mensch wie Ali Agcha, mißglückter Attentäter auf den gegenwärtigen Papst, eine Identität mit den Worten, eine Reinkarnation Jesu Christi zu sein, welche Bedeutung kann diesen Worten beigemessen werden? Manchmal liest man in der Zeitung über jemanden, der behauptet, der Messias zu sein, und nicht selten trifft man in psychiatrischen Anstalten Menschen, die glauben Napoleon, Julius Caesar oder sogar der Messias zu sein. Der Beweis aber, wer man ist, kann nur durch Taten angetreten werden.

Jesus identifizierte sich nicht mit dem Messias durch Worte, sondern hauptsächlich durch sein erlösendes Handeln. So legt auch Sai Baba keinen Wert darauf, aller Welt kundzutun, wer er ist, sondern zieht es vor, im Herzen der Menschen zu arbeiten, um sie zu erlösen. Die Welt wird nicht durch eine messianische Botschaft verändert; die Welt verändert sich erst, wenn der Mensch entdeckt, selbst göttlich zu sein.

Einerseits hat Jesus niemals diejenigen verbessert, die ihn »Gottes Sohn« oder »Christus« oder »Messias« nannten, und wandte sich während seines triumphalen Einzuges in Jerusalem gegen die Pharisäer, die das »Hosanna« zu unterbinden suchten. Andererseits verhielt er sich immer äußerst zurückhaltend in Bezug auf die ihm zugedachten Titel, und dies nicht aus falscher Demut, sondern auf Grund der irrealen Vorstellungen, die seine Zeitgenossen vom Messias hatten. Sie erwarteten einen politischen und nationalistischen Messias, der ihre kleinen, sozialen und wirtschaftlichen Probleme lösen würde.

Ähnlich beschuldigen viele Sai Baba, gegenüber dem Leid der Welt unempfindlich zu sein und fragen sich voller Zweifel: warum befreit Er, der Mächtige, die Welt nicht vom herrschenden Leid? Diese Menschen möchten die Botschaft der göttlichen Inkarnation verändern. Auch Jesus Christus hat den Zustand des Leidens weder zu seiner Lebzeit noch später verändert. Alles, was geschehen mußte – blutige Aufstände, Kriege, Zerstörungen, Verfolgungen, Armut, Epidemien, usw. – ist pünktlich eingetreten.

Auf Befehl eines verbrecherischen Herrschers, der um sein Reich fürchtete, wurden sogar im Zusamenhang mit Jesu Geburt alle Kinder unter zwei Jahren getötet. Ähnliches geschah auch zur Zeit des Krishna: Kamsa ließ alle Kinder töten, die seine Schwester gebar, weil ihm prophezeit wurde, daß der achte Sohn den ruchlosen Onkel umbringen würde.

Die Aufgabe eines Erlösers ist nicht, mit einem Zauberstab menschliche Fehler auszugleichen und zuzulassen, daß diese sich immer wieder von Neuem wiederholen. Die Aufgabe eines Lehrers oder der

Eltern besteht nicht darin, die Hausaufgaben der Schüler zu erledigen. Wäre es so, erhielte die Faulheit Oberhand und die so vorgenommenen Versetzungen würden später der ganzen Gesellschaft schaden. Niemand würde sich gerne von einem Arzt behandeln lassen, der seine Promotion erkauft hat. Eine Gesellschaft kann sich nur durch das Erkennen der eigenen Fehler vervollkommnen und durch die Kraft, sie zu vermeiden.

Beobachtet man Sai Baba die langen Reihen der Kranken entlangschreiten, ohne sie manchmal auch nur anzusehen, glaubt man, eine grausame Gefühllosigkeit in seinem Verhalten zu sehen. In Wirklichkeit aber birgt diese scheinbare Gleichgültigkeit der Krankheit gegenüber eine bedeutungsvolle Lehre in sich: nicht euer Körper erregt mein Mitleid, sondern euer geistiger Zustand. Heilt euren Geist, dann braucht der Körper nicht länger zu leiden. Entfernt zuerst die Ursache eurer Schmerzen, und ihr werdet euch vollkommener Gesundheit erfreuen.

Kurz, es lohnt nicht, über verschüttete Milch zu weinen.

Ich werde hier nicht sehr ausführlich über Sai Babas Geburt und sein Leben berichten, dies würde zu weit führen, möchte aber auf einen außergewöhnlichen Umstand aufmerksam machen, der auf den ersten Seiten des Buches *Words of Jesus and Sathya Sai Baba*[7] beschrieben wurde:

»Eines Tages, als Sai Baba unter seinen Anhängern saß, wurde er plötzlich unterbrochen. Ein *pandit* namens Rama Sarma, der die heiligen Puranas studiert hatte, stellte folgende Frage: ›Swami, bist du auf die Welt getreten (*Pravesa*) oder bist du menschlich gezeugt worden (*Prasava*)?‹ Sai Baba wandte sich an seine Mutter, die die Frage beantworten sollte. Seine Mutter sagte: ›Ich träumte, daß ein Engel Gottes (*Satyanarayana*) mich ermahnte, nicht zu erschrekken, falls mir etwas Gottgewolltes zustoßen sollte. Als ich an jenem Morgen am Brunnen stand, um Wasser zu holen, rollte mir eine große, lichtblaue Kugel entgegen. Ich wurde ohnmächtig, fiel zu Boden und fühlte, daß sie in mich drang.‹ Baba wandte sich lächelnd an Rama Sarma: ›Hier hast du die Antwort! Ich bin nicht menschlich gezeugt worden. Es war *Pravesa*, nicht *Prasava*. Ich bin herabgestiegen und wurde nicht durch menschliche Berührung gezeugt.‹«

Sai Baba wurde als Avatar erwartet und wird von vielen Menschen als solcher anerkannt. Avatar ist ein Begriff aus dem Sanskrit und bedeutet: »die Herabkunft Gottes in körperlicher Gestalt.« Gemäß der theologischen und religiösen Hindu-Tradition ist eine göttliche Inkarnation in menschlicher Gestalt ein in der Geschichte der Menschheit sich wiederholender und keineswegs überraschender Vorgang, während in unserer westlich christlichen Kultur der Begriff *Avatar* einzig und allein Jesus Christus zuerkannt wird.

In der *Bhagavad Gita* enthüllt Krishna seinem Schüler Arjuna seine Identität und göttliche Botschaft: »Immer, wenn an irgendeinem Ort des Universums die Religion verfällt und sich Irrglauben ausbreitet, erschaffe ich mich selbst, oh Nachkomme des Bharat. Zum Schutze der Guten, zum Zwecke der Vernichtung der Übeltäter und der Festigung der Religion erschaffe ich mich in jedem Zeitalter.«[9]

»Ich«, sagt Jesus »bin das Licht, das in die Welt gekommen ist, damit jeder, der an mich glaubt, nicht in der Finsternis bleibt.«[10] »Ich bin dazu geboren und dazu in die Welt gekommen, daß ich für die Wahrheit Zeugnis ablege«[11], antwortet er auf Pilatus' Frage, ob er ein König sei. Der Verfasser dieses Evangeliums bestätigt in seinem Brief, der sehr an die oben zitierte Stelle der Bhagavad Gita erinnert, daß Jesus »erschienen ist, um die Sünde wegzunehmen und um die Werke des Teufels zu zerstören.«[12]

Während ein Hindu ohne Schwierigkeiten an die Göttlichkeit Jesu Christi glauben und ihn gleichermaßen wie Krishna, Rama oder andere Avatare Vishnus verehren kann, würde dies für einen westlichen Gläubigen Apostasie bedeuten.

Der Begriff Avatar sollte von christlichen Gelehrten eingehender untersucht werden. Das ganze Problem unserer Gegensätzlichkeit zum Osten beruht auf der falschen Auslegung der Dogmen, oder auf einer irrationalen, jedoch bequemen Auslegung menschlicher Meinungen, die als unanfechtbar ad acta gelegt und für alle Zeiten als unveränderlich erklärt wurden; die Menschen ändern sich und mit ihnen das individuelle und kollektive Bewußtsein. Verändert sich aber der Mensch, so ändern sich auch seine Gedanken.

In der Geschichte der Menschheit gibt es nach christlicher Lehre (nicht nur der katholischen) nur die mögliche Erlösung im Namen Christi. Die in der Apostelgeschichte 4,12 enthaltene Erklärung scheint keine Alternative zuzulassen: »Und in keinem anderen ist das Heil zu finden. Denn es ist uns Menschen kein anderer Name (als Jesus) unter dem Himmel gegeben, durch den wir gerettet werden sollen.« Der Name ›Jesus‹ bedeutet tatsächlich ›Gott erlöst‹, und die oben zitierte Stelle stammt aus einer Ansprache des Petrus, die er in Jerusalem vor den Ältesten, den Schriftgelehrten und den Hohepriestern gehalten hat. Sie bekräftigt die erlösende Bedeutung dieses Namens und die vom Träger dieses Namens vollbrachten Werke. Es waren nicht viele Jahre seit der Kreuzigung Jesu vergangen, und bei diesem besonderen Anlaß handelte es sich nicht darum, darzulegen, in welcher Gestalt Gott die Menschen zu erlösen suchte, sondern um die Notwendigkeit, ein vollbrachtes, großes Erlösungswerk anzuerkennen.

Niemand von uns kann tatsächlich entscheiden, ob Gott die »eingeschränkte Möglichkeit« hat, sich zu

inkarnieren und den Menschen neue Erlösungsbot-
schaften zu überbringen, sei es durch Propheten oder
durch vollkommene, avatarische oder vorzugsweise
durch christliche Persönlichkeiten. Es wäre ein theologisch und philosophisch unverzeihliches Absurdum,
die Macht Gottes ›hindern‹ zu wollen, in verschiedenen Epochen, inmitten anderer Völker und in unterschiedlichen physischen Formen, menschliche Gestalt
anzunehmen. Diese Aussage wird sicherlich nicht wi-
derlegt werden können, denn die Wahrheit spricht für
sich. Selbst ein Kind ist in der Lage zu erkennen: Gott
kann keiner Beschränkung unterliegen; erst recht
nicht einer Beschränkung durch den menschlichen
Verstand. Wenn wir uns ein Bild von Gott machen
wollten, müßten wir ihm zuallererst unbegrenzte Freiheit zugestehen.

Lang schreibt: »Gott hat die Welt aus freiem Willen
erschaffen, er kann nach der Schöpfung der Welt nach
freiem Ermessen mit den vernunftbegabten Geschöpfen in Verbindung treten und sich gnädig manifestieren. Die Welt ist weder ein Zeitvertreib noch ein
Bedürfnis Gottes; sie ist ein freies Werk seiner Macht
und seiner Liebe, die er gibt. Die Annahme, daß
Gottes Möglichkeiten und seine Liebe sich mit der
Erschaffung der Welt vollständig erschöpft haben,
setzt einen sehr beschränkten Gottesbegriff voraus.
Es ist nicht die Aufgabe des Menschen, Gott Grenzen
zu setzen oder ihm gegenüber Bedenken zu hegen.
Wir wissen nicht, wie groß seine Macht und Liebe ist.
Der Mensch sollte den Mut und die Demut aufbrin-
gen, sich von Gott erobern zu lassen, und seine Her-
ausforderungen annehmen.«[13]

Jesus mit Sai Baba vergleichen zu wollen, ist schwierig; nicht nur für diejenigen, die die Botschaft beider
als gleichwertig betrachten, sondern auch für diejenigen, denen ein entsprechender Vergleich nicht gelingt.
Stellt man bei näherer Betrachtung keinen großen

Unterschied fest, ist man versucht, eine hierarchische Abfolge im göttlichen Erlösungsplan festzulegen. Stellt man hingegen keinerlei Berührungspunkte auf Grund der oben angeführten Aussagen in der Apostelgeschichte fest, ist man ahnungslos in eine riesige Falle geraten: es ist unmöglich, zwei Inkarnationen, zwei physische Formen, die der Verwandlung und Zerstörung unterliegen, zu vergleichen.

Zwei Physiognomien miteinander zu vergleichen ist zwecklos. Warum sollte um jeden Preis die äußere Übereinstimmung von Zwillingen herausgefunden werden, wenn diese sowieso nur illusorisch ist? Menschen, denen die äußere Erscheinungsform wichtig ist, täten sich selbstverständlich viel leichter, wenn Sai Baba ein Doppelgänger von Jesus wäre. Der Leib Jesu ist nicht mehr unter uns, zumindest nicht mehr in der Gestalt eines menschlichen Wesens; er weilt unter uns als Christus, verkörpert durch die Lehre Jesu und die Gnade Christi, – eine mystische, allgegenwärtige und unsterbliche Kraft, unwandelbar und ewig.

Dasselbe wird auch mit Sai Babas Körper geschehen, den er, seinen Prophezeiungen zufolge, im Alter von 96 Jahren verlassen wird. Aber auch nach dem Verlassen seines Körpers wird Sai Baba für seine ihm stets treu ergebenen Anhänger weiterleben.

»Ich bin nicht Satya Sai Baba. Dies ist nur mein augenblicklicher Name. Ich bin alle Namen. Ich bin der alleinige Gott, der alle Gebete erhört, die aus einem menschlichen Herzen kommen, egal in welcher Sprache, aus welchem Land und in welcher göttlichen Gestalt ich gerufen werde.«[14]

Jeder Versuch, erhabene Gestalten wie Jesus Christus beschreiben zu wollen, scheiterte an doktrinären Auseinandersetzungen, von denen die Kirchengeschichte tief durchdrungen ist. Konzile und Gegenkonzile, Kirchen des Ostens und Kirchen des Westens, Protestanten und Katholiken haben niederträchtige und dem Frieden abträgliche Kriege geführt. Anstatt grundlegende Wahrheiten gemeinsam anzuerkennen, entzweite man sich wegen Haarspalterei über Fragen, die den gläubigen Menschen nur am Rande interessieren.

Die großen Religionskriege fanden aus historisch bedingten Gründen statt und haben sich einige Jahrhunderte später wie vorüberziehende Wolken aufgelöst.

Der Dualismus Christus–Baba ist ausschließlich morphologischer und physischer, nicht aber ontologischer Art. Der Unterschied zwischen ihnen besteht einzig und allein in der Art der Inkarnation, in der die Einzige Wahrheit Gestalt angenommen hat. Historisch gesehen handelt es sich um zwei leibliche Hüllen, zwei Tempel des Höchsten Geistes: der Tempel Jesu, der Christus beherbergt und der Tempel Sai Baba, die Kathedrale Gottes in einer andersartigen Manifestation.

Beide Tempel müssen zerfallen, obwohl ihre Göttlichen Bewohner sie innerhalb von drei oder weniger Tagen wieder errichten könnten; die in diesen Tempeln aber lebende Göttlichkeit stirbt nicht. Sai Baba, den wir mit unseren leiblichen Augen sehen können, ist nur eine äußere und somit vergängliche, sterbliche Hülle, die mittels der ihr übertragenen Macht, eine unendliche, geistige, metaphysische, ewige und – warum auch nicht – christliche Dimension verkörpert. Der Körper, der diese Alleinige Wahrheit beherbergt, muß sterben, weil er geboren wurde: alles, was geboren wurde, wächst, entfaltet sich und ist dem Tod geweiht. Das ist ein physikalisches Gesetz der Ewigkeit, das Göttliche Gesetz, das ist das *Dharma* des ganzen Universums. Die Lehre, die diesen heiligen Leib sterben läßt, beruht auf der Herrschaft des Geistes, der die Materie erlöst und sie gleichzeitig transzendiert.

Wie kann Jesus als Inkarnation Gottes erkannt werden, wenn man sich ausschließlich auf seine Gestalt bezieht? Wie kann Sai Baba als Avatar erkannt werden, wenn man sich nur auf das Äußere stützt?

Jesus von Nazareth beanspruchte für sich eine göttliche Autorität, die ihm nicht auf Grund seiner Mission zustand, sondern die in seiner Person verwurzelt war: er stellte sich über Jonas, Salomon, den Tempel, den Sabbath.[15] Er berief sich aber auch auf die Autorität des Vaters, mit dem er in direkter Verbindung stand, und den er oft mit »Mein Vater« anredete.

Sai Baba steht in keinem Abhängigkeitsverhältnis mit einer Autorität oder einer göttlichen Vaterschaft, sondern er stellt sich als Vater und Schöpfer aller vor.

»Kommt alle zu mir! Ihr erkennt euch alle in mir, denn ich erkenne mich in euch allen. Ihr seid mein Leben, mein Atem, meine Seele; Ihr seid alle Ich. Liebe ich euch, Liebe ich mich. Liebt ihr euch, dann liebt ihr mich! Ich habe mich von mir getrennt, um mich lieben zu können, meine Teuren. Ihr seid Ich.«[16]

Er selbst stellt sich als ein Wesen dar, das nicht vom Leid berührt werden kann, obwohl er das Leid vieler auf sich nimmt:

»Es ist meine Pflicht, das Leid derer auf mich zu nehmen, die mir anvertraut wurden. Ich empfinde kein Leid, und auch ihr habt keinen Grund zu leiden, sobald ich meine Pflicht erfüllt habe. Alles Geben und Nehmen gehört zum Spiel der Liebe. Aus Liebe habe ich diese Verantwortung auf mich genommen, aus welchem Grund sollte ich dann leiden? Christus opferte sein Leben für die, die an ihn glaubten. Er verbreitete die Wahrheit, daß das Opfer Gott ist.«[17]

Im August 1988 hatte Sai Baba einen ›Unfall‹. Zu dieser Zeit befand ich mich in Prashanti Nilayam. Der Avatar glitt auf einem Stück Seife aus, fiel in die Badewanne und brach sich den Oberschenkel. Er zog sich für einige Tage zurück und erteilte keinen *dar-*

shan. Am 26. August jedoch hielt er in der großen Arena Purnachandra von Prashanti Nilayam eine Ansprache anläßlich des Festes Onam.

Angesichts des Unfalles von Sai Baba kam der Glaube vieler ins Schwanken. Sie verstanden nicht, daß dieser ›Unfall‹ zugleich Prüfung und Lehre war, mit einem schmerzhaften Zustand umzugehen. Ich bringe hier einen Auszug seiner Ansprache, die er eineinviertel Stunden lang stehend hielt, ohne Anzeichen von Müdigkeit und Schmerz.

»Swamis Fähigkeit sich zu beherrschen und zu dulden ist nur schwer zu verstehen. (...) Nur Ärzte und Leidgenossen, die einen ähnlichen Bruch erlitten haben, können dies verstehen. Mir wurden vier Wochen Ruhe verschrieben. Aber ich weiß nicht, was Ausruhen bedeutet, auch brauche ich Ruhe nicht. Ich habe meine Pflicht zu erfüllen. (...) Viele haben mir geschrieben, ich sollte mich selbst unverzüglich von diesem lästigen Bruch befreien. Nein, das ist nicht nötig. Das sind Kleinigkeiten, die passieren können. Ich bin nicht krank. (...) Vor Schmerzen kann ich fast nicht stehen ..., aber ich lächle, und das ist das Zeichen meiner Göttlichkeit. Einige Anhänger beten und glauben, daß Swami sich auf der Stelle heilen sollte. Das wäre schon möglich, aber Swami ist kein Egoist. Ist dagegen jemand verwundet oder krank, heile ich ihn nicht sofort. Alles geschieht zur rechten Zeit ... man muß bis zum rechten Augenblick leiden. Es ist jedoch möglich, den Schmerz durch den Geist abzulenken, ihn zu beherrschen und sich nicht durch Probleme und Schwierigkeiten überfordern zu lassen. (...) Warum sollte ich mich um meinen Körper sorgen? Dieser Körper gehört nicht mir, er gehört euch und ich will mich nicht einmischen. Eure Körper dagegen sind mein, und bereiten sie euch Schwierigkeiten, dann sorge ich mich um sie. (...) Nichts kann mich zwingen zu leiden. Nichts kann mir Böses tun.«[18]

155

Das Wort Sai's klingt, als käme es vom Schöpfer selbst. Wir hätten tausend Gründe, an ihm zu zweifeln, denn er sagt Dinge, die nur Gott Vater sagen darf, aber er hat bewiesen, daß er die Macht zu erschaffen und zu zerstören besitzt.

»Niemand wußte wer ich war, ehe ich das Universum nach meinem Belieben mit einem Wort erschuf. Unmittelbar erhoben sich die Berge, und Flüße fingen an zu fließen. Die Sonne, der Mond, die Sterne entsprangen dem Nichts, um meine Existenz zu beweisen. Tiere und Vögel entstanden, die fliegen, sprechen und hören konnten sowie das Menschengeschlecht. Dem Menschen wurde der erste Platz zugewiesen, und mein Bewußtsein wurde seinem Geist übertragen.«[19]

So wie alle Kriterien und festgefügten Grundsätze der Wissenschaft angesichts Sai Babas ins Schwanken geraten, kann auch die Theologie, sofern sie als Wissenschaft betrachtet wird, eine so außergewöhnliche Erscheinung wie die eines Avatars nicht hinreichend erklären und rechtfertigen. Das größte, unüberbrückbare Hindernis unserer Theologie besteht darin, daß ausschließlich dem *Avatar Jesus*, genannt Christus, der Name ›Eingeborener Sohn‹ zusteht.

Alles erscheint nur aus begrenzter Sicht unverständlich. Eine gewisse katholische Theologie scheint sich in dem Irrtum verstrickt zu haben, die beiden Realitäten Jesus und Christus zu einer Einheit verschmolzen zu haben. Jesus, so besagt die traditionelle Theologie, war Mensch und war Gott. Selbstverständlich! Aber der Begriff »Eingeborener Sohn« bezieht sich vor allem auf sein göttliches Wesen. Dies vertritt die gesamte klassische Lehre, insbesondere die des Hl. Thomas. Es wäre aber ausgesprochen engstirnig und beschränkt, die Besonderheit des »Eingeborenen Sohnes Gottes« nur als die einzige, wahre Inkarnation im mütterlichen Schoß gelten zu lassen, auch wenn man davon ausginge, daß Jesus der einzige Sohn Marias gewesen ist, und die in den Evangelien erwähnten »Brüder Jesu« als seine »Vettern« betrachtet. Mir scheint die Frage berechtigt, ob leibliche Brüder seiner Größe und seinem messianischen Auftrag geschadet hätten. Traditionsgemäß aber wurde die Mutter des Erlösers nicht nur wegen ihrer geistigen, sondern auch körperlichen Jungfräulichkeit »vor, während und nach der Geburt« verehrt. In aller Aufrichtigkeit glaube ich jedoch, daß es wenig Sinn macht, Probleme aufzuwerfen, die in der Frage der Erlösung ganz sicher nebensächlich sind.

Daß der Begriff »Eingeborener Sohn« in der Antike nicht auf die leibliche Gestalt des Messias bezogen wurde, sondern auf seine metaphysische Dimension – also auf Christus und nicht auf Jesus von Nazareth – ergibt sich eindeutig aus der »Rede an die Heiden« des Hl. Athanasius:

»Ich denke an den lebenden und wirkenden Gott, an das Wort des guten Gottes, an den Gott des Universums, an den Gott, der getrennt und verschieden von allen Geschöpfen und der gesamten Schöpfung ist. Er ist das einzige, wahre Wort des Herrn, Er, der das Universum erschaffen hat. Er ist der Einzige, der Eingeborene, der gute Gott, der vom Vater abstammt gleich einer Quelle der Güte, der das Universum lenkt und es in sich trägt.«[20] Durch eine vergleichende Studie mit dem Hinduismus würde der Text beweisen, daß der Begriff *Brahma*, Schöpfergott des Universums, die einziggeborene Emanation des *Brahman* ist, des Absoluten, das ewige und alles durchdringende, innewohnende Prinzip, der Vater, der das Universum bestimmt und in sich trägt.

Der Hl. Thomas hat mit noch größerer Deutlichkeit den hypostatischen Vorgang wiedergegeben, wonach Jesus die Göttliche Inkarnation des Christus ist. »Um uns an seiner Göttlichkeit teilhaben zu lassen, nahm der Eingeborene Sohn Gottes menschliche Gestalt an, um, einmal Mensch geworden, die Menschen zu Göttern werden zu lassen.«[21]

Der Hl. Augustinus sagt: »Jener einzige Sohn, vom Vater geboren, war gleich dem Wort des göttlichen Vaters, für den alles erschaffen wurde.«[22]

Jeden Sonntag bekunden gläubige Christen ihren Glauben an den Eingeborenen Sohn als Emanation Gottes *ab aeterno:* »Ich glaube an Jesus Christus, Gottes eingeborenen Sohn, *geboren vom Vater von Ewigkeit zu Ewigkeit.* Der Begriff »Geburt« aber widerspricht dem Begriff »Ewigkeit«, aber auch hier engt unsere Sprache geistige Eingebungen ein.

Christen, die nicht glauben können, daß Gott nochmals zu Fleisch werden kann, weil sie in Christus die einzige Inkarnation Gottes sehen, bedienen sich oft dieses Einwandes. Wir müssen diesem Einwand begegnen, indem wir die ewige und unwiederholbare Dimension des Wortes »Eingeborener Sohn« betonen, es aber deutlich von der leiblich-historischen Dimension abgrenzen, denn nach dem Belieben Gottes kann es sich im Laufe der Jahrhunderte wiederholen.

Nun noch eine letzte Frage, und dann bleibt uns nichts anderes übrig, als uns zu ergeben: Wer garantiert uns, daß Sai Baba wirklich der ist, der er behauptet zu sein? Hat sich diese geheimnisvolle Persönlichkeit in ihrem orangefarbenen Gewand nicht vielleicht geirrt? Oder will sie uns alle täuschen?

Für Lang stellte sich in Bezug auf Jesus dieselbe Frage und er erklärte, daß diese Vermutung »in krаßem Gegensatz zu der in den Evangelien beschriebenen intellektuellen und moralischen Größe seiner Persönlichkeit« stehe, und daß »seine Persönlichkeit für die Wahrheit seiner eigenen Aussagen garantiert.«[23]

»Wäre Jesus von Nazareth nicht der Messias, (...) müßte man ihn als Geisteskranken bemitleiden oder ihn als den gemeinsten Betrüger der Geschichte brandmarken. Diesem unerbittlichem Dilemma kann man unter keinen Umständen entrinnen, so wie es der liberale Jesuanismus versuchte: *si non est Deus, non est bonus.*[24]

Diese Überlegungen sind auch auf Sai Baba anwendbar, folgende Frage aber bleibt offen: Ist er vielleicht ein Träumer, ein Geisteskranker oder Psychopath? Diese Frage aber darf nicht gestellt werden, denn wer Sai Baba gesehen, getroffen und gehört hat, durfte ein Gefühl der Liebe, Sicherheit, Wahrhaftigkeit und der Fülle erleben.

Menschen, denen der Glaube an eine Allmacht fehlt, und die die anfängliche Verunsicherung überwunden haben, erfahren in Sai Babas Gegenwart das Gefühl einer höheren Wirklichkeit, einer Wirklichkeit voller Frieden, Barmherzigkeit, Süße und Lebensfülle. Gerade das unmittelbare Erfahren der Persönlichkeit Sai Babas verleiht ihm Glaubwürdigkeit und Wahrhaftigkeit. Wer diese Erfahrung nicht gemacht hat, darf sich kein Urteil erlauben.

Wird die Süße oder die Säure einer Frucht beschrieben, so kann dieser Beschreibung mißtraut werden, kommen aber mehrere Quellen zu dem gleichen Urteil, ist es schwieriger, sie anzuzweifeln. Keine Kritik und keine Ratschläge können jedoch die eigene Erfahrung ersetzen. Nur Krankheit kann das Geschmacksgefühl des Gaumens verfälschen oder Unwohlsein hervorrufen. Gleichermaßen kann niemand das von Sai Baba ausstrahlende Gefühl von Seligkeit und Liebe mindern. Niemand, der gesund empfindet, kann seiner Faszination widerstehen. Auch seine Feinde können nicht auf Dauer seiner Anziehungskraft widerstehen.

Einige Leser werden mich wegen dieser Zeilen als Fanatiker brandmarken. Es dient nicht dem Verstehen eines Ereignisses, sich dem Überschwang oder der Duldung hinzugeben. Übrigens sind wir alle von irgendetwas begeistert. Fanatismus drückt immer auch den Wunsch nach Glück aus, die treibende Kraft, die uns leben läßt. Ihr seid vielleicht ›Fans‹ einer Frau, eines Fußballteams, eines Möbelstückes oder eines Sportwagens. Fanatismus erweckt aber auch Intoleranz und Gewalt gegenüber Andersdenkenden. Die christliche und andere intolerante Religionen haben sich mit Fanatismus befleckt. Diejenigen, die über Sekten schreiben, um sie zu verdammen, sollten nicht vergessen, daß das frühe Christentum wegen Sektierertums verurteilt wurde und wegen geheim begangener Verbrechen wie Kindermord und ritueller Prostitution, usw. beschuldigt wurde. Nur wenn ihr bereit seid, den Verunglimpfer eures Idols anzugreifen, seid ihr Fanatiker.

Ich zürne nicht denen, die nicht sehen wollen. Die Blindheit eines Freundes rechtfertigt nicht Zorn. Ich suche keine Anhänger. Warum auch? Der Widerstand gegen die Wahrheit ist ein *lila* der Wahrheit. Ich möchte euch nur auffordern, selbst, so ihr einen Gaumen habt, zu probieren, um zu glauben. Nur persönliches Kosten verleiht eurem Urteil Glaubwürdigkeit.

Die Pharisäer beklagten sich, daß die Welt Jesus folgte.[25] Gleichermaßen empfindet die Welt für Sai Baba, obwohl es immer noch Menschen gibt, die diese göttliche Frucht, ohne sie gekostet zu haben, für giftig halten und gegen die Wahrheit aussagen.

Das ist aber normal: auf dem Acker Gottes wächst Korn und Unkraut. Jedes Gewächs, ob gut oder schlecht, hat sein eigenes Wesen, das am Ende das Göttliche offenbart. So verdient also auch das Unkraut unsere Achtung und Liebe.

Anmerkungen

[1] Johannes, 8, 42
[2] dto. 6, 38

[3] dto. 7, 16

[4] Arjan D. Bharwani, The Spring of Divine Sakthis, S. 2

[5] Markus 14, 61–62

[6] Ich beziehe mich auf folgende Werke: N. Kasturi: Sathyam Sivam Sundaram; Sathya Sai Books & Public. Trust, Prashanti Nilayam, 4 Bände; Shakuntala Balu: Sai Baba la Divinita vivente, Armenia; R. Ganapati: Sai Baba fiamma d'amore, Ed. Mediterranee.

[7] Dieses Buch wurde von Dr. H. K. Takye und Kishin J. Khubchandani, Prashanti Printers, Bombay 1986 veröffentlicht.

[8] Eine weitere Studie, die besondere Beachtung verdiente, wäre, sich mit den Prophezeiungen über Sai Baba zu beschäftigen. Es ist nicht einfach, diese Prophezeiungen zu entziffern; meistens sind sie erst dann verständlich, wenn sie eingetroffen sind. Die Sprache der Prophezeiungen ist hermetisch, esoterisch und so abgefaßt, daß der, der sie zu verstehen glaubt, verwirrt ist, und der Verwirrte sie versteht.

[9] Bhagavad Gita IV, 7–8

[10] Johannes 12, 46

[11] dto. 18, 37

[12] I Johannes 3, 5, 8

[13] A. Lang, Compendio de Apologetica, Marietti 1960, S. 72

[14] Baba-Sathya Sai Teil I, 1981, S. 91

[15] Matthäus 12, 6, 8, 41

[16] N. Kasturi, Sathyam Shivam Sundaram, Teil IV, S. 143

[17] Baba-Sathya Sai Teil II, S. 171

[18] Reden 1988/89 I Bd. II, 20, 24, 31

[19] Arjan D. Bharwani, op.cit.

[20] V.f Patrologia Greca Bd. XXV, 79–83

[21] Opusc. 57 »Nella Festa del Corpo di Cristo«, 1–

[22] Aus der »Rede über die Hirten« Reden 46, 11

[23] A. Lang, op.cit. S. 199

[24] dto.

[25] Johannes 12, 19

X. KAPITEL

Das Werk Sai Babas

Der Herr wird seine Kinder nie verlassen.

Sai Baba

Wir alle können es kaum erwarten, einen Menschen kennenzulernen, dessen Werk gepriesen wird. Die eigene, vollbrachte Tat bringt den Lügner zu Fall und erhebt den wahren Menschen. Das Wort allein genügt nicht, und reden ist übrigens sehr leicht.

Die Prädikation von Jesus Christus erreichte ihren Höhepunkt am Kreuz, als durch die Opferung des eigenen Körpers sein Beispiel vollendet wurde, um die Welt zu erlösen und durch dieses heilige Symbol den Menschen zu lehren, das Ego, die Quelle des Bösen, zu opfern.

Entsprechend finden die Aussagen Sai Babas ihren Höhepunkt in seinem Werk, das hauptsächlich in drei Aspekten zum Ausdruck kommt:

Erziehung, spirituelle Führung und selbst gelebtes Beispiel.

Erziehung

Als ich mich zum ersten Mal in das »Reich des Shri Satya Sai Baba« begab und mich dem Dorf näherte, war ich über die Gebäude erstaunt, die in dieser dürren und wüsten Landschaft standen. Es handelte sich um seine Schulen, Institute und Internate, in denen junge Menschen leben, die er persönlich auswählt. In diesen riesigen Gebäuden, die 1981 ein

Bruchteil dessen waren, was im Laufe dieses Jahrzehnts entstanden ist, leben Jungen und Mädchen aus aller Welt, hauptsächlich aber aus Indien. Sie dürfen dort kostenlos von der Primarschule bis zur Universität studieren.

Diese Sai Institute wurden aber nicht nur in Prashanti Nilayam gegründet, sondern sowohl in Whitefield (20 km von Bangalore entfernt), als auch in ganz Indien und in aller Welt. Die Sorgfalt, die Sai Baba der schulischen Ausbildung und Erziehung widmet, verdient unsere Hochachtung; unsere Schulen könnten von der in diesen Instituten angewandten Methode viel lernen.

Wer das Glück hat, Prashanti Nilayam zu besuchen, kann schon auf den ersten Blick das Ergebnis der Sai-Erziehung erkennen. Schweigend versammeln sich die Schüler am *mandir* und warten auf den Meister. Oft tragen sie Bücher und Hefte vollgeschrieben mit *mantras* bei sich, sitzen stundenlang mit gekreuzten Beinen, lernen, lesen, schreiben oder beten. Kein einziger Schüler verzieht ungeduldig oder unduldsam sein Gesicht; selbst die Kleinsten sitzen still und konzentriert da. Sie gleichen einer Schar weißgekleideter Engel, die an die apokalyptische Vision des Johannes erinnert.

Die von Sai Baba angewandte Erziehungsmethode, um das Bewußtsein auf höchstes Niveau zu erheben, basiert auf fünf Werten, die Sai Baba selbst als die fünf Menschlichen Werte bezeichnet: Wahrheit, Gerechtigkeit, Frieden, Liebe und Gewaltlosigkeit. Es handelt sich hierbei um ein wahres Erziehungsprogramm, wie das von Montessori oder Pestalozzi.

Der große Vorzug dieses Programms ist seine Unfehlbarkeit: wo immer es angewandt wird, führt es zu ausgezeichneter, alle Erwartungen übersteigender Verbesserung des Verhaltens. Die Schüler, die nach diesem Programm erzogen wurden, sind psychisch ausgeglichen und von einem hohen, intellektuellen Niveau, das bislang von keinem anderen System erreicht wurde.

Dieses Erziehungssystem geht davon aus, daß es in einer zerrütteten Gesellschaft ohne moralische Werte nicht ausreicht, nur Begriffe und Einzelkenntnisse an den Schulen zu lehren, sondern daß es ebenso wichtig ist, die Früchte des Studiums im praktischen Leben auch anzuwenden, und keine Barrieren und Trennungen zwischen den verschiedenen wissenschaftlichen Disziplinen zu schaffen, denn letztendlich stützt sich alles auf ein einziges, universelles Prinzip.

Das Hauptziel der Satya Sai Methode liegt in einer ausgeglichenen und gesunden Entwicklung aller Aspekte der Persönlichkeit: der physischen, intellektuellen, emotionalen, psychischen und spirituellen Aspekte. Das Alter der Schüler liegt zwischen 6 und 15 Jahren. In diesem Alter formen sich die Gedankenabläufe, und die Verhaltensnormen setzen sich in der Seele fest.

Interessant ist festzustellen, daß durch diese Methode das übliche Unterrichtsprogramm weder beeinträchtigt wird, noch die Notwendigkeit besteht, es abzuändern. Diese Methode könnte deshalb an allen Schulen der Welt angewandt werden.[1]

Sai Baba widmet sich seinen Schülern mit besonderer Aufmerksamkeit. Er nimmt sich persönlich jedes einzelnen Schülers an, er führt ihn, ermahnt und tadelt ihn bald liebevoll, bald auch streng, ermutigt und verwöhnt ihn nicht nur mit seiner höchst erstrebten Gegenwart, sondern auch mit materialisierten Geschenken und Süßigkeiten. Wie oft sieht man ihn auf der Veranda mit verschränkten Händen stehend sich mit einem Schüler unterhalten, oder ihn etwas fragen. Jede Frage hat eine genaue Bedeutung, die nur von der Person verstanden wird, an die sie gerichtet wurde!

Sai Baba liest die Gedanken eines jeden Menschen, und oft sieht man ihn, durch die Schar der ›weißen Engel‹ schreitend, die Stirn eines Schülers mit dem Zeigefinger berühren und ihn darauf hinweisen, den Verstand zu disziplinieren und die Gedanken zu ordnen, indem er sich ausschließlich auf Gott konzentrieren sollte.

»Die gesamte Schöpfung ist eine Hochschule. An dieser Universität des Universums ist die Natur die erste Lehrmeisterin.

Bei seiner Geburt ähnelt der Mensch einem Tier; durch die Erziehung seiner Eltern überwindet er diesen Zustand. Die Eltern sind somit die zweiten Lehrer.

Die alten Weisen waren der Meinung, daß es nicht ausreicht, das Kind nur menschliche Fähigkeiten zu lehren, und führten ein Erziehungssystem ein, das vorbereitende Initiationsriten für sein Wachsen und die spirituelle Transformation beinhaltet. (…)

Die Menschlichkeit eines menschlichen Wesens manifestiert sich in der Welt seiner Gedanken, der Gewohnheiten und des Handelns. Aus diesem Grunde sollte jedes Studium auch dem Körper, der Seele und dem Geist dienen. Die heutige Erziehung beschränkt sich insbesondere auf körperliche Aspekte und erreicht nicht über den Verstand das Herz. Redet man über die Erziehung in menschlichen Werten, abgekürzt EHV (Education in Human Values), wäre es besser über 3HV als über EHV zu reden, denn tatsächlich werden drei ›H‹ benötigt, wie (in englischer Sprache) Head, der Kopf; Heart, das Herz und Hands, die Hände.«[2]

Die Notwendigkeit einer radikalen Änderung des Schulsystems wird von Sai Baba immer wieder in seinen Reden betont. Die wesentlichen Tugenden sollten sein: Logik der Gedanken, der Worte und Taten, rechtes Handeln, Achtung vor dem gesprochenen

Wort, Disziplin, Vertrauen in sich selbst, selbst gelebtes Beispiel, Liebe und Schweigen, Mißbilligung der Verschwendung, guten Willens sein, Sanftheit der Sprache, Pünktlichkeit, Unterscheidungsvermögen und Weisheit.

Manchmal nimmt seine Rede einen ernsten und entschlossenen Ton an:

»Ich habe beschlossen, daß ab diesem Jahr in unseren Instituten eine eiserne Disziplin herrschen muß, ohne auf die Gefühle des Mitleids zu verzichten. Ihr erhaltet eine kostenlose Ausbildung. Geld würde zu Kompromissen zwingen, jetzt sind die Studenten gezwungen, sich unserer Disziplin anzupassen. Ihr müßt wissen, daß diese Disziplin und diese Entscheidung nur dem einen Ziel dient: es soll zu eurem Guten gereichen.«[3]

Spirituelle Führung

Empfängt Sai Baba seine Anhänger einzeln, erteilt er ihnen Rat, Ermahnungen und Empfehlungen. Einmal fragte ihn ein Anhänger nach Verhaltensregeln, und Sai Baba wählte einige Grundsätze als »auserwählte Diamanten« auf. Die Menschen sind immer wieder von seinen Kreationen beeindruckt, das kostbarste Kleinod aber sind seine Lehren, die sich unaufhaltsam verbreiten. Hier ist die Kette der 46 Perlen, die er diesem einen Anhänger materialisierte:

1) Die Liebe sollte als wahrer Lebensatem betrachtet werden.

2) Die Liebe manifestiert sich in allen Dingen gleich. Wisse, diese Liebe ist die Allerhöchste Seele, die göttliche Ausstrahlung.

3) Diese einzigartige, göttliche Ausstrahlung ist in der Form der Liebe überall anwesend.

4) Das menschliche Bestreben sollte in erster Linie seiner Liebe zu Gott gelten und erst dann all den anderen Formen der Liebe.

5) Diese auf Gott gerichtete Liebe ist Hingabe. Diese Hingabe zu erlangen ist erste Voraussetzung.

6) Diejenigen, die die Glückseligkeit des Geistes suchen, dürfen nicht den Sinnesfreuden erliegen.

7) Die Wahrheit muß dem Lebensatem gleich behandelt werden.

8) So wie der Körper ohne Atem wertlos ist, in kurzer Zeit verwest und zu stinken beginnt, ist ein Leben ohne Wahrheit wertlos und wird ein übelriechender Hort von Streit und Gram.

9) Sei überzeugt, daß es nichts Erhabeneres als die Wahrheit gibt; nichts Kostbareres, nichts Süßeres und nichts Unvergänglicheres, als die Wahrheit.

10) Die Wahrheit ist der allesbeschützende Gott. Es gibt keinen mächtigeren Beschützer als die Wahrheit.

11) Der Herr, die Verkörperung der Wahrheit (Satya), gewährt seinen *darshan* jenen, deren Rede wahrhaftig ist, und die ein Herz voller Liebe haben.

12) Bringt allen Wesen ungeteilte Freundlichkeit entgegen und opfert euch auf für sie.

13) Du solltest deine Sinne beherrschen, einen untadeligen Charakter haben und frei von Bindungen sein.

14) Sei wachsam gegenüber den vier Sünden, die gerne die Zunge begeht: die Lüge, üble Nachrede, Verleumdung und Gesprächigkeit. Diese Neigungen sollten vor allem beherrscht werden.

15) Versuche die fünf Sünden zu vermeiden, die der Körper begeht: 1) Töten; 2) Ehebruch; 3) Diebstahl; 4) Genuß von Alkohol und 5) Genuß von Fleisch. Sich diesen Sünden so fern wie möglich zu halten, führt zu einem erhabeneren Leben.

16) Sei unausgesetzt wachsam gegenüber den acht Sünden, die der Verstand begeht: 1) Verlangen; 2) Zorn; 3) Habgier; 4) Bindung/Verhaftung; 5) Ungeduld; 6) Haß; 7) Egoismus; 8) Stolz. Die oberste

Pflicht des Menschen ist, sich von diesen Sünden frei-zuhalten.

17) Der menschliche Verstand folgt fehlerhaftem Verhalten; laß dies nicht zu, und erinnere dich statt-dessen an den Namen des Herrn oder tue Gutes. Die, die so handeln, sind bereit, Gottes Gnade zu empfan-gen.

18) Verzichte als erstes auf die schlechte Veranla-gung, neidisch auf den Wohlstand anderer zu sein und ihr Verderben zu wünschen. Sei glücklich, wenn an-dere glücklich sind. Hab Mitgefühl mit dem Unglück anderer und wünsche ihnen Glück. Nur so könnt ihr Gottes Liebe erreichen und pflegen.

19) Geduld schenkt dem Menschen die Kraft, die er braucht.

20) Die, die in Freude leben wollen, müssen stets Gutes tun.

21) Es ist leicht, den Zorn durch Liebe zu überwin-den, Bindungen durch Vernunft, Falschheit durch Wahrheit, das Böse durch das Gute, und Habgier durch Wohltätigkeit.

22) Reagiere nicht auf Bösartigkeit. Halte dich fern von denen, die sie verbreiten. Es gereicht dir zum Guten. Löse alle Beziehungen zu solchen Menschen.

23) Suche die Gesellschaft guter Menschen, selbst wenn du deine Ehre und dein Leben opfern müßtest. Bete aber immer zu Gott, er möge dir das entspre-chende Urteilsvermögen geben, um zwischen guten und schlechten Menschen unterscheiden zu können. Suche nach allen möglichen Lösungen und gebrauche den dir gegebenen Verstand.

24) Die, die Länder erobern und weltlichen Ruhm ernten, werden zweifelsfrei als Helden gefeiert; aber diejenigen, die ihre Sinne beherrschen gelernt haben, sind Helden gleich den Eroberern der Ganzheit.

25) Die Früchte seiner Handlungen, ob gut oder böse, wird der Mensch stets ernten.

26) Habgier bringt stets Leid; das Beste ist Zufriedenheit.

27) Die Neigung, Unfrieden zu stiften, muß aufgegeben werden, du mußt dich ihrer entledigen. Erlaubst du ihr, zu überleben, wird sie deine Lebensgrundlage bedrohen.

28) Ertrage standhaft Verlust und Kummer; suche nach Plänen, um Freude zu erlangen, und gewinne.

29) Übermannt dich der Zorn, ziehe dich zurück in die Stille oder erinnere dich an den Namen des Herrn. Rufe nichts in dein Gedächtnis zurück, was deinen Zorn wieder entfachen könnte. Es würde dir unabsehbaren Schaden zufügen.

30) Vermeide ab sofort alle schlechten Gewohnheiten. Verschiebe sie nicht, noch zögere sie hinaus. Sie tragen nichts zur geringsten Freude bei.

31) Versuche deinen Verhältnissen entsprechend den Armen zu helfen, der Schöpfer wohnt auch bei ihnen. Bitte sie an deinen Tisch, biete ihnen Essen an und mache sie wenigstens für diesen Augenblick glücklich.

32) Füge nicht anderen zu, was du nicht willst, daß sie es dir zufügen.

33) Bereue aufrichtig die in Unwissenheit begangenen Fehler und wiederhole sie nicht. Bete zu Gott, dich mit der erforderlichen Kraft und dem nötigen Mut zu segnen, um auf dem rechten Weg zu bleiben.

34) Laß deinen Eifer und deine Begeisterung für Gott durch nichts behindern. Der Mangel an Eifer verursacht den Verfall der menschlichen Kraft.

35) Unterwirf dich nicht der Feigheit; verzichte nicht auf die Glückseligkeit.

36) Sei weder hochmütig, wenn Menschen dich loben, noch niedergeschlagen, wenn sie dich tadeln.

37) Sollte Haß und Streit unter deinen Freunden ausbrechen, versuche sie nicht noch mehr zu reizen und schüre nicht den Haß. Versuche mit Liebe und

Verständnis ihre einstige Freundschaft wieder herzustellen.

38) Anstatt die Fehler anderer zu suchen, suche deine eigenen: reiße sie heraus und wirf sie fort. Es würde reichen, einen einzigen Fehler bei dir selbst zu finden; dies ist mehr wert, als hundert Fehler bei anderen zu finden.

39) Kannst du oder willst du keine gute Tat vollbringen, so ist dies immer noch besser, als eine schlechte Tat zu begehen.

40) Reagiere nicht empfindlich, wenn dich jemand auf Fehler aufmerksam macht, die du nicht hast. Versuche die zu korrigieren, die du hast, noch ehe sie andere dir aufgezeigt haben. Hege weder Zorn noch Verbitterung gegen Personen, die dich auf deine Fehler aufmerksam machen; revanchiere dich nicht und halte ihnen nicht ihre Fehler vor, sondern erweise ihnen deine Dankbarkeit. Der Versuch, ihre Fehler aufzudecken, ist ein größerer Fehler deinerseits. Es ist gut für dich, deine eigenen Fehler zu kennen, es bringt dir aber nichts, die Fehler anderer aufzudekken.

41) Solltest du manchmal etwas freie Zeit haben, verschwende sie nicht mit allgemeinem Gerede, sondern nutze sie zur Meditation über Gott oder zum Wohle anderer.

42) Der Herr versteht nur den hingebungsvollen Verehrer, und nur dieser den Herrn. Kein anderer kann sie verstehen. Sprich nicht mit Menschen über den Herrn, die diese Hingabe nicht haben. Derartige Diskussionen schmälern deine Hingabe.

43) Diskutierst du über ein Thema mit jemandem und du bist nicht seiner Meinung, suche nicht nach fehlerhaften Argumenten, die diesen Standpunkt untermauern, sondern nimm das Gute und Wohlwollende des Gesagten wahr. Ein Gespräch macht nur Sinn, wenn es wohlwollend geführt wird und nicht

voller Widersprüche steckt oder weitschweifig ist. Dies macht keinen Sinn und behindert die Glückseligkeit.

44) Befindest du dich im Gedränge oder in überfüllten Läden und willst dich konzentrieren, laß deinen Blick nicht überall umherschweifen, sondern schaue nur auf die Straße geradeaus, um einen Unfall zu vermeiden. Die Konzentration wird wachsen, wenn du beim Umherlaufen deine Aufmerksamkeit nicht von der Straße wendest, den Gefahren ausweichst und deinen Blick nicht auf Angelegenheiten anderer wirfst.

45) Gib alle Zweifel über den Meister und Gott auf. Werden deine weltlichen Wünsche nicht erfüllt, so mache nicht deine Gottesverehrung davon abhängig. Diese Wünsche haben nichts mit der Gottesverehrung zu tun. Früher oder später werden die weltlichen Wünsche allemal aufgegeben werden, vor allem muß das Gefühl der Verehrung erlangt werden. Sei fest davon überzeugt.

46) Sei nicht enttäuscht über Gott, wenn deine Meditation oder deine Gebete keinen Fortschritt machen oder sich deine Wünsche nicht erfüllen. Dies entmutigt und bereitet dir keinen Frieden. Niemals solltest du während der Meditation oder des Gebetes deprimiert, verzweifelt oder entmutigt sein. Steigen dennoch solche Gefühle in dir auf, betrachte sie als Schwäche deiner spirituellen Übung und bemühe dich, sie richtig auszuführen.

Du wirst das Göttliche Prinzip mit großer Leichtigkeit erreichen, wenn dein tägliches Handeln und Verhalten von selbst mit diesen Anleitungen übereinstimmt.[4]

Es ist nicht schwer in diesen Grundsätzen eine Erweiterung und Ergänzung der Gebote der Bergpredigt[5] zu erkennen. Ich hoffe, daß durch diese klärenden

Anweisungen jene bekehrt werden, die immer noch befürchten, Sai Baba sei der Antichrist.

Ein weiteres Charakteristikum Sai Babas, das uns sehr beeindruckt, ist seine Kenntnis sämtlicher Heiligen Schriften nicht nur der östlichen, sondern auch der westlichen Traditionen sowie aller wissenschaftlichen Prinzipien und der Naturgesetze. Er kann von einem extrem einfachen Gespräch, das auch jedem Kind verständlich ist, auf physikalische und philosophische Themen überwechseln und hervorragenden Wissenschaftlern, Theologen oder *pandits* erschöpfende Antworten auf ihre Fragen geben. Er besitzt dieses umfassende Wissen, ohne studiert zu haben. Mit Hilfe seines göttlichen Wissens beantwortet er ungelöste, quälende Fragen, wie Fragen über Gott, über den Menschen, über das gegenwärtige und zukünftige Leben, über den Körper, die Seele, über die Gesellschaft und das Individuum.

Wie seine Person, kennt auch seine Lehre keine nationalen Grenzen oder zeitliche und geographische Einschränkungen. Seine Liebe schenkt er allen, Indern und Abendländern, ob sie gut oder böse, klug oder unwissend sind.

Er benutzt nicht seine Macht, um die von den Menschen errichteten Barrieren zu überwinden: er spricht telugu, die Sprache seines Geburtslandes, er lebt in Puttaparti, sein Essen wird nach indischer Küche vorbereitet; dies alles aber sind nur äußerliche Aspekte. Der Inhalt seiner Botschaft ist übernational, unabhängig von Zeit und Raum. Seine Worte klingen allen vertraut, ungeachtet des Alters, Berufs, der sozialen Position, der ethnischen oder kulturellen Zugehörigkeit. Egal ob Mexikaner oder Japaner seine Reden lesen, sie alle finden in diesen Reden die langersehnte Wahrheit.

Mit diesen Themen werden wir uns in den nächsten Kapiteln analytisch auseinandersetzen, um die Lehre von Sai besser kennen und verstehen zu lernen.

Man ist geneigt, anzunehmen, daß die Quelle seiner Lehre die in allen Schriften enthaltene, ewige Wahrheit ist, wie z.B. in den Veden und den Heiligen Schriften, dem Ursprung aller inspirierten Bücher. Hört man jedoch sein gesprochenes Wort, könnte man, wie die Juden beim Anblick Jesu, verwundert ausrufen: »Wieso kennt er die Schriften, ohne studiert zu haben?[6] Woher hat er das? Was für ein Wissen wurde ihm gegeben? Welche Wunder vollbringt er mit seinen Händen?«[7]

In seiner Lehre gibt es weder Evolution noch Entfaltung: sie bleibt stets in sich identisch. Sollten jedoch Widersprüche in seinen Aussagen auftreten, so sind diese auf die Tatsache zurückzuführen, daß er seine Lehre den Menschen, der Zeit und den Kulturen anpaßt.

Seine Achtung vor der Heimatkultur eines jeden Menschen ist nahezu unwahrscheinlich. Katholiken erzählt er die Geschichte Jesu entsprechend der christlichen Tradition; niemals verletzt er die Gefühle oder den Glauben eines Volkes, selbst wenn die Wahrheit klarer ausgesprochen werden könnte. Gegenüber dem indischen Volk spricht er offen über Reinkarnation und *karma*, den westlichen Menschen hingegen deutet er diese Probleme nur mit verschleierten Worten an oder schweigt. Er weiß und lehrt, daß nur vereinigende Wahrheiten ausgesprochen werden sollten und nicht Wahrheiten, die trennen. Dies hindert ihn aber nicht daran, manchmal traditionelle Normen zu brechen und menschlichen Darstellungen religiöser Mysterien zu widersprechen. Selbstverständlich werden die an Inder gerichteten Reden auch von Abendländern gehört, und gerade bei solchen Anlässen wird seine Botschaft verfälscht, denn die Zeit, der Ort, der Adressat und die Umstände der Rede wurden nicht berücksichtigt.

Oft wird die Wahrheit durch ein klares Gleichnis

verkündet. Auch Jesus liebte es, in Bildern zu sprechen. »Das Gleichnis ist von Natur aus Teil der didaktischen Kunst. Das Gleichnis ist Klarheit, bezieht sich auf den lebendigen, konkreten, unwiderlegbaren Tatbestand und zwingt so den Verstand zum Einverständnis.«[8]

Das gelebte Beispiel von Sai

Der dritte Aspekt des Werkes von Sai zeigt sich im anschaulichen Beispiel, das er selbst bietet. Sein Leben ist frei von Sünde. Die Reinheit seiner Reden scheint nicht nur in seinem Leben, sondern auch in seinem Charakter durch. Die Tatsache, daß er mit böswilligen Verleumdungen konfrontiert wurde, ist kein Beweis seiner Schuld.

Was wird ihm vorgeworfen? Sich den Reichen zu nähern und Geld von ihnen anzunehmen. Aber so viel ich weiß, gibt er auch den Armen Rat und nimmt ihre Gaben entgegen. Wohnte man auch nur einigen *darshans* bei, würde man sehen, daß er keine Unterschiede bei der Auswahl der Menschen macht, denen er ein *Interview* gewährt: kein Unterschied der Kaste, der Religion und der Rasse.

Niemals empfängt er Frauen allein. Diese Regel gilt auch für uns Priester, um Schwierigkeiten zu vermeiden. Sai Baba gibt hier ein gutes Beispiel. Seine, den Jugendlichen entgegengebrachte väterliche Zuwendung und mütterliche Fürsorge brachte ihm den böswilligen Vorwurf der Homosexualität ein. »Der Dieb denkt, daß alle sind wie er«, sagt ein altes, weises Sprichwort aus der Toskana.

Wurde Jesus nicht beschuldigt, die Sünder und Zöllner zu lieben? Er vergab ihnen die Sünden und versetzte die Anwesenden in Erstaunen, als er beispielsweise den Lahmen und die Ehebrecherin heilte.

Manche behaupten sogar, das Werk Sai Babas sei reines *business*, um Menschen aus aller Welt anzulok-

174

ken und auf diese Weise auf die miserablen Zustände Indiens aufmerksam zu machen. Abgesehen davon, daß eine gerechte Umverteilung des Weltkapitals gar nicht so unmoralisch wäre, möchte ich diese Menschen fragen, ob sie einen Weg wüßten, bei Auslandreisen keine Devisen mitzunehmen, oder Möglichkeiten wüßten, in der Nähe einer heiligen Stätte ohne Unterkunft und Verpflegung zu leben. Sai Baba bietet seine Gastfreundschaft nicht nur fast kostenlos an, sondern rät auch seinen »Gästen«, sparsam mit dem Geld umzugehen. Immer wieder fordert er, mit Geld, Nahrung und Energie hauszuhalten.

Sai Baba vereinigt in sich alle Eigenschaften, die der Mensch selbst gerne besitzen würde. Seine Ausgeglichenheit ist außergewöhnlich: er läßt sich weder von Leidenschaften noch von Zorn überwältigen. Zeigt er eine strenge Seite seiner komplexen Realität, so erscheint sie nur äußerlich, ohne verletzen zu wollen. Er ist voller Güte und Zärtlichkeit, ohne dabei verweichlicht und schwach zu sein. Sein Blick ist voller Liebe, aber ohne Sentimentalität. Manchmal nimmt er eine demütige Haltung ein, ohne seine majestätische Würde zu verlieren: er verkörpert die Ergebenheit einer Mutter, die ihrem starrköpfigen Kind nachläuft, und die Bescheidenheit des Freundes, der die Freundschaft zurückgewinnen will. Er ist verständnisvoll und nachsichtig, jedoch streng denjenigen gegenüber, die von ihm profitieren wollen.

Sein Leben ist frei von Zwist sowie inneren und äußeren Konflikten. Sein Schritt ist sicher und fest, wenn er über den Platz zum *darshan* schreitet. Vor Tugend und Sittenlosigkeit bleibt er gleichmütig, die Ungerechtigkeit aber versucht er aus den Herzen der Menschen zu beseitigen. Er besitzt eine göttliche Ausstrahlung, und alles erfolgt mit göttlicher Präzision, ja selbst ein Unfall, der in menschlichen Augen als Tragödie erscheint. Sein Gesicht erstrahlt in heiligem Licht. Seine Rede ist wahr und friedvoll. Wer ihn hörte, trägt ein nie geahntes Vermögen mit sich fort.

Jesus Christus unterscheidet gemäß dem Johannes Evangelium zwischen dem guten Hirten und dem Söldner: »Ich bin der gute Hirte. Der gute Hirte gibt sein Leben hin für die Schafe. Der bezahlte Knecht aber, der nicht Hirte ist, und dem die Schafe nicht gehören, läßt die Schafe im Stich und flieht, wenn er den Wolf kommen sieht; und der Wolf reißt sie und jagt sie auseinander. Er flieht, weil er nur ein bezahlter Knecht ist, und ihm an den Schafen nichts liegt.«[9]

Seit Jahr und Tag geht Sai Baba unter das wartende Volk, segnet und tröstet es, nimmt Bittschriften und Briefe entgegen und erhört Gebete und Fragen. Täglich verteilt er *vibhuti*, heilt, tröstet und weist den königlichen Pfad, um die Seelen vor der Vernichtung zu retten. Er gibt den Ärmsten Rat und erhört die Reichsten und Mächtigsten des Landes. Verteilt Nahrung an arme Kinder sowie Decken und Kleider an Hilfsbedürftige.

Oft versuchte ich mich in die Gedankengänge derjenigen zu versetzen, die ihn zum ersten Mal sehen und fragte mich: warum vollbringt ein so mächtiger Mensch derart langweilige Dinge jeden Tag? Was für eine Geduld und was für eine Langmut! Welcher Politiker oder religiöser Führer würde so etwas tun? Stattdessen schießen Gebäude noch zusätzlich wie Pilze aus der Erde, und er verfolgt persönlich das Erziehungssystem.

Sai Baba scheint ein Gefangener der Menschen zu sein. Er gleicht einem Vater, der auf die Rückkehr seiner verlorenen Söhne wartet. Ist der verlorene Sohn zurückgekehrt, nimmt er die Selbstbeschuldigungen des Sünders nicht an. Er bereitet ihm einen feierlichen Empfang, streift einen wertvollen Ring an seinen Finger und läßt ihm alle Ehre angedeihen und erinnert ihn, daß er, obwohl fern von zu Hause, stets sein Sohn war.

Alle Eigenschaften der Persönlichkeit Sai Babas zeigen mit unerschütterlicher Klarheit Seine Heiligkeit und Sein göttliches Wesen. Dem Geld schenkt er wenig Aufmerksamkeit, mißt ihm aber insofern einen Wert zu, als es für karitative Zwecke verwendet wird. Großzügige Angebote reicher Mäzene lehnte er ab, akzeptierte dagegen das Geld von Menschen seiner Wahl, um die Bauten von Nilayam zu unterstützen und zu unterhalten. Ich selbst nahm an einem dreitägigen Fest teil, zu dem auch der Premierminister von Andhra Pradesh erwartet wurde. Er hatte im August 1990 um ein persönliches Gespräch gebeten. Jeder Winkel des *ashram* wurde von indischen Soldaten überwacht, und überall standen Diplomatenwagen. Aber auch der Premierminister mußte warten, bis er an der Reihe war, denn Sai Baba hat nicht die Mächtigen nötig; es sind die Mächtigen, die ihn brauchen. Die erste Bedingung, ihm zu begegnen, ist bescheiden und demütig zu sein.

Jeder, der in Prashanti Nilayam gewesen ist, weiß, daß man dort kostenlos übernachten kann sowie hygienische Vorrichtungen wie Waschbecken, Dusche und Klosett vorfindet. Man kann aber auch in einfachen Räumen oder kleinen Appartements europäischen Standards unterkommen und zahlt dafür 5/10 Rupien (ungefähr DM –,50 bis 1,–). Alle Gäste können in der Kantine oder im Speisesaal nach indischem oder europäischem Geschmack essen. Ein komplettes Essen kostet nur ungefähr 6 Rupien. Ein Tagesaufenthalt in Prashanti Nilayam einschließlich Kost und Logis beläuft sich also auf ungefähr DM 2,50; ein bescheidener Preis auch für die indische Bevölkerung. Ganz sicher kann man Sai Baba nicht vorwerfen, seine Pilger auszunützen. Abgesehen davon bewirtet er zu besonderen Anlässen, wie z.B. an seinem Geburtstag, abertausende von Menschen aus aller Welt, und dies zum Erstaunen der Köche, die die bescheidenen Vorräte der Küche kennen.

Theologen und Kirchenleute verlangen stets unendlich viele Beweise, um ein Wunder letztendlich bestätigen zu können. Ihnen reicht nicht die Aussage eines einfachen Koches, und noch weniger die eines unwissenden, gesättigten Menschen. Die Macht Gottes aber ist noch bewunderswerter, wenn sie menschliche Erwägungen verspottet und die Verwirrung des Skeptikers in Verbitterung verwandelt.

Das Werk Sai Babas ist eines seiner außergewöhnlichsten Wunder und unterstreicht unfehlbar seine Heiligkeit und seine Gnade. »Kommt«, sagt er »und nehmt mit vollen Händen.«

Einer, der zu ihm gekommen ist, möchte Hände haben, so groß wie die Welt.

Anmerkungen

[1] In Deutschland gibt es Arbeitsgruppen, die sich dem Erziehungsprogramm von Satya Sai widmen.
[2] Reden 88/89, XX, 1–3, 11
[3] dto.
[4] Sandeha Nivarini-Dialogues dissolving doubts, 1979, S. 41–47
[5] Matthäus 5–7
[6] Johannes 7, 15
[7] Markus 6, 2b
[8] L. Algisi, Gesù e le sue parabole, Marietti 1964, S. 78
[9] Johannes 10, 11–13

XI. KAPITEL

Der Mensch ist Gott

Gott wird Mensch,
damit der Mensch Gott werde.

Thomas von Aquin

Nach der Auffassung Sai Babas nimmt der Mensch einen höheren Rang ein, als ihm die Bibel zuweist. Wenn im Psalm 8 geschrieben steht, daß der Mensch »nur weniger geringer gemacht wurde als die Engel«, räumt Sai Baba dem Menschen in seinen Reden den Platz eines Gottes ein, eines Gottes, der in Unwissenheit lebt und seinen Reichtum und seine Würde nicht erkennt. So gleicht der Mensch einem armen Tropf, der traurig und hoffnungslos auf einer Kiste Diamanten schläft. Würde er nur aufwachen, könnte er seinen Reichtum entdecken und ihn in Fülle genießen.

Der Mensch ist göttlich; in seinem Herzen wohnt der Herr, trotzdem aber ist er versklavt, minderwertig, begrenzt, schwach und verwirrt. Warum? Er ist sich seiner Wirklichkeit nicht bewußt; er fühlt sich schwach, begrenzt und versklavt. Sein Verstand drängt ihm diese Rolle auf, denn der Verstand ist der Ursprung aller Einbildung.[1]

Der Mensch ist sich seiner Herrlichkeit nicht bewußt. Er selbst ist das Göttliche, das sich in die menschliche Form ergossen hat, so wie in jedes andere beseelte und unbeseelte Wesen. Aber nur der Mensch ist privilegiert, sich dieser wertvollen Wahrheit bewußt zu werden.[2]

Der biblische Satz, wonach der Mensch ein Ebenbild Gottes sei, wird von Sai Baba wieder aufgegriffen
und vehement vertreten. Fast alle seine Reden beginnen mit »Inkarnation des Göttlichen Wesens« *(Atma-
svarupulara)*, »Inkarnation der Göttlichen Liebe«
(Premasvarupulara), »Inkarnation des Heiligen Geistes« *(Pavitratmasvarupulara)*.

Für einen Christen ist dies sicherlich schwer zu
verstehen. Jesus aber hat bereits vor zweitausend Jahren dieselbe Wahrheit gepredigt, sie ging jedoch im
Laufe der Jahrhunderte verloren, sie wurde von
Schuldgefühlen, von Gefühlen der Unwürdigkeit und
Selbstverachtung verdrängt. Die Erlösung wurde von
außen erwartet, *sola gratia Dei*. Gewiß, der Mensch
wird einzig und allein durch die Gnade Gottes erlöst,
d.h. durch seine Liebe. Diese Liebe darf aber nicht
von dem Ort vertrieben werden, der ihr zusteht: aus
dem Herzen des Menschen.

An einem Wintertag, so erzählt Johannes, ging
Jesus während des Weihefestes im Tempel von Jerusalem auf und ab. Juden umringten ihn und fragten, wer er sei. Jesus erklärte zum unzähligsten Mal,
daß er Gottes Sohn sei. Da ergriffen die Juden Steine, – und dies nicht zum ersten Mal – um ihn zu steinigen.

»Jesus aber hielt ihnen entgegen: Viele gute Werke
habe ich im Auftrag des Vaters vor euren Augen
getan. Für welches dieser Werke wollt ihr mich steinigen? Die Juden antworteten ihm: Wir steinigen dich
nicht wegen eines guten Werkes, sondern wegen Gotteslästerung; denn du bist nur ein Mensch und machst
dich selbst zu Gott. Jesus erwiderte ihnen: heißt es
nicht in eurem Gesetz: *Ich habe gesagt: Ihr seid Götter?* Wenn er jene Menschen Götter genannt hat, an
die das Wort Gottes ergangen ist, und wenn die Schrift
nicht aufgehoben werden kann, dürft ihr dann von
dem, den der Vater geheiligt und in die Welt gesandt

hat, sagen: Du lästerst Gott – weil ich gesagt habe: Ich bin Gottes Sohn.«[3]

Dieser Absatz bedarf keines Kommentars. In den Kirchen werden viele Stellen der Evangelien gelesen und erklärt; viele Gläubige wissen aber nicht, ob die oben zitierte Stelle zu den kanonischen Evangelien gehört oder nicht. Die Macht der Konditionierung legt einen Schleier über unsere göttliche Natur. In den Homelien wird immer wieder das Motiv der Schuld betont, daß wir Sünder sind und zu nichts tauglich. Sollte jedoch jemand glauben, der oben zitierte Absatz aus dem Johannes Evangelium sei zu verheißungsvoll, führe ich eine andere Stelle des gleichen Evangeliums an, um eventuelle Zweifel auszuräumen:

»Amen, amen, ich sage euch: Wer an mich glaubt, wird die Werke, die ich vollbringe, auch vollbringen, und er wird noch größere vollbringen, denn ich gehe zum Vater.«[4]

Einige haben es sicherlich schon erlebt, oder werden es noch erleben, daß manche Menschen mißtrauisch und empört auf Sai Babas oft wiederholte Wahrheit reagieren – »Ihr seid Gott«. Sie werten diesen Ausspruch als ein Zeichen des Teufels und erinnern an die Schlange im Garten Eden unserer Vorfahren von Adam und Eva. Diese Menschen sind vielleicht theologisch vorgebildet, ihr Glaube aber gestattet ihnen nicht, sich über die begrenzten, persönlichen Auslegungen eines Theologen oder Predigers hinauszuwagen. Folgen sie erst einmal der Auslegung eines »Spezialisten«, sehen sie nur diesen einen Aspekt der Auslegung der Heiligen Schriften und davon auch nur einen Teil. Sie fallen wieder in das pharisäische Denkschema zurück und halten die, die den Menschen als Gott betrachten, für Verwirrte und Gotteslästerer. Ihren Worten muß ebenso mißtraut werden, wie den Worten eines Feindes Christi: *Anathema sit!*

Haben wir jedoch die Geduld, wie gute Freunde

gemeinsam auf die Suche zu gehen und auf Wettstreit zu verzichten, werden wir feststellen, daß der Stein des Anstoßes – die Wahrheit – wie eine tote Sprache ad acta gelegt wurde. Die Wiederbelebung dieser Sprache erweckt ein Leben, das mit ihr begraben wurde: geheimnisvolle und unsterbliche Deutungen, die, durch materielle Interessen verstrickt, in den Windungen theoretischer Debatten und Lehrsätze verloren gegangen sind.

In diesem Zeitalter der tiefsten Unwissenheit, in dem die Wahrheit der Lüge bezichtigt wird und der Irrtum stets Beachtung findet, hat Einer sich zur Aufgabe gemacht, den unter schwerem Gedächtnisschwund leidenden Menschen wieder an seine eigene Wirklichkeit zu erinnern. Dieser Eine ist der *Avatar* Sai Baba, der auf das inständige Beten der Heiligen aller Religionen aller Zeiten wieder menschliche Gestalt angenommen hat und auf die Erde gekommen ist, um dort den Faden wieder aufzunehmen, wo er durchtrennt wurde. Immer wieder sagt er: Du bist Gott! Du bist mein Sohn, Gottes Sohn. Da du mein Sohn bist, bist du auch mein Erbe!

Viele glauben, daß dieses Erbe nur durch das Sakrament der Taufe erworben werden kann und sind der Auffassung, dies sei der einzige Weg, an der Vaterschaft Gottes teilzuhaben. Aber bereits Paulus hatte erklärt: »Denn alle, die sich vom Geist Gottes leiten lassen, sind Söhne Gottes. Denn ihr habt nicht einen Geist empfangen, der euch zu Sklaven macht, so daß ihr euch immer noch fürchten müßtet, sondern ihr habt den Geist empfangen, der euch zu Söhnen macht, den Geist, in dem wir rufen: Abba, Vater. So bezeugt der Geist selber unserem Geist, daß wir Kinder Gottes sind.«[5]

Diese Kindschaft erwirbt man bereits vor der Taufe, denn die Taufe ist nur ein entsprechender Ritus einer bestimmten Religion. Die Taufe hat allenfalls die Bedeutung eines feierlichen Versprechens, in Selbstachtung zu leben, und denen wird die Gnade und der Beistand des heiligen Geistes zugesagt, die dieses Versprechen auch halten. Wer fern von Gott lebt (und ich sage hier nicht fern von den Riten einer religiösen Konfession) vereitelt das Wirken der Gnade, selbst wenn er getauft wurde. Nicht die ihm aufgezwungene Taufe hält einen Menschen vom negativen Lebenswandel ab. Die Taufe fängt dann an zu wirken, wenn der Mensch selbst einen Schritt hin zum Göttlichen macht.

Der Ursprung der Erbsünde liegt nicht in der Bejahung seiner eigenen Göttlichkeit, die in den folgenden Jahrhunderten Ursache großer Mißverständnisse wurde und zur Verdammung des Menschen führte. Er liegt auch nicht im eitlen Glauben, Gott zu sein oder Gott sein zu wollen, sondern vielmehr in der Behauptung des Gegenteils, der Mensch sei des Teufels. Diese Behauptung ist eine Beleidigung des Schöpfers, um mich menschlich auszudrücken. Jeder Vater wäre beleidigt, wenn sein Sohn ihm vorwürfe, ihn mit schlechten Eigenschaften in die Welt gesetzt zu haben. »Du tust deinem Vater großes Leid an«, würde dieses Wesen sagen, das Vater und Mutter zugleich ist, »wenn du dich für einen Taugenichts, einen Idioten, einen Sünder hältst. Erinnerst du dich nicht, wie ich den verlorenen Sohn empfangen habe? Du hast dich für einen Sünder gehalten, und dieser Fehler ließ dich deine Herkunft vergessen, und du verharrtest im Zustand des Leidens. Erkenne dich endlich selbst. Wisse wer du bist und sei glücklich.

Seit den vielen Jahrhunderten der christlichen Tradition haben Menschen – und nur sie waren zu einem solchen Fehler fähig – heimtückisch das Denkvermögen ihrer Mitmenschen erstickt. Die Markierungen der Straßenschilder wurden einfach umgedreht und ihre Aufschriften brutal verändert. Das Wissen, eine

Emanation Gottes zu sein und die sich daraus ergebende Folgerung, Gott zu sein, war bei der Entstehung des Christentums bekannt; der Nebel der Zeit aber hat den Pilger irregeführt. Wir Priester müssen aus dem Brevier beten; diese Pflicht aber ist besonders tröstlich, wenn man einen Absatz wie den folgenden liest:

»Ich befehle dir: Wache auf, Du, der du schläfst. Ich habe dich nicht erschaffen, damit du ein Gefangener der Hölle bleibst. Erhebe dich von den Toten. Ich bin das Leben der Toten. Erhebe Dich, Du, das Werk meiner Hände, erhebe Dich, Du, der als mein Abbild erschaffen wurde! Erhebe Dich, gemeinsam gehen wir fort von hier! Du in mir und ich in Dir; wir sind ein einziges, unteilbares Wesen.

Der Feind hat dich aus dem Paradies vertrieben. Ich werde dich nicht nur in diesen Garten zurückführen, sondern ich setze dich auf den himmlischen Thron. Jetzt werden dich die Cherubine verehren, wie es Gott geziemt.«[6]

In einem anderen, alten Text von unbekanntem Verfasser steht geschrieben:

»Nach der Aussage des Apostels (Paulus) steht Christus an erster Stelle, denn er ist selbst auferstanden und erschuf das Leben. Danach kommen die »Christen«, die nach dem Beispiel seiner Heiligkeit leben.«[7]

In einem aus Jerusalem stammenden Katechismus, der uns Priestern zur frommen Lektüre vorgelegt wird, steht immer noch folgender Absatz als Bestätigung der oben angeführten Stellen:

»Seitdem ihr an Christus teilhabt, werdet ihr nicht unverdient Christen genannt, denn Gott hat von euch gesagt: »Tastet meine Gesalbten nicht an (Psalm 105, 15). Ihr seid ›Christen‹ geworden, als ihr die Urform des Heiligen Geistes empfangen habt.«[8]

Ich möchte diese Reihe von Zitaten aus christlichen

Quellen mit einem unmißverständlichen Absatz aus den Schriften des Hl. Johannes vom Kreuz beenden, der eventuell noch vorhandene Zweifel über unser Wesen beseitigt:

»Die mit Gott vereinte und gewandelte Seele lebt in Gott und für Gott und spiegelt die Lebensimpulse wider, die ihr von Gott selbst übermittelt wurden. (...) Man sollte es nicht für unmöglich halten, daß in der Seele etwas so Erhabenes geschieht. Erweist Gott ihr die Gnade, gottesgleich und vereint mit der Heiligen Dreifaltigkeit zu sein, wird sie an Gott teilhaben. So kann die Seele an einem anderen geistigen Leben, erkennend und mitfühlend, verwirklicht durch die Dreifaltigkeit teilnehmen, vereint mit der Dreifaltigkeit und selbst der Dreifaltigkeit gleich.

Aus diesem Grunde besitzen die Seelen dank ihrem Teilhaben an Gott die gleichen Eigenschaften Gottes und sind also als Teilhaber Gottes wahrhaftig Gott, ihm gleich und ihm Gefährte.

Oh Seelen, die ihr für so hohe Gipfel erschaffen und berufen wurdet, was macht ihr? Was hält euch auf? Seid ihr blind bei diesem Licht und taub bei solch gebieterischem Aufruf?«[9]

Sai Baba nimmt jede Gelegenheit wahr, uns an die Heiligkeit der Geburt eines Menschen zu erinnern. In unzähligen Reden hebt er das hohe Glück hervor, als Mensch geboren worden zu sein:

»Es ist etwas Heiliges, als Mensch geboren zu werden. Inmitten der vielen Tiere, die geboren werden, ist die Tatsache, als Mensch geboren zu sein, etwas ausgesprochen Seltenes und Heiliges. In alten Zeiten wollten sogar die Engel als Menschen geboren werden. Alle Organe des Körpers sollten heiligen Zwecken geweiht werden.«[10]

Der Mensch ist in seinem Wesen Gott.[11]

Wenn das so ist, werden sich manche fragen, warum gibt es auf der Welt so viel Leid? Warum ist die Welt so tief gefallen, und warum klagt der Mensch über Schmerz, Einsamkeit, Armut, Krankheit und über das Sterben, wenn er selbst Gott ist? Die Sünde des Menschen liegt im Vergessen seiner wahren Herkunft. Die Ursache allen Übels liegt in seiner Unwissenheit; er weiß nicht, daß er Gott ist, und oft benimmt er sich wie ein Tier. Er strebt nach Geld und den Freuden des Lebens, nach Erfolg, Reichtum und Liebe. Es ist kein Fehler, nach Glück zu streben: dieses Streben wurde uns angeboren. Der von den Menschen begangene Fehler liegt in der Art, wie er sein Ziel verfolgt, glücklich sein zu wollen. Vergängliches kann nicht Ewiges schenken; was aus dem Vergänglichen geboren wurde, führt nicht in das Unvergängliche.

»Der Mensch ist die Inkarnation des Heiligen Geistes; er entspricht dem Heiligen Geist und ist Wahrheit, Schönheit, Güte, Friede und Liebe. Gegen seine wahre Natur aber sehnt er sich nach dem Falschen, Vergänglichen, Unreinen, nach Faulheit und Chaos. So wird er feige und gemein. Der Mensch muß seinen Blick wenden und in sich selbst die Quelle der Stärke und Freude finden. Bei jedem Handeln sollte er Gott im Sinn haben, denn er ist sichtbarer Ausdruck Gottes.[12]

Der Ursprung allen menschlichen Übels, oder besser seiner Unwissenheit, liegt in seiner Überzeugung, Fleisch zu sein. Der Mensch glaubt, daß alles, was ihm widerfährt, ihm selbst widerfährt. Leidet der Körper, glaubt er selbst zu leiden; ist er psychisch deprimiert, glaubt er selbst traurig zu sein; verletzt er sich und blutet, regt er sich sofort auf. Denkt er an den Tod, sagt er: »wenn ich sterbe, begrabt mich dort.« In Wirklichkeit aber stirbt nur sein physischer Körper; es wäre richtiger zu sagen: »wenn mein Leib stirbt, begrabt ihn dort oder verbrennt ihn.« Fühlen wir uns körperlich nicht gut, selbst wenn wir keine Schmerzen haben, sagen wir »es geht mir schlecht«, als ob sich unser ganzes Wesen schlecht fühlte.

Die Illusion, Körper zu sein, verschuldet die Natur selbst, denn sie täuscht. Alles, was wir in der Natur sehen, ist Schein. Was uns wirklich erscheint, ist nur ein Traum. Die Illusion ist untrennbar von unserem Leben, so wie der Schatten von unserem Körper.

Es liegt in der menschlichen Natur, nach Freude und dem Angenehmen zu streben, den Schmerz und die Traurigkeit zu meiden. Tag und Nacht ist der Mensch auf der Suche nach dauerhafter Freude, erreicht sie aber nie. Warum? Der Verstand geht irrtümlicherweise davon aus, den Menschen mit seinem Körper und den Sinnesorganen gleichzusetzen. Um sie zu erfreuen ist er bereit, ihnen zu bieten, was sie befriedigt. Die vom Menschen erstrebte Freude gehört nicht der äußeren Welt, ist nicht durch die Sinne und in Äußerlichkeiten zu finden. Sie ist auch nicht in den Mitmenschen zu finden. (...)

Die Freude, die ihr unentwegt sucht, seid ihr, ja ihr![13]

Unser physischer Körper ist der Tempel Gottes. Aber wie erfüllt er seine Natur? Nur, wenn er mit Gedanken an Gott erfüllt ist. (...) Heiligt euren Körper und betrachtet ihn als Tempel. Wieviel Pflege und Achtung seid ihr einem Ort schuldig, von dem ihr wißt, er ist das Haus Gottes?[14]

Sollte der Mensch tatsächlich göttlich sein, wie konnte er nur einem derart unnatürlichen Gedanken anheim fallen und sich als physischen Körper und Verstand mißverstehen? Schon im Buche Genesis hat der heilige Verfasser eine Antwort auf diese Frage gefunden.

Im Garten Eden, so berichtet uns das erste Buch des Alten Testamentes, gab es eine üppige Vegetation, eine Fülle von Obstbäumen; die Frucht eines bestimmten Baumes aber war verboten zu essen: die

Frucht vom Baume der Erkenntnis. Gott hat tatsächlich diesen Vorbehalt gemacht: »Ihr könnt die Früchte eines jeden Baumes im Garten essen, nur nicht von dem Baum, der alle Erkenntnis in sich birgt. Eßt ihr davon, werdet ihr sterben.« Es handelte sich eher um eine wohlwollende Mahnung, als um einen Befehl: der auf die Nichtbeachtung der Mahnung folgende Tod ist nichts anderes, als eine zwangsläufige Konsequenz, so, als ob man die Hand in ein Nest giftiger Schlangen steckte.

Die Frucht eines Baumes zu ernten erinnert daran, etwas Langersehntes und Wohlverdientes zu ernten. Ein Baum kann nur Früchte tragen, wenn er vorher fachgerecht gepflanzt und gepflegt wurde. Kein Mensch der Welt würde die Früchte eines sorgsam gepflegten Baumes auf der Erde verfaulen lassen. An den Früchten eines Baumes erkennt man die Wünsche des menschlichen Verstandes, die zu jeder Jahreszeit heranwachsen. Der Schöpfer verbietet nicht in seiner Liebe, alle Früchte zu essen, er verlangt nicht von seinen Kindern, ihren Appetit oder ihre Sehnsüchte zu zügeln, sondern bietet ihnen in göttlicher Großzügigkeit alle Früchte an, außer der einen.

Warum diese Ausnahme? Ist es eine Falle? Werden wir Menschen vor irgendetwas gewarnt, wird ein unbändiger Trieb der Neugierde in uns freigesetzt, dem zu widerstehen fast unmöglich ist? Um diesen Trieb nach allen Regeln der Kunst auszunützen, findet sich die trügerische Schlange ein; sie ist nichts anderes, als die Macht der Täuschung, *Maya* in der östlichen Philosophie genannt. Wie ein Zauberer die selbst erschaffene Illusion auslöst und zerstört, verhält sich auch Maya, die große Illusionistin. Sie läßt das Wahre falsch und Falsche wahr erscheinen. Maya ist der Schatten Gottes, sie begleitet ihn immer.

In Unkenntnis gehüllt, kann das Göttliche nicht erkannt werden. Es gibt hierüber eine nette Anekdote:

Eines Tages rief der Herr Maya zu sich und sagte: Schau, wegen meiner vielfältigen Manifestationen glauben viele, ich sei von Maya verschleiert worden, und das hat mir einen schlechten Leumund eingebracht. Mein Ansehen hat gelitten, denn immer und ständig bist du bei mir. Laß mich ab jetzt in Ruhe, halte dich fern von mir und gehe wohin es dir gefällt.«

Maya antwortete ihm: »Herr, ich bin bereit, deinen Befehl zu befolgen. Nenne mir aber den Ort, wohin ich gehen kann, wo du nicht bist.«

Gott lächelte und sagte: »Nun, es gibt keinen Ort, wo ich nicht bin. Wir sind Zwillingsvögel. Ich fragte dich nur, um deine Antwort zu hören.«[15]

In der biblischen Geschichte wird Mayas Rolle hervorragend von der Schlange gespielt: ihr Eindringen ist raffiniert böse; in ihrem Debüt versucht sie, die von Gott auferlegte Einschränkung wieder aufzuheben und ihn in ein schlechtes Licht zu setzen: »Warum hat euch Gott verboten, diese Frucht zu essen?«

Wie ist die Frucht dieses Baumes beschaffen, daß sie so giftig ist? Worin liegt ihre tödliche Kraft? Was macht ihre Einzigartigkeit aus? Der Schöpfer nannte ihn den »Baum der Erkenntnis«. Es ist also kein gewöhnlicher Baum; es handelt sich um einen viel edleren Baum: die Erkenntnis.

Erst jetzt wird verständlich, warum es verboten ist, seine Früchte zu essen. Die Erkenntnis verkörpert das »oberste Dach« aller Wünsche, darüber hinaus sollten keine Stockwerke mehr gebaut werden, will man am Leben bleiben. Denn wer »Erkenntnis besitzt«, Weisheit und Unterscheidungsvermögen, darf weiter viele Früchte essen, nur darf er das »Dach«, das Maß, nicht überschreiten und jedem Wunsch nachgeben, sonst erwartet ihn nicht nur der physische Tod – denn wir sind menschlich – sondern auch der spirituelle Tod. Die Seele bleibt sonst an Mayas Sterblichkeit gebunden, an die Schlange, die mit verführerischer Stimme ihre Rolle ständig wiederholt.

So ist auch Sai Babas liebevolle Strategie zu verstehen, wenn er empfiehlt, ein gewisses Maß an Wünschen nicht zu überschreiten: Erkenntnis kann nur erreicht werden, indem man sich Grenzen setzt. Dieses »Dach« wird erst dann richtig geschätzt, wenn man nicht nur im untersten Stockwerk wohnen bleibt, sondern auch die anderen durchläuft.

Die Summe aller Wünsche gleicht einem Haus mit vielen Stockwerken; für manche ist es ein Wolkenkratzer. Am Ende aber bedarf es eines Daches; Das Gebäude muß geschlossen werden, denn sonst stürzt es zusammen wie der Turm von Babel, der ohne Begrenzung gebaut wurde, um die Macht Gottes herauszufordern.[17] Das Dach ist erreicht, sobald erkannt wird, daß der Genuß der Früchte ein Ballast für den ist, der sich von den Ketten des *samsara* befreien will, d.h. vom Zyklus des Lebens und des Sterbens. Man drängt zum Dach hinauf, ohne jedoch die unteren Stockwerke zu vermeiden. Die Sicht vom Dach ist klarer, alles erscheint klein und relativ wie ein Spielzeug.

Auf diesem obersten Dach ißt man keine Früchte mehr: auf der Ebene der Erkenntnis, nachdem das Relative der Früchte anderer Bäume im Garten verstanden wurde, erwartet man nichts mehr vom Genuß der Frucht der Erkenntnis. Diese Frucht zu essen würde in der Tat bedeuten, wieder in die Unkenntnis zurückzufallen, also in den Tod. Derjenige, der sich dem Baum mit dem Wunsch nähert, seine Früchte zu essen, muß sterben. So verbirgt sich die ursprüngliche und größte Versuchung hinter der Aufforderung der Schlange, die Früchte des eigenen Handelns auch genießen zu wollen. Gewiß, der Wunsch nach Wissen ist einer der edelsten, muß aber durch die Erkenntnis gemildert werden, das Dach erreicht zu haben; denn

Wissen nur um des Wissens willen hinterläßt große geistige Verwirrung.

Die Religionen sind das Resultat dieser Wünsche und zwar auf einem Gebiet, auf dem sie sich schlecht ausnehmen: die Menschen entschieden sich aus Liebe zu den Früchten ihres eigenen Verstandes, die Erkenntnis herauszufordern, und dieses Erkennenwollen verfiel in Streitereien und theoretischen Auseinandersetzungen. Das Hauptziel der Religion, nämlich die Vereinigung, wurde verfehlt.

Eine Wahrheit, »Gott zu sein« kann nicht durch Mutmaßungen entschleiert werden, ebensowenig kann die Wahrheit, ein Prinz zu sein, durch genaue Untersuchungen bewiesen werden: es genügt, der Sohn eines Monarchen zu sein! Die Echtheit eines Königssohnes zeigt sich durch seine natürliche Haltung, die ihm diesen Rang zuweist.

Mayas Kunst ist damit noch nicht zuende. Die Schlange bedient sich noch teuflischerer Mittel zur Täuschung: es gelingt ihr, das erste Menschenpaar zu überreden, die tödliche Frucht zu essen, indem sie behauptet, das Verbot sei eine Vorsichtsmaßnahme des Schöpfers, der den Menschen nur daran hindern will, mit seiner Macht zu wetteifern. Maya versucht also, dem Menschen ein zweites Mal zu schaden, und verleumdet das Ziel der menschlichen Existenz – die Erfahrung des göttlichen Selbst – und hält ihm mit der ihr eigenen Doppelzüngigkeit vor, Gott würde den einschüchtern und bestrafen, der mit ihm um das »Allbewußtsein« wetteifert.

Könnte ein Vater, der ungeduldig wartet, bis seine eigenen Kinder in seine Fußstapfen treten – sei es auch nur äußerlich, charakterlich oder beruflich, etc. – eifersüchtig auf diese Kinder sein, die ihn nachzuahmen versuchen? Wie könnte er dieses Wetteifern bestrafen, Er, der den Menschen nach seinem Ebenbild, als Abbild Gottes schuf?[18]

So spielte die Schlange Maya ihre Karte der Verschlagenheit bei Eva aus: iß auch diese Frucht, sagte sie ihr, um Gott gleich zu sein. Wäre Eva klüger gewesen, hätte sie geantwortet: »Ich bin es doch bereits! Ich brauche diese Frucht nicht.« Auch Adam fiel auf diesen Trugschluß herein. Die dualistische Lebensanschauung obsiegte bei unseren Vorfahren: sie empfanden sich verschieden und anders als der Schöpfer und wurden vom Trugbild der Sinne unterjocht.

»Es gibt nur eine einzige Wirklichkeit, nicht zwei. Sieht man eine zweite, ist Maya am Werk. Maya ist für den Verehrer Gottes ungefährlich. Dieselbe Maya, die so gefährlich für den Ungläubigen ist, schützt den Gläubigen vor jeglichem Schaden. Die Katze trägt zärtlich ihr Kleines im Maul spazieren, das Kätzchen aber erleidet keinen Schaden. Eine Maus hingegen wird von der Katze getötet, und dennoch ist es das gleiche Maul. Maya, die Leidbringende, schützt liebevoll den Gläubigen, sofern er dem Herrn ergeben ist und ihrer Macht keine Aufmerksamkeit schenkt.«[19]

Das Spirituelle kann nicht durch das Sinnliche erfahren werden. Was die Freude übersteigt, kann nicht durch physische, geistige oder intellektuelle Vergnügen erreicht werden. Sie Sinne, mit denen auch der Intellekt auf einer gewissen Ebene zusammenarbeitet, bieten keine Erfahrung des Göttlichen. Die Falschheit der Schlange bestand darin, den Menschen zu überreden, die göttliche Wirklichkeit zu suchen und gleichzeitig auf der Ebene der Sinne zu verharren. So entschloß sich das erste Menschenpaar, – um in der biblischen Typologie zu verbleiben – der göttlichen Ermahnung, das zu werden was sie bereits waren, kein Gehör zu schenken und aßen die Frucht des Wunsches; sie lieferten sich dem Tod und seinen Gesetzen aus. In der Tat ist ein Mensch, der die Erhabenheit seines göttlichen Wesens nicht erkennt, bereits gestorben.

Die Erfüllung des Wunsches trennte somit den ersten Menschen von seinem Urzustand und bewirkte, daß sich unsere Vorfahren »nackt« fühlten, so, als ob sie in einem Haus ohne Dach lebten. Die Ahnungslosigkeit dieser Entscheidung hat sich auf die folgenden Generationen als »die Kunst, Früchte zu essen« übertragen.

»Vergeude nicht kostbare Zeit und das Leben mit vergänglichen Freuden. Beherrsche sie und begrenze deine Wünsche.«[20]

»Der Wunsch läßt den Menschen seine wahre Natur vergessen und erniedrigt ihn zum Tier. Er raubt ihm seine Tugenden und setzt seine Ehre und sein Ansehen aufs Spiel.«[21]

Anmerkungen

[1] Sathya Sai Speaks, Bd. V, S. 203
[2] Id., Bd. VIII, S. 111
[3] Johannes 10, 32–36
[4] Id., 14, 12
[5] Der Brief an die Römer 8, 14–17
[6] Aus einer alten »Homilie des Heiligen Samstags« V. Liturgia delle Ore, Bd. II, S. 446; ff. Liturgia horarum, Bd. II, S. 405. Die Angst, der im lateinischen Text enthaltene Ausdruck könnte übertrieben sein, veranlaßte den Übersetzer, die italienische Fassung zu mildern, und entzog ihr die Ausdruckskraft des Originals. Nach eigenem Ermessen fügte er die Worte: »auch wenn du nicht Gott bist« hinzu. Diese Worte stehen im lateinischen Brevier nicht. Der Satz heißt im italienischen Brevier wie folgt: »Nun sollen dich die Cherubimen anbeten fast wie Gott, auch wenn du nicht Gott bist«, während es im lateinischen Text nur heißt: »Facio ut cherubim, pro eo ac Deum decet, adorent te.«
[7] Aus der Oster-Homilie eines Verfassers der Antike, in »Liturgia delle ore«, Bd. II, S. 522. »Patrologia Latina XVII, 696–697. Auch hier ist ein Vergleich mit dem lateinischen Text notwendig; siehe »Liturgia horarum«, Bd. II, S. 480: »Initium, Christus, id est, auctor resurrectionis et vitae; deinde hi Christi, id est, qui in forma puritatis eius viventes, de spe resurrectionis eius securi erunt ... Warum ist der Ausdruck »hi Christi«, der wörtlich übersetzt »jene Christen« bedeutet, mit »diejenigen, die von

Christus sind« übersetzt worden? Die Bedeutung wird dadurch verändert.

[8] Aus dem Katechismus von Jerusalem, in Liturgia delle ore, Bd. II, S. 547. Katechismus 21, Mistagogica 3, 1–3; Patrologia graeca, XXXIII, 1087–1091. Es ist schmerzlich, auch in diesem Fall sagen zu müssen, daß die Willkür des Übersetzers die Bedeutung des Originals verfälscht hat. Der lateinische Text, selbst eine Übersetzung aus dem Griechischen, lautet wie folgt: »Participes igitur effecti Christi, christi non immerito appellamini; deque vobis dixit Deus: Nolite tangere christos meos. Christi autem facti estis, dum spiritus Sancti antitypum accepistis.« In der »Liturgia delle ore« wurde dies folgendermaßen übersetzt: »indem wir teilhabend an Christus geworden sind, sind wir nicht grundlos Christen genannt, d.h. die »Gesalbten«, darum hat Gott von euch gesagt: Tastet meine Gesalbten nicht an (Psalm 105, 15). Ihr wurdet zu Gesalbten, als ihr das Zeichen des Heiligen Geistes empfangen habt. Der Fleiß des Übersetzers hat sich über die Grenzen der Hermeneutik hinweggesetzt, indem er auch hier eine Erläuterung hinzufügte, und zwar »das heißt, die Gesalbten«, die im Originaltext nicht vorhanden ist.

[9] Aus dem »Cantico spirituale« von Giovanni della Croce, 38

[10] Sathya Sai Speaks, 1978, S. 228–229

[11] Upanishad Vahini, III Ausgabe 1975, S. 1

[12] Sathya Sai Speaks, Bd. VI, S. 36

[13] Reden 88/89, XXXIV, 1–2

[14] Id., XXX, 25. Der Abschnitt gibt zweifellos den Geist der Korinther (Korinther 3, 16–17) wieder: Wißt ihr nicht, daß ihr Gottes Tempel seid und der Geist Gottes in euch wohnt? Wer den Tempel Gottes verdirbt, den wird Gott verderben. Denn Gottes Tempel ist heilig, und der seid ihr.« Vergleiche auch II. Korinther 6, 16; Epheser 2, 21–22; Hebräer 3, 6.

[15] Reden 88/89, XXII, 9

[16] Der ganze Abschnitt stammt aus dem Buch Genesis 3, 1–7

[17] Siehe Genesis 11, 1–9

[18] Ibid. 1, 27

[19] »Conversations with Bhagavan Shri Sathya Sai Baba, S. 61

[20] We devotees, I. Auflage, 1983, S. 158

[21] Summer Showers in Brindavan 1979, S. 44

XII. KAPITEL

Die erste und letzte, alles durchdringende Wirklichkeit

Gebt acht auf diesen Irrtum.
Auch ich werde euch täuschen,
wenn ich mit euch singe,
mit euch rede,
mit euch zusammen bin.
Es wird der Augenblick kommen, wenn
sich meine Göttlichkeit euch offenbart.
Seid vorbereitet auf diesen Augenblick

Sai Baba

Auf den ersten Blick erscheint die Botschaft Sai Babas sehr einfach, geradezu selbstverständlich und banal: eine Morallehre, die von den frommen Ratschlägen eines guten Dorfpfarrers nicht weit entfernt ist. »Seid gut, tut Gutes, benehmt euch anständig, habt euch gern.« Viele Menschen, vorwiegend Intellektuelle, äußerten ihre Enttäuschung über eine so schlicht formulierte Botschaft. Ihre Kritik aber hat kurze Beine, denn gewisse Fakten müssen in Betracht gezogen werden. Nur eine gewissenhafte Untersuchung der Reden Sai Babas enthüllt ihre tiefe Bedeutung und zerstreut jeden Anschein von Oberflächlichkeit.

Sai Babas Zuhörerschaft ist vor allem sehr vielschichtig: seine Lehre erreicht sowohl die Hausfrau, als auch den promovierten Physiker. Das Außergewöhnliche seiner Botschaft liegt darin, daß alle Schichten – die ewig Unzufriedenen ausgenommen – eine befriedigende Antwort auf ihre Lebensprobleme

195

erfahren. Dann gibt es die andere Gruppe von Menschen, die größeres Vertrauen in ihre überlieferten Glaubensansichten haben und nicht bereit sind, auch nur auf ein Komma ihres Wissensgutes zu verzichten.

Ich persönlich empfand nach der schwierigen Lehre Krishnamurtis, den strengen Aphorismen des himalayanischen Babaji, der wunderbaren Sanftheit Yoganandas und dem Urteilsvermögen Maharishis, die Worte Sai Babas als vollkommene Synthese dieses Gedankengutes und als Ziel meiner Suche.

Sai Baba zeigt mit seinen Worten, die einmal klar und für jedes Kind verständlich sind, ein anderes Mal das Unendliche durchdringend wie die Tiefen des Ozeans, jedem Einzelnen ein anderes Gesicht derselben Wahrheit; jeweils dem Leser oder Zuhörer angemessen. Nicht nur das. Entsprechend meiner Erfahrung nimmt dieselbe Rede, nur zu einem anderen Zeitpunkt meines Lebens gelesen, eine andere Bedeutung an: dies ist ein Zeichen, daß beim Leser eine Veränderung stattgefunden hat, aber auch vor allem ein Indiz für den großen Wirkungsbereich der Worte des Meisters.

Vertiefe ich mich heute in eine Rede, die ich vor zwei oder drei Monaten gelesen habe, erscheint sie mir völlig neu. Entgangene oder nicht verstandene Einzelheiten klären sich nach gewisser Zeit und sind erstaunlicherweise weder veraltet noch unwiderruflich: so, als ob er sich die Möglichkeit offen lassen wollte, nach Monaten oder Jahren mit denselben Worten eine andere Lehre zu erteilen.

Von einer leicht verständlichen, moralischen Ermahnung geht er auf philosophische Themen höchsten Niveaus über; mit Beispielen und Gleichnissen erklärt er in großer Einfachheit dem Gelehrten Zusammenhänge und weist dem Ungebildeten den Weg zum Verständnis des Non-Dualismus, den schwierigen

Weg des *Advaita Vedanta* oder des *Asparsha Yoga* oder des *Yoga* ohne sich auf Gaudapada zu beziehen.

Sein Wort ist Abbild und Sinnbild der unveränderlichen Wirklichkeit, die sich durch Überwindung von Raum und Zeit in ihren vielfältigen Erscheinungsformen offenbart. Gerade durch diese, für den menschlichen Verstand unbegreifliche Beschreibung der Wirklichkeit offenbart sich Sai Babas Herrlichkeit und das Geheimnis seines Wesens.

Es ist wichtig, seine Gedanken in Bezug auf diese Wahrheit zu ergründen, auch wenn dies hier nur in einem begrenzten Rahmen erfolgen kann. Sein Bild von Gott ist aufschlußreich und erweist sich als absolut übereinstimmend mit den Heiligen Schriften und den Überlieferungen aller Religionen.

Auf der Suche nach dieser göttlichen Wirklichkeit nimmt der Mensch eine erstrangige und privilegierte Stelle ein, denn er ist das einzige Wesen auf der Welt, das sich mit der Frage nach Gott auseinandersetzen kann. Vor allem ist der Mensch auch das einzige Wesen, das verstehen kann, daß Gott menschliche Gestalt angenommen hat[1].

Wer aber ist dieser Gott, den die Menschen seit Jahrtausenden suchen? Wie ist er beschaffen? Welche Vorstellung macht sich der Mensch, innerhalb der ihm gesetzten Verstandes- und Sinnesgrenzen, von der Göttlichkeit? Um zu zeigen, wie begrenzt die menschlichen Fähigkeiten sind, Gott zu verstehen, führt Sai Baba ein sehr eindrucksvolles Beispiel an:

»Nehmen wir an, ein Elefant hat den Wunsch, Gott zu verehren. Da er durch seine eigene Natur konditioniert ist, kann er sich Gott nur als mächtigen Elefanten vorstellen. Das gleiche geschieht einer Maus. Sie stellt sich Gott ihr gemäß als riesenhafte Maus vor. In gleicher Weise kann sich der Mensch Gott nur in menschlicher Gestalt vorstellen und nie als Transzendenz begreifen, solange er sich selbst nur menschlich begreift.«[2]

Ziehen wir nun die sogenannten ›Spezialisten‹ in Betracht, wie beispielsweise die Theologen und Exegeten der heiligen Schriften; es ist ihnen trotz ihrer Weisheit nicht gelungen, das Problem Gott zu erhellen. Für sie findet Sai Baba besonders strenge Worte, denn »alle Mutmaßungen oder Gottesvorstellungen sind die Früchte reiner Phantasie«.[3]

Hier fühle ich mich besonders angesprochen. Wie ich bereits erwähnte, bin ich als Theologe in Rom in Moraltheologie ausgebildet worden; ich muß allerdings bekennen, daß diese Studien mein geistiges Leben nicht bereichert haben. Gerade während meiner Studienjahre in der Hauptstadt durchlebte ich eine innere Krise. Ich werde niemals vergessen, daß einige der hervorragenden Professoren, denen ich während meiner Ausbildungszeit begegnete, schmerzliche Glaubenskrisen durchmachten und sich entschlossen, den geistlichen Stand zu verlassen.

Es erwies sich, daß das Studium der Theologie nicht unbedingt zum Glauben führt. Um Gott erreichen zu können, muß die Theorie auch praktisch angewandt werden. Während des Studiums, ganz abgesehen von der persönlichen Reife, fühlte ich mich wieder wie ein Schüler auf der Schulbank, sorgte mich um das Examen, wollte einen guten Eindruck hinterlassen und war mit mir selbst und meiner Zukunft beschäftigt.

Das soeben Gesagte kommt keiner Verleugnung gleich, sondern eher einer Beschneidung der Wichtigkeit, die Gelehrte, besonders aber Theologen für sich in Anspruch nehmen. Der Nutzen meines Studiums lag in der erlernten Methodologie und in der Schulung, gewissenhaft alle Quellen der verschiedenen Lehren zu überprüfen. Obwohl ich vielen seltenen und faszinierenden Schriften begegnet bin, muß ich leider zu dem bitteren Schluß kommen, daß auch die süßeste Frucht sauer schmeckt, wenn der Mund auf ihren Geschmack nicht vorbereitet ist.

Ich muß feststellen, daß gerade Theologen den selbstverständlichsten und offensichtlichsten Wahrheiten, die selbst ein Kind verstehen könnte, ablehnend und mißtrauisch gegenüber stehen. Die Wahrheit verlangt, um erkannt zu werden, einen reinen, freien Intellekt. Wie rein und frei aber kann ein Intellekt sein, der voller Begriffe steckt und diese arrogant zitiert; ein Intellekt, der sich anmaßt, die Wahrheit zu besitzen und über andere zu urteilen. Zu diesem Thema hat Sai Baba folgendes gesagt:

»Der Begriff Gott, von einem Laien gebraucht, ist besser, als alle Beschreibungen der *pandit* oder Theologen, denn ein Laie schweigt lieber, als Fachausdrücke zu benützen. Das Ergebnis dieses Schweigens ist allgemeiner Friede. Die von den Theologen unterschiedlich formulierten Auslegungen hingegen bedingen Uneinigkeit, stiften Verwirrung und beunruhigen das Bewußtsein der Menschen. Es wärer besser, sie würden schweigen, keine Unruhe schüren und keine Verwirrung stiften.[4]

Ein gebildeter und dialektisch geschulter Gelehrter kann von Gott viele Beschreibungen geben. Einige Denker nennen ihn den Unergründlichen, Unaussprechlichen, Unbeschreiblichen, die Transzendenz und den Eigenschaftslosen. Alle diese hochtrabenden Ausdrücke sind nichts als Gerede. Man könnte diesen Worten eine Bedeutung geben und Theorien von ihnen ableiten; werden sie aber nicht persönlich erfahren, sind sie wertlos und verfänglich, denn sie geben nicht die Wirklichkeit wieder.«[5]

Was das Verständnis der Realität Gottes durch Worte und Begriffe betrifft, hat Sai Baba wiederholt klargestellt, daß diese Realität ohne persönliche Erfahrung nicht beschrieben werden kann. Auf die Frage »Wo ist Gott?« antwortet er:

»Kann man Ihm, der überall ist, einen Platz zuweisen? Er ist überall gegenwärtig. Ohne Zweifel kann also behauptet werden, Gott ist überall. Was die Zeit anbetrifft, kann nicht behauptet werden, Gott habe der einen oder anderen Epoche angehört. Wie kann man ihn zeitlich begrenzen, Ihn, der weder einen Ursprung, noch Mitte und Ende hat. Er, der in allen zeitlichen Dimensionen existiert? Jede Beschreibung Gottes ist bedeutungsvoll. Alle Schriften bestätigen, Gott ist in allen Dingen.[6]

Die Liebe ist Gott. Schaut wie die Welt voller Liebe ist. Liebe kann nur durch Liebe erfahren werden. Um den Einen, die Inkarnation der Liebe, zu verstehen, bedarf es der Liebe selbst. Diese Liebe vergeht nicht, sondern wohnt ständig als Geist (*Atma*) in jedem Menschen. Der physische Körper ist der Tempel Gottes, in dem die Liebe in Form des Geistes wie eine Reliquie aufbewahrt wird. Eine so heilige und reine Liebe kann nur in einem reinen Herzen wohnen.«[7]

Ubi caritas et amor, ibi Deus est: »Wo Barmherzigkeit und Liebe ist, da ist Gott«. Eine wunderbare Strophe des gregorianischen Kirchengesangs, eines der vielen Meisterwerke der Musik und des Gebetes, die im heutigen Gottesdienst fast völlig verloren gegangen sind.

Das metaphysische Wesen Gottes ist im Sein für Sich und in Sich, ohne Eigenschaften, jenseits der Dimension von Raum und Zeit, genau wie Moses im Buch Exodus sagt: »Ich bin der ›Ich-bin-da‹. So solltest Du zu den Israeliten sagen: der Ich-bin-da hat mich zu euch gesandt.«[8]

Jesus nimmt dieses »Ich-bin-da« – *Aham* in der vedischen Überlieferung – wieder auf, als sich die Juden über seine Behauptung, von Gott zu stammen, lustig machen: »Amen, amen, ich sage euch: Noch ehe Abraham wurde, bin ich.«[9]

Es wäre interessant, den Ursachen nachzugehen, warum die katholische Kirche einer transzendenten, fernen Gottesgestalt huldigt, abgeschieden und unerreichbar, während im Psalm 139 ein Gott gepriesen wird, der den Menschen erforscht und kennt und tief in seine Gedanken dringt:

Wohin könnte ich fliehen vor deinem Geist,
wohin mich vor deinem Angesicht flüchten?
Steige ich hinauf in den Himmel, so bist du dort,
Bette ich mich in der Unterwelt, bist du zugegen.

Viele gewöhnten sich an die überlieferte, christliche Rechtfertigungslehre, die daraufhin abzielt, Schwachpunkte anderer Religionen hervorzuheben und sehen in Sai Babas Äußerungen ein phantastisches Gedankengut. Dies war aber tatsächlich immer eine westliche Auffassung im Vergleich zu der östlichen Theologie. Der Augenblick scheint gekommen zu sein, mit diesem Mißverständnis endgültig aufzuräumen, das bei vielen Katholiken als Vorurteil tief verwurzelt ist.

Die pantheistische Weltanschauung, wie das Wort selbst besagt, versteht die Welt als göttliche Ganzheit, die alles regiert. Mißverständnisse entstehen durch Äußerungen wie »Alles ist Gott«. Leider kann durch die Sprache nicht immer das vermittelt werden, was man zu sagen beabsichtigt.

Vertieft man sich sowohl in die westliche als auch in die östliche Lehre, so wird man feststellen, daß beide Lehren sich auf die selben Voraussetzungen stützen: es gibt nur einen Gott, der alles regiert, der allen das Leben schenkt, der alles bewegt. Ohne ihn könnte nichts existieren. Beschreibt jedoch der Osten aus didaktischer Bequemlichkeit diese göttliche Allgegenwart als eine in verschiedenen Naturaspekten und in

allem menschlichen Handeln innewohnende Göttlichkeit, so ist dies keineswegs ein Anschlag auf den
Monotheismus. Der Westen führt seine Gottheiten in
verschiedenartigen Gestalten vor, wie zum Beispiel
in den Scharen der Madonnen – von der schmerzens-
reichen Jungfrau bis hin zur Unbefleckten Empfängnis –, in Heiligen wie St. Rochus, St. Januarius, in
dem ganzen Olymp der Heiligen, die den christlichen
Jahreskalender bevölkern. Niemand sollte sich ent-
rüsten, daß unter verschiedenen Namen sich dieselbe
Wirklichkeit befindet.

Betritt ein Katholik zum ersten Mal einen hinduistischen Tempel, ist er über die Verehrung eines mon-
strösen, menschlichen Wesens mit einem Elefanten-
kopf bestürzt. Gibt er sich aber die Mühe, sich in diese
Gestalt namens Ganesha zu vertiefen, wird er von
dieser, uns merkwürdig und vielleicht geschmacklos
erscheinenden Figur erfahren, daß sich hinter ihr ein
ganzes Lehrbuch hoher Askese und Mystik verbirgt.
Gibt er sich aber nicht die Mühe, weil er sich von der
Figur abgestoßen fühlt, sollte er sich vorstellen, welchen Eindruck unsere Kirchen auf einen Hinduisten
machen würden, wenn er in einer Ecke eine Frau mit
zwölf Sternen auf dem Haupt und einer Schlange
unter den Füßen sähe, an einer anderen Stelle einen
Hirten erblickte, der eine Wunde auf dem halb ent-
blößten Oberschenkel zeigt, einen lebend geschände-
ten Heiligen Apostel und einen Gekreuzigten. Wenn
er die Wände der Kirche mit kleinen Kindern übersät
bemerkte, die eher Cupido ähneln als Engeln, oder
wenn er feststellte, daß an Mauervorsprüngen vier-
zehn Bilder gemalt wurden, die einem Photostreifen
gleich ein geschmähtes, gefoltertes und zuletzt ge-
kreuzigtes menschliches Wesen darstellen. Für einen
Menschen, der Gewaltlosigkeit verehrt, können diese
Bilder nur empörend und erniedrigend erscheinen;
verehrt er aber aufrichtig die Gewaltlosigkeit, wird er

auch jene achten, die diese Bilder lieben, auch wenn er sie persönlich ablehnt.

Graben wir ein wenig in der Geschichte unserer Theologie, so werden wir feststellen, daß einige Konzilsvorlagen den Lehren Sai Babas entgegenkommen. Das I. Vatikanische Konzil hat in der Glaubenslehre festgelegt, daß »Gott lebt«.[10]

In der Abhandlung der Dogmatik sagt M. Schmaus, daß Gott »ausdrücklich als lebender Gott bezeichnet wird, als Erfüllung des Lebens selbst, als das Leben, das ist; als die Quelle des Lebens. Der lebende Gott spricht mit mächtiger Stimme durch Blitze und durch Wolken des Himmels (Dt 5, 23). (...) Gott ist ebenfalls Schöpfer des menschlichen Lebens (...) Der Geist Gottes ist der Geist, der Leben spendet (...) Das göttliche Leben ist nicht blindes Beschäftigtsein oder bloßes Dahinfließen, wohl aber Heiligkeit, Licht, Liebe, Leben. Licht und Liebe sind gleich Gott. (I Joh. 1,5; 4,15; Joh. 1,4).«[11]

Heute würde sich die Wissenschaft, insbesondere die Physik, über einen Satz wie diesen nicht mehr wundern:

Der Kosmos ist von Gott durchdrungen, und in ihm vereint sich alles. Es gibt kein einziges Atom im Universum, das nicht von Gott erfüllt ist.[12]

Alles unterliegt dem nämlichen Gesetz. Der berühmte Wissenschaftler Leon M. Lederman sagt: Als Wissenschaftler sind wir nunmehr so weit, sonderbar anmutende Definitionen anzuerkennen. Die genaueste, jemals aufgestellte Theorie, die elektrodynamische Quantentheorie, geht in einer ihrer fundamentalen Forderungen von der Bestätigung der Indetermination aus. Wir arbeiten mit Begriffen wie denen eines gebogenen Raumes, einer an physikalischen Eigenschaften reichen Leere, punktähnlichen Teilchen, deren Halbmesser gleich Null ist, die aber gleichzeitig auch ein *spin*, eine elektrische Ladung, eine Masse und viele andere Werte haben.

»Aber das ist noch nicht alles. Die Physiker unserer Tage behaupten ohne Demut, aber mit viel Optimismus, daß diese Begriffe uns dem letzten Ziel näherbringen werden: einer vollkommenen Synthese, durch die eine begrenzte Anzahl von Objekten, die von einer geeinigten Kraft gesteuert werden, alle durchgeführten Experimente in sämtlichen Forschungslaboratorien der Welt nicht nur erklärbar werden, sondern auch Aufschluß über die Evolution unseres Universums geben würden, und zwar vom *Big Bang* bis heute und in die unendliche Zukunft.«[13]

Der Traum der modernen Physik, im Grunde genommen der Traum jeder Wissenschaft, ist »eine einzige Theorie zu erstellen, durch die das gesamte Universum beschrieben werden kann«, so schreibt ein anderer, hervorragender Forscher auf diesem Gebiet, S. Hawking.[14]

Sheldon Lee Glashow sagte: »Auf der Suche nach den letzten, die Materie ausmachenden Stoffen, haben wir neue Teilchen gefunden, die ihr aber nicht zugehören. Es sind merkwürdige Teilchen, die nur einen äußerst kurzen Augenblick leben, um sich unmittelbar in andere, bekannte Teilchen zu verwandeln. Es besteht kein Zweifel, daß diese Teilchen existieren, warum sie aber existieren, ist heute das zentrale Geheimnis des Universums in unseren Händen, wir müssen nur erkennen, welche Tür geöffnet werden soll.«[15]

Das Gottes-Bild, das Sai Baba entwirft, kann ohne Gott nicht erfaßt werden. Aus diesem Grunde ist auch die Natur Ausdruck Gottes, sowie die unzähligen Formen des Universums, vom kleinsten Stern bis hin zu den großen Galaxien; sie alle offenbaren die Gegenwart Gottes.

Hier könnte entgegnet werden: wie kann sich Gott

in all den häßlichen, negativen und teuflischen Zügen unserer Welt manifestieren? Die Natur ist Ausdruck Gottes, aber gleichzeitig spiegelt sie den freien Willen des Menschen wieder. Leidet der Planet Erde unter Luftverschmutzung und unter der Gefahr eines Atomkrieges, so hängt dies nicht vom Willen oder dem Entschluß Gottes ab. Gott hat den Menschen erschaffen, damit er seine eigenen Entscheidungen trifft, die jedoch einem Gesetz unterliegen. Entsprechend diesem Gesetz kehrt jede vollbrachte Tat, gut oder böse, wie ein Bumerang auf den Menschen selbst zurück. Dies ist das Gesetz von Ursache und Wirkung. Im Osten heißt es *karma*, im Westen ist es bekannter unter dem Namen *Nemesis*, dem Namen der griechischen Göttin der Gerechtigkeit.

Dieses Gesetz ist auf die Umweltzerstörung angewandt leicht verständlich; schwer verständlich ist es dagegen bei Erdbeben und Überschwemmungen. Im Falle einer Naturkatastrophe scheint der Mensch nicht verantwortlich zu sein.

Die Schwierigkeit, eine Wechselwirkung zwischen Erdkruste, Meteorologie und Mensch zu verstehen, beruht auf einer Philosophie, die um subtile, aber wahre Aspekte beschnitten wurde. Meistens geht man davon aus, daß die Erde oder die Sonne träge, leblose Elemente sind; in Wirklichkeit aber werden auch sie geboren, sie leben und atmen wie menschliche Wesen, wenn auch auf Grund anderer Mechanismen. In ihnen befindet sich Leben, und in diesem Leben wohnt das höchste Gesetz ihres ›Lebensverhaltens‹. Es mag übertrieben erscheinen, aber auch die Wesenheiten Erde, Sonne oder Mond haben ihre Ethik, ihr *dharma*, in dem sich das göttliche Leben äußert. Dies gilt auch für alle Galaxien, alle Systeme, die im Universum walten. Von diesem Standpunkt aus müßten alle heidnischen Auffassungen über die sternanbetenden Kulturen revidiert werden. Jeder Eingriff in dieses System erzeugt unvermeidlich eine »moralische« Störung im Leben dieser kosmischen Wesenheiten. Gleich einem Kind, das, abgesehen von seiner psychologischen Kraft, durch schlechte Gesellschaft moralisch gestört, oft zum Bösen hingezogen wird, ergeht es dem Planeten Erde, der durch eine grausame und gewalttätige menschliche Gesellschaft sein »psychisches Gleichgewicht« verliert und ... bebt und erkrankt.

So sagte Jesaja: »Die Erde ist entweiht durch ihre Bewohner; denn sie haben die Weisungen übertreten, die Gesetze verletzt, den ewigen Bund gebrochen. Darum wird ein Fluch die Erde zerfressen; ihre Bewohner haben sich schuldig gemacht. Darum schwinden die Bewohner der Erde dahin, nur wenige Menschen werden übriggelassen.«[16]

Die Heilige Bibel enthält unzählige Beispiele von Naturkatastrophen, die genau dem Fehlverhalten des Menschen entsprachen, und es wird immer wieder darauf hingewiesen, daß Gott den Menschen für seine Werke bestraft.[17] Unser großes Mißverständnis beruht darin, daß in der Bibel Gott vom Menschen weit entfernt dargestellt wird, er thront hoch im Himmel, flößt Furcht ein und fällt harte Urteile. Er erscheint nicht als Gott der Liebe, sondern eher als anthropomorpher, rachesüchtiger Jupiter. Wenn wir uns einen rächenden Gott vorstellen, der bestraft, der die Schuld »bis zum letzten Heller« zurückzahlen läßt, so ist dies ein feindlicher Gott, weit entfernt von der Liebe, die er erwecken sollte und die er verspricht. Dieses Gottes-Bild kann nur von einem grausamen Menschen als Spiegelbild seines Selbst erschaffen worden sein.

Vertauschen wir aber dieses falsche Gottes-Bild mit dem Großen Göttlichen Gesetz, das seit dem Anfang der Welt alles Gute und Böse aufzeichnet und wieder zurückschickt, so müssen wir Gott von der Schuld befreien, grausam und niederträchtig gegen die Menschen zu sein. Wir müssen für uns selbst die Verantwortung übernehmen. Dieses Gesetz ist die erste und letzte Wirklichkeit; alle anderen Ideen über Gott entspringen dem überkonditionierten, menschlichen Gehirn: unbeständige Gedanken, wankelmütig und infolgedessen irreal. Sie verfälschen die einzige unveränderliche Wahrheit und Ewigkeit.

Die *Avatar* steigen herab, um die Menschen dies zu lehren. Wie ich euch immer wieder sagte, kommt Gott nicht auf die Erde, um eure kleinen, privaten Probleme zu lösen und euch vergängliches Glück zu schenken. Jede Schwierigkeit, der ihr begegnet, und die ihr überwinden müßt, ist das Ergebnis eures eigenen Handelns.[18]

Mit der Zeit werden sich alle eure Schwierigkeiten von selbst lösen ... Gut und Böse hängt von euren vollbrachten Taten ab. Tut Gutes und ihr werdet gute Früchte ernten.

Tut ihr Böses, werdet ihr schlechte Früchte ernten. Warum nach Gott rufen? Er gibt euch bereits das Gewünschte (...)

Wenn ihr Zitronen pflanzt, werdet ihr keine Mango ernten. Wenn ihr Mango pflanzt, wird bestimmt kein Brotbaum wachsen. Die Früchte hängen vom Samen ab. Richtet nicht eure ganze Aufmerksamkeit auf die Früchte eures Handelns, denn es reift selbstverständlich, was gesät wurde.[19]

Selbst Jesus gab eine kurze, aber sehr deutliche Erklärung für den Begriff *karma*: »Steck dein Schwert in die Scheide; denn alle, die zum Schwert greifen, werden durch das Schwert umkommen,«[20] sagte der Meister zu einem seiner Begleiter, der mit dem Schwert dem Diener des Hohepriesters ein Ohr abhieb.

Das Gesetz des *karma* verdient eine tiefere Analyse, denn es ist auch mit der Lehre der Inkarnation verbunden. Über diese Lehre schreiben wir im nächsten Kapitel.

Anmerkungen

[1] Reden 88/89, XIV, 1.
[2] Ibid., 4
[3] Ibid., 3
[4] Ibid., 7
[5] Ibid., 5
[6] Reden 88/89, XXX, 21
[7] Ibid., 1–2
[8] Exodus 3, 14
[9] Johannes 8, 58
[10] I. Vatikanisches Konzil, Sess. 3, Kap. I; Denzinger-Schönmetzer, »Enchiridion symbolorum definitionum et declarationum de rebus fidei et morum«, Herder, 1964, 1782
[11] M. Schmaus, »Dogmatica Cattolica«, Marietti, Bd. I, S. 385 f.
[12] Reden 88/89, XL, 14
[13] Zit. aus A. Zichichi von Leon M. Lederman in »L'Eco di Bergamo del 26/3/89«, S. 3
[14] S. Hawking, »Vom Big Bang zu den schwarzen Löchern«, S. 24
[15] Zit. aus A. Zichichi von Sheldon Lee Glashow in »L'Eco di Bergamo del 30/7/89«, S. 3
[16] Jesaja 24, 5-6
[17] Das Buch Tobias 13,2; 13,5; 13,10; das Buch der Weisheit 12,2; das Buch Jeremia 30,11; Sirach 5, 3–4; Psalm 7, 12–17; 11, 5–6; usw. Dies sind nur einige der vielen Auszüge, die zitiert werden könnten. Im Kapitel, das dem Thema Reinkarnation gewidmet ist, wird ausführlicher auf den Begriff ›Strafe‹ eingegangen. Ein Wort, das oft in der Bibel benutzt wird.
[18] Reden 88/89, III, 8
[19] Id., IX, 22–23
[20] Matthäus 26, 52

XIII. KAPITEL

Der Zankapfel

Primum quidem necesse est
vitae prioris seriem interrumpi*

San Basilio

Als Gott Nathan zu David sandte, um ihn wegen
seiner Sünden zu tadeln, erging aus dem Munde des
heiligen Propheten ein zweifaches Urteil, denn David,
der König, so steht geschrieben, hatte sich mit einer
doppelten Sünde befleckt: er hatte sich die Frau seines
Generals Urija genommen und, um sie ehelichen zu
können, dem General befohlen, an der vordersten
Front gegen den Feind zu kämpfen; dies wurde Urija
zum Verhängnis.[1]

Der Prophet Nathan überzeugte David mit einem
unmißverständlichen Gleichnis, seine Fehler zu be-
reuen und verließ ihn mit den folgenden, die unab-
wendbare Strafe vorhersagenden Worten: »So spricht
der Herr: Ich werde dafür sorgen, daß sich aus deinem
eigenen Haus das Unheil gegen dich erhebt, und ich
werde dir vor deinen Augen deine Frauen wegnehmen
und sie einem anderen geben; er wird am hellen Tag
bei deinen Frauen liegen. Ja, du hast es heimlich
getan, ich aber werde es vor ganz Israel und am hellen
Tag tun.« Da aber David seine Fehler eingesehen
hatte, fuhr Nathan fort: »Der Herr hat dir deine
Sünden vergeben. Weil du durch diese Sache den

---

* Als erstes muß der Zyklus / der vorherigen Leben durchbrochen
werden.

Herrn beleidigt hast, muß der Sohn, der dir geboren wird, sterben.«[2]

Die Prophezeiung des zweifachen Unglücks verwirklichte sich gnadenlos. Das von David mit Batseba, der Frau Urijas, gezeugte Kind starb und Abschalom, der Sohn Davids »ging vor den Augen ganz Israels zu den Nebenfrauen seines Vaters.«[3] Obwohl David Reue gezeigt hat und für seine Sünden hart bestraft wurde, fielen seine schlechten Taten wie ein Bumerang auf ihn zurück, gleich einem Geschoß, das nach Erreichen des Zieles mit entsprechender Wucht auf den Urheber zurückfliegt.

Das Gesetz des *karma* ist unerbittlich.

G. von Rad behauptet, daß nach dem »*ius talionis* und seiner geheimnisvollen Rolle, die es in der Geschichte der Menschheit spielt, Gott selbst gegen den Schuldigen vorgeht. Es wäre an der Zeit, daß sich auch die Theologie der dunklen Macht dieses Geschichtsbildes widmete, einem Bild, daß tief beeindruckende Aspekte in sich birgt; es zeigt Menschen, die verloren scheinen und hilflos zwischen Schuld und Sühne hin- und hergeworfen sind.«[4]

Aber nicht nur die schlechten Taten kehren zurück. Glücklicherweise kehren auch die guten Taten im guten Sinne zurück. Wir alle kennen die Geschichte der ägyptischen Hebammen, denen Pharao den Befehl erteilte, alle männlichen Neugeborenen der Hebräer zu ersticken, denn die Vermehrung dieses Volkes bereitete dem Monarchen große Sorgen. Doch die Hebammen fügten sich nicht diesem Befehl, und Gott belohnte sie mit Söhnen.[5] Andererseits wurde der Pharao wegen dieses niederträchtigen Erlasses mit der zehnten Plage bestraft; es starben alle Erstgeborenen Ägyptens in einer einzigen Nacht.[6]

»Kehrt um«, sagte der Prophet Ezechiel, »wendet euch ab von all euren Vergehen! Sie sollen für euch nicht länger der Anlaß sein, in Sünde zu fallen. (...)

Warum wollt ihr sterben, ihr vom Haus Israel? Ich habe doch kein Gefallen am Tod dessen, der sterben muß (...) Kehrt um, damit ihr am Leben bleibt.«[7] »Wohl dem Gerechten«, sagt Jesaja, »denn ihm geht es gut, er wird die Frucht seiner Taten genießen. Weh dem Frevler, ihm geht es schlecht, denn was er selber getan hat, das wird man ihm antun.«[8]

Im Lande Mara, als Moses auf Befehl des Herrn seinen Stab in das bittere Wasser der Wüste tauchte und es trinkbar machte, schloß der Herr ein Bündnis mit dem Volk: »Wenn du auf die Stimme des Herrn, deines Gottes hörst, und tust, was in seinen Augen gut ist, wenn du seinen Geboten gehorchst und auf alle seine Gesetze achtest, werde ich dir keine Krankheiten schicken, die ich den Ägyptern geschickt habe. Denn ich bin der Herr, dein Arzt.«[9]

Das vierte Gebot vom Berge Sinai lautet wie folgt: »Ehre deinen Vater und deine Mutter, damit du lange lebst in dem Land, das der Herr, dein Gott, dir gibt.«[10]

»Die Männer, die Moses ausgeschickt hatte, um das Land erkunden zu lassen, die dann aber nach ihrer Rückkehr die ganze Gemeinde zum Murren verführt hatten, fielen plötzlich tot zu Boden, vor den Augen des Herrn, alle, die über das Land falsche Gerüchte verbreitet hatten.«[11] Als sich das Volk gegen Gott wegen des Auszuges aus Ägypten auflehnte, schickte der Herr Giftschlangen unter das Volk.[12] Gott scheint eine erklärte Abneigung gegen die Auflehnung (Gemurre) zu haben, vor allem wenn sie im Geheimen geschieht: »Wer den Nächsten heimlich verleumdet, den bring' ich zum Schweigen.«[13]

Das im Sanskrit geläufige Wort *karma* kommt offensichtlich in der Bibel nicht vor, wohl aber die Begriffe wie: das Gesetz der Vergeltung, die Rache Gottes, die Strafe und die Drohung Gottes, Wiedergutmachung Gottes, usw. Diese Begriffe haben dazu beigetragen, den barmherzigen Vater aller Lebewesen als einen finsteren, grausamen Stiefvater darzustellen, der den Ruf nach Vergebung unbeugsam ablehnt. Diese Auffassung ist nur durch ein persönliches Gottes-Bild eines Menschen zu verstehen, der sich Gott fern von den Menschen vorstellt, als gebieterischen Lenker seines Schicksals, ausgestattet mit seinen eigenen, schlechten menschlichen Eigenschaften.

Der heilige Verfasser des Buches der Weisheit ist sehr besorgt um dieses verzerrte Gottes-Bild: »Jagt nicht dem Tod nach in den Irrungen eures Lebens, und zieht nicht durch euer Handeln das Verderben herbei! Denn Gott hat den Tod nicht gemacht und hat keine Freude am Untergang der Lebenden.«[14]

Im Fall Davids hat die »vergeltende Gerechtigkeit Gottes« ihr Urteil innerhalb weniger Monate oder Jahre, also noch zu Lebzeiten Davids, vollstreckt. Der Vollzug der Gerechtigkeit erfolgt nicht immer nach diesem Schema oder in dieser Geschwindigkeit wie im Falle Davids. Manchmal scheinen die Akten sehr lange auf dem Schreibtisch des Richters liegen zu bleiben und es mag der Eindruck entstehen, daß viele Vergehen ungestraft bleiben, von einer unfähigen Bürokratie vergessen. Andere Vergehen werden hingegen mit äußerster Strenge bestraft, während andere wiederum zu milde beurteilt werden.

Warum macht ausgerechnet ein reicher Mann eine große Erbschaft? Warum wird ein bereits leidgeprüfter Mensch ungerecht verfolgt und unschuldig ins Gefängnis gesperrt? Warum stirbt ausgerechnet der einzige langersehnte Sohn einer Frau, die keine weiteren Kinder mehr bekommen kann? Warum bekommen unfähige Eltern Kinder? Warum stirbt ein tugendhafter Achtzehnjähriger in einem Autounfall, während sein aggressiver und gewalttätiger Beifahrer überlebt und nach zehn Tagen wieder gesund wird?

Jesus wollte mit seiner Lehre die tief verwurzelte hebräische Tradition nicht verändern. Mit den wenigen, uns durch die Evangelien überlieferten Worten, gab er uns zu verstehen, daß die Gerechtigkeit des Vaters sich in den Menschen widerspiegelt: »Denn wenn ihr den Menschen ihre Verfehlungen vergebt, dann wird euer himmlischer Vater auch euch vergeben.« »Richtet nicht, dann werdet auch ihr nicht gerichtet werden. Verurteilt nicht, dann werdet auch ihr nicht verurteilt werden. Erlaßt einander die Schuld, dann wird auch euch die Schuld erlassen werden. Gebt, dann wird auch euch gegeben werden; (...) denn nach dem Maß, mit dem ihr meßt und zuteilt, wird euch zugeteilt werden.«[15] In Johannes 5,14 begegnet Jesus dem Gelähmten im Tempel, den er kurz vorher geheilt hatte – diese Heilung wurde von seinen Zeitgenossen nicht anerkannt, da sie an einem Sabbath geschah – und er sagte zu ihm: »Sündige nicht mehr, damit dir nicht noch Schlimmeres zustößt.«

Man könnte sich also einen Gott vorstellen, der unsere Taten sorgfältig abwägt und sie nach seinem Gutdünken bestraft. Wäre es nicht eher glaubwürdig, sich eine »menschliche Gottheit« nach dem »Abbild und Ebenbild Gottes« vorzustellen, die ihre wahre Herkunft vergessen hat und durch die ererbten Verdienste und durch die Schuld der begangenen Taten ihr eigenes Schicksal selbst bestimmt? Es handelt sich nicht um einen rächenden und verzeihenden Gott, sondern um ein heiliges, vollkommenes Gesetz, wonach jede vollbrachte menschliche Tat sich entsprechend widerspiegelt. Verwünschungen sind sinnlos; diejenigen aber könnten bemitleidet werden, die sich selbst verwünschen. Aber auch hier ist der gegen sich selbst gerichtete Fluch gleichzeitig ein Fluch gegen Gott, denn Gott manifestiert sich im Menschen. Eine Gotteslästerung sollte nachdenklich stimmen, vielleicht lernten wir uns dadurch mehr lieben!

Solange wir jedoch von einem Gott ausgehen, der

unabhängig vom menschlichen Handeln und ohne direkte Beziehung zum Menschen diese wechselvolle Welt von außen steuert, ist es nur zu verständlich, daß der menschliche Geist mit Gottes absurdem und perversem Verhalten in Konflikt gerät und sich gegen ihn auflehnt. Selbst die, die ihn verfluchen, verdienten unser Verständnis. Wenn dieser Gott nicht fähig ist, bessere Gerechtigkeit als die menschliche walten zu lassen, scheint jede Hoffnung verloren, und mit dieser Hoffnung stirbt auch der Glaube an Ihn.

In dieser göttlichen Buchhaltung aber, wo Soll und Haben verantwortungsbewußt aufgelistet werden, und die nur von einem Höchsten Wesen ausgeführt werden kann, fehlt jedoch ein erklärender Aspekt. Gibt es Ratenzahlungen? Wie sind die Zahlungsfristen berechnet? Sollte die Bibelaussage wahr sein, daß Gott den Menschen nach seinem Verhalten beurteilt, und daß »die Schuld nur auf dem Schuldigen lastet«[16] wie erklärt sich dann, daß der Böse nicht sofort im Laufe seines Lebens seine Schuld zurückzuzahlen hat, und der Gute keine unverzügliche Belohnung erhält?

Gerade durch diesen Aufschub von Schuld und Sühne rechtfertigt sich der Gedanke eines menschlichen Lebenszyklus, denn nur durch diesen Zyklus können Schuldwechsel glaubhafter eingelöst und angesammeltes Guthaben angemessener ausbezahlt werden. Hier sprechen wir jedoch einen Bereich an, der von der offiziellen Lehre der christlichen Kirche nicht vertreten, aber dennoch studiert wird. Alles, was in diesem Zusammenhang gesagt wird, gehört der Forschung und nicht der zeitgenössischen Auslegung des orthodoxen Dogmas an.

Dies ist der wichtigste Streitpunkt zwischen Christentum und den östlichen Religionen, und ich komme immer mehr zur Einsicht, daß es nicht lohnt, ein Problem weiter zu verfolgen, das die religiöse Eintracht bedroht. Diese Frage sollte leidenschaftslos und ohne Fanatismus in aller Ruhe untersucht werden, schon der Wahrheit zuliebe. Die Mehrheit der Menschen glaubt an die Reinkarnation, und ich bin zum Beispiel überzeugt, daß durch anonym durchgeführte Umfragen unter Christen ein überraschendes Ergebnis ermittelt werden würde.

Das Problem der Reinkarnation wird, noch ehe es überhaupt diskutiert wird, völlig irrational angegangen. Menschen, die an ihrem Leben hängen, möchten gerne eine »neue Ausgabe« dieses Lebens haben und hoffen es noch einmal genießen zu können. Die Pessimisten und Enttäuschten möchten lieber nicht an die Reinkarnation glauben und lehnen die Idee eines nochmaligen Lebens ab, denn sie sehen darin ausschließlich die Fortsetzung der im gegenwärtigen Leben bereits reichlich erfahrenen Bitternis.

Beide Standpunkte aber entbehren der menschlichen Reife. Die Christen mit ihren Vorurteilen möchten lieber mit einigen Sakramenten versehen sofort in den Himmel befördert werden, als die mühsame, strebsame Suche fortzusetzen, die eine langsame Evolution mit sich bringen würde.

Es gibt sowohl Gründe für als gegen die Wiedergeburt. Für eine Wiederholung des Lebens sprechen die zyklischen Rhythmen der Natur. Alles auf der Welt und im Kosmos unterliegt einem zyklischen Rhythmus: Tage, Monate, Jahre, Jahreszeiten. Selbst der menschliche Körper folgt diesen Zyklen. Jede einzelne Zelle unterliegt ihrem eigenen Zyklus und ist mit dem Makrokosmos verbunden. Das Atom selbst ist ein Beispiel des kontrahierenden und expandierenden Zyklus gleich dem Kosmos, der sich ausdehnt und zusammenzieht und zwar vom *big bang* bis zum schwarzen Loch, von der Schöpfung bis zur Zerstörung. Nichts existiert in der Natur, das nicht mit der Geburt beginnt und mit dem Tod endet, um dann

wieder geboren zu werden und zu sterben, geboren
werden und sterben .... unendliche Male.

Es besteht kein Grund zu glauben, daß alles, was
einen Anfang und ein Ende hat, nicht auch wieder
einen Anfang haben kann. Selbst ein verwester oder
verbrannter Körper verschwindet nicht im Nichts,
sondern er verwandelt sich mit seinen Mineralsalzen
und Kohlenwasserstoffen in Dampf, Asche und Flüs-
sigkeiten, die wiederum alle ursprünglichen Moleküle
nur in einer anderen Struktur enthalten. Wäre es
möglich, die in *Gullivers Reisen* beschriebene Technik
der Liliputaner zur Wiederaufbereitung organischer
Abfälle zu beherrschen, oder gelänge es einem genia-
len Geist, alle Atome und Zellen zu ihrem ursprünglichen Zustand wieder zusammenzufügen, so würde die
als verloren geglaubte Substanz ihre ursprüngliche
Konsistenz wieder annehmen. Die Natur ist sehr sparsam und verschwendet nichts; sie betreibt Recycling
mit einem Wissen, über das der Mensch bis heute
noch nicht verfügt.

Was viele Menschen daran hindert, an die Wiedergeburt zu glauben, ist wieder einmal mehr die Illusion,
die, dem tanzenden Shiva gleich, Materie ständig zu
verändern scheint; sie wird geboren und stirbt und
trotzdem verwendet sie stets die gleichen Ausgangs-
elemente. Aus ein und demselben Zylinder erscheinen Tauben und Kaninchen. Die Hand, die sie hervor-
zaubert, ist aber stets die gleiche. Unsere Körper
gleichen den Tauben und Kaninchen, der Zylinder
gleicht dem Schoß des Zauberers, der Regisseur dieses Spieles ist die Ewige, die Höchste aller Seelen.
Spielt es eine Rolle, wenn bei der nächsten Vorstellung andere weiße Tauben herumfliegen? Die Vorstellung geht weiter.... die Taube bleibt immer die Taube
und weiß bleibt immer weiß. Stirbt *diese* eine Taube,
so bedeutet dies nicht, daß alle Tauben sterben. Tauben und Kaninchen überleben sich selbst. Selbst wenn

sie im Laufe der Jahre sterben, vergeht ihr Dasein nicht. Das Wesen überlebt die Form.

Menschen, die die Reinkarnation ablehnen, fürchten sich vor dem Verlust ihrer Individualität. Wer aber Angst hat, das »Ich« zu verlieren, ist bereits tot, denn das »Ich« ist Teil einer Scheinwelt, die zum Untergang bestimmt ist. Sehen wir stattdessen in diesem »Ich« das alles durchdringende, unsterbliche Göttliche Wesen, verlieren wir die Angst um dieses »Ich«, denn ES ist die einzige, alle menschlichen Wechselfälle überlebende Wirklichkeit; in dieser Wirklichkeit gibt es weder Widersprüche noch Unterschiede. So entspricht die Angst vor der Inkarnation im Grunde genommen der Angst, aufzuhören zu sein. Sie entspringt der irrigen Annahme, daß wir selbst der physische, unveränderbare Körper sind und nicht das Formlose. Der Mensch hat Angst, eine neue physische Form anzunehmen, die die gegenwärtige auflöst und vergessen läßt.

Die bedeutendsten Philosophen haben auf die Unsterblichkeit der Seelen hingewiesen, und jeder von uns weiß, daß das körperliche Leben nur von kurzer Dauer ist. Stirbt also der Körper, und die Seele lebt weiter, warum könnte dann die Seele nicht in anderen Körpern weiter leben? Ist es tatsächlich so unrealistisch anzunehmen, daß dieser reine Göttliche Geist, der in uns allen wohnt, sich immer wieder inkarniert, um unerfüllte Aufgaben vorangegangener Leben zu vollenden?

Es ist nicht sicher, daß die Göttliche Seele *post mortem* überleben kann: sie lebt in der Tat in sich und für sich. Zu ihrer Umwelt gehört nicht nur der Körper, also die dichte Materie, sondern auch eine feinere Substanz, die aus Gedanken und Wünschen besteht; auch sie sind nicht ewig, sie überleben aber ganz sicher den physischen Körper und sterben erst dann, wenn diese Gedanken und Wünsche sublimiert oder befriedigt wurden. Wer von uns kann sagen, daß wir in einem einzigen Leben Gott erreichen können, wir, mit den uns eigenen charakterlichen Mängeln und minderwertigen Anlagen?

Sind aber diese charakterlichen Anlagen tatsächlich »angeboren«? Warum liebt einer von vier Geschwistern, Kinder der gleichen Eltern, Musik und hat einen gütigen Charakter, während das zweite Kind sportlich und lebhaft ist, das dritte jedoch faul und arbeitsscheu, und das vierte einem Vulkan an Lebenslust gleicht? Warum sind diese Kinder derart verschieden geartet, als ob sie von unterschiedlichen Eltern stammten?

Die Gene werden für die physische und psychische Konstitution des Menschen verantwortlich gemacht. Dies entspricht aber nur bedingt der Wahrheit. Warum ähneln sich manchmal sogar eineiige Zwillinge nicht in Temperament und Schicksalsverlauf? Kann unser Verstand die subtileren, eher verborgenen Faktoren nicht dulden, die außerhalb der wissenschaftlichen Tatsachen liegen und somit der menschlichen Kontrolle entzogen sind? Ist es denn tatsächlich so irrational anzunehmen, daß wir im Augenblick der Wiedergeburt in einen neuen Körper nicht auch ein neues Programm, eine Art *software* mitbekommen, das alle vorherigen, nicht erfüllten Aufgaben gespeichert hat? Wieviele Menschen verlassen ihren Körper, oder besser sterben mit unerfüllten Plänen! Ein in der Sterbehilfe erfahrener Mensch weiß, daß der Sterbende nur wenige Stunden vor seinem Tode oft unerklärliche, neue Kräfte entwickelt, von denen niemand weiß, woher sie kommen. Zeigt ein Totkranker Interesse für neue Ideen und Pläne und will er womöglich sein Bett verlassen um sie auszuführen, kann mit Sicherheit davon ausgegangen werden, daß der Augenblick des Übertrittes naht.

Wäre es nicht realistischer und logischer anzunehmen, daß wir, abgesehen von der Göttlichen Realität, in unseren Gedanken, Wünschen, Erwartungen und Willensäußerungen ein »unvollendetes« Kunstwerk sind, der »Unvollendeten« von Schubert gleich, und auf die Vereinigung mit der höchsten Wesensreinheit durch entsprechende Besserung und Veränderung hoffen und warten?

Die bereits erwähnte Göttliche Gerechtigkeit ist ein weiterer Faktor, der für die Reinkarnation spricht und sie verständlicher macht; die sozialen Ungerechtigkeiten, das Unrecht, der Schmerz, das Leid, die Armut, der Krieg und alle den Menschen beeinflussenden Geschehnisse sind der gerechte Lohn für jeden Betroffenen. Jeder hat seine Bürde zu tragen, und niemand sollte sich darüber beschweren. Man sollte sie mit Würde tragen und seinen Teil der Schuld in der Einsicht begleichen, ein Vergehen zurückzuzahlen. Gleichzeitig sollte man sich auch bemühen, diesen Fehler nicht noch einmal zu begehen. Welcher Gott ist für ein Vergehen zuständig, das wir selbst begangen haben, und das nur dank der in uns Menschen wohnenden Gnade beglichen werden kann?

Gegen die Reinkarnation wird folgender Einwand erhoben: sollte diese Behauptung stimmen, warum erinnern wir uns dann nicht an die vorhergegangenen Leben?

Die antike Mythologie spricht vom Fluß des Vergessens, der Lethe, von der die verstorbenen Seelen Wasser trinken, um die Freuden und Leiden des vergangenen Lebens zu vergessen. Unser Gedächtnis hat im Verhältnis zu unserer Lebensdauer und erst recht im Verhältnis zu früheren Leben eine zeitlich sehr begrenzte Wirkungsdauer. Wer von uns könnte sich im normalen Wachzustand an ein bestimmtes Ereignis an einem beliebigen Tage vor tausend Jahren erinnern?

Nachdem ich E. Cayce, G. B. Rhine und I. Stevenson, hervorragende Befürworter der Reinkarnation, gelesen habe und selbst indirekte Erfahrung mit Hypnose gemacht hatte, die aber nur mit größter Vorsicht und unter Führung seriöser Fachleute ausgeführt werden sollte, kam ich zu dem Schluß, daß keine Erinnerung aus dem menschlichen Urgedächtnis völlig erlischt, und daß die ganze Vorgeschichte des Menschen zurückgewonnen werden kann. Vor dieser Wiedererinnerung ist aber abzuraten, denn sie könnte psychisch äußerst schmerzhaft sein und traumatische Zustände wiederbeleben, die besser in Vergessenheit bleiben.

Mir scheint es durchaus glaubwürdig zu sein, daß in jedem von uns *files*, um nochmals die Computersprache zu benutzen, zahlreicher vergangener Lebensläufe gespeichert sind, die nicht alle vollständig gelöscht wurden. Ein erfahrener Fachmann weiß, daß die ersten Buchstaben des *file* ausreichen, um die Daten wieder erscheinen zu lassen.

Unser Leben ist also nichts anderes als ein antikes beschriebenes, abgeschabtes und wieder neu beschriebenes Pergament, auf dem unser Erlebtes eingetragen, gelöscht und wieder neu beschrieben wurde. Diese Chronik wurde immer wieder auf die gleiche Unterlage geschrieben und ermöglichte so dem Verfasser, sich stetig dem Niveau des Höchsten Verfassers zu nähern. Die letzte Phase, die Verschmelzung des sich bewegenden Ichs mit dem unbeweglichen Ich, stellt das Ende einer Entwicklung dar, das, aus Mangel an Belegen, auch das Ende des Impulses und der ängstlichen Unruhe des Egos bedeutet.

Viele sind der Meinung, daß in der Bibel keine Anhaltspunkte für eine Reinkarnation zu finden sind. Ich glaube jedoch, daß in einigen Absätzen nicht nur Hinweise auf eine genaue Kenntnis dieser Lehre zu erkennen sind, sondern auch auf den Glauben an sie. Ich zitiere hier einige Andeutungen.

Hiob sagt: »Nackt kam ich hervor aus dem Schoß meiner Mutter, nackt gehe ich wieder.«[17]

Der Moses zugeschriebene Psalm 90 übermittelt uns eine poetische Darstellung des Kommens und Gehens des Lebens:

Ehe die Berge geboren wurden,
die Erde entstand und das Weltall,
bist du o Gott, von Ewigkeit zu Ewigkeit.
Du läßt die Menschen zurückkehren zum Staub
und sprichst: »Kommt wieder ihr Menschen!«
Denn tausend Jahre sind für dich
wie der Tag, der gestern vergangen ist,
wie eine Wache in der Nacht.
Von Jahr zu Jahr säst du die Menschen aus;
sie gleichen dem sprossenden Gras.
Am Morgen grünt es und blüht,
am Abend wird es geschnitten und welkt.[18]

Der Abschnitt, der meiner Meinung nach am ausführlichsten das Thema der Reinkarnation behandelt, befindet sich im Buch der Weisheit, Kapitel 8, 19–20. In vielen Kommentaren wird behauptet, daß es keine hinreichende Beziehung zwischen diesem Text und der Präexistenz der Seele gibt. Die angeführten Einwände sind jedoch ungerechtfertigt. Für Salomon ist Weisheit ein Gut der Unsterblichkeit, und er fragt sich, wie man sie erlangen kann. Er sagt: »Ich war ein begabtes Kind und hatte eine gute Seele erhalten, oder vielmehr: gut, wie ich war, kam ich in einen unverdorbenen Leib.«

Im Buch Jesus Sirach 41, 8–9 spricht er vom Schicksal ruchloser Männer: »Weh euch, ihr ruchlosen Männer, die ihr das Gesetz des Höchsten verlassen habt. Wenn ihr euch vermehrt, ist es zum Unglück, wenn ihr Kinder zeugt, ist es zur Trauer!« Hier verschmilzt der Begriff der Reinkarnation mit dem Begriff des *karma*. Der eine Begriff ist undenkbar ohne den anderen.

Auch einige Passagen des Neuen Testamentes scheinen auf die Vorstellung der Reinkarnation hinzuweisen; einige Sätze der Evangelien werden nur durch den Begriff der Reinkarnation und des *karma* verständlich, so zum Beispiel im Matthäus 16, 13–14: Jesus fragt seine Jünger, für wen ihn die Leute halten. Seine Jünger antworteten, daß manche ihn für Johannes den Täufer, andere für Elija, wieder andere für Jeremia oder sonst einen Propheten halten. Will man, was ja immer möglich ist, diesem Ausspruch keine Gewalt antun und behaupten, daß dies nur gesagt wurde, um die Größe Jesu durch den Vergleich mit einem Propheten zu unterstreichen, so kann man auch ohne weiteres sagen, daß die Jünger, denen die Reinkarnation bestimmt kein unbekannter Begriff war, folgendes damit ausdrücken wollten: »Die Menschen sagen, daß du ein wiedergeborener Prophet bist.« Die Version von Markus ist in dieser Hinsicht noch entschiedener und läßt weniger Zweifel zu.[19] Lukas betont die Wiedergeburt noch stärker: »einige (halten dich) für Johannes den Täufer, andere für Elija, wieder andere sagen: einer der alten Propheten ist auferstanden.[20]

Auf dem Rückweg vom Berge der Verklärung fragten die Jünger ihren Meister, warum die Schriftgelehrten sagten, Elias würde als erster kommen. Jesus beantwortete die Frage: »Ja, Elija kommt, und er wird alles wiederherstellen. Ich sage euch aber: Elija ist schon gekommen, doch sie haben ihn nicht erkannt, sondern mit ihm gemacht, was sie wollten.[21]

Im Lichte der oben zitierten Worte erlangt auch das öffentliche Lob Jesu an Johannes den Täufer eine andere Bedeutung: »Amen, das sage ich euch: Unter allen Menschen hat es keinen größeren gegeben als Johannes den Täufer. (...) Und wenn ihr es gelten lassen wollt: ja, er ist Elija, der wiederkommen soll. Wer Ohren hat, der höre!«[22]

Die Geschichte von dem Blinden, dem Jesus das Augenlicht schenkte, bleibt ohne Glaube an die Reinkarnation unverständlich. Jesus und seine Jünger sahen unterwegs einen Mann, der von Geburt an blind war, seine Jünger fragten ihn: »Rabbi, wer hat gesündigt? Er selbst? Oder haben seine Eltern gesündigt, so daß er blind geboren wurde?«[23]

Warum aber ergibt sich im Falle des Blindgeborenen das Problem der Verantwortung nach karmischem Gesetz? Die Frage müßte lauten: »Ist diese Blindheit die Folge eigener, begangener Sünden oder eine Folge der Sünden seiner Eltern?« Glaubt man jedoch nicht an die Existenz vorheriger Leben, die so schmerzliche Nachwirkungen wie angeborene Blindheit bewirken können, ist die Frage der Jünger sinnlos.

Jesu Antwort ist ausweichend, denn der Meister liebt es nicht, den guten Ruf der Menschen zu schädigen oder eine an sich schon heikle Situation weiter zu verschärfen, wie beispielsweise die Situation der Ehebrecherin, die gesteinigt werden sollte. Aus diesem Grunde vermeidet Jesus, dem blinden Sohn oder den unglücklichen Eltern eine direkte Verantwortung zuzuschreiben. Er beschränkt sich zu sagen, daß »die Gnade Gottes sich an ihm offenbart.« Er schenkt ihm das Augenlicht wieder und verherrlicht mit diesem Wunder das Werk Gottes.

Im Großen und Ganzen jedoch bietet die Bibel nicht hinreichend überzeugende Beweise, die den Glauben an die Reinkarnation rechtfertigen würden, denn gerade kritische Auslegungen der Texte haben stets gegen eine günstige Deutung gearbeitet. Aus diesem Grunde hat es wenig Sinn über dieses Thema zu diskutieren: die Menschen bedienen sich des Verstandes, um der Vernunft zum Erfolg zu verhelfen oder sie zum Scheitern zu verurteilen, so wie es ihnen gefällt. In der Patristik finden sich jedoch deutlichere Überlegungen über dieses Thema.

Der Hl. Justinus im II. Jahrhundert nach Christus spricht in seinem *Dialogo con Trifone* von einer Seele, die mehr als einmal in einem menschlichen Körper lebte, ihre Erinnerungen an ihre vorherigen Erfahrungen aber vergessen hat. Er sagt, daß die Seelen, die Gottes Anblicks nicht mehr würdig sind, sich in den Körpern wilder Tiere vereinen.[24]

Origenes, im III. Jahrhundert nach Christus, war einer der bedeutendsten Theologen der frühchristlichen Kirche und ein großer Verfechter der Reinkarnation. Ich zitiere hier nur diesen kurzen, aber aufschlußreichen Absatz: »Die, die den Körper verlangen, umhüllen sich mit ihm; hat sich aber eine Seele von einer tiefen zu einer hohen Ebene aufgeschwungen, verschwindet und erscheint sie ständig.«[25] Es ist merkwürdig, daß Origenes im Jahre 553 durch das II. Konzil von Konstantinopel verurteilt wurde, obwohl sich immer noch viele seiner Schriften in den Gebeten des Breviers wiederfinden.[26]

Der Hl. Gregor von Nazianz, im IV. Jahrhundert nach Christus Bischof von Konstantinopel, behauptet, daß die Reinkarnation mit der von den Katholiken vertretenen Doktrin der Auferstehung in Einklang stehe. »Die Überzeugung eint uns«, sagte der heilige Bischof, »daß der Körper heute und in Zukunft aus den Atomen des Universums besteht.«[27]

Der Katechismus, oder besser die Einfältigkeit einiger Katecheten lehrt uns, daß am Jüngsten Gericht alle Teile unseres Körpers wieder zu einem vollkommenen und glorreichen Körper zusammengesetzt werden. Um diese »letzte« Operation durchzuführen, bedarf es eines natürlichen und übernatürlichen Kraftverschleißes, der im völligen Widerspruch zu den weisen und herkömmlichen Naturgesetzen steht. Man sollte sich aber auch fragen: *ad quid perditio haec*? Warum diese Verschwendung?

Ich befürchte, daß der Glaube vieler Menschen an

die Auferstehung auf den Wunsch, ihren geliebten Körper nicht zu verlieren, zurückzuführen ist. Auch befürchte ich, daß die ursprüngliche Bedeutung des Begriffes »Auferstehung« verloren gegangen ist: nämlich die Läuterung des Weltlich-Materiellen zum Göttlich-Geistigen. So bleibt die Hoffnung bestehen, den Körper am Ende aller Zeiten vollkommen und physiologisch einwandfrei wieder zurückzuerhalten, was wiederum einen Sieg der physischen Natur über Askese und Transzendenz bedeutete. Dies widerspricht jedoch nicht nur allen geistigen Lehren, sondern verspottet auch den göttlichen Plan; wir würden uns also am Ende aller Zeiten in einem wunderschönen Körper wiederfinden, wenn er absolut überflüssig geworden ist!

Wäre es nicht viel einfacher, der Wahrheit zuliebe anstelle der Definition »Auferstehung des Fleisches« die Definition »Wiederkehr in das Fleisch«, also Reinkarnation, zu setzen?

Die orientalischen Religionen sind weitaus großzügiger in ihrer Auslegung der Reinkarnation. In der Bhagavad Gita steht beispielsweise geschrieben: »Weder wird die Seele geboren, noch stirbt sie jemals. Da sie bereits existiert, wird sie weder geboren noch wiedergeboren; sie ist ungeboren, ewig, gleichbleibend, uralt. Sie wird nicht getötet, wenn der Körper getötet wird. So wie ein Mensch abgetragene Kleider ablegt und andere, neue anzieht, genauso verläßt die Seele den verbrauchten Körper und legt sich einen neuen zu.«[28]

Dem Gesetz des Zyklus unterliegen auch die, die bereits den Weg des Geistes beschreiten. Sai Baba lenkt unsere Aufmerksamkeit, ohne viel über Reinkarnation zu theoretisieren, auf das höchste Ziel eines jeden Menschen:

»Welche Reise unternimmt der Mensch? Wohin geht er? Warum wird er immer wieder geboren? Um den rechten Weg zu suchen und die Erkenntnis. Welchen Weg soll er einschlagen? Ihr müßt erst feststellen, woher ihr kommt. Das ist die eigentliche Suche. Ihr kommt vom Göttlichen Wesen, von Gott, und zu Ihm müßt ihr zurückkehren.«[29]

Glaubt nicht, Glück in einer anderen Welt zu finden; auch jene ist nicht beständig. Sind eure Verdienste erschöpft, werdet ihr ausgestoßen. Auch in der Politik wird ein Kandidat nur für ein fünfjähriges Mandat gewählt. Jedes Jahr, das vergeht, verkürzt seinen durch die Wahl erworbenen Anspruch. Ebenso hängt die Dauer eures »Paradieses« von euren Verdiensten ab. Sind sie erschöpft, müßt ihr auf die Welt zurückkehren.«[30]

Warum widersetzt sich unsere heutige Kirche der Lehre der Reinkarnation oder ignoriert sie? Die allgemeine Meinung, die von verschiedenen Autoren vertreten und in historischen Dokumenten bestätigt wird, besagt, daß die frühchristliche Kirche den Glauben an die Reinkarnation billigte. Die Unterlagen des IV. Oekumenischen Konzils sowie das II. Konzil von Konstantinopel nehmen Bezug auf diese Auffassung.

Im Jahre 537 wurde die Katholische Kirche von zahlreichen Streitfragen erschüttert, und die damaligen Kirchenleute richteten ihr Hauptaugenmerk auf die Ausrottung von Irrlehren. Nicht nur hohe Würdenträger bemühten sich, die Einheit des in viele verschiedene Bekenntnisse gespaltenen Volkes wiederherzustellen, sondern auch Kaiser Justinian versuchte mit allen Mitteln, die Religionsstreitigkeiten in seinem Reich beizulegen.

Justinian ließ sich in allen Entscheidungen von seiner Frau Theodora beraten, die einen großen Einfluß auf ihn hatte. Man sagt, daß Theodora von niederem Stand war und zeitweise ein recht leichtes Leben als Tänzerin geführt hatte und daß sie, ehe sie Kaiserin wurde, dunkle und stürmische Zeiten erlebt hatte.

Justinian war seinerseits »überzeugt, über genügend theologisches Wissen und kirchliche Autorität zu verfügen, um die Kirche regieren, Päpste absetzen und Meinungsverschiedenheiten bereinigen zu können; kaum hatte er alle Gelehrten und Schriften verdammt, die dieser Einigung im Wege standen, erließ er dogmatische Edikte, die den orthodoxen Glauben regeln sollten, und zwang sie nach ihrer Ratifizierung durch die kirchliche Obrigkeit ohne Ausnahme allen Völkern des Kaiserreichs auf.«[31]

Einer der wichtigsten Eingriffe des Kaisers war die Verwerfung der Lehren des Origenes, die sich aber trotzdem weiter verbreiteten, besonders in einem von dem Asketen Saba gegründeten Kloster in Palästina, das zwischen Jerusalem und dem Toten Meer liegt. In diesem südlich von Bethlehem gelegenen Kloster hatte man sich von den Lehren des Asketen Saba abgewandt und »machte es zum Zentrum der Lehren des Origenes. Besonders die Lehre der Präexistenz der Seele und ihre allmähliche Läuterung durch Seelenwanderung und Wiedergeburt wurden gepflegt.«[32]

Als gegen diese Lehre beim päpstlichen Legaten Pelagius vorgegangen wurde, nahm Justinian diese Gelegenheit wahr und mischte sich in die mit dieser Lehre verbundene dogmatische Frage ein. Er schrieb ein Traktat gegen Origenes, das in der Forderung gipfelte, Origenes und seine Anhänger zu verdammen. Das Traktat wurde dem Konzil vorgelegt, und die Beschlüsse wurden durchgesetzt.

Ob die Lehre von der Wiedergeburt auf Grund dieses kirchlichen Disputes verboten wurde, oder ob sie sonst von der frühchristlichen Kirche anerkannt worden wäre, überlasse ich dem Studium der Historiker. Ich glaube jedoch nicht, daß diese Geheimnisse länger gehütet werden können, und daß der Schmutz nicht länger unter den Teppich gekehrt werden kann.

Anderseits bin ich überzeugt, daß es vom asketischen Standpunkt sinnlos ist, wenn sich ein vom Körper befreites, geistiges menschliches Wesen wieder der Reinkarnation stellte, denn dies bedeutet einen Rückfall auf eine Bewußtseinsebene, die wiederum geschichtlich und zeitlich begrenzt ist.

Ein großer hinduistischer Heiliger, Nissargadatta Maharaj, Tabakverkäufer in einem Vorort Bombays, der in unserem Jahrhundert gelebt hat und erst vor einigen Jahren gestorben ist, antwortete auf die Frage nach der Glaubwürdigkeit vorheriger Leben folgendes: »Die Reinkarnation setzt ein Es voraus, das zur Reinkarnation befähigt ist. Dieses Es existiert aber nicht. Die als »Ich« definierte Anhäufung von Erinnerungen und Hoffnungen bildet sich ein, auf immer zu dauern und erfindet die Zeit, um sich eine falsche Ewigkeit vorzustellen. Um zu sein bedarf es keiner Vergangenheit und keiner Zukunft. Jede Erfahrung von der Geburt bis zum Tode ist ein Produkt der Einbildung. Ich bilde mir nichts ein und werde deshalb weder geboren, noch werde ich sterben. Nur die, die glauben, geboren zu sein, können an die Wiedergeburt glauben.«[33]

Wieder einmal könnten sich Westen und Osten begegnen: die einen glauben, das Leben transzendiere die Zeit, die anderen streben eine ›einzige‹ Existenz an. Für beide aber gibt es nur ein einziges Leben; einerseits hemmt der Glaube an weitere Leben die geistige Evolution, andererseits sollte das dir zur Verfügung stehende Leben in seiner ganzen Fülle gelebt werden, so als ob es kein anderes gäbe.

Anmerkungen

[1] II Samuel 11;
[2] II Samuel 12, 11–14;
[3] II Samuel 12, 15–23 und 16, 22;
[4] Gerhard von Rad, »Theologie des Alten Testamentes«, Genf, Bd. I, S. 273

[5] Exodus 1, 17–21. »Wer Erbarmen hat mit den Elenden, leiht dem Herrn, er wird ihm seine Wohltat vergelten.« (Sprichwörter, 19, 17), auch Exodus 22, 21 f.

[6] Exodus 12, 29–30;

[7] Ezechiel 18, 30b–32

[8] Jesaja 3, 10–11

[9] Exodus 15, 26

[10] Exodus 20, 12

[11] Das Buch Numeri 14, 36–37

[12] Numeri 21, 5–7. Um das kollektive *karma* zu untersuchen siehe Buch Levitikus 26, 3–5, 6–8, 9–10, 14–18, 19 ff.

[13] Psalm 100, 5

[14] Weisheit 1, 12

[15] Matthäus 6, 14; Lukas 6, 37;

[16] Ezechiel 18, 20;

[17] Hiob 28, 21; 1,21;

[18] Psalm 90, 2–6;

[19] Markus 8, 27–28;

[20] Lukas 9, 18–19;

[21] Matthäus 17, 9–12;

[22] dto. 11, 7–15;

[23] Johannes 9, 1–3;

[24] Verschiedene Autoren: »Il libro della Reincarnazione«, Armenia Verlag, Mailand, S. 184. Diesem Buch habe ich viele Auszüge über die Reinkarnation entnommen.

[25] dto.

[26] Denzinger-Schönmetzer, »Enchiridion symbolorum definitionum et declarationum de rebus fidei et morum«, Herder 1964, s. 149, Can. 11(223)

[27] Buch über die Reinkarnation, S. 192

[28] Bhagavad Gita II, 20, 22;

[29] Reden 88/89, XIX, 36

[30] dto. XXXI, 21;

[31] Verschiedene Autoren: »Storia della Chiesa dalle origini ai giorni nostri«, S.A.I.E., Torino, 1972, Bd. IV, S. 577;

[32] dto. S. 579–580;

[33] Nisargadatta Maharaj, »Io sono Quello«, Bd II, Rizzoli Mailand, 1982, S. 7–8.

XIV. KAPITEL

Religion oder Hingabe an einen einzigen Gott

Ein Herr,
ein Glaube,
eine Taufe,
ein Gott und Vater aller,
der über allem
und durch alles
und in allem ist.

Paulus an die Epheser 4,5

Wer das Glück hatte, Sai Babas *ashram* zu besuchen, wird die dort herrschende friedvolle Atmosphäre voller guter Gedanken bemerkt haben; sie ist dem Geiste des *ashram* selbst zuzuschreiben, denn überall sind Worte des Meisters zu lesen. Wohin man schaut, lenken Zitate die Aufmerksamkeit auf geistige Werte und erinnern an das wahre, innere Leben. Einer der Aussprüche Sai Babas, der sein Programm in der ganzen Welt berühmt machte, ist folgender:

Es gibt nur eine Religion: die Religion der Liebe.
Es gibt nur eine Sprache: die Sprache des Herzens.
Es gibt nur eine Kaste: die Kaste der Menschlichkeit.
Es gibt nur einen Gott: Er ist allgegenwärtig.

Einige Gegner glauben in diesem *slogan* die Absicht erkennen zu können, alle Religionen in eine einzige zu verschmelzen und so eine neue zu gründen, die die anderen ersetzen soll. Dieser Versuch wird »Synkretismus« genannt. Die Kirche hatte sich bereits in der

Vergangenheit einer solchen Entwicklung des öfteren widersetzen müssen, denn dies wurde als Zerrüttung der »einzigen und wahren« Religion betrachtet.

Der Begriff Synkretismus stammt aus dem Griechischen *synkretismos* (wörtlich: Vereinigung, Vermischung im Mischkrug-Krater) und bedeutet die Verschmelzung von religiösen Lehren, Systemen, Bräuchen, Kultformen, Gottheiten und Riten unterschiedlicher Herkunft zu einer neuen Religion. Der Versuch, durch neue, wesensfremde Riten anderer Traditionen eine neue Religion zu gründen, würde nur Verwirrung stiften. Die Katholische Kirche hat meiner Meinung nach weise gehandelt, ihre Tradition gegen fremde Elemente zu verteidigen. – Die Form muß, wie ich bereits erwähnte, einheitlich und darf nicht zersplittert sein, denn die Kirche hat eine pädagogische und lehrende Aufgabe. Einem Säugling sollte man nicht immer andere Milch in die Flasche geben, sonst lehnt er jede Milch am Ende ab!

Ist dieser Grundsatz erst einmal geklärt, stellt das Stillen des Säuglings mit der gleichen Milch keine Bedrohung dar, auch wenn die Milch aus anderen Brüsten fließt. Klarer ausgedrückt: eine Religion, die genau dieselbe Wahrheit anerkennt, kann nicht des Synkretismus bezichtigt werden, selbst wenn diese Wahrheit von Weisen und Heiligen anderer Glaubensbekenntnisse verkündet wird. Die Wahrheit bedarf keiner Qualitätsbezeichnung. Die Glaubhaftigkeit einer Aussage bedarf nicht des Stempels einer Behörde. Die Wahrheit ist in sich selbst wahr. Du fühlst sie in dir, hier, in deinem Herzen. Für ihre Qualität bürgt dein Herz, soweit es rein ist.

Sagen mir Hinduisten, daß Gott alles durchdringt, so glaube ich ihnen, nicht weil es gerade Mode ist, sondern weil ich diese Wahrheit selbst mit meinen eigenen Augen erkennen kann, wann immer ich ein Physik-, Geologie- oder Astronomiebuch öffne oder durchblättere oder die mich umgebenden Wunder wahrnehme. Warum soll ich mich überzeugen lassen, daß diese Wahrheit nicht wahr sein soll, nur weil sie nicht aus meinem Stalle kommt?

Sai Baba hat ganz bestimmt nicht die Absicht, eine neue Religion zu gründen. Er selbst behauptet, daß die bereits existierenden Religionen absolut ausreichen, vielleicht sogar zuviel sind. Seine heilige Aufgabe ist es, alle Religionen der einzigen Wahrheit zuzuführen, die da ist Gott und die Liebe. Eine Religion, die sich selbst verteidigt, indem sie andere Religionen ignoriert oder bekämpft, kann sich nicht mehr ›Religion‹ nennen, denn sie handelt gegen die Liebe, gegen Gott und gegen ihre eigene Predigt!

Die etymologische Bedeutung des Wortes ›Religion‹ scheint sich aus dem lateinischen *re-ligare*, ›erneut binden‹ abzuleiten. Hier sind sich die Philologen nicht ganz sicher. Sai Baba teilt diese Annahme:

Das Wort »Religion« enthält die Vorsilbe »re«. *Re* bedeutet die Wiederholung von etwas. Der andere Teil des Wortes erinnert an etwas, das vereint. Religion bedeutet also Wiedervereinigung von zwei Wesenheiten, die sich zeitlich trennten, obwohl sie ursprünglich eine Einheit bildeten. Diese ursprüngliche Einheit von Seele und Gott ging verloren. Die wichtigste Aufgabe der Religion ist es, diese beiden Wesenheiten wieder zusammenzufügen.[1]

Da die Menschen die wichtigste Aufgabe der religiösen Institutionen aus dem Auge verloren haben, scheiterte die Religion: die Suche nach Gott zu fördern und die auf das Materielle ausgerichtete Verehrung des Menschen auf eine höhere Ebene zu lenken, auf die Verehrung Gottes.

Die Menschen verschiedener Länder und Religionen widmeten sich der geistigen Erforschung unseres Lebenszieles; auf Grund dieser Suche schlugen die Religionen verschiedene Richtungen und Wege ein.[2]

Als erstes sollte eine Religion feststellen, warum der Mensch sich immer wieder von Gott abwendet. Jede Religion sollte – warum nicht mit Hilfe ihrer anderen Schwestern? – die genauen Gründe der *aversio a Deo* und der *conversio ad creaturam* exakt analysieren. Leider haben alle Religionen die gemeinsame Tendenz, immer mehr Anhänger mit allen möglichen Mitteln zu werben. Bevor man aber Anhänger wirbt – Proselytenmacherei führt nur zu einem ungeheuren Anschwellen des kollektiven Egos – sollte sichergestellt sein, diesen neuen Anhängern auch etwas bieten zu können.

Interessiert man sich für eine neue Religion, ist man höchstwahrscheinlich mit seiner alten unzufrieden, falls man überhaupt einer angehörte. Will die neue Religion aber erfolgreich sein, muß sie ihre Karten auf den Tisch legen und Probleme lösen können, die die andere Religion nicht zu lösen vermochte.

Die ewigen Probleme des Menschen sind: ein nie befriedigtes Bedürfnis nach Glück, die Angst vor Krankheit und vor dem Tod. Ist eine Religion nicht fähig, diese beiden Probleme zufriedenstellend zu lösen und kann sie den Psychopharmaka und den Psychoanalytikern nichts entgegensetzen, ist davon auszugehen, daß diese Religion versagt hat. Verfängt sich ein Priester aus Angst vor dem Tod in tiefstem Pessimismus, muß wohl zugegeben werden, daß das *marketing* dieser Religion von vornherein gescheitert ist. Begegne ich einem *sadhu* mit verklärtem Blick, dessen Kleider und Körper aber schmutzig sind, bezweifle ich ganz ernsthaft, ob Gott nur durch Verzicht auf Sauberkeit und Hygiene erreicht werden kann. Kann zum Beispiel die zum Gebet notwendige Konzentration nur durch Schläge auf den Rücken oder entsprechende Härte erreicht werden, so lehne ich sehr gerne den Beitritt in diese Gemeinschaft ab. Selbst Buddha verzichtete auf die klösterliche Gemeinschaft, denn auch er war der Meinung, daß übertriebene körperliche Disziplin dem Geiste schadet.

Heutzutage ist es Mode geworden, an der Tür nicht mehr Seife, sondern Religion zu verkaufen. Es fragt sich, ob diese Apostel den heiligen Wunsch verspüren, das Bewußtsein der Menschen zu erweitern, oder nur den Wunsch verspüren, selbst mächtiger zu werden.

Vor einiger Zeit besuchten mich zwei jüngere Zeugen Jehovas. Es war nicht das erste Mal; dieses Mal richteten sie eine ganz bestimmte Frage an mich. Es war Ostern, und das Thema der Unterhaltung schien selbstverständlich.

»Viele Familien«, sagte einer der beiden, »finden keinen Frieden. Wie kann man Frieden am sichersten erlangen?«

Einen Moment dachte ich nach. Frieden, überlegte ich, ist genau das, was alle Menschen seit Jahrtausenden suchen. Die Frage schien mir intelligent zu sein, obwohl es so aussah, als ob die beiden Jugendlichen die Antwort bereits wüßten und nur noch auf meine gleichlautende Antwort warteten.

Sie nahmen die Bibel aus ihrer Tasche und lasen mir einige Absätze vor. Die Bibel ist für die Zeugen Jehovas das einzige geeignete Schlachtross, um die Wahrheit zu erkennen.

Ich versuchte ihnen verständlich zu machen, daß jede Lehre, die von vornherein Gedankenfreiheit unterbindet, die Erfahrung anderer nicht zuläßt und obrigkeitshörig ist, die leidenschaftliche Suche nach Wahrheit erstickt und zur reinen Nachahmung führt; ich sagte ihnen:

»Bitte begeht nicht den gleichen Fehler wie wir Katholiken: hier ist eine dogmatische Definition, die ohne große Überprüfung geglaubt werden soll, und dann darfst du machen, was du willst. Was die Bibel betrifft, muß noch ein anderer wichtiger Faktor in Betracht gezogen werden: Wer interpretierte sie? Wer lektorierte sie? Hatten sie Augen zu sehen? Hatten sie einen klaren Geist? Besaßen sie genügend Weisheit, diese Texte weiterzugeben?«

Die Unterhaltung wurde lebhafter.

»Gott ist in der Stille des Geistes anwesend,« sagte ich leise.

»Aber auch der Teufel kann in den Geist eindringen,« erwiderte sofort einer von ihnen.

»Gott verrät niemals diejenigen, die ihn mit aufrichtigem Herzen suchen! Es gibt dort aufrichtige Religiosität, wenn ein Geist sie mit ganzem Herzen, mit ganzer Seele und all seiner Kraft sucht.«

Um den beiden Jugendlichen ihre anfängliche Frage zu beantworten, sagte ich: »Auf der Welt wird es solange keinen Frieden geben, solange es Menschen gibt, die versuchen, anderen ihre Überzeugung aufzuzwingen; im Namen Gottes versuchen sie zu überzeugen, im Namen eines Gottes, den sie zu kennen glauben. Bitte, laßt eure Meinung vor der Tür und laßt uns wie Freunde miteinander reden. Benutzt ihr die Bibel *gegen* Menschen, so wird die Trennung umso größer! Die Auslegung der Bibel ändert sich mit den Zeiten, den geographischen Lagen und dem Bewußtseinsgrad. Gebt ihr mir zehn Zitate, kann ich euch hundert andere zeigen, die das Gegenteil beweisen. Warum also diskutieren? Merkt ihr denn nicht, daß jede Religion gerade dieses Problem zu lösen sucht: den Frieden? Warum sucht ihr den Frieden mit dem Schwert in der Hand? Selbst die Bibel wird manchmal als Schwert benutzt. Verläßt man sich bei seiner aufrichtigen Suche auf Theorien, so edel sie auch sein mögen, und vergißt dabei die Lehren des Meisters, dem man folgt, in die Tat umzusetzen, so wird der Weg unweigerlich in das Verderben, in die Trennung führen.

»Warum? Wenn wir streiten, vergessen wir die Liebe, und der Geist entflammt, denn jeder versucht seine Ideen zu verteidigen, die im Grunde genommen ganz persönliche Ansichten sind (Ansichten des eigenen Egos, auch wenn sie richtig sein sollten). Der nächste Schritt ist der Verlust der Achtung: der andere wird nicht mehr so akzeptiert wie er ist, man wird sich selbst untreu und beleidigt sogar seinen Nächsten.

In einem Überzeugungsstreit degenerieren die Gefühle: der empfindungsärmere Verstand wird mit seiner ganzen Energie versuchen, die Ansichten des anderen zu bekämpfen. Warum gibt es also keinen Frieden in der Familie? Was kann man tun, um diesen Frieden wieder herzustellen? Sobald sich nicht mehr die Religionen bekämpfen und versuchen sich zu achten, sich zu akzeptieren, sich intensiv bemühen, die vereinenden Aspekte hervorzuheben und nicht die trennenden, wird Frieden in die große Familie der Menschheit einziehen.«

Die beiden jungen Männer schwiegen und schienen nicht sehr zufrieden zu sein. Lieber hätten sie wohl einen neuen Glaubensgenossen erobert. Sie luden mich tatsächlich zu ihren Versammlungen und Festivitäten ein. Ich beschränkte mich darauf, mit ihnen das *Vater unser* zu sprechen. Dann verabschiedete ich sie.

Das größte Problem, dem die Menschen auf der Suche nach Gott begegnen, ist, die Gedanken zu kontrollieren. Sie sind verantwortlich für den Verlust des Friedens. Nur durch den Frieden des Geistes kann der Mensch den höchsten Frieden, Gott, erreichen.

Aus diesem Grunde ist es das erste Ziel der Lehren Sai Babas, den Verstand zu kontrollieren, der die Wünsche und Leidenschaften regiert. Auch die christlichen Lehren vertraten diese Meinung, aber die Christen waren niemals bereit, der Macht des Verstandes diese Bedeutung einzuräumen. Geistliche Exerzitien wurden zur spirituellen Entwicklung absolviert, aber niemals wurde gesagt, daß der Geist für das menschliche Wesen verantwortlich ist.

Für das tägliche Schwanken zwischen Freude und

Leid ist der fehlgeleitete Verstand verantwortlich. Durch »mein« und »dein« wird auf allen Erfahrungsbereichen der Dualismus und die Diskriminierung geboren.[3]

Wie aber kann die angeborene Tendenz des schwankenden Verstandes korrigiert werden, der stets dem »Ich« Aufmerksamkeit schenkt und tut, was dem »Ich« gefällt? Viele verschiedene Regeln werden empfohlen, die erste und elementarste Regel aber ist, den Körper mit leichter, ausgeglichener Kost zu ernähren, die weder aufputschend noch verunreinigt ist.

Die vom Menschen aufgenommene Nahrung wird in ihren groben Bestandteilen in Form von Exkrementen ausgeschieden; die feineren Bestandteile werden vom Blut aufgenommen, die subtilsten Bestandteile aber dringen in die geistige Substanz des Menschen ein. Somit hängt der Geist von der Nahrung ab, die wir zu uns nehmen. Die Ursache der heutzutage vorherrschenden, dämonischen Gefühle liegt also an der von uns aufgenommenen Nahrung. Es fehlt an Geduld, Beharrlichkeit, Liebe, Mitgefühl: diabolische Gedanken herrschen vor. Der Grund hierfür muß in der Ernährung gesucht werden. Die Nahrung muß deshalb rein und heilig sein. Die Nahrung bestimmt die Gestalt des Menschen. Die groben Bestandteile des Trinkwassers stärken den Körper, die subtilen schenken ihm Lebenskraft, auch *prana* genannt. Der Mensch kann durch die Wahl seiner Nahrung seine Göttlichkeit entweder entwickeln oder unterdrükken.[4]

Sai Baba gibt sich nicht nur mit Ermahnungen zufrieden, sondern er hat eine Meditationstechnik entwickelt, durch die der Geist ruhig gestellt und von allen ihn verwirrenden Gedanken gereinigt wird. Es handelt sich um eine leichte und angenehme Technik, die, falls regelmäßig und ohne Ehrgeiz ausgeführt, nicht nur zu großer geistiger Klarheit führt, sondern auch eine intensive Seelenkraft freisetzt, die uns befähigt, den Schwierigkeiten des Lebens zu begegnen. Ich werde diese Meditation hier beschreiben, denn sie gehört zu Sai Babas Schlüssellehren.

Trotz den Vorurteilen der katholischen Kirche steht diese Art von Kontaktaufnahme mit dem eigenen, göttlichen Bewußtsein in keinem Widerspruch zu den Lehren Christi; im Gegenteil. Vielleicht wird der christlichen Tradition durch diese Meditation etwas zurückgegeben, das die hohen Würdenträger der Kirche als endgültig verloren betrachten.

Die Lichtmeditation
1. Vorbereitung

1.1 Stelle zuerst eine brennende Kerze vor dir auf. Sie sollte gleichmäßig brennen und nicht flackern.

1.2 Setze dich bequem mit aufrechter Wirbelsäule hin; du solltest nicht mit einer Unterlage aus Holz oder Wolle in Berührung kommen.

Es ist wichtig, gerade zu sitzen. Zwischen dem neunten und zehnten Wirbel befindet sich der Sitz der Lebenskraft. Wird die Wirbelsäule in diesem Bereich geschädigt, tritt Lähmung ein. Ist der Körper aufrecht, so als wäre er an einem Pfahl angebunden, kann die Lebenskraft durch den aufrechten Körper nach oben steigen, und dem Geist die Fähigkeit völliger Konzentration übermitteln.

Wie ein Blitzableiter auf dem Dach eines Hauses die Blitze anzieht, dient der vollkommen aufrechte Körper als Pforte, die göttliche Kraft in den Tempel deines menschlichen Körpers einzulassen. Du erhältst so die Energie, dich deinen Aufgaben zu widmen und dein Ziel zu erreichen.

Um noch ein weiteres Beispiel anzuführen: die göttliche Energie ist wie ein Rundfunksignal stets gegenwärtig. Um die Signale jedoch empfangen zu können, muß eine Antenne vorhanden sein. Ist der Empfang jedoch nicht richtig eingestimmt, werden nur Geräusche, nicht aber Musik erhalten.

Die stets gegenwärtige, göttliche Energie kann also nur dann in dich strömen, wenn die Meditation korrekt ausgeführt wird und der Körper aufrecht ist.[5]

1.3 Vergiß nicht, zu Gott zu beten, denn er ist dein Führer und Beistand auf dieser Reise zu Ihm. Es wäre gut, Psalmen und Gebete aufzusagen, den Namen Gottes zu wiederholen oder an heilige Geschichten zu denken.

1.4 Atme einige Male gut durch, ohne dich anzustrengen. (Schultern und Brust sollten sich weder heben, noch senken.)

Diese ersten Übungen sollten den Gedankenstrom drosseln und den Körper ruhig stellen, denn es besteht eine Wechselwirkung zwischen Körperbewegung, Gedankenfluß und Atmung.

1.5 Begleite den Atem beim Einatmen mit der Silbe JE, ohne seinen Rhythmus zu beeinflussen, und beim Ausatmen mit der Silbe SU; oder atme mit der Silbe SO ein und mit der Silbe HAM aus. Während du das *Mantra* hörst, denke über seine Bedeutung nach.

Fahre mit dieser Übung 5 bis 10 Minuten fort.

»SO HAM – DER BIN ICH!«: »Der« beim Einatmen, »Ich« beim Ausatmen. Oder JE–SU, oder einen Namen deiner Wahl, den du beim Atmen sagst. Der Atem ist die Form; der Name und die Form begleiten sich.

Atem ist Leben
Leben ist Gott
Atem ist Gott

Der Name und die Form Gottes. Atmet Gott. Seht Gott. Eßt Gott. Liebt Gott. Der Name Gottes wird jeden Weg eures Lebens erleuchten und euch zu Ihm führen.

Der Name soll mit Liebe ausgesprochen werden.

Gott ist Liebe. Begleitet Liebe den Rhythmus des Atems, dann ist Leben Liebe. Es gibt keine größere Macht als die Liebe. Sprecht ihr den Namen Gottes, irgendeinen Namen Gottes – Ram, Sai Ram, Krishna, Jesus, Soham – in Liebe aus, so wird dieser kleine Name euer Herz öffnen und euer ganzes Leben erleuchten. Der Name genügt dem, der Gott verwirklichen möchte. Der Ozean ist riesengroß, um auf ihm zu schwimmen bedarf es aber keines großen Bootes; ein kleiner Rettungsring genügt, um sich über Wasser zu halten.[6]

2. Omkara

Sage jetzt ganz leise 21 mal OM. Die heilige Silbe OM ist die Kurzform des archaischen lateinischen AMEN, aus dem das ganze Universum und das Leben entstanden ist. Die Zahl 21 bezieht sich auf die fünf äußeren Sinne, die fünf inneren Sinne, die fünf Elemente, die fünf Hüllen und auf den individuellen Heiligen Geist, die Seele.

Der Klang OM kommt von AUM. »A« entweicht leise der Kehle: es ist die Erde. Das »U« bildet sich im Mund und nimmt an Lautstärke zu; das »M« vibriert auf den Lippen und schwächt sich langsam ab, wie der Klang eines entfernt fliegenden Flugzeuges, der beim Herannahen lauter und beim Entschwinden leiser wird. »A« ist die Welt, »U« ist der Himmel, »M« ist das Göttliche, das die Sinne transzendiert. OM ist überall, im Geist, auf der Zunge, im Herzen, usw. Am Anfang ist OM auf der Zunge, dann im Geist. Es ist wichtig OM 21 mal zu wiederholen: die fünf äußeren Sinne, die fünf inneren Sinne, die fünf Lebensenergien (die fünf Elemente), die fünf Hüllen.[7]

Sei Zeuge des Ein- und Ausatmens.

3. Das Licht

Warum ein Licht? Trägt man den Sand eines Strandes

kontinuierlich ab, ist am Ende kein Sand mehr da. Schöpft man Wasser aus einem Brunnen, trocknet er aus. Tausende von Menschen aber können an einer Flamme ihre Kerze anzünden, die Flamme wird dadurch nicht kleiner. Zünde eine Lampe oder eine Kerze an. Stelle sie vor dir auf und betrachte sie.

3.1 Die Augen können nun geöffnet werden; sie betrachten ruhig und fest die angezündete Kerze. Die Blickhöhe sollte horizontal zur Flamme sein.

3.2 Nachdem du einige Sekunden in die Flamme geschaut hast, schließe deine Augen: die Flamme wird sich in deinen Augen widerspiegeln. Kannst du das nicht visualisieren, öffne die Augen wieder und betrachte nochmals die Flamme der Kerze.

3.3 Laß das Innere deines Kopfes sowie alle Zellen deines Gehirnes von dem Licht durchdringen.

Sage im Geiste: *Mein Intellekt ist erleuchtet.*

3.4 Trage nun die Flamme langsam und vorsichtig zu deiner Herzgegend und stelle dir dein Licht inmitten der Blütenblätter des Lotos vor (eines Heiligenbildes, oder eines Bildes deiner Wahl). Stelle dir vor, wie sich die Blütenblätter des Lotos eines nach dem anderen öffnen und das Herz erleuchten. Reinige mit diesem Licht deine Gedanken, Gefühle und Empfindungen und vertreibe die Dunkelheit. Die Dunkelheit kann sich nirgendwo verbergen.

Das Licht breitet sich immer mehr aus und wird immer stärker: alle schlechten Gefühle sind vergangen. Denke nun:

Ich fühle, daß die Liebe alles umarmt.
Ich bin Wahrheit
Ich bin Aufrichtigkeit
Ich bin Frieden
Ich bin Liebe
Ich bin Gewaltlosigkeit

Ich bin Mitgefühl, Glück
    Toleranz, Nachsicht
    Barmherzigkeit, Güte
    Behutsamkeit, Gerechtigkeit
    Kraft, Enthaltsamkeit
    Geduld, Schönheit, Göttlichkeit

Lege zwischen den einzelnen Tugenden einige Sekunden Pause ein.

3.5 Laß das Licht alle Teile deines Körpers durchdringen; die Reihenfolge spielt dabei keine Rolle.

Das Licht erreicht die Nabelgegend und strahlt von dort in die linke Hüfte, in das linke Bein, zum Fuß bis in die Zehenspitzen. Das gleiche geschieht nun mit der rechten Körperhälfte.

Sprich nun: *Meine Füße führen mich, wohin Gott will.*

Das Licht steigt in den Oberkörper, strömt in alle Organe und Zwischenräume, durchdringt die linke Schulter, den linken Arm, die linke Hand bis in die Fingerspitzen. Jetzt durchströmt das Licht die rechte Schulter, den rechten Arm, die rechte Hand.

Sprich: *Meine Hände können nur Gutes tun, meine Gliedmaßen werden niemals mehr Schlechtes, Zwiespältiges, Dunkles tun. Sie sind zu Werkzeugen des Lichtes und der Liebe geworden.*

Laß das Licht die Kehle empor bis zum Kopf steigen.

Sprich: *Alles Falsche verschwindet aus dem Wort und den Gedanken.*

Das Licht dringt in die Ohren:
Ich kann nur noch guten Gesprächen zuhören.

Es durchdringt die Lippen und die Zunge:
Meine Lippen wollen einzig Gott preisen; meine Zunge redet nur Gutes; mein Gaumen ergötzt sich nur an Speisen, die dem Leib und der Seele guttun.

Das Licht steigt in die Nase:

Ich kann nur Gott riechen und erfahren.

Jetzt steigt das Licht bis hoch in meinen Kopf: der ganze Kopf ist erfüllt von Licht und beherbergt keine schlechten Gedanken mehr. Das Licht wird zu einer leuchtenden Krone, die den Kopf umgibt und einhüllt.

ICH BIN IM LICHT.

(Es entsteht ein Gefühl der Trennung zwischen meinem Körper und dem Licht).

DAS LICHT IST IN MIR UND DURCHDRINGT MEIN GANZES WESEN.

Das Licht wird immer intensiver (an der Schädeldecke), es erstrahlt ringsum und breitet sich in größer werdenden Kreisen aus; es ergießt sich in allen Richtungen.

Das innere und das äußere Licht sind eine einzige Wirklichkeit.

Der Körper hat seine Begrenzung verloren: der Körper ist Licht.

ICH BIN DAS LICHT.

Ich bin nicht nur die Seele, in bin Ebenbild und Abbild Gottes.

Das Licht umschließt alles und alle:

»Ich bin eins mit allen geliebten Menschen, den Eltern, Freunden, Gefährten; ich bin eins mit all denen, die mir vielleicht nicht wohlgesinnt sind; mit all denen, die mir Böses wollen; eins mit meinen Vorgesetzen, mit der ganzen Menschheit (den Kranken, Armen, Verlassenen, Sterbenden, usw.).

Ich bin eins mit allen Tieren, mit den größten und den kleinsten, vom Dickhäuter bis zu den Insekten, vom Wal bis zur Amöbe.

Ich bin eins mit allen Pflanzen, Blumen, Gras, Wiesen, Wäldern...

Ich bin eins mit dem Gestein, den Kristallen, Felsen und Bergen; mit den Seen, Meeren, Planeten, dem Sonnensystem, der Milchstraße, dem Kosmos.

Alles und Alle sind von demselben Licht durchdrungen.

Mein Licht ist das Licht des Universums.

Alles ist Licht. Alles ist Liebe.

3.6 Versuche nun, dir die göttliche Gestalt vorzustellen, die dir am meisten zusagt (Jesus, der gute Hirte, der Gekreuzigte, usw.) Stelle sie dir im alles durchdringenden Licht vor, denn Gott ist Licht und Licht ist Gott.

Ich und der Vater sind eins.

Ich bin eins mit Jesus und dem Vater.

Ich bin göttlich.

Ich bin Der: SO–HAM SO–HAM SO–HAM
JE–SU JE–SU JE–SU
GE–SU GE–SU GE–SU

3.7 Hier kannst du ein Gebet zur Lobpreisung, Verehrung und Danksagung Gottes aussprechen:

Herr, meine Kraft, meine Wehr,
meine Zuflucht, meine Burg, mein Wall...
Herr, Du kennst und siehst mich,
Du prüfst, ob mein Herz bei dir ist...
Meine Gnade, meine Stärke,
meine Zuflucht und meine Erlösung,
mein Schild, dem ich vertraue...
O Gott, mein König, ich will dich preisen
und deinen Namen lobpreisen
von Ewigkeit zu Ewigkeit...
O Herr, wie groß ist dein Name
auf der ganzen Erde.

Wiederhole einige Minuten JE-SU oder SO-HAM.

Laß ein wenig dieses gewonnene Gefühl in dir wirken und genieße die Stille deines Geistes. Trage das Licht wieder zu deinem Herzen und bewahre es dort

den ganzen Tag und die ganze Nacht (das Licht entspricht Jesus oder irgendeiner anderen göttlichen
Form deiner Wahl).

Ruhe dich möglichst liegend noch etwas aus, ehe du
wieder aktiv wirst. Öffne langsam die Augen und
beziehe den Segen in dein Handeln ein.[9]

Der Nutzen dieser Übung kann in der Beherrschung
der Sinne liegen und in der Fähigkeit, sich nur noch
dem Guten zu widmen. Diese Technik verfeinert die
Konzentrationsfähigkeit, die Gottes-Kontemplation
und ist ein wichtiges Hilfsmittel für das tägliche Studium oder andersgeartete Beschäftigung; sie verstärkt
das Gedächtnis und vertieft die Intuition. Realisiert
und erfährt man, daß Gott in allen Dingen ist, verschwindet das Gefühl des »Ich«, des Getrenntseins
und des Egoismus. Man liebt die gesamte Schöpfung.
Diese universelle Liebe verbessert den Charakter des
Menschen und somit auch den Charakter der Nation
oder der Gemeinschaft, in der man lebt.

Ich bin auf Grund meiner Erfahrungen, die ich mit
anderen Meditationstechniken gemacht habe, in der
Lage, die Effizienz (ich möchte fast sagen die Überle-
genheit) dieser Lichtmeditation beurteilen zu können.
Ich gab andere Techniken wieder auf, weil sie keine
spirituellen Dimensionen erschließen konnten, oder
weil ich an ihrer Technik selbst zweifelte. Als ich mich
nach reiflicher Überlegung entschloß, Sai Babas Meditationstechnik anzuwenden, wurde mir schon nach
kurzer Zeit klar, daß ich durch diese Technik mehr
erreichen würde, als durch alle anderen.

Sai Babas Lichtmeditation hat den großen Vorteil,
dem Ausübenden nicht zu irgendwelchen suspekten
Kräften zu verhelfen, die ihm vielleicht im persönlichen oder gesellschaftlichen Leben nützlich erscheinen, sondern diese Meditation lenkt seine Aufmerksamkeit ausschließlich auf die Vereinigung mit dem

Göttlichen, die Kontemplation und die Verschmelzung mit den göttlichen Tugenden.

Jede Technik kann, meiner Meinung nach, letzten Endes gut sein, wenn sie im aufrichtigen Glauben und Vertrauen zum Meister durchgeführt wird. Nicht alle aber, die meditieren, verfolgen ein gleiches Ziel. Jede Technik verfolgt ein anderes.

Sai Baba betont immer wieder zwei geistige Grundregeln, die gerade in unserer heutigen Zeit für den Erfolg dieser Technik unumgänglich sind: die Wiederholung des Namens Gottes und der uneigennützige Dienst am Nächsten. Am 19. November 1990 hielt Sai Baba in Prashanti Nilayam anläßlich der V. Weltkonferenz zu seinem 65. Geburtstag eine Rede und stellte in dieser Ansprache diese beiden Grundregeln sogar hierarchisch über die Meditation:

»Der Dienst (am Nächsten) ist die am höchsten entwickelte spirituelle Übung. Das Gebet oder die Meditation, die Kenntnis der Heiligen Schriften und das Erbe der Veden können euch nicht das Ziel so schnell erreichen helfen, wie der Dienst am Nächsten. Der Dienst am Nächsten erfüllt einen doppelten Zweck: er löscht das Ego aus und schenkt Glückseligkeit.

Die Wiederholung des Namens beruht auf einer alten, orientalischen Technik, die in der Wirkung des Klanges verwurzelt ist. Das *mantra* wurde aus der Tradition der östlichen Religion geboren; diese kurzen, an subtile Vibrationen gebundenen Machtformeln waren den großen *Rishi* oder Weisen bekannt und erreichten Bewußtseinsebenen des Menschen, die günstig für die Vereinigung mit Gott waren und der Transzendenz dienten.

Unserer christlichen Tradition gemäß geht die Wiederholung des *mantra* oder des Namens Gottes auf die Lehren der Asketen und Heiligen zurück, die ganz besonders das mehrmalige Flüstern von Gebetsformeln empfahlen. Aus diesem Bewußtsein heraus entsprang vielleicht die in unserer Tradition so verbreitete Litanei.

Heutzutage beherrscht leider die Magie den Verstand und das Herz und viele Menschen messen dem östlichen *mantra* größere Macht zu als dem westlichen und vergessen, daß der wahre Erfolg eines Gebetes weder von der Aussprache noch der Sprache abhängt, sondern von der Beschaffenheit des Herzens, das dieses *mantra* formuliert. »Viele Menschen irren«, sagt J. Blofield »wenn sie der Art und Weise des Aufsagens mantrischer Silben eine zu große Bedeutung beimessen. Ich bin überzeugt, daß dem Klang allein wenig Bedeutung zukommt.«[10] In diesem Zusammenhang möchte ich eine kleine Geschichte einfügen, die vom obigen Verfasser stammt und ganz sicher zu einem besseren Verständnis des oben Gesagten beiträgt.

»Ein indischer Mönch unterbrach während der Regenzeit seine alljährlichen Exerzitien, um seine Mutter zu besuchen, da er befürchtete, sie hätte nicht genügend zu essen. Er war überrascht, sie zufrieden und in bester Gesundheit vorzufinden. Noch überraschter aber war er, als sie ihm sagte, sie hätte ein besonderes Mantra erlernt, mit dessen Hilfe und »der Macht der Großen Göttin« sie Steine kochen und in nahrhafte Speisen verwandeln konnte. Der Mönch, ein gelehrter Mann, hörte ihr beim Aufsagen des Mantra zu und begann ihre zahlreichen Ausdrucksfehler zu korrigieren. Als die arme Frau aber das Mantra richtig aussprach, wurde es völlig wirkungslos; der Sohn riet ihr, das Mantra wieder auf ihre alte Weise auszusprechen und siehe, die Frau konnte wieder dank ihrem starken Glauben Steine in Essen verwandeln.«[11]

Zweck der Meditation, der Wiederholung des Namens und des Dienstes am Nächsten ist, sich in vollkommener Hingabe Gott zu nähern. Dieser Hingabe hat Sai Baba eine seiner tiefsten und bewegendsten

Reden gewidmet. Er tadelt in dieser Rede unsere Art zu beten und Dinge zu verlangen, derer wir nicht bedürfen, und von denen »Gott bereits weiß«.

Die Liebe Gottes ist das wertvollste aller Geschenke. Wollt ihr Gott um etwas bitten, so betet: »Oh Herr, ich will nur dich!« Mit Ihm habt ihr bereits alles erhalten.[12]

Du aber geh in deine Kammer, wenn du betest, und schließ die Tür zu; dann bete zu deinem Vater, der im Verborgenen ist. Dein Vater, der auch das Verborgene sieht, wird es dir vergelten.[13]

Immer wieder betont Sai Baba, Gott nicht als entferntes Wesen zu betrachten und ihn mit feierlichen, phrasenhaften Redensarten zurückzustoßen, sondern ihn wie einem guten Freund zu begegnen:

»An wen richten sich die Lobreden? Wollt ihr einen neuen Freund gewinnen, gebt ihr euch bei seinem Besuch große Mühe, damit er sich wohlfühlt und euer Freund wird. Ihr empfangt ihn mit großer Förmlichkeit und Höflichkeit: »Bitte, treten Sie ein, mein Herr; nehmen Sie Platz«. Ihr benehmt euch äußerst liebenswürdig. Besucht euch hingegen ein alter Freund, bedarf es keiner feierlichen Phrasen oder konventioneller Gesten. Jedes an euren lieben Freund gerichtete Wort zeugt von eurer Verbundenheit und Liebe. So solltet ihr euch auch an Gott wenden: Er ist euer engster und liebster Freund. (...)

Bezeichnet euch nicht als Diener eures Herrn. Betrachtet ihn als euren besten Freund. Ihr bereitet Ihm eine ungeheure Freude, wenn ihr Ihn als Freund des Herzens behandelt und euren Gefühlen der Liebe und Freundlichkeit freien Lauf laßt, anstatt euch von ihm ein gekünsteltes und affektiertes Bild zu machen.«[14]

»Ich nenne euch nicht mehr Knechte; denn der Knecht weiß nicht, was sein Herr tut. Vielmehr habe ich euch Freunde genannt; denn ich habe euch alles mitgeteilt, was ich von meinem Vater gehört habe.«[15]

Hingabe ist der einfachste Weg zu Gott: er gleicht dem Weg des Kätzchens, das von seiner Mutter im Maul spazieren getragen wird. Begegnet ein *Avatar* den Menschen, kann er kaum den Augenblick erwarten, alle Anhänger unter seine Flügel zu nehmen »wie eine Henne ihre Küken.«[16]

Das ist die Wiedervereinigung aller menschlichen Wesen mit dem Einzigen Göttlichen Wesen, dem alleinigen Bewußtsein, Kinder des gleichen Vaters zu sein. Alle Großen Menschen haben ihr Leben diesem Ziel geweiht: *ut Unum sint,* »damit wir alle eins sind«. Hingabe führt zur Vereinigung. Dieser einzige Satz faßt die Botschaft des *Avatars* Sai Baba zusammen.

Anmerkungen

[1] Sommersegen aus Brindavan 1979, S. 55
[2] Reden 88/89, XLI, 5
[3] dto. XII, 2.
[4] dto. 17
[5] Gespräche mit Bhagavan, S. 186 ff.
[6] dto.
[7] dto.
[8] dto. S. 186 ff.
[9] Um das Thema »Meditation« erschöpfend zu behandeln, verweise ich auf die Broschüre ›Meditation. Aussagen Sathya Sai Babas über die Praxis der Meditation.‹ Shri Sathya Sai Baba Buchzentrum, Dietzenbach, 1990.
[10] J. Blofield, »Mantra, die Macht heiliger Worte«.
[11] dto.
[12] Reden 88/89 XXXVIII, 4
[13] Matthäus 6, 6
[14] Reden XXXVIII, 7.10
[15] Johannes 15, 14
[16] Lukas 13, 34

XV. KAPITEL

Schule und Erziehung

Erziehung bedeutet,
die besten Eigenschaften
aus Körper, Seele und Geist
des Kindes zu entwickeln

Mahâtma Gandhi

Bereits früher habe ich auf das von Sai Baba entwik-
kelte Schulsystem hingewiesen, an dieser Stelle
möchte ich es jedoch eingehender behandeln. Sai
Baba schreibt der Bildung und der Erziehung eine
große Bedeutung zu; sie sind sein soziales Hauptanliegen. Wenn ein Wesen wie Sai Baba zu den Menschen
»herabsteigt«, um sie aus ihrer Beschränktheit auf-
zurütteln und sie zu vervollkommnen, sollte dann
nicht zu Beginn der Entwicklung, also bei der Erziehung der Kleinsten, angefangen werden? Eine Gesellschaft kann nur verändert werden, wenn bereits in
den ersten Lebensjahren die grundlegenden Werte
vermittelt werden, die aus einem menschlichen Wesen
einen »Menschen« machen, das heißt ein mit Seele
und Intelligenz ausgestattetes Geschöpf.

Sai Babas Erziehungssystem setzt sich aus fünf Werten zusammen, die von ebensovielen Übungsmetho-
den begleitet werden. Diese Werte werden menschliche Werte genannt, denn sie sind in Anbetracht der
Hochachtung, die Gott seinem Geschöpf »Mensch«
entgegenbringt, von wahrhaft menschlicher Natur:
nämlich Wahrheit, rechtes Handeln, Frieden, Liebe

und Gewaltlosigkeit. Um diese Werte aber auch entsprechend verwirklichen zu können, werden folgende Techniken angewandt: die Meditation, das Gebet oder Aufsagen berühmter Aussprüche, gemeinschaftliches Singen oder Musizieren, Erzählen von Geschichten oder Gruppenarbeit.

Jedem Wert entspricht eine bestimmte Technik, die jedoch die anderen Techniken und Werte nicht vernachlässigt. Entscheidet man sich beispielsweise für den Wert Wahrheit, so kann dieser Wert durch Meditation am besten realisiert werden; die Meditation sollte aber, um im höchsten Maße wirksam zu werden, von Gesang und Gruppenarbeit begleitet werden.

Seminare und Kongresse werden zur praktischen Anwendung und Vertiefung dieses Erziehungssystems abgehalten. Zwei dieser Kongresse verdienen besondere Beachtung: der Kongress in Odense (Dänemark) vom 5. bis 9. August 1987 und von Assisi vom 1. bis 4. Juni 1990. Beide Veranstaltungen erfreuten sich internationalen Rufs. Im Laufe dieser Seminare wurden pädagogische Referate gehalten, die zur wesentlichen Grundlage dieser Methode wurden. Berühmte Wissenschaftler und Forscher auf den Gebieten der Psychologie und Pädagogik nahmen an diesem Kongress teil. Besonders hervorzuheben ist der bekannte Physiker Art Ong Jumsay, der das Landungssystem der Viking-Raumsonde, die im Jahre 1976 den Mars erreichte, erfunden und entwickelt hat.

Art Ong Jumsay, eine Persönlichkeit von hohem intellektuellem und moralischem Rang sagte während des Kongresses in Odense folgendes: »In all den Jahren der Suche stieß ich niemals auf ein so vollkommenes und wirkungsvolles Erziehungsprogramm, wie *Sathya Sai Education in Human Values*. Es erzielt konkrete Ergebnisse in der Kindererziehung. Der Mensch, der dieses Programm entwickelt hat, muß ein Genie sein!«

Wo immer dieses Erziehungsprogramm in Menschlichen Werten auch angewandt wurde, übertraf es alle Erwartungen. Es erweckt wissenschaftliches Interesse und ist systematisch strukturiert. Dieses Programm wurde bereits in vielen Ländern der Welt wohlwollend aufgenommen, wie z.B. in Thailand, Indien, Dänemark, Deutschland und jetzt auch in Italien.

Die Ergebnisse können an dem veränderten Verhalten der Kinder gemessen werden: besseres Benehmen, größere Ausgeglichenheit und harmonische Entwicklung der Persönlichkeit. Selbst Lehrer zeigten nicht nur großes Interesse an dieser Methode, sondern konnten auch gute Ergebnisse aufweisen.

Viele Menschen sind sich ihrer eigenen, inneren Unausgeglichenheit bewußt: zum einen ist der atemberaubende technische Fortschritt dafür verantwortlich, zum anderen die Angst und die Sorge vor einem atomaren Holocaust, zumindest aber vor einer verhängnisvollen Verschlechterung der Lebensbedingungen. Es fehlt an einer angemessenen Schulung des menschlichen Charakters und an einer Verfeinerung der Werte, die das Leben leichter und harmonischer gestalten.

Der Ernst der menschlichen Lage zeigt sich besonders in:

a) den bestehenden Diskriminierungen der Rassen, des Glaubens und der Ideologie;

b) der Schwächung und dem Integritätsverlust der Familie;

c) dem Achtungsverlust gegenüber Eltern, Lehrern, sowie Respektspersonen;

d) der Zunahme von Gewalttätigkeit und zerstörerischem Verhalten;

e) der Ziel- und Orientierungslosigkeit der Jugend und der allgemeinen Unzufriedenheit mit dem herrschenden Unterrichtssystem;

f) der wachsenden Zerstörung von Tier- und Pflan-
zenarten;

g) der irreversiblen Verunreinigung der Umwelt.

Das einzige, wirksame Heilmittel für diese Mißstände
in der Welt ist ein auf vergessene Werte aufgebautes
Erziehungssystem. Dies wird auch in der UNO-De-
klaration für Menschenrechte bestätigt:

»Die Erziehung sollte die vollkommene Entwicklung der menschlichen Persönlichkeit und eine ver-
stärkte Beachtung der Menschenrechte und der Freiheit zum Ziele haben. Sie muß Verständnis, Toleranz,
Freundschaft zwischen allen Nationen, ethnischen
und religiösen Gruppen fördern und die Tätigkeit der
UNO zur Erhaltung des Friedens unterstützen.«

Die zu verfolgenden Werte sollten von universaler
Natur sein, so daß jeder äußere Unterschied zwischen
Rassen und Religionen überwunden und der Sinn des
menschlichen Lebens oder der menschlichen Werte
erfahren werden kann.

Was vermittelt uns Sai Babas Erziehungssystem in
praktischer Hinsicht?

Es handelt sich darum, die Mitarbeit der Eltern
(und auch aller aufnahmebereiten Lehrer) für eine
Reihe von Unterrichtsstunden zu gewinnen. Die
Dauer des Lehrprogrammes *Sathya Sai Education in
Human Values* reicht von wenigen Tagen, beispielsweise in einem Ferienheim, zu mehreren Wochen bis
hin zu einem ganzen Schuljahr unter Benutzung einiger Nachmittagsstunden außerhalb des normalen Unterrichts.

Dieses Programm wendet sich an Kinder zwischen
6 und 15 Jahren, denn dieses Alter ist besonders
aufnahmebereit für diese Werte. Wo immer auch das
SSEHV-Programm erprobt wurde, hat es außergewöhnliche Resultate erzielt. Es ist die Synthese eines
vor etwa 15 Jahren ausgearbeiteten neunjährigen

Lehrganges, der neben dem Unterricht als Erziehungsprogramm eingesetzt wird und sich mit den moralischen, ideellen und kulturellen Wechselwirkungen auseinandersetzt. Dieses System wurde bei hunderttausenden von Kindern in der ganzen Welt mit unerwartetem Erfolg angewandt.

Ziel dieser Sathya Sai Erziehungsmethode ist es, alle Aspekte der kindlichen Persönlichkeit ausgeglichen und gesund zu entwickeln: die körperlichen, intellektuellen, emotionalen, psychischen und erforschenden Aspekte. Das heutige Schulsystem beschäftigt sich hauptsächlich mit den ersten beiden Aspekten, teilweise auch mit dem dritten, vernachlässigt jedoch völlig die zwei letzten. Diese fünf Aspekte der Persönlichkeit werden durch das Erziehungssystem unter Einbeziehung der fünf Grundwerte gefördert: Wahrheit, rechtes Handeln, Frieden, Liebe, Gewaltlosigkeit, denen logischerweise die fünf folgenden Ideale der Erziehung entsprechen: Wissen, Leistungsfähigkeit, Ausgeglichenheit, Urteilsvermögen und Selbsterkenntnis.

Von Wissenschaftlern und Pädagogen durchgeführte Untersuchungen haben ergeben, daß das aufnahmefähigste Alter bei Kindern zwischen 6 und 15 Jahren liegt. Sai Babas Erziehungsprogramm konzentriert sich auf diese Altersgruppe. Das Schulprogramm muß für diesen Zweck weder geändert noch umfunktioniert werden, es sollte nur konzentrierter und gehaltvoller gestaltet werden und somit dem Unterricht eine neue Dimension von Werten verleihen.

Ich werde versuchen, dieses Programm und die fünf Werte entsprechend den Weisungen des Meisters zu analysieren. Jedem menschlichen Wert entspricht eine Ebene der menschlichen Persönlichkeit. Es handelt sich dementsprechend um fünf Ebenen des Menschen: die körperliche Ebene, die emotionale Ebene, die intellektuelle Ebene, die Ebene der Liebe (nicht nur im sentimentalen, gefühlsbezogenen Sinn) und die spirituelle Ebene.

Die Wahrheit

Die Wahrheit entspricht der intellektuellen Ebene. Der Intellekt ermöglicht dem Menschen, die Wahrheit zu entdecken; er erkennt, was nicht wahr, nicht wirklich ist. Das Wahre ist unwandelbar, ewig, unsterblich und verändert sich nicht von einem Tag auf den anderen. Beginnt der Mensch die Wahrheit zu suchen, erfährt er, daß nichts, was seine Analysen untermauert, wahr ist. Er stellt fest, daß alle Erfahrungen auf dem Gebiet der Erscheinungen dem Wandel unterliegen. Die Wissenschaft lehrt, daß alles Energie ist, daß alles im Kosmos einem Zustand der Vibration unterliegt, und gerade diese Vibrationen sind das schwankende Element, das das gesamte Universum charakterisiert. Aus diesem Grund ist der nach dauerhafter Wahrheit strebende Mensch von der ihn umgebenden Vergänglichkeit enttäuscht und lernt in sich zu gehen, um das Unvergängliche zu entdecken.

Die Wahrheit in ihrer tiefsten Bedeutung ist unvergänglich und ändert sich nie: die Ewige Realität. (...) Alle materiellen Dinge dieser Welt unterliegen der stetigen Veränderung und gehen ihrem Auflösungsprozess entgegen. (...) Die geistige Wahrheit Gottes aber ist allzeit unveränderlich und jeden Augenblick gültig.[1]

Das Hauptanliegen des Unterrichtes ist, die Schüler das Relative in der Welt der Erscheinungen entdecken zu lassen und sie von der Existenz des Realen, jenseits der sich verändernden wissenschaftlichen Lehren, zu überzeugen. Der zeitgenössische Unterricht verfehlt dieses Ziel, da er sich nur auf reine Aneignung von Begriffen stützt. Ziel des Unterrichtes ist es, dem Menschen die Wahrheit näher zu bringen. Kinder das zugrundeliegende Gesetz, das alle wissenschaftlichen

Gesetze regiert, entdecken zu lassen, ist eine fundamentale und faszinierende Aufgabe der Erziehung.

Zwei menschliche Eigenschaften sollten bei dieser angestrebten Suche beim Kind entwickelt werden: das Gedächtnis und die Intuition. Das Gedächtnis ist das Mittel und die Fähigkeit, Informationen und Kenntnisse zu speichern. Die Intuition ist ein Zustand, der nur durch einen verfeinerten Intellekt erreicht werden kann. Man könnte auch sagen, die Intuition entspricht der höchsten Ebene des Intellektes. Der Wirkungsbereich der Intuition kann von einem gewöhnlichen Intellekt jedoch nicht erforscht werden. Die Intuition ist der Intellekt der Gene. Die Stimme des Gewissens ist die Intuition.

Alle fünf empfohlenen Lehrmethoden tragen zur Entwicklung des Gedächtnisses und der Intuition bei. Besonders die Meditation lehrt den Verstand, zu schweigen und bereitet ihn auf höhere Wahrheiten vor.

Jedem menschlichen Wert entsprechen zahlreiche Beiwerte. So gehören in das Gebiet der Wahrheit Eigenschaften wie Urteilsvermögen, Aufrichtigkeit und Forschergeist.

Rechtes Handeln

Wird Wahrheit in die Tat umgesetzt, so entsteht rechtes Handeln. Rechtes Handeln spielt sich auf physischer Ebene ab. Soll einem Kind beigebracht werden, recht zu handeln, muß es lernen, seinen eigenen Körper und jeden der Eindrücke zu beherrschen, die täglich und das ganze Jahr hindurch empfangen werden.

Sai Baba hat immer wieder darauf hingewiesen, daß man so wird, wie man denkt. Hinter der Tat steht immer ein Gedanke. Der Gedanke wird vom Willen genährt, der nicht selten in Konflikt mit dem Wunsch steht. Wille und Wunsch sind aber nicht das gleiche. Manchmal wünscht man etwas, was man nicht will, oder man will etwas, was nicht wünschenswert ist. Der Wille ist eine unparteiische Komponente, um wahrhaft zu handeln. Der Wunsch kann sich, in die Tat umgesetzt, der Wahrheit widersetzen. Dem Kind müssen diese Unterschiede beigebracht werden, denn nur so kann es lernen, seine Wünsche zu begrenzen.

Es macht wenig Sinn, Gott als die Inkarnation der Wahrheit zu verehren, und dann die Wahrheit im täglichen Leben zu vernachlässigen. Aus der Wahrheit wird rechtes Handeln geboren: es kommt aus dem Herzen, vermittelt innere Genugtuung und ist Ausdruck des eigenen Erkenntnisgrades. Vertraut den Eingebungen des göttlichen Gewissens: das ist der richtige Weg. Echter Gottesdienst ist Handeln nach eigenem Gewissen. Ihr denkt etwas und sagt etwas ganz anderes: so nähert ihr euch ganz sicher nicht der Wahrheit. Zwischen Gedanken, Wort und Tat muß vollkommene Übereinstimmung herrschen.[2]

Um den Willen des Kindes zu stärken, sollte man ihm zum Beispiel jede Gelegenheit zur Selbstständigkeit geben. Das Kind sollte sich daran gewöhnen, die Hände vor den Mahlzeiten zu waschen, nicht zu viel und zu hastig zu essen, seine Kleider, Zähne, Nägel, Haare und die eigenen Sachen in Ordnung zu halten, pünktlich zu sein, Abfall in die dazu bestimmten Behälter zu werfen, usw.

Das Sozialverhalten des Kindes, sein Betragen in der Schule sowie seinen Freunden gegenüber sollten gefördert werden, seine Führungseigenschaften, seine Fähigkeiten zur Zusammenarbeit und das Gefühl der Fürsorge ermutigt werden.

Alle ethischen Werte einer moralischen Lebensführung sollten betont werden, damit das Kind mit seinen Mitmenschen in Frieden zu leben lernt, damit es lernt, sich liebenswürdig auszudrücken und aufzuführen, zu teilen, keinen Schaden zuzufügen, nicht zu stehlen, nicht zu lügen, usw.

Denn jeder von uns ist ein Glied einer großen, universellen Kette, und die Stärke dieser Kette hängt von jedem einzelnen Glied ab. Das Kind ist sehr empfänglich für Solidarität. Wird dieses Gefühl richtig kanalisiert, können außergewöhnliche Erfolge erzielt werden.

Um rechtes Verhalten zu erlernen kommt dem Rollenspiel, dem Inszenieren und Interpretieren kleiner Theaterstücke, sowie Eignungstesten besondere Bedeutung zu. Außerdem eignet sich die Gruppenarbeit ganz ausgezeichnet zum Erlernen sozialen Verhaltens und guten Benehmens.

Die dem rechten Handeln zugeordneten Werte sind Mut, Pflichtgefühl, Dankbarkeit, Selbstvertrauen, Gehorsam, usw.

Frieden

Friede ist ganz sicherlich ein von allen Menschen angestrebtes Ziel. In irgendeiner Weise suchen wir alle Frieden und Glück. Wirklichen Frieden erfährt man aber nur in gefühlsmäßiger Ausgeglichenheit. Er entspricht der Gefühlsebene. Er wohnt im Inneren des Menschen und entspringt der Erkenntnis, nicht durch äußere Umstände bedingt zu sein.

Nur wir selbst sind für unseren Frieden verantwortlich. Die Fähigkeit, Frieden in sich selbst zu finden, kann nicht aus dem Handgelenk geschüttelt werden. Diese Fähigkeit muß in den ersten Kinderjahren entwickelt werden.

Der Friede wird im Elternhaus geboren. Dort lernt und erprobt man die Kunst des friedlichen und freundlichen Zusammenlebens. Nur so wird sich unverzüglich und problemlos Friede in der Welt einstellen.[3]

Meditation ist die geeignete Methode, um Frieden zu erlangen; durch Meditation lernt das Kind den inneren Frieden zu finden und sich schöpferisch zu betätigen. Es lernt, mit seinen Spielgenossen friedlich zusammenzuleben.

Die dem Frieden zugeordneten Werte sind Ruhe, Konzentration, Genügsamkeit, Zuversicht, Selbstachtung, usw.

Liebe

Die Psyche des Menschen ist die Quelle der Liebe. Liebe ist nicht nur Emotion: Liebe ist Energie, die ständig empfangen und ausgesandt wird. Sie beeinflußt jede Lebensform. Art Ong Jumsay führte mit seinen Studenten ein aufsehenerregendes Experiment durch und demonstrierte, daß Liebe alle Lebewesen beeinflußt. Hier möchte ich den Wissenschaftler selbst zu Wort kommen und über das einzigartige Experiment berichten lassen.

»Ich sagte zu meinen Studenten an der Universität Bangkok, an der ich lehrte: »Ihr alle müßt Liebe ausstrahlen!« Unter den Studenten entstand Verwirrung, und ich erhielt den Spitznamen *Acharya* (was soviel wie geistiger Führer bedeutet). »Professor« erwiderte man mir »dies ist eine Universität! Warum verlangen Sie, Liebe auszustrahlen? Sie sollten einen Tempel aufsuchen und keine Universität!«

Ich antwortete:

»Also gut! Wenn das eine Universität ist, müssen wir wissenschaftlich vorgehen. Sollte bewiesen werden können, daß es eine Energie namens Liebe gibt, und daß diese Energie Lebewesen positiv beeinflussen kann, würdet ihr euch dann bereit erklären, diese Liebe zu praktizieren?«

Alle bejahten und waren bereit, diese Herausforderung anzunehmen. Sie sagten: »Gut. Wenn Sie glauben, diese Annahme beweisen zu können, führen wir das Experiment durch.«

Ich bat sie also, ein Experiment über die Kraft der Liebe durchzuführen. Wir baten einen anderen, eher skeptischen Wissenschaftler als unparteiischen Beobachter, den Verlauf des Experimentes zu überwachen.

Das Experiment sah folgendermaßen aus. Die Studenten nahmen den Samen von Margeriten, ließen ihn keimen und bis ca. 4 cm heranwachsen. Sortierten die Sprößlinge nach der Größe aus, denn alle sollten identisch sein. Nicht einwandfreie Pflanzen wurden entfernt. Auf diese Weise waren alle Pflanzen von identischem Wuchs und gleicher Stärke. Jeder Sprößling erhielt die gleiche, gewissenhaft abgewogene Menge Wasser, und jede Pflanze wurde den gleichen Bedingungen ausgesetzt: Licht, Luft und Temperatur. Alles wurde genauestens kontrolliert. Gemeinsam setzten sich nun die Studenten vor einige der Pflanzen und begannen positiv zu denken. Sie gedachten der elterlichen Liebe und der Liebe zu den kleinen Pflanzen. Sie beteten in ihrem Inneren, die Pflanzen mögen wachsen und glücklich sein. Auf diese Weise übertrug jeder seine Liebe auf die Pflanzen.

Folgendes Ergebnis wurde erzielt: die Pflanzen, die Liebe empfangen hatten, wuchsen höher und standen in voller Blüte. Gelbe Blüten überall! Die anderen Pflanzen wuchsen langsamer und hatten noch keine Blüten. Das Experiment wurde im Augenblick der Messungen abgebrochen. Es wurde festgestellt, daß die Pflanzen, die Liebe empfangen hatten, um durchschnittlich 49,2% größer waren als die anderen. Die Studenten maßen die Breite der Stiele, untersuchten statistisch die Ergebnisse und überprüften die Glaubwürdigkeit des Befundes.

Die mit Liebe bestrahlten Pflanzen standen in voller Blüte, während die anderen nicht eine einzige Blüte aufwiesen. Die Anzahl der Blüten wurde statistisch erfaßt, da einige Pflanzen mehr Blüten als andere aufwiesen. Jede Wahrscheinlichkeit wurde überprüft.

Es mußte einen Grund geben! Die Studenten versuchten, die Ursache des unterschiedlichen Wachsens der Pflanzen zu ergründen. Keine andere Ursache als die Liebe konnte gefunden werden.

Letzten Endes mußten die Studenten die Kraft der Liebe bestätigen. Sie mußten die ausstrahlende Kraft der psychischen Energie auf Pflanzen anerkennen.

Ich sandte daraufhin einen Bericht über dieses Experiment in andere Länder; dort wurden ähnliche Experimente von Lehrern und Schülern durchgeführt. Ich erhielt zahlreiche Briefe, die nicht nur dieses überraschende Ergebnis, sondern auch den übereinstimmenden Beweis bestätigten.

Liebe verhilft Lebewesen, besonders Pflanzen, zu schnellerem Wachsen. (...)

Während des Experimentes mit der Liebe stellte sich heraus, daß eine Pflanze verwelkte und einging. Ich vermutete, daß einer der Studenten die Pflanze verflucht hatte. Ich befragte alle Studenten. Einer von ihnen gab schließlich zu, an einem Samstag die Pflanze verflucht zu haben. Es dauerte drei Stunden, bis sich der Fluch auf die Pflanze auswirkte; sie ist vertrocknet. Der Student gab jedoch auch zu, daß er gleich danach unter schrecklichen Kopfschmerzen und Übelkeit gelitten hatte, und daß er sich noch lange Zeit schlecht fühlte.

Dies soll eine Warnung für uns alle sein! Sollte es jemandem in den Sinn kommen, Pflanzen, oder schlimmer noch Menschen zu verfluchen oder negative Energie auszustrahlen, mag es ihm ähnlich ergehen!«[4]

Liebe heilt Leid. Wie sagt Mutter Theresa aus Kalkutta: »Die Menschheit leidet, weil sie nach Liebe hungert.«

Liebe drückt sich im Geben und Vergeben aus.

Kinder erfahren Liebe zuerst durch die Eltern, die sie dann auf die Familie, die Nachbarn, das Vaterland und letztendlich auf den übertragen, der das gesamte Universum durchdringt.

Liebe ist Glückseligkeit; Liebe ist Energie; Liebe ist Licht; Liebe ist Gott.[5]

Die geeignetste Methode, Liebe zu vermitteln, außer selbst ein liebenswertes und verständnisvolles Beispiel vorzuleben, ist, entsprechende Geschichten zu erzählen, Kultstätten aufzusuchen und an bestimmten, traditionellen Feiern teilzunehmen.

Folgende Werte sind der Liebe zugeordnet: Fürsorge, Mitgefühl, Hingabe, Freundschaft, Vergebung, Freundlichkeit, Bereitschaft zum Teilen, Toleranz, usw.

Gewaltlosigkeit

Gewaltlosigkeit bedeutet, keinem Lebewesen Gewalt anzutun, weder durch Gedanken, Wort und Tat.[6]

Der höchste menschliche Fortschritt ist Gewaltlosigkeit. Er verkörpert eine Liebe, die sich weder auf die eigenen Freunde, noch auf die Eltern beschränkt, sondern sich auf alle Geschöpfe ausdehnt. Aus diesem Grunde wird Gewaltlosigkeit der spirituellen, der höchsten menschlichen Ebene zugesprochen. In praktischer Hinsicht bedeutet Gewaltlosigkeit: niemandem etwas Schlechtes anzutun, in Freundschaft und Harmonie mit der Natur zu leben, Verständnis für alles aufzubringen, alles zu tun, um Schaden zu vermeiden.

Absolute Gewaltlosigkeit ist offensichtlich unmöglich, denn das Leben ernährt sich vom Leben. Man sollte aber so wenig wie nur irgend möglich verletzen und Gewalt ausüben, und sie nur auf niedere Lebensformen beschränken, wo es unvermeidbar ist.

Gewaltlosigkeit wird erreicht, wenn man den Sinn und die Beweggründe des rechten Handelns verstanden hat, denn daraus entwickelt sich Liebe und das Verstehen der höchsten Wahrheit, und man ist bereit, für den Frieden eigene Wünsche zu opfern. Gewaltlosigkeit fördert die Entwicklung aller Aspekte der kindlichen Persönlichkeit.

Dem Kind Liebe zu vermitteln erreicht man beispielsweise durch die Liebe zu Blumen, Pflanzen zu pflegen und kleine Tiere zu betreuen; die zugeordneten Werte der Gewaltlosigkeit sind universelle Verbrüderung, die Achtung anderer Kulturen und Religionen, Gemeinsinn, Gerechtigkeitssinn, die Achtung vor dem Eigentum anderer, der Wille, keinen Schaden zuzufügeen, usw.

Sind die theoretischen Begriffe dieser grundlegenden Werte bekannt, müssen sie im Unterricht praktisch angewandt werden. In jedem Unterrichtsfach ergibt sich die Möglichkeit, diese Betrachtungen auf breiter Ebene anschaulich darzustellen, und der Unterricht gestaltet sich dadurch interessanter. Das bloße Lernen macht den Unterricht schwerfällig und fördert nur den Leistungskampf. Bezieht man hingegen das praktische Lebenswissen und alle Probleme der Kinder, die ja die künftigen Erwachsenen sein werden, in das theoretische Schulprogramm mit ein, so werden die auf der Schulbank verbrachten fünf Stunden erträglicher.

Eines der Ziele ist es, die verbindenden Elemente bzw. Glieder von Mathematik und Astronomie deutlich zu machen, sowie von Astronomie und Physik, Physik und Theologie, usw.

Ein weiteres Ziel ist, den Schülern wissenschaftliche Begriffe durch praktische Lebensbeispiele nahezubringen und nicht umgekehrt. Spricht man beispielsweise über die Addition, könnte man über die Zahl 1 folgende Überlegungen anstellen: addiert man die Zahl 1 mit sich selbst, ergeben sich eine Vielfalt von Möglichkeiten; hier könnte ein Vergleich mit Gott eingefügt werden. Gott ist eine Einheit, die sich in der Vielfalt manifestiert. Man könnte sogar mit der Numerologie spielen und veranschaulichen, daß die Multiplikation der Zahl 9 stets Zahlen ergibt, deren Quersumme wiederum 9 oder ein mehrfaches der Zahl 9 ergibt, z.B. 27 oder 72 oder 6443; die Quersumme ergibt 9 oder ist durch 9 teilbar. Daraus könnte gefolgert werden, daß das Göttliche unwandelbar ist, obwohl es sich in verschiedenen Formen ausdrückt. Man könnte außerdem zeigen, daß die Zahl 8 durch Multiplikation abnimmt: $8 \times 1 = 8$; $8 \times 2 = 16$ (die Quersumme aber ist 7); $8 \times 3 = 24$ (die Quersumme ist 6) usw. Symbolisiert die Zahl 8 die Macht des Wunsches, so könnte davon abgeleitet werden, daß ihre Multiplikation eine Schwächung des Endwertes ergibt.

Die Phantasie eines einfallsreichen Lehrers könnte einen auf menschliche Werte orientierten Unterricht ungeheuer bereichern.

Eine Unterrrichtsstunde könnte beispielsweise folgendermaßen gestaltet werden: zunächst einen Augenblick meditative Stille, dann Unterricht anhand von Beispielen, die in einen Gesang münden; Erzählen einer oder mehrerer spannender Geschichten ethischen Inhalts, Inszenierung und Aufführen eines Theaterstückes mit anschließender Diskussion über Lösungen praktischer Lebensprobleme.

Sai Baba hat mit der Methode der Fünf Menschlichen Werte eine höchst wissenschaftliche Technik ausgearbeitet. Auch wenn dieses System nichts Neues zu beinhalten scheint, – denn diese menschlichen Werte sind so alt wie die Menschheit selbst – ist seine Struktur, die die eigentliche Neuheit ist, von großer Wirksamkeit. Die mit dieser Methode erzogenen Kinder entwickeln eine vollendete, ausgewogene Persönlichkeit und spornen durch ihre moralische Lebensführung selbst die Eltern an. Eine Voraussetzung ist jedoch erforderlich, um dieses System erfolgreich zu machen: die menschlichen Werte müssen vor allem von den Lehrkräften praktiziert werden.

Sai Baba widmet dem Erziehungsproblem viel Zeit

und zahlreiche Vorträge. Die über Sai Babas Erziehungsprogramm verfügbare Literatur ist äußerst vielfältig. Ich zitiere hier einen Absatz aus Sai Babas Schriften, die sich mit der heutigen Schule und Erziehung befassen:

»Die heutigen Erziehungsmethoden ermöglichen keine angemessene Erziehung mehr. Es gibt wenig kluge Köpfe unter den gewöhnlichen Menschen und den Wissenschaftlern auf der Welt. Es ist nicht leicht, eine Lehrmethode zu finden, die das intellektuelle Potential und die Weisheit eines Volkes voll ausnützt; diese mangelhafte Nutzung wissenschaftlicher Kenntnisse ist jedoch die Ursache des fortbestehenden Leidens auf der Welt.

Heutzutage wird die Befriedigung der Sinne als höchstes Ziel der Erziehung betrachtet. Der Unterricht in den Schulen dient ausschließlich der Entwicklung eines alerten Intellektes, nicht aber der Förderung von Eigenschaften und Tugenden, die dem Leben dienen. Die Regierung unseres Landes gibt sich große Mühe, das bestehende Erziehungssystem zu erneuern und zu verändern. Zahlreiche Kommittees wurden gegründet, die aber darauf hinausliefen, sich zu einer Tasse Tee zusammenzusetzen, anstatt neue Methoden und Wege zu suchen, die das bestehende Schulsystem verändern könnten. Auf dem Papier wurden viele Fortschritte gemacht, nicht aber in der Praxis.«[7]

»Ein auf Wahrheit aufgebautes Leben transzendiert die drei Dimensionen der Zeit: es versöhnt die Vergangenheit mit der Gegenwart und der Zukunft. Leider ist diese Lebenseinstellung verloren gegangen. Heute ist man allgemein der Meinung, richtig zu leben, wenn man alles tut, was einem gefällt. Die Schüler schätzen die Liebe der Lehrer nicht mehr und bringen ihnen nicht die gebührende Achtung entgegen. Nicht die Schüler haben Angst vor den Lehrern, sondern die Lehrer haben Angst vor den Schülern. Die Lehrer sehnen in unserem heutigen Schulsystem das Ende des Unterrichtes herbei.«[8]

Die Lehrer, denen diese Methode unterbreitet wurde, waren begeistert und fasziniert. Leider verhindert die ihnen auferlegte *Routine* eine Realisation dieser Methode. Durch die Zusammenarbeit öffentlicher Instanzen mit engagierten Lehrern könnte die Integrierung dieser Methode erleichtert werden. Ich wünschte mir, daß Politiker und Erzieher den Entschluß fassen werden, dieses eindrucksvolle und zugleich vielversprechende Projekt möglichst bald zu verwirklichen.

Anmerkungen

[1] The true flowers of worship, S. 16–17
[2] Reden 88/89, XIV, 19
[3] Sathya Sai Baba spricht, VII, S. 183
[4] Auszug aus den Aufzeichnungen des Seminars von Odense, 5.–9. August 1987; vgl. auch das Buch »Das geheime Leben der Pflanzen« von P. Tompkins und C. Bird 1973
[5] Sathya Sai Baba spricht, VI, S, 197
[6] Sommersegen in Brindavan 1977, S. 235
[7] Reden 88/89, XIII, 3–4
[8] dto., 23

Dritter Teil

Der innere Weg zu Sai Baba

XVI. KAPITEL

»Yes, Priest! Si«

Ja,
Wie der junge Mann
sich mit der Jungfrau vermählt,
so vermählt sich mit dir dein Erbauer,
Wie der Bräutigam
sich freut über die Braut,
so freut sich dein Gott über dich.

Jesaja, 62,5

Ungefähr dreißig Menschen saßen dicht zusammengedrängt in einem kleinen Raum. Wir wurden während des *darshan* gerufen. Einer von uns ist, wie allgemein üblich, aufgestanden und fragte mit schüchterner Stimme: »Swami, bitte gib uns ein Interview!« Wie immer hat er geantwortet: »Wieviele seid ihr?« Nachdem wir geantwortet hatten, zögerte er einen Augenblick, als ob er über die Erfüllung der Bitte nachdenken müsse und antwortete: »Geht!«

Dies war mein zweites *Interview* im Wachzustand. Ich war aufgeregt und ängstlich. Wegen einer schweren Halsentzündung war ich sehr heiser. Wir saßen in einem Garten mit verschiedenen Tieren: Hasen, Papageien, Rehe, und warteten auf die Rückkehr Sai Babas.

Da! Diese kleine, unübersehbare Gestalt erschien am Portal von Whitefield. Seine Schritte wirkten müde, und um nicht zu stolpern, zog er leicht den Saum seines Gewandes hoch. Mit erhobener Handfläche machte er sanfte, kreisende Bewegungen, als ob er sagen wollte: »Wie froh bin ich, euch zu sehen!«, sein Blick wirkte außerirdisch, fast ekstatisch. Er selbst schien der verehrende Schüler zu sein, und nicht die tausend Menschen, die mit gefalteten Händen zu seinen Füßen saßen. Wahrhaftig, auch wenn es absurd klingen mag, er selbst war der verehrende Schüler, Er, der all jene mit Freude erfüllt, die ihn rufen; Er, der dir alles gibt, wenn du geduldig warten kannst; Er, der dir verspricht, sich persönlich um alle deine Probleme zu kümmern. Wer ist hingebungsvoller, eine Mutter oder das Kind? Das Kind, das Schutz und Liebe sucht, oder die Mutter, die alles ohne Gegenleistung gibt?

Nach einem Rundgang zu anderen Anhängern und Schülern des Internats betritt der Göttliche Primat den Aufgang zu seinem privaten Empfangszimmer, um Kranke zu besuchen. Jetzt öffnet er die Tür und bittet uns, einer nach dem anderen, einzutreten, während er auf der Schwelle wartet. Wir ließen unsere Taschen mit Geld und Dokumenten vor der Tür zurück; es ist gut mit leeren Händen zu ihm zu kommen. Wie könnten sie sonst gefüllt werden? Zum Allmächtigen geht man nicht mit vollen Händen, denn alles gehört Ihm, und wir sollten uns Ihm schenken mit reinem Herzen, frei von äußeren materiellen Gütern. Er ist ein Arzt, der keine Honorarforderung stellt, die mit Papiergeld beglichen werden kann: Er fordert ein reines Herz und schenkt seinen Patienten außer Gesundheit Wohlergehen.

In dieser ersten Begegnung bat er einen Studenten seines Institutes mit ernster Stimme zu sich und hielt ihm vor, das Gehirn eines Affen zu haben. Dann wandte er sich an Antonietta, eine *gopi* des XX. Jahrhunderts, und bat sie, eine Strophe aus den Veden zu singen. Sofort erfüllte das Mädchen seine Bitte und sang mit melodischer Stimme die gewünschte Strophe.

Swami unterbrach sie, wandte sich wieder dem Studenten zu und sagte: »Schau, wie gut diese Ausländerin die Veden singen kann. Solltest du, der du dieser Tradition angehörst, es nicht mit gleicher Sorgfalt tun?«

Er materialisierte *vibhuti*, die er einer Frau gab, und zwei Ringe, die er weiteren zwei Frauen schenkte. Dann bittet er uns in ein anderes, winzigkleines Zimmer. Wir fühlten uns wie Sardinen in einer Dose. Sai Baba setzte sich; ich war ihm so nahe, daß ich ihn fast berühren konnte. Paola, die mir gegenüber saß, brach das Eis und teilte Ihm mit, daß sich unter uns ein katholischer Priester befand. »Ich weiß, ich weiß, ich weiß!« antwortete Swami und zur Bestätigung drehte er mir kurz sein Gesicht zu und schaute mir direkt in die Augen. In diesem Augenblick wurde mir jedoch nicht bewußt, daß ein jeder in der Gruppe Zeit gebraucht hätte, um mich herauszufinden. Aber er braucht keinen Hinweis, er weiß alles über uns. Er braucht keine Hilfestellung, um zu finden, was er sucht. Ohne zu zögern erkannte er mich sofort, obwohl ich ebenso wie alle anderen Männer gekleidet war.

Er gab mir bei dieser Gelegenheit einige Ratschläge und diagnostizierte meinen Seelenzustand: »Manchmal zweifelst du zurecht, aber auch zu unrecht. Das verwirrt dich. Das Studium wird dich festigen. Ich werde mit dir allein reden.« Dieses Versprechen wiederholte er mindestens dreimal. Aber, wie alle langjährigen Anhänger wissen, teilt Swami nie genaue Einzelheiten über die Einhaltung seines Versprechens mit. Er macht keine Zeitangaben.

Unerwartet schaute er mir wieder in die Augen und sagte: »Wie geht es deiner Frau?« Diese Frage ließ mich zu Eis erstarren. Das Gelächter der anderen schüchterte mich ein. Das Versagen meiner Stimme flößte mir Angst ein; ich konnte weder um eine Erklärung bitten, noch mich rechtfertigen. Viele Gedanken gingen mir in diesem Augenblick durch den Kopf, viele Episoden meines Lebens. Ich stellte mir viele Fragen, um den allgemein gültigen Sinn von »Ehefrau« zu verstehen. Sollte dies eine Warnung sein, mich vor weltlichen Gefühlen in Acht zu nehmen? War es eine Warnung, weil ich mich zu sehr um die Zukunft sorgte? Oder bezog es sich etwa auf die Gegenwart? Ich fühlte mich frei von jeder gefühlsmäßigen Bindung dieser Art und wollte es ihm sagen, hätte ich nur sprechen können.

Flehentlich schaute ich ihn an, als wollte ich sagen: »Nein, Swami. Du weißt ganz genau, daß das nicht wahr ist. Du weißt ganz genau, daß jede Entscheidung und jeder Verzicht mit deiner Zustimmung und unter deiner Aufsicht getroffen wurde. Warum sagst du mir so etwas? Bestehen vielleicht noch Bindungen in meinem Herzen? Falls ja, ich bitte dich ... nicht hier ... nicht jetzt!«

Um alles noch zu verschlimmern sagte er: »Manchmal willst du die Frau und manchmal nicht.« »Aber wohin soll denn das führen, Swami?« wollte ich ihm zuschreien. »Du weißt ganz genau, daß das nicht wahr ist. Du weißt sehr genau, daß ich Bindungen dieser Art nicht suche.« Um die Pille zu versüßen, berührte Swami mein Kinn und zwickte mich gütig in die Wange. Gleichzeitig bewegte er seine rechte Hand mit nach oben gerichteter Handfläche dicht an meinem Gesicht. Ich konnte nicht der Versuchung widerstehen, sie zu ergreifen. Es schien, als wollte er mich durch diese Geste trösten. Meine linke Hand ergriff schüchtern seine rechte, die er leicht zudrückte, so als begrüße er einen alten vertrauten Freund. Er hielt meine Hand für einen kurzen Augenblick und redete weiter.

Das Mädchen, das die vedischen Strophen gesungen hatte, eilte mir zur Hilfe: »Swami, ein Priester heiratet nicht!« Sai Baba lächelte mir zu und erwiderte: »Nein. Du mußt nicht heiraten. Bleibe allein!«

Er fuhr mit seinen Ratschlägen fort: »Denke nur an Gott. Alles ist Gott und Gott ist mit dir, in dir und um dich herum. Die Liebe ist Gott. Lebe in der Liebe.« Er korrigierte meine Denk- und Lebensart. Einerseits fühlte ich mich geschmeichelt, soviel Aufmerksamkeit von ihm zu erhalten, anderseits war ich peinlich berührt, sie *coram populo* zu erhalten. Ich tröstete mich mit dem Satz aus der Apokalypse: *Ego quos amo arguo et castigo*, »wen ich liebe, den züchtige und verfolge ich.«

Er stellte noch weitere Fragen. Trotz meinem *handicap* wagte ich ihn in pathetischem Englisch und mit rauher Stimme zu fragen: »Swami, wo ist der allgegenwärtige Gott, wenn Menschen Schlechtes tun?« Er antwortete: »Diese Frage werde ich dir persönlich beantworten.« Die Verabredung wurde zwar getroffen, nur stand das Datum nicht fest. Auch wenn ich bereits die Antwort auf diese Frage erhalten habe, hoffe ich weiterhin auf dieses Treffen.

Eine an einem schweren Nervenleiden erkrankte Frau stand auf und bat: »Meister, bitte, mache mich wieder gesund!« Swami versprach, entsprechende Sorge für sie zu ergreifen. Dieser Frau geht es heute sehr gut.

Zu einem meiner Freunde sagte er: »Du bist sehr um deinen Sohn besorgt. Mach dir keine Sorgen, ich werde an deinen Sohn denken.« Alles, was Swami sagte, entsprach der Wahrheit und eilte der Zeit voraus. Dieser Vater war tatsächlich um seinen Sohn besorgt, und die kommenden Ereignisse zeigten, welchen Schutz Sai Baba dieser Familie gewährte. Der Sohn wurde Opfer eines schrecklichen Autounfalles. Obwohl das Auto zerstört wurde, erlitt der Sohn nur leichte Kopfverletzungen.

Gegen Ende dieser Begegnung in dem winzigen

Zimmer bat er uns in den Nebenraum. Ich grübelte über das mir Gesagte nach und verstand immer noch nicht den Sinn seiner Worte. Ich fühlte mich deprimiert. Baba sah meine Niedergeschlagenheit und sagte:

»Wie heißt du?«

»Mario« antwortete ich heiser.

»Welcher Kirche gehörst du an?«

»Der katholischen.«

»Es gibt viele Kirchen … katholische, protestantische, usw. aber es gibt nur einen Gott. Fühle dich eins mit allen. Auch Jesus hat dies getan.«

Unsere Begegnung war beendet und wir verneigten uns vor Swamis Füßen. Er begleitete uns zur Tür und verabschiedete sich herzlich.

Wir schwiegen alle. Nach einem Treffen mit Swami breitet sich tiefe Ruhe aus, die auch entfernteste Fasern des Körpers und des Geistes berührt. Es ist, als ob jede einzelne Zelle des Körpers aufhörte zu arbeiten, nur um diese heilige Stille aufzunehmen. Selbst der Verstand schweigt. Dies alles geschah in wenigen Augenblicken.

Ich zog mich unter das Vordach zurück. Viele Fragen blieben ungelöst. Zweifel kamen auf. Mein Unverständnis oder meine Beschränktheit blendeten mich. Immer wieder fragte ich mich: warum hat er so mit mir gesprochen? Warum gibt er mir keine Antwort auf meinen gegenwärtigen Gemütszustand und meine Lebensumstände?

Einige Frauen aus der Gruppe bemerkten meinen Kummer und sagten: »Du hast nicht ganz verstanden, was Baba mit ›Ehefrau‹ meinte. Ganz sicher hat er damit die Kirche gemeint. Nur so macht es Sinn. Am Ende hat er dich doch nach der Kirche gefragt, der du angehörst.« Dies schien tatsächlich eine zutreffende Interpretation zu sein, denn Swami hatte gesagt »manchmal willst du die Frau und manchmal nicht«.

Dies könnte sich in der Tat auf meine gegenwärtige Krise beziehen, die zwar nicht durch Sympathie für den Osten ausgelöst wurde, aber doch damit zusammenhängt. Diese Krise ließe sich vielleicht lösen, wenn ich mich schweigend zurückzöge und meine »Ehe« mit ihr auflöste. Die Kirche aber bezeichnet sich von jeher als Mutter und nicht als Ehefrau. Meine Familie mußte also von anderer Struktur sein, als die mir zugedachte.

Meine Gedanken hellten sich nicht auf, meine Verwirrung wuchs.

In einen weißen, indischen Schal gehüllt, den Kopf zwischen den Knien vergraben, flehte ich in meiner Einsamkeit inständig um Hilfe.

Was willst du von mir o Gott? Sag es mir.
Ich will Dir alles geben, was ich habe,
falls ich etwas besitze, das mir gehört,
so sage es mir.
Warum sprichst Du in Gleichnissen?
Warum benutzest du eine so unklare Sprache?
Was nützt es, daß Du unter uns bist,
und niemand kann dich verstehen,
und wir einen Übersetzer brauchen?
Sag mir, was Du willst. Bitte!
Aber sag es mir aus Deinem Munde.
Du willst, daß ich den Menschen von Dir erzähle,
vorher aber willst Du noch,
daß ich nach Deinem Beispiel lebe.
Ohne Vollkommenheit, die Du verlangst,
sind Worte zwecklos.
So schweige ich lieber;
ich fühle mich nicht berufen zu reden.
Wenn selbst die großen Weisen schwiegen,
warum sollte ich dann reden,
ich, der ich nicht weise bin?
O Herr, was willst Du? Sag es mir.

Du willst mich ganz für Dich, stimmt das?
Du willst keine Fragmente.
Du willst keine Reste des Apfels!
Du willst die ganze, reife Frucht.
Jetzt verstehe ich:
Du bist die Frau,
die ich manchmal heiraten wollte
und manchmal nicht.
Du bist die Braut,
die alle anderen Gefühle ersetzen muß.
Jetzt weiß ich auch,
daß du eine eifersüchtige Braut bist.
Ja. Du bist ein eifersüchtiger Gott,
der selbst die geringste Untreue
der Gedanken wahrnimmt.
Aber Du bist auch treu.
Du willst das Herz nicht mit anderen teilen,
und gibst im Gegenzug alles dem Liebenden.
O Gott, so verführst Du die Seelen!

Mein Gebet wurde von einem jungen Mann unterbrochen, der sich mir genähert hatte und meine Niedergeschlagenheit sah. Er sagte: »Wie war es bei Swami, gut?«

»Ja. Aber jetzt scheine ich mehr Probleme als vorher zu haben. Vielleicht ist Gott nicht mit mir zufrieden, und ich muß mein Leben ernsthaft überdenken.«

»Du hattest großes Glück, denn er behandelte dich wie einen seiner Studenten. Er hat dich liebevoll korrigiert. Viele beneiden dich um den dir erteilten Segen.«

Ich fühlte mich ermutigt und ergriffen. Vielleicht war Er selbst diese gute Seele, die kam, um mich zu trösten. Ich zögerte nicht, diesem jungen Mann zu glauben, denn alles was im Inneren des *ashrams* geschieht, kann als göttliches Zeichen gedeutet werden. Etwas später bietet mir ein ungefähr 30-jähriger Inder *vibhuti* aus einer gläsernen Dose an. Es sagte, Sai Baba hätte sie materialisiert und bat mich, soviel zu nehmen wie ich wollte. Dann wandte er sich der Statue Krishnas zu und begann zu singen *Prema mudhita ... Rama Rama Ram*. Seine Stimme ähnelte unglaublich Sai Babas Stimme. Hätte ich den Inder nicht mit eigenen Augen gesehen, wäre ich überzeugt gewesen, Sai Baba zu hören.

Wie jeden Abend kehrten wir in unser Hotel nach Bangalore zurück, denn Whitefield hat nur wenig Übernachtungsmöglichkeiten. Mein Herz schmerzte noch. Ich entschloß mich, ihm einen Brief zu schreiben. Ich zog mich in mein Zimmer zurück, und ehe ich mich an den Schreibtisch setzte, ruhte ich mich noch etwas aus. Ich öffnete die ersten Seiten eines Buches, das ich in Bangalore gekauft hatte: *The Brihadaranyaka Upanishad* mit einem Kommentar von Shankaracharya. Ich las: »Die Ansammlung von Wünschen entspricht dem Anfang des Ichs. Der Wunsch drückt folgendes aus: Laß mich eine Frau haben, denn dann kann ein Kind geboren werden; laß mich Reichtümer besitzen, denn dann kann ich Riten zelebrieren. Im Grunde genommen ist das der Aktionsradius der Wünsche. (...) Der Verstand ist das Ich, das Wort die Frau, die Lebenskraft das Kind, das Auge sein Reichtum ... und der Körper das Instrument für den Ritus.«

Diese Aphorismen sind recht sibyllinisch; betrachtet man sie aber als eine Art Orakel im Sinne des I Ching, scheinen sie mehr Licht auf die Bedeutung des Wortes »Frau« zu werfen: der Wunsch entspricht der Äußerlichkeit des Ritus, der das Ego wachsen läßt. Wenn »das Wort die Frau ist« und die Frau die Allegorie ist, die die Summe aller Wünsche symbolisiert, könnte meine Stimmlosigkeit bedeuten: »So will ich dich: ohne Stimme und ohne Wunsch!«

Ich setzte mich an den Schreibtisch und schrieb meine Gefühle nieder. Der Inhalt dieses Briefes ließe sich in diesen wenigen Zeilen zusammenfassen: »Nur ein einziger Wunsch überschattet alle anderen Wünsche, nämlich in vollkommener Einheit mit Gott zu sein. Dies ist die wahre Ehe, die ich ersehne. Sollte deine Anspielung auf die »Ehefrau« eine Diagnose aller meiner Bindungen symbolisieren, so bitte ich dich, mir die Kraft zu geben, unter alles einen Schlußstrich zu ziehen. Sollte diese Anspielung jedoch die Aufforderung zur göttlichen Hochzeit sein, so gib mir bitte ein Zeichen und nimm meinen Brief an.«

Am nächsten Tag ging ich zum *darshan* mit der festen Absicht, meinen Brief zu überreichen. Denn, so dachte ich, Gott kann alles zurückweisen, nur eine Seele nicht, die sich zu vermählen wünscht. Denn dies ist Gottes Ziel, aus diesem Grunde inkarniert er sich seit Jahrhunderten, so wie es in der Bhagavad Gita geschrieben steht. Ich fühlte mich ängstlich und gereizt. Einerseits war ich sicher, er würde mich erhören, andererseits aber befürchtete ich, er würde mich nicht erhören und dann würde eine Welt für mich zusammenstürzen.

Vom entfernten Portal kam mir durch die wartende Menschenmenge die leuchtende Flamme der Liebe entgegen. »Swami«, dachte ich, »auch wenn du mich nicht erhörst, werde ich dir folgen, selbst wenn ich dir lästig werde ... Ich werde dich solange quälen bis ich dir das ›Ja‹ entlocke«. Swami kam geradewegs ohne Umweg oder Halt auf mich zu, verlangsamte seinen Schritt, schaute mich liebevoll an, nahm meinen Brief und flüsterte klar und bestimmt: »Yes, priest! Si!«. Dieses »Si« ist keine Übersetzung, sondern er sprach es auf italienisch aus.

Ich war der glücklichste Mensch der Welt, und dieses Glücksgefühl hätte ich mit nichts auf der Welt eingetauscht. »Auch wenn ich dich nie mehr wiedersehen sollte, wird dein Versprechen jeden Tag meines Lebens erfreuen. Was brauche ich mehr?«

Sein *Yes, priest* bedeutete für mich eine weitere Bestätigung meines Priestertums. Nichts mußte also in meinem Leben verändert werden, was ich nicht schon unternommen hätte. Im Gegenteil, meine Pflicht war es, das Priestertum besser zu leben. Sein *Yes* bestätigte mir, in richtiger »Verfassung« zu sein, und das auf italienisch ausgesprochene »si« bedeutete sein Einverständnis mit der Braut. Selbstverständlich verlangt der *Partner* vor seiner Hochzeit ein anderes *Si*, als eine so einfach auszusprechende Silbe. Er verlangt Einsatzbereitschaft, völlige Einsatzbereitschaft, und es bedarf wenig, Ehebruch zu begehen, manchmal nur eines Gedankens. Denke ich heute daran zurück, fühle ich mich unter Gottes ständigem Blick voll verantwortlich für dieses *Si*, das liebevoll, aber kompromißlos ist. »Heimtückischer, heuchlerischer Diener, du wußtest, daß ich ernte, wo ich nicht gesät habe und sammle, wo ich nicht gestreut habe ... Du nimmst das Talent und gibst es dem, der zehn hat.« sagte im Gleichnis der Herr zu seinem Diener, dem er nur ein einziges Talent anvertraut hatte.

Es ist sehr beruhigend, sich dem Allwissenden anzuvertrauen. In Tagen der Liebe können wir Dir sagen: »Selbst wenn ich dir sage, ich liebe Dich, könntest Du, der Du die Zukunft kennst, mich als Opfer künftiger Wünsche sehen. Darum sage ich Dir: Solltest Du mich in nebligen Tagen tastend umherirren sehen, erinnere Dich bitte an diese Liebe, die ich Dir heute entgegenbringe. Sollte es Augenblicke geben, in denen ich Dich vergessen werde, verlasse mich nicht im Namen deiner Güte und dieser Liebe; reiche mir die Hand und weise mir den Weg.«

»Die Quelle gibt stets mehr als man benötigt« sagt der Heilige Bernhard. Dies ist sehr tröstlich für den, der seine eigenen Grenzen kennt, noch tröstlicher aber sind die folgenden Sätze des Abtes: »Auch wenn das Geschöpf weniger zu lieben vermag, da es von niederem Stand ist, liebt es doch mit seinem ganzen Wesen, und nichts bleibt hinzuzufügen. Nichts fehlt, wo alles vorhanden ist. Zu lieben, wie sie sind, bedeutet Hochzeit gefeiert zu haben, denn man kann nicht lieben und weniger geliebt werden. Eine vollkommene, unfehlbare Hochzeit kann nur im beiderseitigen Einverständnis vollzogen werden, es sei denn, einer zweifelt, daß die Seele vom Wort geliebt wird, das vor ihr war.«[1]

Viele Tage der Trauer wurden durch ein einfaches »Si« überreichlich belohnt. Es war das »Ja« zur Hochzeit, das ich wünschte.

---

[1] Aus den Reden des Hl. Bernhard über das ›Hohelied‹.

XVII. KAPITEL

Vorbehalte und Suche
Briefe eines Unternehmers
und Laientheologen

Die Liebe Christi
übersteigt alle Erkenntnis.

Paulus an die Epheser 3, 19

In jenen Jahren der Suche und Begegnungen mit Sai Baba lernte ich viele Menschen kennen, die großes Interesse an diesem Göttlichen Wesen zeigten. Meine Position als Priester hatte viele hellhörig gemacht, schien doch immer wieder eine grundlegende Schwierigkeit der Aussöhnung zwischen der Person Sai Babas und Jesu Christi entgegenzustehen. Die Verwirrung über die Form fordert stets ihre Opfer, und die Überzeugung, daß sich das Göttliche Wesen nur ein einziges Mal in einer körperlichen Hülle offenbart, stirbt nur langsam ab. Die Vorstellung, daß das Göttliche in mehrfacher Gestalt erscheinen kann, scheint für die meisten Menschen unvereinbar mit ihrem Glauben zu sein. Diese Tatsache ist das größte Hindernis und läßt viele Suchende aufgeben und stranden.

Zu meinen interessantesten Begegnungen zählen zwei Personen, die besondere Beachtung verdienen; die eine geht diese Problematik mit wahrhaftem Forschergeist und theologischem Verständnis an, die andere mit Liebe und Hingabe, ungeachtet der sich aus der oben erwähnten dualistischen Problematik ergebenden Verunsicherung. Die erste Begegnung betraf einen Unternehmer, Dr. Gianni Venier aus Venedig, der sich in seiner Freizeit dem Theologiestudium widmet und auch Religionswissenschaften studierte. Die zweite Begegnung bezieht sich auf eine Nonne, die trotz quälenden Zweifeln die sich ihr offenbarende Wirklichkeit erkannte und zu bewerten verstand. Sie erlebte Augenblicke des tiefen Gleichklangs mit diesem Essentiellen.

Ich bat um Erlaubnis, einige Auszüge der Briefe veröffentlichen zu dürfen. Der Name der Nonne bleibt jedoch aus verständlichen Gründen ungenannt. Meine Antworten auf ihre Fragen werde ich ebenfalls anführen.

Ich hoffe, daß dieser Briefwechsel dem Leser helfen wird, meine vorangegangenen Ausführungen besser zu verstehen. Vielleicht befindet er sich in einem ähnlichen Zwiespalt, und das hier Niedergeschriebene trägt dazu bei, diese neue und aufwühlende Botschaft zu erhellen.

Hier nun der Briefwechsel mit dem Unternehmer und Laientheologen Dr. Venier. Ich habe ihn in Indien kennengelernt und erfahren, daß er bereits einige Entdeckungsreisen zu Sai Baba unternommen hatte. Seine Suche endete aber stets wegen der Unvereinbarkeit des Christus-Bildes gemäß der katholischen Tradition mit der göttlichen Gegenwart Sai Babas. Wir haben uns ausführlich darüber unterhalten, und es entwickelte sich ein Briefwechsel, den ich hier auszugsweise wiedergebe.

19. Dezember 1989

Lieber Don Mario,

(...) zurückgezogen in meinem Arbeitszimmer in ausgeglichener Stimmung, die stets dem Weihnachtsabend vorausgeht, möchte ich nochmals auf unsere lange Diskussion zurückkommen, insbesondere jedoch auf die Punkte, die Du in Deinem Referat (an der Universität Padua) hervorgehoben hast.

Beginnen wir mit Christus – Sai Baba – und uns. Ich

erinnere mich noch, daß Dein Gemeindepfarrer Dir Vorhaltungen gemacht haben soll: »Also wie steht es dann mit Christus, dem Eingeborenen Sohn des Vaters?« Du weißt, daß auch mich diese quälende Frage in bezug auf die Stellung Marias beschäftigt, diese Spannung zwischen Menschlichem und Göttlichem, die für die christlich-jüdische Tradition so typisch ist.

Was Maria anbelangt versuchte ich, das Problem der Göttlichen und Menschlichen Identität nochmals aufzuwerfen. Für uns Christen, wie Du weißt, bezieht sich diese Identität ausschließlich auf Christus, das Problem des weiblichen Antlitzes Gottes in Maria bleibt ungelöst. Gemäß der indischen Tradition werden durch den *Avatar*, zu unserer heutigen Zeit mit dem Namen Sai Baba, die beiden Aspekte Gottes, der männliche und der weibliche, bestätigt: die Inkarnation Gottes in Sai Baba bedeutet also Seine Fleischwerdung sowohl im Mann als auch in der Frau. Diese Auffassung des Göttlichen wurde nicht nur in der Vergangenheit, sondern auch in jüngster Zeit von unseren Theologen vertreten, wie von Balthasar und Boff, um nur einige zu erwähnen, die in ihren Werken von der Annahme ausgehen, daß zwischen Christus und Maria eine gewisse Einheit besteht. Aus diesem Grunde möchte ich die indische Tradition gerade in dieser Hinsicht ergründen und hoffe mit Deiner Hilfe mein Vorhaben zufriedenstellend beenden zu können. Ist erst einmal dieses Problem gelöst, haben wir einen entscheidenden Schritt vorwärts im Verständnis des Göttlichen gemacht, – zumindest was die Vertrautheit mit Gott anbelangt – und die Überwindung der Antithese zwischen Heiligkeit und Göttlichkeit. Es ist in der Tat unbestreitbar, daß die Heiligkeit am Göttlichen selbst teilhat und zwar durch ihre priviligierte Beziehung, die sie zu Gott hat, was aber wiederum nicht bedeutet, daß sie sich mit der Göttlichkeit identifiziert. Für uns Christen ist Christus ohne Zweifel eine göttliche Figur (eine einzige Figur – zwei Naturen); Maria und wenn Du willst auch Sai Baba, sind aber ganz sicher nicht göttliche Erscheinungsformen im Sinne der Dreifaltigkeit.

Die größte Schwierigkeit habe ich immer mit Paulus: »Christus ist der einzige Mittler, Christus ist die einzige Erscheinungsform des Sohnes, nur er hat eine priviligierte und ausschließliche Beziehung mit der Dreifaltigkeit, für uns Christen ist er der einzige Ausdruck Gottes«. (I Tim. 2, 1–8).

In Deinen »Betrachtungen zum Tage« kamst Du zu dem richtigen und wahren Schluß, daß Christus – der Sohn – der einziggeborene Sohn des Vaters ist, in Christus, Sai Baba, Maria, den Heiligen, im *Avatar* und in uns selbst; wir alle nehmen an diesem außergewöhnlichen kosmischen Ereignis teil, das uns zu Kindern des Vaters, zu Kindern Gottes macht; wir nehmen an der Göttlichkeit teil, die uns zu Gott selbst macht (siehe auch in diesem Sinne Paulus, Johannes und Deine anderen Zitate aus den Evangelien ...). Deine Antwort geht ganz offensichtlich auf die vollkommene Orthodoxie zurück; ich bin mir aber nicht sicher, ob Sai Baba das damit meint: mir scheint diese Lösung zu einfach zu sein.

Betrachten wir nun unsere Lehre: sie stellt sich meines Erachtens zwiespältig dar: einerseits bestätigt sie in der Tat, daß die einzig mögliche göttliche Inkarnation Christus ist, andererseits behält sie dieses besondere Privileg aber auch Maria vor (unbefleckte Empfängnis – ewige Jungfräulichkeit – Mariae Himmelfahrt »in corpore et anima«), sowie analoge Privilegien, die sonst nur einigen Heiligen zugesprochen werden (Allgegenwart, Allmacht und Allwissen). Demnach kann die Heiligkeit nicht nur ein Privileg des Abendlandes und des Christentums sein, denn sie manifestiert sich offensichtlich auch in außergewöhnlicher Weise im *Avatar* des Orients.

Die Beziehung Gott-Mensch setzt die Identität beider aufs Spiel, und wir müssen meiner Meinung nach die Antwort auf dieses Problem finden. Der *Avatar* stellt sich in einer Vollkommenheit dar, die selbst den Heiligen im Christentum nicht zugesprochen wird, auch wenn seine Beziehung zu Gott und die ihm zugeschriebenen Kräfte sich in beiden Fällen ähneln. Auf jeden Fall müssen wir das Problem der Inkarnation Gottes lösen, die für uns Christen einzig und allein in Christus gültig zu sein scheint.

Ich bin vollkommen Deiner Meinung, was die Wirkung Sai Babas auf die Menschen betrifft, auch billige ich Deinen Standpunkt, eine mögliche Annäherung an Sai Baba in drei Kategorien zu untergliedern. Ich bin absolut mit dem ersten Punkt Deiner Gliederung einverstanden (der außergewöhnliche Einfluß auf die Belebung des Glaubens) und auch der dritte Punkt ist mir nicht fremd (die Suche nach anderen Wegen zur Wahrheit). Du sagtest, daß Du Dich insbesondere mit diesem letzten Punkt identifizierst, machtest aber auch eine Andeutung hinsichtlich Deines Priesteramtes, die mich sehr berührte. Du hast auch viele andere Punkte angesprochen, und ich kann Dir nur versichern, daß ich alles mit großem Interesse verfolgt habe; ich glaube jedoch, daß die Beziehung Jesus-Sai Baba einen für uns Christen wesentlichen Punkt berührt; muß denn die Beziehung zwischen Sai Baba und Gott wirklich über Christus laufen?

29. Dezember 1989

Lieber Gianni,

auch ich freute mich, Dich in Padua unter den Zuhörern gesehen zu haben: kein anderer Zuhörer konnte wohl meine Überlegungen besser würdigen als Du, der Du dank Deiner theologischen Vorbildung und der Begegnung mit Sai Baba Dein Wissen immer mehr in »Erkenntnis« umwandeln konntest. Der Hl. Paulus sagt, daß »die Wissenschaft den Hochmut aufbläht«, Jesus dagegen wollte der Weisheit mehr Gerechtigkeit angedeihen lassen.

Ich danke Dir für Deine Fragen. Sie regen mich zum Nachdenken an, und wenn ich gezwungen bin, sie schriftlich zu beantworten, passieren sie, wie Du weißt, zahlreiche Filter und führen so zu größerer Klarheit. Ich überdenke Deine scharfsinnigen Einwände und hoffe, mich dadurch dem Ziel der Wahrheit zu nähern.

Die Frage des Eingeborenen Sohnes. Wie Du bereits in Padua gesagt hast, ist der Begriff »Eingeborener Sohn« ein göttliches Attribut und bezieht sich nicht auf eine genetische Abstammung im menschlich-biologischen Sinn, sondern auf die verpflichtende Einzigartigkeit des »Wortes«, das dem Schoß des Absoluten entspringt. Der Ausdruck ist nicht sehr geeignet, das Unsagbare, das Unnennbare auszudrücken. Jedes aus dem Lexikon entnommene Wort kann zur heimtückischen Falle werden, aber ich muß dieses Risiko eingehen, denn es gibt sonst keine andere Möglichkeit, sich auszudrücken. Der Johannes-Prolog beinhaltet höchste Weisheit, ich wage zu sagen vedische Wahrheit: »Am Anfang war das Wort und das Wort war Gott ... Und das Wort ist Fleisch geworden.« Die Syntax dieses Prologes hat etwas Zeitloses und Überirdisches: alles bleibt unabhängig vom geschichtlichen Geschehen, im Sachverhalt wahr, wie die Inkarnation eines Wesens namens Jesus, genannt Christus.

Durch unsere Tradition sind wir gewöhnt, seinen Namen ohne Differenzierung auszusprechen: Jesus Christus. Die Theologie der letzten Jahre jedoch, die sich auch in der Liturgie widerspiegelt, hat sich für den Ausdruck »der Christus« (= der Gesalbte) entschieden; diese auch nicht ganz treffende Bezeichnung gibt aber die Realität eines Göttlichen Wesens besser wieder, des Einzigen, Eingeborenen Sohnes (das Wort des Vaters hat nur eine Bedeutung, ein einzige Ausrichtung und hat ... keine Brüder und Schwestern), der im menschlichen Körper Aufenthalt und Ausdruck gefunden hat, diese Dimension ist notwendig, um mit den Menschen Kontakt herstellen zu können. Der zu diesem Zweck ausgewählte menschliche Körper trägt den Namen Jesus.

Auch wenn Jesus in seinem Familienleben »Bluts«-Geschwister gehabt hätte, würde dies kaum eine Rolle spielen. Die offizielle Auslegung der Bibel hat, um eine falsche Deutung des Begriffes Eingeborener Sohn zu verteidigen, den Begriff der »Brüder« Jesu betont, die bereits in den Evangelien erwähnt wurden und bekräftigt, daß es sich um »Vettern und Kusinen« handelte. Der Größe Jesu hätte niemals auch nur im geringsten ein Blutsbruder etwas anhaben können und schon gar nicht die Tatsache, ein Familienangehöriger zu sein.

Das gleiche, *mutatis mutandis*, gilt auch für Sai Baba.

Vom geschichtlichen Standpunkt aus gesehen heißt Sai Baba mit dem Vornamen Satyanarayana und mit dem Nachnamen Raju. Er, der als übermenschliche Realität eines Gottes nur mittels eines menschlichen Körpers mit den Menschen direkt in Kontakt treten kann, nahm menschliche Gestalt an, einen menschlichen Organismus mit allen physischen Abhängigkeiten ... und einen neuen Namen, der seine Botschaft verkündet: Satya Sai Baba oder die Wahrheit, die einen wahrhaften Menschen hervorbringt (im Sinne Vater und Mutter zu sein).

Auch Sai Baba, der Eingeborene Sohn, der »vor der Ewigkeit geboren wurde«, verkörpert sich in Fleisch und Blut und ist dem Verfall, dem Altern und dem Tode unterworfen. Seine geistige, metyphysische und ontologische Realität aber übersteigt unser menschliches Verständnis!

In diesem kleinen Körper, zierlich und mächtig, Liebe ausstrahlend wie die Sonne das Licht, pulsiert das Wesen des gesamten Seins. Um uns Menschen die ihm innewohnende Macht zu zeigen, erschafft seine Hand unerschöpflich Gegenstände jeglicher Art. Aus diesem Grunde strömt unser Herz vor Glück über, wenn er sich uns beim *Darshan* nähert, und unser ganzes Wesen zerschmilzt, um in Ihm aufzugehen. Diese Kräfte können weder gesehen, noch im Laboratorium analysiert werden; sie werden aber von der Theologie ignoriert; diese Kräfte entspringen dem gemeinsamen Erbe aller Wesen, deren Abbild in Ihm ist.

Bewegt sich der Ozean, bewegen sich auch alle Wellen. Wärme ist sowohl in einer kleinen Flamme als auch im lodernden Feuer eines großen Brandes. Es gibt kein Feuer ohne Wärme.

Ich möchte behaupten, daß der Eingeborene Sohn dieser alles sprengenden Kraft entspricht, die unser Leben beseeelt und ihren höchsten Ausdruck in der göttlichen Inkarnation findet. Von Zeit zu Zeit, wenn es notwendig ist, strahlt sie ihre Unendliche Güte der Liebe auf die Menschheit aus. Der Hl. Athanasius hat dies verstanden und drückte es folgendermaßen aus: »Er ist der Einzige, der Eingeborene Sohn, der gute Gott, der vom Vater als Quelle der Güte entspringt und das Universum ordnet und zusammenhält.«

Mit unglaublicher Klarheit beschreibt der Hl. Thomas von Aquin in wenigen Worten das Wesen des menschgewordenen Eingeborenen Sohnes: *Unigenitus Dei Filius, suae divinitatis volens nos esse participes, naturam nostram assumpsit, ut homines deos faceret factus homo.* Demnach ist, wie Du siehst, der Eingeborene Sohn nicht der Sohn des Zimmermanns aus Nazareth, sondern das als *ab æterno* existierende Wesen, das die Seele Jesu erfüllte, mit Ihm vollends übereinstimmte und sich mit Ihm identifizierte.

Maria oder die Heilige Mutter. Ich bin froh, daß Du auf Grund Deiner Studien zum Schluß gekommen bist, daß Maria viel mehr ist als diese schlichte, mütterliche Person, die die Tradition aus ihr gemacht hat. Anläßlich der kürzlich begangenen Feier der Unbefleckten Empfängnis hatte ich während der Andacht eine Eingebung, die ich unbedingt meinen Nonnen weitergeben wollte, selbst auf die Gefahr hin, sie zu entsetzen. Erst heute, nach so vielen Jahren des Unverständnisses wurde mir klar, daß die unbefleckte Empfängnis nichts anderes als die »Geburt ohne Sünden« bedeutet, d.h. ohne *karma*, ohne Belastungen durch frühere Leben, also im Status der absoluten Vollkommenheit.

Ich habe mich gefragt: soll auf diese Weise etwa ausgedrückt werden, daß ein menschliches Wesen auch göttlich werden kann? Wäre dann nicht die Madonna ein weiblicher *Avatar*? Dieser Gedanke machte mich glücklich und versöhnte mich mit dem veralteten Bild unserer bedauernswerten Homelien, die die menschlichen Tugenden der Maria und ihre »erzwungene« Mutterschaft lobpreisen.

Ich glaube aus diesem Grunde, daß Maria und Jesus zwar durch verschiedene Rollen doch ein und dasgleiche Ziel erreichen: Maria in ihrer natürlichen Rolle der Frau eher ruhig und kontemplativ; Jesus der Bestimmung des Mannes entsprechend als Prediger sozial tätig, ein *Kshatriya*.[2] Somit endet eine falsch ausgelegte Lehre (weil die Wahrheit erzwungen wurde), die der Verstand zu weitschweifig interpretiert hat. Dies scheint für mich die Triebfeder des Heiligen Geistes zu sein: er übermittelt den Menschen Wahrheiten, die das menschliche Fassungsvermögen übersteigen.

Es kann nicht geleugnet werden, daß auch die Religion die der Frau seit Jahrhunderten entgegengebrachte geringe Achtung mit verursacht hat. Maria ist nicht die arme, unwissende Mutter, die gewissenhaft einem verschwommenen Plan folgt, sondern die »Frau«, die den Schädel der Schlange mit einem »Ja« zertrümmert hat. Was sonst würde uns dieses prächtige Bild sagen, wenn nicht Maria es verdiente, an Seiner Seite zu sitzen, der aus diesem demselben Grunde wie Sie gekommen ist: das Haupt der Maya, der Göttin der Unwissenheit zu zertrümmern? Die Unwissenheit stirbt angesichts der Bescheidenheit, der Demut.

Maria und Jesus symbolisieren das weibliche und männliche Prinzip, das sich heute in der Person von Sai Baba vereint. In den Heiligen hinduistischen Schriften werden diese beiden Prinzipien *Prakriti* und *Purusha* genannt. Die frühchristliche Tradition, die noch reiner und unverfälschter als die spätchristliche Tradition war, sah Maria als Königin auf dem Königsthron an der Seite Christi; Ihr Körper schien den Naturgesetzen der Verwesung nicht unterworfen zu sein.

Mariä Himmelfahrt und die Auferstehung Jesu betonen genau diese Realität. Die östliche Gottesverehrung gilt auch der Heiligen Mutter. Die uns in Indien fast lächerlich erscheinende Verehrung der Kuh ist nichts anderes als die Anbetung göttlicher Eigenschaften, die in diesem Tier zum Ausdruck kommen: sie frißt Gras von der Wiese, düngt ökonomisch diese Wiese wieder und produziert ein kostbares Nahrungsmittel, die Milch, aus der Butter, Käse usw. hergestellt werden; sie erwartet keine Gegenleistung; sie ist nicht aggressiv, wird aber ständig belästigt … sie verkörpert das Bild einer wahrhaftigen Mutter, die liebt, ohne auf ihren Vorteil bedacht zu sein.

Die Schwierigkeit, die sich aus dem Text I. Tim. ergibt, kann von der richtigen Auslegung des Satzes herrühren: »*für die Christen* ist er der einzige Ausdruck Gottes«, wobei »für die Christen« weitaus toleranter ausgelegt werden könnte, denn andere Kulturen haben andere Ausdrücke und Erklärungen für das Göttliche. Der Hl. Paulus scheint damit ausdrücken zu wollen, daß dieser Ausspruch für uns so gilt und daß kein Anlaß besteht, ihn zu ändern. Andere erreichen das gleiche Ziel über andere Wege.

Lieber Gianni, Deine Suche wird ganz sicher ein gutes Ende finden, denn Du bist von dem Wunsch nach Wahrheit beseelt. Vergiß nicht, daß der menschliche Intellekt – von dem auch die Theologie abhängt – sehr begrenzt ist. Es wäre ideal, eine Synthese zwischen dem Gelernten und dem Erfühlten herzustellen.

Der Unterschied zwischen einem theologischen Studium und der lebendigen Wirklichkeit ist vergleichbar mit der Lage eines Naturwissenschaftlers, der eine Frucht fachlich biologisch in alle Teile zerlegt, und dem Geschmack dieser Frucht. »Versucht nicht, mich zu verstehen«, sagt Sai Baba »versenkt euch in meine Wirklichkeit.« Wissenschaft ist durch Studium erlernbar, der Weg aber ist langsam, mühsam und voller Gefahren; die Heiligen erlangten dieses Wissen durch Erkenntnis, in dem sie sich vollends in das Göttliche versenkten. Aus diesem Grunde können die Heilige Theresa oder der Heilige Pfarrer von Ars, sowie viele andere von Gott reden, ohne studiert zu haben. Sie berührten das Problem mit dem Herzen und .... berühren das Herz derer, die voller Probleme sind.

16. Februar 1990

Lieber Don Mario,

(...) heute beginne ich mit der Analyse des Begriffes Offenbarung. Offenbarung bedeutete für alle Religionen, insofern sie auf einer Offenbarung gründen, Selbst-Manifestation des Göttlichen.

Für uns Christen offenbarte sich Gott in Jesus von Nazareth. Johannes sagt in seinem Prolog »das Wort ist Fleisch geworden«. (Joh. 1,14).

Außerdem ist Jesus von Nazareth als Offenbarung Gottes der wahrhaftige und einzige Weg, der zum Vater führt (Joh. 14,6). Zwischen Jesus und dem Vater besteht also ein derart enges Band, daß es unmöglich ist, beide voneinander zu unterscheiden, wie auch im Evangelium geschrieben steht: »Ich und der Vater sind eins«. (Joh. 10,30).

Somit konzentriert sich alles auf Jesus von Nazareth. Er und nur er allein ist die Vollendung der Offenbarung, und nur durch die Auferstehung Jesu werden alle Gläubigen auferstehen und am göttlichen Leben teilhaben.

Wie sowohl von den Kirchenvätern, als auch auf den Konzilien von Nicaea I und Nicaea II bestätigt wurde, ist man sich über die göttliche und menschliche Gestalt Christi absolut einig und zwar insofern, als der Weg der Erlösung für alle vorgezeichnet und abgesteckt ist.

Wie bereits gesagt, schienen alle Fragen gelöst und geklärt zu sein. Dennoch aber tauchen seit zweitausend Jahren immer wieder Fragen zu diesem Thema auf. Seit Beginn des christlichen Glaubens bleibt ein Geheimnis ungeklärt: das Dogma der Dreifaltigkeit. Dieses Geheimnis bezieht sich auf das Wesen Gottes selbst und ist gleichzeitig der Schlüssel, der die Interpretation anderer Aspekte des Christentums erlaubt.

Auf Grund dieses Dogmas vom einzigen Gott entwickelte sich stufenweise die Offenbarung im Alten und Neuen Testament, existiert und lebt er als Vater, Sohn und Heiliger Geist.

(...) Für die Christen ist Gott der Vater, der Sohn und der Heilige Geist. Sie durchdringen sich gegenseitig in ewiger Wechselbeziehung und Liebe. Für Origenes bedeutet dieses unergründliche Geheimnis Dynamismus und Verständigung, für Augustinus bedeutet es den Ausdruck der Liebe (*Vides Trinitatem, si caritatem vides*). Du siehst die Dreieinigkeit, wenn Du Liebe siehst.

Heute bedeutet Dreifaltigkeit Einheit der Natur oder ein aus drei Personen bestehendes Wesen. Christus hingegen personifiziert zwei Naturen, die menschliche und die göttliche. Das würde also bedeuten: in Christus ist eins, was in der Dreifaltigkeit vielfältig ist, das heißt: in Christus ist vielfältig, was in der Dreieinigkeit eines ist. Die Inkarnation ist für uns Christen eine unwiederholbare, einzigartige Tatsache, da die göttliche Erscheinungsform im Einziggeborenen Sohn einzigartig ist. Teilt sich aber Gott einzig und allein durch seinen Sohn der Schöpfung mit? (...)

Oft habe ich das Gefühl, daß es viel einfacher wäre, alles als ein unergründliches Geheimnis zu akzeptieren. Die Frage aber taucht immer wieder auf: Wer ist Jesus? Wer ist Maria? Wenn Du willst: Wer ist Sai Baba? Wer sind wir?

Also müssen wir auf irgendeine Weise diese wechselseitige Beziehung klären, die letzten Endes das Absolute selbst, Gott selbst betrifft. Christus ist ganz sicherlich, und davon bin ich überzeugt, der einzige Weg – denn Christus ist, wie Johannes schreibt (14,6) die Wahrheit und das Leben. Wir Christen beziehen diese drei wichtigen Konzepte auch in der Definition der Kirche ein: unsere Gemeinschaft in Christus ist unser gemeinsamer Weg, unsere gemeinsame Wahrheit und unser gemeinsames Leben.

Ich möchte nochmals auf die Schlußbemerkung Deines Briefes zurückkommen. Es ist klar, daß der Eingeborene Sohn nicht der Sohn des Zimmermanns aus Nazareth ist, wohl aber das präexistierende Wort. Es ist auch wahr, daß der Sohn, der Eingeborene Sohn, Fleisch geworden ist. Und daß Er, der Fleisch wurde, menschliche Natur annahm und sein göttliches Wesen bewahrte, sich in Christus inkarnierte, einzig und allein in Ihm. Wir sind wieder am Ausgangspunkt angelangt: die Fleischwerdung erfolgte nur ein einziges Mal, denn die Hypostase der Dreifaltigkeit inkarnierte nur ein einziges Mal.

Vielleicht sollte ich mit den Worten schließen, mit denen Du Deinen Brief begonnen hast: »die Sprache ist ein ungeeignetes Instrument, um das Unsagbare, Unnennbare auszudrücken.« Suchen bedeutet unvermeidbare Risiken einzugehen, wie aber kann man sich der Suche verschließen?

P.S. Ich habe mir die Aufzeichnung Deiner Rede anläßlich der Sai Baba Konferenz in Padua nochmals angehört. Zwei Deiner Ausführungen sind mir nicht ganz klar.

Im ersten Teil Deiner Rede sprichst Du über die Wunder Sai Babas und von seinem fundierten Wissen über die Struktur der Materie und ziehst folgenden Vergleich: so wie der *computer* nur von seinem Konstrukteur vollkommen verstanden werden kann, kann die Materie nur von ihrem Schöpfer zutiefst verstanden werden. Setzt Du da nicht Wissen mit der Schöpfung gleich? War das der Sinn Deines Vergleiches, oder habe ich Dich falsch verstanden?

Auch habe ich Zweifel an Deiner Vorstellung vom Verhältnis Gottes zu Gut und Böse. Um Sai Baba von der Beschuldigung freizusprechen, ein Dämon, die Personifikation des Bösen zu sein, leugnest Du, daß letzten Endes Gut und Böse in Gott gründen und auf Ihn zurückzuführen sind. »Die Welt der Phänomene – ich zitiere Dich wörtlich – ist dualistisch strukturiert; Gott, insofern alles von ihm abstammt, steht über allem und somit auch jenseits der menschlichen Vorstellung von Gut und Böse.« Dementsprechend ist Gott der Höchste Zeuge, gleichzeitig aber unbeteiligt am Rollenspiel.

Gleich danach aber erläuterst Du den Begriff *Avatar* und sagst: »Läßt die Gerechtigkeit nach, inkarniert sich Gott«. Wie aber vertragen sich diese beiden Aussagen? Um welche Gerechtigkeit handelt es sich? Auf welches Konzept von Gut und Böse bezieht sich eine solche Gerechtigkeit?

27. Februar 1990

Lieber Gianni,

Ich bin mit all Deinen Überlegungen einverstanden, außer mit einem Punkt, der, nach meiner Überzeugung, einer der Kernpunkte der katholischen Lehre ist: »Die Inkarnation ist für uns Christen eine unwiederholbare und einzigartige Tatsache, denn die göttliche Erscheinungsform des Eingeborenen Sohnes ist einzigartig«. Weiter »Er, der Eingeborene Sohn, wurde Fleisch, nahm menschliche Natur an, bewahrte aber sein göttliches Wesen; Er inkarnierte in Christus, einzig und allein in Christus.«

Ad primum respondeo dicendum quod: wie ist es möglich, die unumschränkte Macht Gottes einzuengen, denn er allein entscheidet, welche Form er annimmt (irgendeine Form zu irgendeinem Zeitpunkt?) So wie er die Form einer Amöbe, eines Rehes oder des Sternes Sirius annahm und entsprechend ihrem Bewußtseinsgrad sie durchdrang, nahm er ihre »höchste Form« an (höchste Form in Bezug auf ihre Evolution); beim Menschen würde die höchste Form dem Höchsten Bewußtsein entsprechen, das falsch angewandt, seinen freien Willen unterbindet. Entsprechend der Mensch-menschlichen Ebene nimmt Gott die Mensch-Gottes Form an, d.h. der Mensch gibt seinen eigenen freien Willen auf (i.e. sein eigenes Ego erlischt im Göttlichen) und erreicht so den höchsten Bewußtseinsgrad, der von einem menschlichen Wesen erreicht werden kann.

Warum also sollte dieser Gott nur eine einzige Möglichkeit haben, in einer »bestimmten« Form zu einem »bestimmten Zweck« Gestalt anzunehmen? Da von dieser Interpretation in der gesamten christlichen Tradition ausgegangen wird (obwohl diese Interpretation recht fragwürdig ist und mich oft sprachlos macht) sollte unser Verstand – der für unsere heutige Wissenschaft einschließlich Theologie verantwortlich zu machen ist – dringend diese Positionen neu überdenken, die in philosophisch-theologischer Hinsicht fehlerhaft und sinnlos sind.

Gott läßt sich nicht durch eine sich emporrankende Logik eingrenzen. Wenn er will, kann er nicht nur einen Christus in jedem Jahrhundert entsenden, selbst wenn die Menschen den Sinn der Schriften nicht verstehen und sie zu geistigen Theorien entarten lassen, selbst wenn sie sich weiterhin vor den Werken des menschlichen Geistes verbeugen und Idole eines mumifizierten Kultes verehren. Der Göttliche Haushalt aber ist weise und verzeiht, denn im menschlichen Herzen liegt die Schatzkammer der Ewigen Weisheit, dort ist allen Lebens Sinn. »Wahrheit macht frei«; sie kann aber nicht erreicht werden, wenn wir auf einen wackligen Hocker steigen in der Annahme, er sei stabil.

Ad secundum video quod: Eine gesunde Theologie sollte der Wahl der Worte große Aufmerksamkeit schenken. Nicht umsonst hat die heutige Liturgie den Ausdruck Christus in »der Christus« umgewandelt, was bedeutet »der Gesalbte«, d.h. der Geweihte, der Auserwählte, der Eingeborene Sohn. Der Eingeborene Sohn kann sich nicht im Eingeborenen Sohn inkarnieren. Der Eingeborene Sohn inkarniert sich in einem menschlichen Wesen, und zwar vor 2000 Jahren in Jesus von Nazareth, der allmählich in authentischer Hypostasis zu Christus und Eins mit Ihm wurde.

Durch sein Bewußtsein wurde der Sohn Marias, der Mensch Jesus, eins mit dem Bewußtsein des Eingeborenen Sohnes Christus. Die *mens* des *yogi*, geboren in Bethlehem und aufgewachsen in Galilea, hat sich auf die Ebene des Konstrukteurs erhoben: der beste Spieler wird an den Plänen des Regisseurs beteiligt, denn er kann sie verstehen. Auch heute betrachtet er noch das Welttheater, Er selbst ist der Botschafter eines Erlösungsplanes des Vaters: Der Mensch hat seine wahre Natur vergessen und braucht die ausgestreckte Hand des Göttlichen.

Nun zu Deinem P.S.

1) Ja, Wissen ist potentiell schöpferisch. Hat der Ingenieur den *computer* erst einmal entworfen, muß er ihn nur noch in Gang setzen. Als Leonardo von einer geheimnisvollen Frau träumte, wurde die Gioconda geboren. Zwischen dem Gedanken und seiner Umsetzung liegt eine Zeitspanne, die vom Willen des Schöpfers und seiner Verwendbarkeit abhängt. Manchmal wird ein subtiler, esoterischer Kontakt hergestellt, und die Idee erreicht den Empfänger genau in dem Augenblick, in dem der Wunsch formuliert wurde. In dem Augenblick, in dem sich das Kälbchen der Mutter nähert, beginnen sich ihre Euter mit Milch zu füllen ... Dieses wunderbare Beispiel habe ich den Upanishaden entnommen. Unser Wissen ist unvollständig. Deshalb müssen wir angestrengt arbeiten, um Metalle zu verbinden, chemische Reaktionen herzustellen, Entdeckungen zu machen. Wir verstehen nur einen kleinen Bruchteil der Materie. Dem göttlichen Wissen jedoch entgeht nichts, was dem menschlichen Intellekt unbekannt ist. Einem Menschen in vollem Gottesbewußtsein gleichen die Anordnung und der Aufbau der Moleküle einem offenen Buch. Es genügt, den Finger seiner *shakti* (Energie) in diese Struktur zu stecken, um sie nach Belieben zu verändern ... das Wunder!

2) Als Du von Gut und Böse sprachst, sagtest Du genau: »In diesem Spiel kann man die dualistische Natur der Welt der Phänomene erkennen, wo Gut und Böse nur zwei menschliche Kategorien sind, und alles hat seinen bestimmten Zweck. Der höchste Geist beteiligt sich weder an diesem Spiel, noch begeistert

er sich für das Gute, sondern er ist nur Zeuge, Höchster Zeuge. Alles kommt von Ihm, wie könnte er dann Partei ergreifen?

Sowohl die Differenzierung zwischen Gut und Böse, als auch die Ethik und die moralischen Normen stammen vom Menschen ab und verändern sich mit den Zeiten, den geographischen Lagen, von Epoche zu Epoche und mit den Völkern. Die einzige, unveränderbare Norm wird als das Ewige Gesetz (*Dharma*) definiert, als die Göttliche Energie, die alle Menschen zur Lobpreisung der Liebe führt.«

Würde Gott nur für das Gute Partei ergreifen, schränkte er sich selbst ein. Würde er mit dem Bösen leiden, unterläge Er ihm. Gott (im Sinne des Absoluten) kann nicht Partei ergreifen, es sei denn er verkleidet sich als Spieler: als *Avatar*. Sai Baba sagte vor einiger Zeit etwas ähnliches: ich bin gekommen, um gegen das Böse zu kämpfen, nehmt Teil an diesem Wettkampf, usw.

Nur einer ist Gott und unerschütterlich. Nimmt er jedoch Gestalt an und betritt die Bühne, spielt er die ganze Rolle: er weint, lacht, leidet, erkrankt, aber – Achtung! – nicht nach menschlicher Art. Er tut es, um zu belehren. Das Gute ist der Weg zu Ihm, die Gerechtigkeit oder das *Dharma*. Hat man Ihn jedoch erreicht, sich mit Ihm verbunden, gibt es nur Glückseligkeit, Zufriedenheit im Selbst und Unverletzbarkeit durch Gut und Böse. Die Gerechtigkeit, die über Gut und Böse steht, wird dadurch bedingt. Denk an Arjuna: Kämpfe, Arjuna! Deine Verwandten sind nichts anderes als eine Sinnestäuschung, und deine Pflicht ist zu kämpfen. »Wer ist meine Mutter, wer sind meine Brüder? Meine Mutter und meine Brüder sind die, die den Willen des Vaters ausführen!«

Ich hoffe, alle Deine Fragen beantwortet zu haben. Vergiß nie die von Swami empfohlene goldene Regel: »Betet um Gott zu erlangen, denn mit Ihm erlangt ihr alles« (...) »Suchet das Reich Gottes und alles andere wird euch hinzugegeben werden«.

2. April 1990

Lieber Don Mario,

von einer langen Reise zurückgekehrt fand ich Deinen Brief vom 27. Februar vor, und ich möchte Dir diesen Brief noch vor Ostern beantworten.

Ich bin glücklich, diesen anregenden und lehrreichen Briefwechsel mit Dir fortsetzen zu können.

Leider muß ich bekennen, daß ich bezüglich Deiner ersten Antwort anderer Meinung bin. Gott hat nicht in Christus eine Gestalt von vielen angenommen. Wäre dies der Fall, so würde man meines Erachtens Gott mit der Schöpfung verwechseln.

Die Schöpfung ist etwas anderes als Gott: die Amöben, das Reh, der Stern Sirius und letztendlich als Höhepunkt der Schöpfung der Mensch, sie sind nicht Formen von Gott. Stellt man das nicht von vornherein klar, gleitet man unweigerlich in den Pantheismus ab. Gott ist die 'transaktive, nicht immanente Ursache der Welt; Gott ist in Bezug auf die Schöpfung transzendent, das ist etwas ganz anderes.

Er offenbart sich jedoch dem Menschen, er will mit dem Menschen reden und spricht in seiner Sprache. Das Wort wurde zu Fleisch. Gott hat zuerst über die Propheten zu den Menschen gesprochen (er tat es und tut es immer noch) und nur ein einziges Mal hat er direkt mit den Menschen gesprochen und zwar als er selbst Mensch wurde. Dieses Ereignis ist einzigartig, dürfte auch nicht anders sein, wenn wir die Transzendenz Gottes retten wollen. Das ist das Mysterium des Christentums und liegt im Mysterium der Dreifaltigkeit begründet. Das macht unseren christlichen Glauben aus.

Welche Stelle nehmen nun aber in erster Linie

Maria, die Heiligen, der *Avatar* und Swami in unserem Glauben ein? Erlaube mir, dieses Problem für den Augenblick noch offen zu lassen.

Mit Deiner zweiten Antwort bin ich hingegen einverstanden: so wie Du es siehst, sehe ich es auch.

Wie Du, bin auch ich von der Unzulänglichkeit des sprachlichen Ausdrucks überzeugt. Versuchen wir also mit unendlicher Vorsicht das »Werden« des Sohnes Christus, die einzige Erscheinungsform Gottes, das Einssein mit dem Vater – er nahm das Bewußtsein des Vaters an – mit Worten auszudrükken.

Am Anfang werden die Worte und Werke Jesu mit der Autorität des Vaters ausgesprochen und durchgeführt; das »Wort Gottes« wird zu »das Wort des Herrn«, dann zu »das Wort Christi«, sie sind austauschbar und zum Schluß »wird« Jesus zum Wort Gottes selbst: Jesus Christus, das Wort wurde Fleisch, als Mensch zu den Menschen gesandt. Er spricht das Wort Gottes (Joh. 3, 34), er vollendet, vom Vater beauftragt, das Werk der Erlösung (Joh. 5, 36; 17, 4); wer mich gesehen hat, hat den Vater gesehen (Joh. 14,9).(..)

Manchmal habe ich das Gefühl, daß wir uns gut verstehen und daß wir uns, wenn auch langsam, die gleiche Sprache erarbeiten. Deine Bemerkungen zu meinem P.S. waren hilfreich, und ich danke Dir dafür. Deine Gedanken erinnern mich an mir sehr liebgewordene Aussprüche von Augustinus, wie: »Gott ist stets in unserem Innersten gegenwärtig; vertraue Ihm und sei mit Ihm, entdecke Ihn wieder und du wirst alles haben.« »Willst Du wirklich frei sein? Deine höchste Freiheit ist Christus zu dienen«.

Viele Worte Swamis klingen in Augustinus' Gedanken wieder und noch mehr in Christus' Worten, die in den Evangelien aufbewahrt wurden.

Lieber Gianni,

Bitte entschuldige meine verspätete Antwort. Es gibt keine mildernden Umstände, außer meine nie zu befriedigende Begeisterung, die Reden Satyas zu redigieren. Bin ich damit beschäftigt, vergesse ich den Rest der Welt.

Ich werde versuchen, den strittigen Punkt des letzten Briefes zu klären. Gott verwechselt sich nicht mit der Schöpfung, obgleich sich in der Welt der Phänomene nicht ein einziges Atomteilchen befindet, das nicht sein göttliches *copyright* trägt.

Wenn wir sagen, der Schöpfer ist Gott, begehen wir einen syntaktischen Fehler. Wir sollten uns nicht auf diese Weise ausdrücken, da wir sehr genau wissen, daß wir dann Gott durch den Absoluten, den »Das was ist«, den Unbeschreiblichen, den Unnennbaren, den Ewigen, den Formlosen, usw. ersetzen. Wie ich bereits sagte »existiert nichts auf der Welt, das nicht von Ihm erschaffen wurde, das nicht durch Ihn Lebensenergie und Leben erhält«₃, das nicht auf seinen Befehl wieder aufgelöst wird; wir verwenden Seinen Namen überall mit unzulänglichen Bezeichnungen (denn uns steht nur ein unzulänglicher Wortschatz zur Verfügung). Das bedeutet jedoch nicht, daß er mit der Welt verwechselt wird.

Ein Beispiel: Ein Auto setzt sich aus verschiedenen Teilen zusammen; von diesen Teilen ist der Motor ganz ohne Zweifel der wichtigste. Ohne Motor fährt das Auto nicht, es sei denn, man schiebt es ... Was für das Auto der Motor ist, ist für die Zelle die DNS. Das wahrhaft Wesentliche aber ist der menschliche Verstand, der sich das Auto ausgedacht hat und es lenkt. Ingenieur und Fahrer sind eng mit dem Auto verbunden, identifizieren sich aber nicht mit dem Getriebe. Hast Du Deine Reise beendet, stellst Du das Auto ab und gehst in das Haus. Das Auto aber lebt weiter, ist leistungsfähig und fahrbereit; Du aber ruhst Dich im Bett oder auf dem Sessel aus und denkst an Dein Examen. Gleichwohl ist jedes existierende Element – von der Amöbe bis zum Elefanten, vom Urtierchen bis zur Freßzelle Deines Magens – Mitreisender dieses höchsten Fahrers, der gleichzeitig auch Höchster Ingenieur ist und das gesamte Dasein nach seinen ihm wohlbekannten Gesetzen steuert, denn er ist auch der Gesetzgeber.

Darum sage ich, daß Gott in Allem ist; ich bin nicht in den Pantheismus oder die Immanenzphilosophie abgeglitten. Dieser Ingenieur begleitet stets sein Werk in allen Einzelheiten, kann sich aber nach eigenem Entschluß von der Bühne zurückziehen und den Kosmos in den Urzustand des Nicht-Manifesten zurückversetzen. Dies bedeutet jedoch nicht, daß er sich von dem Bereich der Schöpfung zurückzieht, der im Sterben begriffen ist, denn auch im »Tod«, oder besser: während der Auflösung der Materie dirigiert er seine Arbeit weiter: das Salz, die Kohlenstoffe, die Vitamine, usw. den phosphathaltigen Kalk der Asche oder den Dünger. *Vita mutatur, non tollitur.*

War das die Bedeutung Deines Begriffes »transaktive Ursache«?

Es stimmt, wenn Du sagst, Gott unterscheidet sich von der Schöpfung. Sagt man, er sei der Einzige, sollte man sich auch über die Bedeutung dieser einen Silbe »Gott« klar werden: das Absolute oder ein Urheber, also ein Etwas, das wirkt und handelt und folglich nicht als das Absolute bezeichnet werden kann. Die Hinduisten drücken sich im Vergleich zu uns klarer aus. Brahman, das Absolute, der *Paramâtman* (die höchste Wirklichkeit, die universelle Seele) und Brahma, der Schöpfergott, der Ingenieur, das personifizierte Absolute, der Atman (atta heißt ich). Aber auch unsere Schriften, falls gewissenhaft gelesen, offenbaren dieselbe Wahrheit: der unbenennbare Gott der Israeliten, der Ewige, die Höchste Seele, die in jedem Herzen wohnt, und die Weisheit, der Gott der Väter, der Gott, der siegen oder verlieren läßt.

Auf diese unbestreitbare Grundlage kann der Glaube gestützt werden, daß Gott nur ein einziges Mal »direkt« mit den Menschen gesprochen hat. Ich kann diese Annahme jedoch nicht teilen. Kommen wir aber wieder auf das vorher Gesagte zurück: Gott tut, was ihm gut und richtig erscheint, und keine Theologie kann es leugnen.

Nun zu Maria, den Heiligen, dem *Avatar*, Jesus, Swami ... Was machen sie hier? Welches Eckchen können wir ihnen in unserem »fest verankerten« Glauben einräumen? Sie sind die Göttlichen Wahrzeichen für den Menschen, der sich in den Mäandern der Zeit von dem ursprünglichen Glanz des Glaubens entfernt hat. Sicher, warum braucht man einen Swami, wenn Jesus bereits alles gesagt hat?

Wir brauchen Nachhilfeunterricht, Privatstunden, denn wir haben unsere Lektion im Lauf der Jahre nicht gut gelernt. Nicht die göttliche Botschaft muß wieder neu verkündet werden, sondern wir nachlässigen Schüler haben den Saft ihrer Lektionen vergessen.

Der göttliche Meister also, der weder bestechlich noch käuflich ist, erteilt seinen Privatunterricht stets kostenlos (er verlangt Einsatz, nicht Geld) und findet noch Zeit und Energie zwischen den Bänken umherzulaufen, um uns mit einer Liebkosung oder einem Nasenstüber daran zu erinnern, daß der Weg stets dergleiche geblieben ist. Die Wiederholung dieser Gnade ist nicht ein Eingeständnis ihrer Unzulänglichkeit, sondern unserer eigenen Unzulänglichkeit. Müßten wir nicht dankbar für diese Liebe sein, die uns zuteil wird?

Wir sollten niemals vergessen, daß sich zwar der Schauspieler ändert, der ihn beseelende Geist jedoch nicht.

Christus, der du bist gestern, heute und immerdar,

Anfang und das Ende, Alpha und Omega ... Ihm sei Ehre von Ewigkeit zu Ewigkeit ... Amen.

Sei Du und Marisa lieb von mir umarmt. *Om Jesus admirabilis, Om Maria, Mater Divinae Gratiae. Om Sri Satya Sai Babaya Namah.*

Anmerkungen

[1] Der Absender bezieht sich auf einen am 16. Dezember 1989 in der Großen Aula der Universität Padua gehaltenen Vortrag über »Transkulturelle Aspekte zeitgenössischer Religion: Der Fall Sai Baba.

[2] Eine der vier Kasten hinduistischer Tradition, auch »die Kaste der Krieger« genannt.

[3] Aus einem Vorwort der katholischen Liturgie.

XVIII. KAPITEL

Ekstase und Qual
Briefe einer Sai ergebenen Nonne

Gleich bin ich
gegenüber allen Lebewesen
Keines ist mir verhaßt oder lieb.
Die aber, die mich mit Hingabe
verehren, leben in mir
und ich lebe auch in ihnen.

Bhagavad Gita IX, 29

Nachdem Schwester W. Sai Babas Botschaft kennengelernt und in den wichtigsten Punkten verstanden hatte, schrieb sie begeistert ihrem Beichtvater, um ihm ihre neue Entdeckung mitzuteilen. Um den Argwohn ihres Beichtvaters zu besänftigen, versuchte sie ihm zu erklären, daß diese Erfahrung ihr weder Schaden zugefügt, noch ihren christlichen Glauben beeinträchtigt hat; Sai Baba habe sie geistig reich beschenkt. »Meine Erfahrung mit Sai Baba hat mein Wohlergehen verbessert«. »Das beherrschende Thema der Lehren Babas ist Liebe«.

15. August 1989. *Om Sai Sri Jesu namah*

Liebster Don Mario,

mein Aufenthalt im *ashram* des *Atma* geht dem Ende entgegen, und Baba hatte alles in liebender Voraussicht geplant und vorbereitet, auch das, was in unseren Augen reiner Zufall zu sein schien. (...)

Ja, ich glaube wirklich, daß Prashanti Nilayam im

305

Herzen all derer ist, die Sai Babas Botschaft lieben und die süße Erfahrung dieses Ortes des Friedens gemacht haben. Auch bei mir hat sich ganz unvermittelt etwas ereignet. Wann immer ich die Augen schließe, sehe ich die sanfte, gütige Gestalt Babas inmitten seiner Anhänger im überfüllten *ashram*. Ich kann, wann immer ich will, seine Stimme in der Melodie des Gesanges hören; ich kann mich mit den 46 Perlen schmücken, die ich gerade heute als Geschenk erhielt. Dieses Geschenk habe ich erwartet, und Sai Baba hat es mir ungebeten gegeben. Ich wollte Dich übrigens um Verhaltensregeln bitten. Ich bin mir bewußt, daß Baba unsere Gedanken kennt, über uns wacht, und daß ein Leben mit ihm viel Schönes mit sich bringt, kleine und große Wunder. Überall sehe ich seine Hand.

(...) Was soll ich Dir anderes sagen, Don Mario? Mein Herz ist voller Freude und wünscht sich den Gesängen der *Gopi*, die sich in Hingebung Gott zuwenden, anzuschließen:

»Wärest Du ein Baum,
wollten wir Deine an Dir hängenden Früchte sein;
wärest Du eine Blume,
wollten wir Bienen sein, die Dich umschwirren;
wärest du der Ozean,
wollten wir die Flüße sein, die sich in Dich ergießen;
wärest Du der unendliche Himmel,
wollten wir die Sternchen sein, die in Dir strahlen;
Gott, Gott, Allmächtiger,
wir leben nicht,
wir können von Dir entfernt nicht leben;
wir möchten mit Dir spielen, mit Dir leben,
unsere Seele in Dir aushauchen.«

Wegen ihres Interesses an Sai Baba kam es zu Unstimmigkeiten mit den Mitschwestern, die ihr wegen ihrer »anders gearteten« Ansichten mißtrauten. Versuchte sie ihnen jedoch entsprechende Literatur zu geben, um sie zu überzeugen, verschlimmerte sich ihre Lage nur noch mehr, und sie wurde für leichtgläubig, töricht und dem wahren Glauben abtrünnig gehalten. In einem Augenblick der Verbitterung schrieb sie mir und vertraute mir ein außergewöhnliches »Gespräch« an, das sie mit Sai Baba hatte:

8. Oktober 1989

(...) Ich werde Dir jetzt erzählen, wozu mich Baba am 13. September inspirierte. Ich fühlte mich an diesem Tage besonders niedergeschlagen (mir fehlen die Freunde, mit denen ich über Sai Baba reden kann), auch war ich wütend auf ihn und fragte, warum er sich überhaupt zu erkennen gegeben habe. Als ich fertig war, Ihm meine Verbitterung mitzuteilen, schaute ich Ihn schweigend an. Aus dem Schweigen heraus entwickelte sich ein Dialog, der mich immer wieder überrascht, wenn ich ihn lese:

»Du weißt nicht, wer Du gewesen bist, aber dieses Leben ist Deine letzte Karte, die Du zu spielen hast. Deshalb habe ich mich Dir zu erkennen gegeben, um Dir zu helfen. Liebe Tochter, ich weiß, Du bist beladen, und Dein Wille ist schwach. Es nützt Dir nicht zu wissen, wer Du gewesen bist, es reicht zu wissen, wer Du heute bist: göttlich. Woher Du auch kommst, es gibt kein Zurück, der Weg ist verschwunden, ich habe ihn ausradiert, Du kannst nur noch voranschreiten. Es ist ein mühseliges Stück des Weges, aber wenn Du wüßtest, wie wenig Dir noch fehlt, um den von der Sonne strahlenden Schnee zu sehen! Glaube mir, denn es ist die Wahrheit. Ich liebe Dich, meine Tochter, und ich kann die Stunde kaum erwarten, bis Du bei mir bist. Dein Weg und Deine Suche waren lang und mühevoll. Es ist nicht so wichtig, ob Du mich geliebt hast, nur Deine gegenwärtige Liebe zählt. Verstehst Du, was ich sagen will, meine Tochter? (...) Du bist nicht allein. Ich bin mit Dir. Vertraue mir. Zweifle nicht. Ich bin Dein Gott, warum willst Du das leugnen? (...) Fühle mich immer in Deinem Herzen, rufe mich, ich werde Dir stets antworten. Du bereitest mir Freude, ich liebe Dich sehr«.

11. Januar 1990

Liebster Don Mario,

die ergreifende Geschichte des Babaji, des großen Meisters, der den Tod nicht kennt, seinen Körper stets jung erhält und sich entschied, in inniger Verbindung mit Christus zu leben, erinnert mich an Jesu Worte:

»Wenn ich will, daß er bleibt bis ich zurückkehre, was kümmert es Dich?«

Hattest Du nicht einmal gesagt, Babaji gesehen zu haben? Wie gesegnet Du bist, denn nach der Beschreibung im Buch soll er auf den nördlichen Gipfeln des Himalayas leben und nur von wenigen Menschen dieser Erde gesehen worden sein. Du, der ihn gesehen hat, was hältst Du von ihm? Manchmal frage ich mich, ob nicht alles in Indien nur ein Hirngespinst ist. (...)

Ist die Gegenwart eines *gurus* für Dein eigenes Leben wesentlich? Kann Baba mein *guru* sein, auch ohne seine unmittelbare Nähe?

Lieber Mario, ich scheine immer mehr in eine andere Welt einzutreten, in eine Welt, die sich über die irdischen Kümmernisse und Probleme erhebt und ausschließlich vom Göttlichen bewegt wird. Deine Worte haben mich verunsichert: Gott ist alles, Gott ist nichts. Ist denn Gott nicht in etwas Bestimmtem faßbar? Wohin bringt mich nur dieses Indien? Zu Gott? Baba, der wirklicher ist als ich, sagte mir, daß ich nicht für diese Welt der Menschen geschaffen wurde und bat mich, in Gott zu leben, nur für Gott allein, in Gedanken und mit dem Herzen nur Gott zugewandt, in Gott versunken.

Als ich eines morgens das Bild betrachtete, das Du mir gegeben hast, sagte ich:

»Liebster Meister, sollte ich Dich als Deine Schülerin nicht auch sehen?«

Baba antwortete: »Warum? Siehst Du mich jetzt etwa nicht? Wann immer Du mich auf diesem Photo betrachtest, bin ich bei Dir.«

Ich antwortete: »Welches Zeichen aber deutet daraufhin, daß es wahr ist?«

»Das Zeichen ist der Friede, dcr in Dein Herz einkehrt, sowie der Atem und der sich beruhigende Geist, der Dir holde Stille schenkt.«

Ich rief: »Dann erhalte ich also Deinen *darshan* so oft ich will?«

»So oft Du willst.«

Mir schien das zu schön um wahr zu sein; er sagte: »Wenn Du nicht fähig bist, an so kleine Dinge zu glauben, wie willst Du dann an große Dinge glauben?«

»Baba, was soll ich tun?«

»Liebe Tochter, Du brauchst nur Gott zu lieben. Du besuchst meine Schule und ich wünsche, daß Du Deine Freizeit mit mir verbringst.«

Lieber Don Mario, ich habe begriffen, daß nach einer »gewissen« Zeit des Lernens die Zeit der Liebe kommt; eine Zeit, in der ich die Liebe zu Gott verstärken und intensivieren sollte.

Ich wußte nicht recht, ob ich mich am letzten Tag des Jahres, so gegen 22:00 Uhr, in mein Zimmer zurückziehen oder das Neue Jahr mit einigen Gästen im Hause feiern sollte. Ich fragte Baba und er antwortete: »Bleib bei mir, W., verbringe die Zeit in meiner Gesellschaft, die Gäste hast Du stets und immer.« Diese Worte bewegten mich, denn auch Jesus hatte gesagt: »Arme habt ihr allezeit bei euch.«

Liebste Schwester W.,

Indien ist ein Land, in dem aus der Sicht des armseligen Westlers Außergewöhnliches zum Alltäglichen zählt, gewissermaßen normal ist.

Das Wunder erregt in Indien kein Aufsehen, denn seit Jahrhunderten, ja seit Jahrtausenden leben dort Menschen mit hohen geistigen Fähigkeiten, die Wunder vollbringen. Selbstverständlich leben auch Betrüger unter ihnen: zwischen gutem Korn wächst immer auch das Unkraut.

Ich werde versuchen, Deine Fragen kurz und bündig zu beantworten.

Der *guru* Deines Lebens ist Dein Gewissen, das durch die Worte des Herrn erzogen wurde. Befolge die Lehren des Herrn Jesus und sollte es Dich trösten und Dich stärken, auch die Lehren Babas. Alle Deine Fragen werden dann beantwortet werden. Sai Baba sagt:»Immer sollt ihr euch fragen: gefällt Gott mein Handeln oder nicht?« Selbstverständlich kann auch Baba ein *guru* sein. Alles, was Er Dir durch Sein Wort und Seine geheimnisvolle Gegenwart mitteilt, sind für Dich notwendige Anweisungen.

Wie willst Du nur Gott in etwas Bestimmtem erfassen? In dem Augenblick, in dem Du versuchst, Ihn zu definieren, »stirbt« das Absolute, es ist nicht mehr absolut. Du kannst Ihn jedoch schrittweise erfahren, so wie die Liebe zu einem Menschen nicht auf andere übertragbar ist, sondern selbst gelebt werden will. Fühlst Du sie, ist sie unermeßlich, versuchst Du sie aber zu beschreiben, wird sie zu einem »Grandhotel« Aufkleber degradiert.

Wohin führt Dich Indien? Selbstverständlich weißt Du das. Indien wird Deiner ganzen religiösen Erziehung den letzten Anstoß geben. Du mußt deswegen nicht Hinduistin oder Buddhistin werden. Dies wäre eine große Dummheit! Du solltest vielmehr versuchen, Dein Wissen um ein Jahrtausende altes »unversehrtes« Gedankengut zu erweitern. Die Veden, die heiligen Schriften, wurden zunächst mündlich, dann schriftlich durch Vyasa überliefert und gehen auf älteste Zeiten zurück, sie verlieren sich in den Ursprüngen der Welt. Die Schriften stammen aus der Zeit um 5000 Jahre vor Christus. Es gibt aber nur eine Wahrheit. Nur die Menschen trübten sie aus materiellen Gründen ein und verbargen sie vor den Augen ihrer Brüder. Diese Verfälschung ist ein Werk des »Dämons«, auch Maya genannt, die Täuschung, die Gottes Plan zwar nicht verfremdet, die Suche aber nach dem *Summum Bonum* verlangsamt, aber dennoch bestärkt.

Liebe Gott in welcher Form auch immer und rufe Ihn beim Namen, der Dir gefällt. Rufe Ihn jeden Augenblick des Tages. Sollten Deine Sinne Dich in Versuchung führen, ergib Dich Ihm mit ganzem Herzen. Bist Du entmutigt, bade Sein Bild mit Deinen Tränen. Fühlst Du Dich entfernt von Ihm, lehne Dein Herz an Seinem an und laß es im Gleichklang schlagen; bedecke Sein Gesicht mit deinen Küssen, denn Du gehörst Ihm, einzig und allein Ihm. Ein Strom von Glückseligkeit wird Dein Herz durchfluten, und Dein Leben wird mit neuer Kraft beginnen.

Alle Ehre und aller Ruhm dem, der niemals müde wird zu kommen, um uns zu retten.

10. April 1990

Liebster Don Mario,

(...) Ich bin allein mit Baba, oder besser, ich kann mit niemandem über Baba reden, und tue ich es doch, mache ich nur Unsinn. Eines Tages machte eine meiner Mitschwestern zum zigsten Male öffentlich Anspielungen; verärgert antwortete ich, daß es nun endlich an der Zeit sei, mir offen zu sagen, was es zu sagen gibt. Außerdem stehe es jedem Menschen frei,

Christus nach eigenem Belieben zu folgen und ihn zu ehren. Mit diesem Satz stieß ich in ein richtiges Wespennest. Für einen kurzen Augenblick hielt ich den Angriffen stand, dann aber folgte ich dem Rat meiner inneren Stimme, die sagte: warum berührt dich das so? Laß sie reden!

Die Dinge, die sie sagten, waren in etwa folgende: ein Moslem kann dir nicht bei der Suche nach Christus helfen, wir wissen es ... diese Menschen machen doch alles nur für Geld; wir müssen Christus und sein Evangelium verkünden und nichts anderes ...

(Mit dem Beichtvater) sprach ich über die Tagung in Assisi, die »Die Menschlichen Werte« behandelte. Er war durchaus damit einverstanden bis er erfuhr, daß diese öffentliche Tagung hauptsächlich von Laien besucht wurde, die der indischen Organisation Sai Babas angehörten. Er meinte, daß die Menschlichen Werte durch eine nicht-christliche, nicht-katholische Lehre verfälscht werden könnten. Eine lebhafte Diskussion entzündete sich. Zum Schluß dankte ich ihm für die Zeit, die er mir und diesem Gespräch gewidmet hatte. Er ist mir zwar wohlgesonnen, aber überzeugt, daß ich mich auf einem falschen Weg befinde.

Was soll ich jetzt machen? Gehe oder gehe ich nicht mehr dorthin? Niemals wird er die Reden Sai Babas akzeptieren. A propos »niemals«. Eines Tages sagte ich Baba: »die katholische Kirche wird Dich niemals akzeptieren; ebensowenig Deine Theorien oder besser Deine Wahrheit.« Ich erhielt folgende Antwort:

»Als die Zeit reif war, sandte Gott seinen Sohn. Der Vater begab sich zu seinen Söhnen, als die Zeit reif dafür wurde. Jeder Sohn hat seine eigene Zeit, deshalb kann sich nicht alles zur gleichen Zeit für jeden erfüllen. Ich liebe Dich sehr, liebe Schwester. Gott sorgt sich nicht, wie sich die Dinge vollziehen, denn letzten Endes vollzieht sich stets Sein Wille.«

312

Als ich an den Besuch der Provinzial-Oberin dachte, die jedes Zimmer betreten kann, kam mir der Gedanke, Babas Photo zu verstecken. Dies schien mir jedoch nicht konsequent zu sein, und ich beließ es an seinem Platz, bat aber Baba, mich nicht in Schwierigkeiten zu bringen. Die Provinzial-Oberin (die selbstverständlich über alles unterrichtet war) sagte: »Als ich Dein Zimmer betrat, habe ich einen anderen Jesus Christus gesehen.« Ich entgegnete: »Sie meinen Sai Baba!« Dazu sie: »Sei vorsichtig. Viele Wirklichkeiten, die sich religiös definieren, werden als Sekten betrachtet (...) Sekten zerstören den Glauben; halte an Deinem Glauben fest; ich wiederhole: sei vorsichtig.«

19. April 1990

Liebste Schwester W.,

ich sehe, daß Du wegen alltäglicher Lebensschwierigkeiten mit Gott in Zwiesprache treten kannst: nur so können sie überwunden werden. Verliere nicht den Mut, wenn Du geprüft wirst. Duch diese Prüfungen erlangst Du Gottes Liebe. Es ist sehr einfach und bequem Ihn zu lieben, wenn alles gut geht. Die Größe einer Liebe aber erkennt man, wenn alles zusammenzustürzen scheint und man dennoch sein gegebenes Wort der Treue hält. Sorge Dich nicht, wenn Du mit niemandem über Sai Baba reden kannst. Stärke vor allem Deinen Glauben an Christus, seine Erscheinungsformen sind unendlich. Liebe Ihn mit ganzem Herzen und in all Deinem Tun. Solltest Du einmal das Gefühl haben, nicht Du, sondern Er lebe in Dir, wirst Du viele Menschen anziehen, nicht weil es Dir Spaß macht, sondern weil sie verstehen wollen. Bedeuteten dies vielleicht Jesu Worte als er sagte: »Erhebst du dich vom Boden, wirst du alle zu mir ziehen.«? Sich in Ihn zu versenken bedeutet, das eigene »Ich« auszulöschen, den eigenen Willen mit Seinem zu verschmelzen, nicht mehr zwischen einem Ich und einem Du zu unterscheiden, nur noch »Wir« zu fühlen.

Deine Verstimmung über die Mitschwestern zeigt, daß Du noch ein Stück des Weges zu gehen hast. Ihre Provokation ist nichts anderes als eine ihnen von Ihm übertragene Aufgabe, die Deiner geistigen Entwicklung dienen soll. Zu Deinem besseren Verständnis möchte ich Dir eine kleine Geschichte erzählen.

Ein an viele Entbehrungen gewöhnter Schüler glaubte, der Augenblick sei gekommen, von seinem Meister die letzten Unterweisungen zu erhalten, die nur den Fortgeschrittenen vorbehalten sind. Der Meister aber wollte ihn, ehe er ihn empfing, einer Prüfung unterziehen. Er bat seinen Schüler, ein gründliches Bad im Fluß zu nehmen und dann zu ihm zu kommen. Der Schüler tat, wie ihm geheißen war. Als er jedoch aus dem Wasser trat, übergoß ihn jemand, wie vom Meister befohlen, mit einem Eimer Schmutz. Wütend verfolgte ihn der Schüler und verprügelte ihn. Der Meister ließ den Schüler wissen, daß er noch nicht für die neuen Unterweisungen reif sei, und daß er noch weitere drei Jahre warten müßte, um ihrer würdig zu werden.

Nach Ablauf dieser Frist wurde der Schüler abermals gebeten, sich nach einem gründlichen Bad dem Meister vorzustellen. Der gleiche Vorfall ereignete sich wieder. Nach dem Bad schüttete der geheimnisvolle Beauftragte einen Korb stinkenden Unrats über den Unglücklichen. Das Opfer fluchte, verprügelte ihn aber nicht mehr. Der Meister verordnete ihm zwei weitere Jahre Disziplin.

Nach zwei langen Jahren wurde der Schüler abermals gebeten, sich im Fluß zu waschen, ehe er sich zum Meister begab. Nach vollendetem Bad wurde er mit einem Korb Mist beworfen. Der Schüler hatte bereits gelernt, beherrschte sich und wandte sich dem zu, der diese undankbare Aufgabe übernommen hatte und sagte: »Ich danke Dir, daß ich durch Dich diese Lehre erfahren konnte!«

Erst jetzt, zu diesem Zeitpunkt, war er befähigt, von seinem Meister empfangen zu werden.

Ich hatte Dir gesagt, daß es vielleicht noch verfrüht ist, mit deinem Beichtvater über Sai Baba zu reden. Solange sich dieses Thema nicht wirklich vertieft hat, wird es schnell Opfer von Gemeinplätzen und Mißverständnissen. Warum sie herausfordern? Wäre es nicht wichtiger, die Lehre Sai Babas zu leben, als darüber zu sprechen?

Ist erst einmal die Zeit reif dafür, wird man offen darüber reden können; mit den Mitschwestern, dem Beichtvater und selbst mit der Provinzial-Oberin. Unterhalte gute Beziehungen mit allen. *Beweise* durch dein Handeln, daß sich etwas in Dir verändert hat, dann wird ihnen auch das Photo auf der Kommode ganz von selbst vertraut werden, und nicht weil Du es ihnen mit Gewalt und Überredung aufzwingen wolltest. Sprich ständig mit Gott, so als sprächest Du mit Jesus selbst, der in Fleisch und Blut erschienen ist. Geh mit Ihm spazieren. Sag Ihm alles. Werde durchaus ungeduldig mit Ihm, wenn er sich weigert, sich zu zeigen.

Leg Ihm Deine Probleme zu Füßen – diesen heiligen Füßen, die so frisch und duftend wie zwei Blumen sind. Lies die letzte Rede aus Nr. 2/10 der Mutter Sai »Der Freund des Herzens«. Liebe Gott in der Form, wie Du sie Dir vorstellst. Überlasse Dich Ihm. Haben wir Ihn, haben wir alles. Was wollen wir mehr?

April 1990

Liebster Don Mario,

(...) kürzlich durchlebte ich Tage der Verunsicherung und konnte keinen klaren Gedanken mehr fassen. Ich wußte nicht, wohin ich gehen sollte, was ich suchte und wem ich folgen sollte. Ich schien wieder die alte geworden zu sein, noch ehe ich Baba kennengelernt hatte, mit den gleichen schlechten Eigenschaften wie damals. An einem Donnerstag vormittag faßte ich den Entschluß, Baba fallen zu lassen und auf meinen alten Weg zurückzukehren. Er hilft mir nicht. Was hat es für einen Sinn, Ihm zu folgen? Ich ließ Ihn fahren: Geh, wohin immer Du willst!

Ich begann zu beten, betrachte zuerst das Bild Jesu und rief dann, wie immer, den Vater an. Bei diesen Gedanken allein wurde ich von Gefühlen des Friedens, der Klarheit und der Liebe durchdrungen und überwältigt. Ich betete: Vater, bitte vergib mir, falls ich zu einem falschen »Vater« gebetet habe, falls ich mein Herz einem anderen schenkte, habe ich gefleht, will ich es wieder gut machen; ich will Deine Liebe nicht verlieren; ich will an Dich glauben, an Jesus und Maria, Deine Mutter. Dann stellte ich Ihm die Frage: Vater sag' mir, wer ist Sai Baba? Ein einziger Satz Babas, dem ich keine Bedeutung zugemessen hatte, erschien am Himmel: »Macht alles mit Liebe im Herzen«. Ich war entschlossen, solange zu beten, bis ich eine Antwort erhalten würde. Ich fragte auch Jesus, aber er schien sich nicht in Dinge seines Vaters einmischen zu wollen. Nach kurzer Zeit gab ich auf, ich wollte meine Liebe nicht mehr mit dieser törichten Hartnäckigkeit vergeuden und sagte: Es spielt keine Rolle, wenn Du mir nicht sagen willst, wer er ist. Ich möchte nur in Deiner anbetungswürdigen Gegenwart verweilen.

Als ich nichts mehr erwartete, erschienen andere Gedanken am Himmel: Ich bin Er, Baba ist Ich. Liebe Tochter, es fällt dir schwer, dies zu verstehen. Es ist aber so.

Jetzt werde ich Dir einen Traum erzählen. Ich legte Baba eine ungewöhnliche Beichte ab. In meinen Händen hielt ich ein Büchlein und las mit lauter Stimme; Baba hörte mir zu. Am Ende einer jeden Seite erklärte mir Baba den Sinn des Gelesenen. Ich las weiter und der Traum entschwand, Als ich erwachte, erinnerte ich mich weder an das Gelesene, noch an Babas Worte und ich fragte: Warum darf ich von Dir träumen, um mich dann später an nichts mehr erinnern zu können? Als ich weiter grübelte, erinnerte ich mich an eine Einzelheit, die alles erklärte: nämlich an die Lektion, die er mir in diesem Traum erteilen wollte. Während des Traumes wollte ich Baba eine Frage stellen und den richtigen Augenblick dafür abwarten, nämlich: Bist Du wirklich Gott?

»Solange Du Dir überflüssige Fragen stellst, wirst Du nicht die Tiefe meiner Botschaft, meiner Lehren, meiner Liebe erfassen. Du bleibst an der Oberfläche! Wie willst Du meine Worte verstehen, wenn Du zweifelst, selbst wenn du sie zu verinnerlichen suchst?«

3. Mai 1990

Liebste Schwester W.,

»Guru« ist ein Wort aus dem Sanskrit und bedeutet nicht nur »Meister« sondern »der, der das Dunkel der Unwissenheit zerstreut«. Der Guru erteilt niemals Rat, noch stellt er Regeln auf, er weist nur den Weg. Wir Priester benötigen manchmal selbst mehr Licht, wir können uns nicht anmaßen, das Licht anderen zu bringen.

Auch ich komme gegenwärtig nicht mit den Lehren des Göttlichen Meisters voran: zu leben, was er predigt. In meiner Arbeit geht alles drunter und drüber wie auf einer Baustelle, und ich hoffe, daß der Bau bald beendet wird.

Du aber nutze all Deine klaren Eingebungen des Herzens: Er spricht mit Dir aus Deinem Herzen, und Du weißt sehr wohl, daß Dir nicht der Verstand diese Eingebungen während der Meditation gibt. Dies ist Dein wahrer *Guru*! Baba sagt in der Tat, man solle seinem eigenen Gewissen entsprechend handeln, denn dort drückt Er seinen Willen aus.

Solltest Du aber an der Person Sai Babas zweifeln, flehe den Heiligen Geist an: Teile Ihm Deine Angst und das Unverständnis Deiner Mitschwestern mit; vertraue Dich Ihm vorbehaltlos, ohne Zwang und Erwartungen an; überlasse alles Ihm, was auch immer eintreten mag. Widerfährt Dir Unerfreuliches, so hast Du den Heiligen Geist, den Geist der Wahrheit. Dir wird nichts mangeln. Vertraust Du aber den Menschen, wirst Du nur das erhalten, was sie Dir zu geben bereit sind: nichts. Bitte ausschließlich Ihn: Er wird Dir alles, wirklich alles geben!

Hast Du jemals zwei Liebende auf der Straße gesehen? Sie kümmern sich nicht um die Welt, die sie umgibt. Selbst wenn die Welt zusammenstürzte, sie würden sich weiter in die Augen sehen und ineinander aufgehen. Sagt man, daß Liebe blind macht, meint man damit nicht nur die Leidenschaft, sondern auch das völlige Verschmelzen des einen in dem anderen. So sollten wir Gott lieben. Warum sollten wir Angst und Sorgen haben, wenn wir Seiner Liebe sicher sind? Warum nach etwas anderem suchen, wenn wir alles in Ihm finden?

Deine Träume waren sehr trostreich. Nicht Dein Verstand hat geträumt, sondern Er ist zu Dir gekommen. Er hat es Dir schon oft versichert. Durch den Traum erreicht Gott seine Anhänger; diese Art sich mitzuteilen ist ganz sicherlich zweckmäßig und verschwendet weniger kostbare Energie. Es macht überhaupt nichts, wenn Du Dich nicht mehr an Deine Träume erinnern kannst: Das übermittelte Wissen hat sich Deinem Astralkörper eingeprägt und geht nicht verloren; es ist sogar manchmal notwendig, daß der bewußte Verstand dieses Wissen nicht kennt, denn er würde es mit törichten Überlegungen nur mißdeuten, gleich deinen Spitzfindigkeiten, die Du über die Person Babas anstellst. Seine Lehren gleichen einer göttlichen Fundgrube: je tiefer Du gräbst, umso mehr Diamanten kommen zum Vorschein. Diese Fundgrube ist unerschöpflich und jede Schicht entspricht der jeweiligen Ebene unseres Bewußtseins. Aus diesem Grunde sind seine Reden immer wieder neu und scheinen vergessen zu gehen, auch wenn man sie zehnmal gelesen hat: jedes Mal, wenn man sie liest, werden tiefere Schichten ausgegraben und eröffnen eine neue Ebene.

Deine derzeitige Aufgabe ist es, das Dich unbewußt erreichende Wissen seiner Reden zu vertiefen: Vergiß nicht, Du hast diese Fähigkeiten, und daß Er sie Dir geschenkt hat. Sei Ihm dankbar dafür. Manchmal frage ich mich, wieviele Hindernisse mögen sich Dir in den Weg stellen, um das Wort zu hören! Laß diese Gelegenheit nicht verstreichen. Große Gelegenheiten wiederholen sich nie. Lies immer wieder seine Lehren und stelle Dir einen kleinen, nicht ehrgeizigen Plan auf, sie zu verwirklichen. Im Grunde genommen ist Sein Wort einfach, aber anspruchsvoll: verschwende weder Zeit, Nahrung, Geld, Energie, noch Wissen. Könnten wir damit beginnen, wäre bereits der erste Schritt getan.

Wir leben durch Seine Liebe, mit Seiner Liebe und in Seiner Liebe. Wir sollten dies nicht auch nur eine Minute des Tages vergessen. Wir sollten uns bei Ihm entschuldigen, wenn uns irdische Sorgen ablenken. Wir sollten Ihm sagen: Meine Seele gehört Dir. Was kann ich Dir geben, denn alles ist Dein? Gerne würde ich wissen, ob Du etwas kennst, was wir Ihm geben könnten, das nicht bereits Ihm gehört. Bitte teile es mir mit.

Mit Ihm ist das Leben voller Glanz, eine unendliche Freude. Diesem Licht hält unser Körper manchmal nicht stand.

In der Glückseligkeit Sais, im Lichte Christi, in Ihrer Göttlichen Freundschaft segne ich Dich.

Liebster Don Mario,

Du triffst mich in einem Augenblick der »Nicht-Liebe«, der Unfähigkeit zu lieben an. Ich weiß nicht, was ich Gott geben könnte, das nicht schon Ihm gehört: Baba sagt, die Sünde und die schlechten Eigenschaften sollten Gott zuerst geopfert werden. Auch ich bin überzeugt, daß alles Ihm gehört, und daß letzten Endes die Mächte des Bösen in Gutes verwandelt werden. Das bedeutet aber meines Erachtens nicht, daß die Sünde, das Böse, die schlechten Eigenschaften bereits Ihm gehörten, sondern erst, wenn sie umgewandelt wurden. Du wirst sagen, Gott ist die Ewige Gegenwart, und aus diesem Grunde besitzt er bereits die letzte und endgültige Realität. Wenn dem so ist, gehört Ihm auch meine Sünde, und folglich habe ich Ihm nichts zu geben. Gut bin ich von Ihm gegangen und gut werde ich zu Ihm zurückkehren. Bedeutet dies aber nicht auch, einen Anfang gehabt zu haben, als man Gott verließ? Haben wir nicht immer in Gott existiert, und sind wir nicht auch ewig wie Er? Mir scheint es nicht richtig zu sein zu sagen, wir sind von Gott weggegangen; wahrscheinlich haben wir uns niemals von Gott getrennt. Wir sind lediglich eine gewisse Lebensbeziehung mit Ihm eingegangen. Auf Grund unseres freien Willens nähern oder entfernen wir uns von Gott. Aber auch diese Erklärung scheint mir nicht richtig zu sein. Dies würde nämlich bedeuten, daß ich mich von mir selbst entfernen könnte. Wie kann ich mich aber Gott nähern oder mich von Ihm entfernen, wenn ich selbst Gott bin? Ich glaube zu erkennen, daß es nur eine Realität gibt: Gott und eine einzige Seele, Seine. Nur so erklärt es sich, daß ich die anderen bin und die anderen ich, und daß wir zusammen Gott sind; eine einzige Sache.

Nur so läßt sich auch der Punkt erklären, der mich immer unbefriedigt läßt. In Indien sagt man, Baba sei die Reinkarnation von Sai Baba aus Shirdi. Gerade dieser Tage fragte ich mich in aller Stille: Sollte Baba Gott sein, so hat er auch Seine Seele; wo aber ist denn die Seele von Sai Baba aus Shirdi, dessen Reinkarnation Baba zu sein scheint? Sai Baba aus Shirdi ist wie wir und durchläuft den Zyklus der Wiedergeburten. Durch seinen letzten physischen Tod war er bereit, sich mit Gott zu vereinen, das heißt also, seine Seele konnte mit der Seele Gottes verschmelzen. Werden wir nun in Baba wiedergeboren, haben wir nicht die Seele von Sai Baba aus Shirdi, sondern die Seele Gottes oder wenigstens die vereinte Seele beider?

Ich habe Sai Baba gefragt, warum er sich nicht in einem Körper *ex novo* inkarnierte. Ich glaube verstanden zu haben, daß die gesamte Schöpfung nur einen einzigen Ursprung hat, einschließlich den Menschen. Die heute, morgen oder übermorgen stattfindenden Geburten sind Wiedergeburten. Wenn ich Dir tiefberührt sage, daß wir eine bestimmte Anzahl Menschen sind, die ständig wiedergeboren werden, so glaube ich das wirklich: von einer Anzahl Menschen, oder besser Seelen, wird ein Teil in physischen Körpern, ein anderer Teil in Astralkörpern und wieder ein anderer Teil in Kausalkörpern wiedergeboren, ohne zu zählen, wer endgültig die Glückseligkeit erreicht hat.

(...) eine erst kürzlich gemachte Erfahrung: Wer kann die durch ein Gebet erfahrene Erhabenheit beschreiben? Ich stand bewußt dem formlosen Gott gegenüber, und Er sagte mir, daß Gott weit über die Gestalten von Jesus oder Baba hinausreiche. Als ich Ihn in einer bestimmten Form zu lieben wünschte, sagte er mir, ich könnte Ihn lieben und sehen in seiner gegenwärtig angenommenen Gestalt, in der Gestalt Babas.

Er sagte mir, daß ich Jesus als Meister und Vorbild folgen sollte. Mein Leben müßte mit Seinem Leben übereinstimmen, ein Abbild des Höchstgeliebten Erlösers sein. Es gibt nur einen Herrn und einen Glauben.

(...) Ich nahm an, daß Baba auf diese grundlegende Frage geantwortet hatte, gleich danach aber passierte eine Katastrophe. Gestern, am Tage der Auferstehung Jesu, hörte ich während der Andacht folgenden, schrecklichen Satz: Baba ist eine Schlange, eine fleischgewordene Schlange. Ich weinte, wie ich noch nie in meinem ganzen Leben geweint habe und sagte, daß das nicht wahr sei, daß das nicht möglich sei.

(...) nachdem ich heute morgen zu Baba und einem Priester gebetet hatte, der erst kürzlich im Zeichen der Heiligkeit verstorben war, ging ich auf einen kleinen Hügel. Ich fühlte mich recht ausgeglichen, denn Baba wollte mich begleiten. Ich war allein, alles war schön. Ich betrachtete die Blumen und pflückte Kirschen, die ich erreichen konnte. Mir schien Baba sagen zu wollen: Koste Mich und bewundere Mich in jedem Ding. Ich tadelte Ihn wegen der gestrigen Angelegenheit; zumindest bat ich Ihn um Erklärung.

Plötzlich hielt ich entsetzt inne. Eine lange, schwarze Natter befand sich einige Stufen über mir. Sofort dachte ich: sollte sie giftig sein, gibt es kein Entrinnen. In panischer Angst rief ich: Baba, nein! Die Natter änderte ihre Richtung und verschwand im Gras.

Mich bewegen nun zwei Gedanken, denn dies war bestimmt kein Zufall. Entweder wollte mir der Priester bestätigen, daß Baba eine Schlange ist, oder Baba wollte mir mitteilen, daß er mir in jeder schmerzlichen oder bedrohlichen Situation helfen würde.

Lieber Don Mario, könntest Du mir vielleicht eine

Erklärung geben? Ich warte auf Babas Anweisung, welchen Weg ich einschlagen soll. Dieser Tage habe ich Ihm geschrieben und mitgeteilt, daß es mit meinen Zweifeln und Ungewißheiten nicht länger weitergehen könne; es müße ein Weg gefunden werden, seine Person mit der Person Jesu zu versöhnen; Jesus aber ist mein Leben als Gläubige und als Nonne.

5. Juni 1990

Liebe Schwester W.,

in Deinem langen und traurigen Brief habe ich nicht eine Stelle entdeckt, die gegen die Liebe sprach. Ich glaube, daß Du Dich niemals im Zustand der »Nicht-Liebe« befinden kannst. Wie kann Honig bitter werden? Das menschliche Wesen ist nichts anderes als Sein–Bewußtsein–Glückseligkeit; wir sind die Liebe, nur unser Geschmackssinn ändert sich. Er ändert sich entsprechend unserem Gesundheitszustande und der Nahrung, die wir vorher gegessen haben.

Du hast meine Frage gut beantwortet: Wir können Ihm tatsächlich nichts anbieten, was Ihm nicht schon gehörte. Denn unsere Schwächen sind nicht Seine Schwächen in dem Sinne, daß er sie verursacht hat, sondern nur insofern, als er sie tilgen kann. Laß Ihm Raum für diese Therapie. Vielleicht ist Deine innere Zerrissenheit, Deine gegenwärtige Prüfung, der Anfang der Heilung. Begrabe den Wunsch, alles erklären zu wollen. Wir können Ihn nicht verstehen! Wir können nur versuchen, Ihn nachzuahmen. Sind wir erst mit Ihm vereint, sind unsere Herzen mit Seinem verschmolzen, wird uns alles klar, und sein Plan wird uns nicht länger rätselhaft erscheinen. Jetzt »sehen wir Ihn noch im Spiegel, aber dann – im *Samâdhi* – sehen wir Ihn von Angesicht zu Angesicht.«

Es ist schön wie Du sagst, Gott nimmt das, was Sein ist, einen heiligen Körper …

Dein *karma* oder das Erbe von Ursache–Wirkung, dem niemand entfliehen kann, zwingt Dich, unter Blinden zu leben. Akzeptiere dieses Erbe in untadeliger, seelischer Bereitschaft, in hoffnungsvoller Ergebenheit und der Gewißheit, daß die Blinden sehen werden, auch dank Deiner Sanftheit, Deiner hingebungsvollen Liebe, Deiner Geduld. Oft sind Kranke nervös, ungeduldig und aggressiv. Du, die bereits gesehen hat, kannst es nicht mehr »ungesehen« machen, nimm die Blinden bei der Hand und führe sie auf den Weg der Nachsicht und der Güte. Vergib ihnen ihre Aggressivität und habe Erbarmen mit einem Blinden, der bereit ist, sich helfen zu lassen, die Straße zu überqueren. Diese Liebe wird die Gleichgültigkeit zerstören, die Dich umgibt, und sie wird Dich beschützen, wie ein Reliquiar die Schätze.

Anstatt die göttliche Stimme zu hören, hört Dein Gehirn die Stimme schlechter, umherirrender Gedanken. Solltest Du weder den Namen Gottes wiederholen, noch meditieren und aus vollem Herzen beten, wird das Reliquiar entzwei brechen, und alles kann in dieses innere Heiligtum eindringen. So auch der Satz »... Er ist eine Schlange«.

Babas Liebe ist unbegrenzt und unergründlich. Als Du annahmst, Er sei eine Schlange, wollte er Dir einen *darshan* in dieser Gestalt geben und hat sich nur wegen Deiner törichten Angst entfernt. Übrigens ist eine Natter ungiftig und friedlich. Sie sorgt für das so wichtige Gleichgewicht der Natur zwischen Insekten und schädlichen Kleintieren. »Alle Formen sind die Meinigen« sagte Swami, und es ist außergewöhnlich, daß Du Ihm ausgerechnet in diesem Augenblick in dieser Form begegnet bist, als wollte er Dir sagen: »Wenn Du glaubst, ich sei eine Schlange, dann nehme ich eben die Form an, in der du mich zu sehen meinst. Überlege doch einmal: Bist Du nicht glücklich?«

Welche anderen Beweise der Liebe Gottes möchtest

Du denn noch? Warum forderst Du noch von Ihm, der Dir schon alles gegeben hat? Wir können uns nur Ihm ergeben und Ihm unser Herz schenken, so wie es ist: blutet es, läßt er es heilen; ist es voller Tränen, läßt er sie fließen und schenkt ihnen den Hauch von Liebe; bleibt es stehen, belebt er es; ist es aus Stein, verwandelt er es zu Fleisch.

Ergib Dich nicht den vorüberziehenden Wolken des Zweifelns, dem Hoch und Unten. Festige Dich durch seine Reden und das Lesen der Evangelien. Verwirkliche alles, was darin geschrieben steht. Beginne langsam, Schritt für Schritt, bis Du sicher und heil das Ziel erreichst. Nimm Deine Einsamkeit mit auf diese Suche: hast Du sie akzeptiert, wird sie Dich nicht länger quälen. Nur, wer bis zum Ende durchhält, wird gerettet werden!

Liebe Mutter ...
Offener Brief an die Katholische Kirche

Meine Liebe Mutter,

Schon lange wollte ich Dir schreiben, wußte aber nicht, wie. Du scheinst sehr beschäftigt zu sein und nimmst Dich der Probleme der ganzen Welt an, hast aber weder die Zeit, noch bist Du bereit, meine unbedeutende Stimme zu hören.

Mit diesen Zeilen möchte ich Dir sagen, daß Du mir immer noch wert und teuer bist, trotz Deiner gelegentlichen Abwesenheit. Gerne hätte ich Deine Anwesenheit in schwierigen Augenblicken gespürt, gerade dann aber fühlte ich mich verlassen. In Deinen Reihen gibt es Heilige, die sich durch Taten hervorheben, die nicht immer uneigennützig sind, und Dir durch Entsagung dienen. Sicherlich handelt es sich hierbei um menschliches Versagen, oder um eine große Lehre, die Du mir erteilen willst, damit ich ohne Stütze zu leben lerne.

Leider wirst Du von vielen hart kritisiert. Sie übersehen aber, daß Du nur ihr »Niederschlag« bist. Die Molke der Milch kann nur gut sein, wenn auch die Milch gut ist; sie ist salzig, wenn sie von der Ziege stammt, süß und fett, wenn sie von der Büffelkuh kommt. Deine verbissenen Kritiker wissen nicht, daß sie sich selbst damit verachten.

Oft fällt es mir schwer, Dich gegen die hartnäckigsten Kritiker zu verteidigen, die Dich als »Stiefmutter« betrachten, und sich nur der unangenehmen Augenblicke ihres Lebens erinnern. Einigen wurde während ihrer Ausbildung durch einen Priester oder eine Schwester Unrecht zugefügt; sie nehmen dies zum Anlaß, um dich *in toto* anzuklagen und abzulehnen, selbst wenn Du weise gehandelt hast. Viele haben Deine pädagogischen Maßnahmen nicht verstanden und betrachten Deine Lehre als Irrlehre, so als ob Du die Wahrheit verschwiegest, um nur das zu lehren, was Dir am meisten zusagt.

Viele Männer und Frauen, die Du als Säuglinge tauftest, rebellieren gegen deine Vormundschaft und betrachten sie bestenfalls als überlebt. Sie empfinden Deine Vormundschaft als geistige Unterdrückung, als wolltest Du ihr Gewissen beherrschen, um sie gefügig zu machen.

Sie verloren den Glauben an Deine Lehre und schüttelten sie ab; sie empfanden Deine Lehre als Befehl. Sie verstehen nicht, daß Du, als Du diese grundlegende Lehre mit aller Entschiedenheit verteidigtest – auch wenn Du in der Vergangenheit dem Drang nach Unterdrückung erlegen warst – nichts anderes tatest, als mit Entschlossenheit einen Weg zu weisen, der heute noch nach tausenden von Jahren gültig ist.

Liebe Mutter, ich möchte Dich nicht mit meinen Äußerungen verärgern. Werde nicht wütend. Du hörst in der Kühle Deiner Paläste die Stimme des Volkes nicht. Wir, die wir auf der Straße leben, hören diese Stimme besser. Täusche Dich nicht, Mutter. Unter den Millionen von Menschen, die Dir zujubeln, gibt es ebensoviele, die von Dir nicht nur mehr Klarheit erwarten, sondern auch eine Antwort auf viele Fragen. Würdest Du Deine Haltung ändern und nicht länger eine dozierende, rechthaberische, uneinsichtige Mutter sein, würden Dir wieder all die Kinder folgen, die sich von Dir entfernten, um anderswo Erbarmen und nicht Verurteilung zu finden.

In diesem Brief möchte ich Dir die Gründe mitteilen, die viele Katholiken bewogen, von Dir abzurükken, und ich hoffe Dir einen Dienst damit zu erweisen. Betrachte mich als einen Sohn, der Dich ewig jung sehen möchte, und der jedes weiße Haar und jede Falte, die er an Dir entdeckt, ausmerzen möchte, um Dein Aussehen zu verschönen.

Ein Grund für die Anfeindungen ist Deine Überheblichkeit. Ich weiß, Du bist wunderschön: Du hast eine Geschichte, eine Tradition, und große Heilige sind aus Dir hervorgegangen. Du hast die erbärmlichen Lebensbedingungen vieler Menschen verbessert; Du gabst Waisen ein Obdach und Kranken ein Bett; Du besitzest wunderschöne Tempel, die Ausdruck der Ergebenheit sowohl der Armen als auch der Mächtigen sind. Wichtige Staatsträger bewunderten Dich, und Du breitest Dich bis an das Ende der Welt aus. Willst Du aber die Mutter der ganzen Welt sein, so solltest Du auch andere Kulturen, andere Formen und andere Ansichten als die Deine annehmen. Willst Du unangefochten die Einzige sein, darfst Du nicht die »Primadonna« spielen; einzig und allein wegen Deiner Bescheidenheit und Demut werden Dich alle bewundern und lieben und sich als Deine Kinder betrachten. Verliere Dich nicht in nebensächlichen Fragen der Moral, denn die ethischen Maßstäbe ändern sich von Volk zu Volk. Konzentriere Dich auf das Wesentliche, das seit Jahrtausenden jeder Mensch und jedes Volk sucht. Nur in der Wahrheit der Liebe werden Menschen zu Brüdern; nur dort ist der Frieden begründet.

Du willst nur eine Herde und einen Hirten. Erweitere die Sicht dieser Metapher. Betrachte die Welt als Stall, mit all ihren Glaubensrichtungen und ihren Religionen, betrachte den Guten Hirten als einzigen Hirten, der über allen Menschen wacht und sich nicht um Intrigen und politische Wirren kümmert, sondern das Haus der Armen betritt und derer, die ihn suchen und nach Wahrheit dürsten. Diesen Stall ersehnte sich Jesus: laß nicht zu, daß die Arbeiter Deines Weinberges diesen Stall mit ihrer Habgier und ihren Wünschen verwechseln.

Sorge Dich nicht, wenn ein jeder seine eigenen Riten und Formen bewahren möchte. Du solltest Dich nicht beunruhigen, wenn von ca. 6 Milliarden menschlichen Wesen fünf Milliarden an ihre eigenen Gottheiten glauben und exotische Gottesdienste zelebrieren. Dies sind keine anderen Götter, und die Menschen, die sie anbeten, sind nicht Heiden, glaube mir! Ich versichere Dir: diese Gottheiten sind nur äußere Formen, Verkleidungen des selben einzigen Gottes, denn seine Liebe ist unermüdlich und reich an Ideen, ständig ist er bemüht, die oft so traurigen und jämmerlichen menschlichen Lebensbedingungen zu verbessern.

Liebe Mutter, umarme alle Menschen ohne Vorbehalt und Hintergedanken. Fürchte Dich nicht, vor anderen göttlichen »Formen« niederzuknieen. Sie sind ebenso vollkommen wie die, die Du anbetest, und hinter jeder Maske befindet sich der einzige, unübertreffbare, unnennbare Gott, den auch Du, liebe Mutter, den anderen Völkern verkünden möchtest. Solltest Du zugestehen, daß nicht die Form, sondern die in ihr enthaltene Esssenz verehrt wird, wirst Du einsehen, daß eine Trennung zwischen diesen 6 Milliarden Menschen unbegründet ist, und Du wärst bereit, selbst vor einer Ganesha-Statue oder in einer Pagode niederzuknieen.

Verehrungswürdige Mutter, glaube mir, eine Form ist ebenso viel wert wie die andere. Dies gilt besonders für den Bereich des Intellektes. Wieviele unnütze Diskussionen und Meinungsverschiedenheiten wurden ausgetragen, um die gleiche Sache mit anderen Worten auszudrücken! Der Herr aber beauftragte Dich, Seine Botschaft zu verbreiten, und hat Dir nicht verboten, an Seine Rückkehr zu glauben. »Wenn er zu alten Zeiten öfters in verschiedener Weise zu den Vätern sprach«, warum sollte Er auf einmal nicht mehr Sein Wort an Dich richten? Er sagte es Dir in der Tat voraus, nur verschwieg Er die Form, in der Er sich zeigen würde.

Ich bitte Dich, Mutter, begehe nicht den gleichen Fehler, den eine Deiner Schwestern vor 2000 Jahren begangen hat, als sie glaubte, die Offenbarung hätte sich mit Abraham, Moses und den Propheten erschöpft. Gott wird niemals müde, zu kommen, denn Seine Liebe erlischt nie. Was er mit Jesus machte, kann er jederzeit wiederholen, so wie es gestern geschah ... geschieht es auch heute!

Mutter, Du weißt nicht, wie sehr ich den Tag herbeisehne, an Deiner Seite, eine Entdeckungsreise zu einem lebendigen Schatz anzutreten. Millionen von menschlichen Wesen hast Du von diesem Schatz erzählt; Er ist gekommen, um die Liebe des Vaters zu bezeugen. Mutter, sei nicht abweisend und sage »Sei still« zu einem Kind, das Dir das wahre Glück gleich neben der Haustür zeigen möchte. Tu nicht so, als würdest Du diesen Schatz aus Angst verachten, Deine jahrhundertalte Würde zu verlieren. Du kannst Dir nicht vorstellen, wie man Dich an der Heiligen Stätte dieses Schatzes empfangen würde. Dir würden Ehren widerfahren, die dir während der zweitausend Jahre niemals Menschen dargeboten haben.

Der Herr dieser Stätte erwartet Dich seit Jahrtausenden. Fürchte Dich nicht, Mutter, Er will Dich nicht entthronen. Nein. Er würde dies niemals tun. Er erwartet Dich, um Dich persönlich zu krönen. Er beginge den Tag Deiner und Seiner Begegnung mit einem großen Fest, und selbst die Engel im Himmel würden jubeln. Einstimmig erklänge in der Welt das ursprüngliche Gebet des Amen, und es würde Christus zum hymnischen Lobgesang werden!

Viele wenden sich von Dir ab, weil sie weder mit Deiner Lehre der Wahrheit einverstanden sind, noch mit der Art und Weise ihrer Verbreitung. Die Gesellschaft ändert sich, und Deine Kinder sind erwachsen. Ihr Mütter habt stets die schlechte Angewohnheit, eure Kinder nie als erwachsen zu betrachten, selbst wenn sie bereits dreißig Jahre alt sind und eine Familie und Kinder haben. In 2000 Jahren wurden wir erwachsen. Wir wollen nicht mehr dieselbe Nahrung, mit der Du uns aufgezogen hast. Wir haben das Alter erreicht, uns persönlich von der Wahrheit zu überzeugen, die Du uns lehrtest, als wir noch klein waren.

Gott, wie Du ihn uns damals als strengen und strafenden Vater vorgestellt hast, um uns gefügig zu machen, entspricht nicht mehr unseren Erwartungen. Wir wollen selbst in diese einfache und zugleich so vielschichtige Realität eindringen, ohne als Ketzer bezeichnet oder aus dem Haus geworfen zu werden, nur weil wir einmal irgendeinem Freunde Gehör schenkten. Ein Kind schätzt an seinen Eltern besonders die ihm gewährte Freiheit zum Forschen, und unterstützen die Eltern diesen Freiheitssinn ihres Sohnes, werden sie um so mehr geliebt.

Liebe Mutter, gerade diese Eigenschaft würde ich gerne bei Dir sehen: Laß Deine Kinder nach ihrem eigenen Willen forschen. Sind ihre Bemühungen von Aufrichtigkeit und Ehrlichkeit beseelt, werden sie stets beste Ergebnisse erzielen, und sie kehren mit gefestigter und unerschütterlicher Liebe zu Dir zurück. Erschrick nicht über unsere Theorien, lächle nicht schockiert, wenn Dir gesagt wird, Jesus sei in Kashmir »wieder gestorben« oder er würde immer wieder geboren werden, bis er in das Haus des Vaters zurückkehren kann. Erlaube uns zu suchen … oder versteckst Du vielleicht etwas vor uns? Betrachtest Du uns als kleine, unreife Kinder? Es ist sehr wichtig, daß jemand in den Archiven Gottes forscht. Du solltest stolz auf Deine unternehmungslustigen und mutigen Kinder sein. Gerade diese Kinder sollten Dir am meisten lieb sein.

Selbst Du kannst nicht leugnen, im Laufe der Jahrhunderte gezwungen worden zu sein, Deinen Kurs zu ändern, und in einigen Fragen der Naturwissenschaft und der Theologie sind Dir auch Fehler unterlaufen! Du wirst aber immer unsere Mutter bleiben, auch wenn Du beim Musizieren manchmal daneben greifst; Du wirst uns dadurch nur sympathischer, erscheinst uns näher, bist mehr wie wir, und weniger hochmütig. Gibst Du dann noch deine Fehler zu, lächeln wir und verzeihen Dir sofort.

Ein weiterer Grund unserer Unzufriedenheit ist der plötzliche Wandel in Form und Inhalt. Während wir sehnsüchtig auf eine generelle Erneuerung warteten, die sich nicht nur auf das »Kleid«, sondern auch auf das »Herz« Deiner Existenz beziehen sollte, hat uns die unerwartete Beseitigung der rituellen Gewohnheiten entsetzt, auch hat sie Deiner Glaubwürdigkeit stark geschadet. Ich weiß genau, daß Du Dich den modernen Menschen anpassen wolltest, denn Deine Kinder sind fast alle ausgebrochen. Erlaube mir aber, Mutter, Dir zu sagen, daß es besser gewesen wäre, das Niveau der Disziplin hochzuhalten, um das allgemeine Bewußtsein zu heben. Es ist besser, drei gute Schafe in der Herde zu haben als hundert träge und verdorbene. Der erhabene Gipfel fordert den guten Bergsteiger heraus, die kleinen Hügel aber sind für die trägen.

Ich werde einige praktische Beispiele anführen, die aber nur einige der vielen Aspekte berühren. Aus dem eucharistischen Fasten (nicht einmal ein Tropfen Wasser nach Mitternacht) wurde heute, eine Stunde vor der Kommunion, eine normale Mahlzeit mit alkoholischen Getränken.

Der fleischlose Freitag, der früher für alle 52 Freitage des Jahres galt, beschränkt sich heute auf die fünf Freitage der Fastenzeit. Aber auch diese Anpassung hat zu nichts geführt, denn Katholiken essen auch, nach meinen Beobachtungen, in der Fastenzeit Fleisch und Supermärkte verkaufen gerade dann Fleisch billiger; dies in einer Zeit, wo selbst Ärzte den positiven Effekt vegetarischer Ernährung anerkennen.

Die eindrucksvolle »Hochmesse«, die den *Dies Domini* hervorhob, war so reich an gregorianischen Gesängen, die auch das ganze Volk mitsang; sie wurde durch eine farblose Messe und Gesänge ersetzt, die bar jeder Inspiration sind und nach der Stopuhr ablaufen. Während der Hochmesse war die Kirche mit Weihrauch durchdrungen, und sein Wohlgeruch versetzte die Gläubigen in einen Zustand der Transzendenz, der sie eine ganze Woche begleitete und sie an diesen feierlichen Ritus erinnerte.

Mutter, ich kann mir vorstellen, was Du Dir jetzt denkst. Du glaubst, ich sei ein nostalgischer Anhänger Lefebvres. Nein, Mutter. Im Grunde genommen gefallen mir Riten nicht besonders, ich glaube freilich, daß viele Menschen sich durch sie erbauter fühlen und eine Ahnung des Unfaßbaren erleben können.

Mit fiel das Buch eines gewissen Leadbeather in die Hände, eines außergewöhnlich feinsinnigen Bischofs Deiner Cousine, der Liberalen Kirche. Er scheint ein seltenes Empfindungsvermögen zu haben. Dieser hohe Prälat beschreibt in seinem Werk »Die Sakramente«, was er während der Gottesfeier »gesehen« hat. Seine Erfahrungen sind wirklich ungewöhnlich. Du kannst Dir überhaupt nicht vorstellen, was während der Hochmesse auf subtiler Ebene vor sich geht. Könntest Du nur sehen, welche Energien freigesetzt werden, und wie selbst die kleinste Geste, das einfachste Parament eine tiefe esoterische Bedeutung und einen hohen charismatischen Wert gewinnt. Ich möchte Dir eigentlich nur sagen, daß ich, nachdem ich dieses Buch gelesen hatte, große Sehnsucht nach der gesungenen Messe bekam. Leider aber bleibt mir nichts übrig, als der verlorenen Sprache nachzutrauern.

Diese Punkte berühren aber nur die Oberfläche einer Religion: den Ritus und die empfohlene Disziplin zur Erreichung des Göttlichen. Wie steht es aber im theoretisch-wissenschaftlichen Bereich? Für viele Deiner Wahrheiten gibt es keine plausible Erklärung, wie z.B.: das Paradies, die Hölle, das Fegefeuer, die Vorhölle, Auferstehung des Fleisches, die Auffahrt Jesu, die Existenz Gottes, usw. Diese Fragen sind im Katechismus tabu. Dort werden nur die verschiedenen biblischen Episoden erzählt und bebildert; eine Systematisierung des Ganzen fehlt, so wie es der Heilige Papst Pius X. vortrefflich getan hatte. Es reicht einfach nicht, sich nur Formeln einzuprägen. Beispielsweise könnte ein Satz wie: »Gott ist im Himmel, auf der Erde und überall« Stoff für unendlich viele Unterrichtsstunden bieten, von der Kosmologie über die Atomphysik bis hin zur Theologie.

Das Studium und die Auslegung der »Werke der körperlichen und geistigen Barmherzigkeit« könnten ein ganzes Jahr Katechismus-Unterricht füllen. Nur müßte die veraltete Sprache des 19. Jahrhunderts geändert und ersetzt werden durch: »Selbstloser Dienst zur körperlichen und geistigen Hilfe.«

Zum Schluß, Mutter, muß ich Dir ganz deutlich sagen, daß ich Deine sogenannten Gläubigen beschämend unwissend gefunden habe. Zitiere ich die geläufigsten Passagen der Evangelien, stoße ich auf eine Ahnungslosigkeit, als würde ich über erst kürzlich entdeckte Pergamentrollen reden. Ich schäme mich dieser Unwissenheit. Begegne ich hingegen einem Hinduisten oder Buddhisten, verläuft das Gespräch stets auf hoher theologischer Ebene, selbst wenn mir mein Gegenüber nicht sehr religiös erscheint. Selbst unter »Atheisten« und »nicht Praktizierenden« habe ich Menschen getroffen, die großes Interesse an Gott und allem Spirituellen zeigten und auch Menschen, die ihre persönliche Bequemlichkeit aufgaben, um ihre Zeit und Energie den Armen und Ausgestoßenen zu widmen, in denen sie Gott sehen.

Vor kurzem saß ich in einem Flugzeug nach Indien. Neben mir saß ein junger Mann, der von panischer Angst ergriffen war. Kalter Schweiß lief an ihm herab, er war totenbleich. Rechts neben mir saß ein Inder. Er sah recht wohlhabend aus und trug viel Gold an sich. Er war Juwelier. Er erzählte mir von Geld, Karriere und den Freuden des Lebens. Als er jedoch den jungen Mann zu meiner Linken in diesem psychischen und physischen Zustand sah, fragte er mich: »Was fehlt Deinem Freund?« »Es geht ihm schlecht; er hat Angst vor dem Fliegen«, antwortete ich. Der Inder brach in lautes Lachen aus; er lehnte sich etwas vor, um mit dem jungen Mann sprechen zu können, und unter Lachen sagte er: »Hast du Angst vor dem Sterben? Dein Leben gehört Dir nicht, es gehört Gott. Warum hast Du Angst etwas zu verlieren, das Dir nicht gehört? Gib ihm, was ihm gehört!« Nach all den mondänen Reden, die er vorher geführt hatte, leuchtete dieser Satz wie ein Diamant unter Kieselsteinen; ich änderte meine vorgefaßte Meinung über diesen weisen Flugpassagier.

Mutter, so würde ich gerne deine Menschen sehen. Sie sollten ohne falsche Scham über Gott reden und nicht zu fleischlosen Wesen verunstaltet werden, die ihres gesunden Menschenverstandes beraubt wurden: in der Welt, ohne aber von dieser Welt zu sein, und geistig immer in Gott. Um das zu erreichen, müßtest Du meines Erachtens etwas recht Unpopuläres tun, was Dir die Gunst mancher einflußreicher Freunde kosten könnte: Du müßtest auf die geistigen Werte setzen und die materiellen Werte des Reichtums und

Wohlergehens unterbewerten und selbst als gutes Beispiel vorangehen.

Du versuchst einige dringende Probleme zu lösen, wie Abtreibung, Scheidung, Drogen und andere Übel der Welt. Dies sind aber nur Symptome eines Übels, dessen Wurzeln in einer mangelhaften religiösen und geistigen Erziehung liegen. In einem Menschen mit starkem Gottesglauben wächst spontan das richtige Verhalten heran. Erkennen aber Menschen keinen Sinn im moralischen Verhalten, wird ihre unbegründete Neigung zur Moral nicht lange währen. Um dieses Ziel jedoch erreichen zu können, muß der Mensch wieder Vertrauen zu sich selbst finden, er darf sich nicht als unfähig betrachten, als Sünder und als armer Teufel, sondern als Sohn und Erbe des Vaters, der befähigt ist, die durch Jesus vorgelebten Ziele zu verwirklichen. Die Menschen aber benehmen sich wie Teufel, weil sie im Innersten überzeugt sind, Teufel zu sein.

Mutter, ich möchte diesen langen Brief nun beenden. Vieles könnte ich Dir noch schreiben, aber ich will mich lieber auf das Obengesagte beschränken. Du wirst mich sicher verstehen und ich hoffe, daß Du diese Arbeit nicht mißdeutest: gerade weil ich Dich liebe, habe ich sie Dir gewidmet.

»Willst Du Frieden, so achte das Gewissen eines jeden Menschen«: als ich diese weisen und tröstenden Worte Deines Papstes hörte, die das beherrschende Thema des Jahres 1991 sein sollen, glaubte ich die Zeit gekommen, mit Dir zu reden.

Niemand von uns kennt die ihm verbleibende Zeit, um die Aufgabe, die ihm auf dieser Welt übertragen wurde, zu vollenden. Wieviel Zeit mir auch immer beschieden sein mag, ich wollte diese Arbeit beenden, so als wäre sie die letzte meines Lebens, mein Testament: mein Herz wurde zu klein für dieses Geheimnis, eine Liebe, die ich nicht nur mit Dir teilen, sondern

Dir auch mitteilen wollte. Dieses Buch soll Licht auf den Weg zu Gott werfen. Lactantius sagt: *Quo perfecto satis me vixisse arbitrabor, et officium hominis implesse, si labor meus aliquos homines ab erroribus liberans, ad iter caelestis direxerit:* Sollte ich das Ziel, anderen Menschen den himmlischen Weg zu weisen, erreicht haben, ist mein Leben, so glaube ich, gut eingesetzt worden.

Diese Liebe kennt keine Grenzen und ist so unerschöpflich, daß niemand befürchten muß, zu kurz zu kommen. Auf diese Goldmine hat niemand den alleinigen Anspruch, denn unsere Hände und Herzen sind zu klein, um diesen Schatz auszukosten. Er wird mit grenzenloser Freigiebigkeit großzügig verteilt.

Liebe Mutter,

Du weißt, daß ich an Dich glaube, daß Du
Eine Einheit bist, denn wenn Du den Frieden
  liebst, wirst Du ihn nicht zerteilen;
heilig, denn wenn Du die Liebe predigst, bist du
  von Gott;
katholisch, denn wenn Du gerecht bist, wirst Du
  von allen verstanden;
apostolisch, denn wenn Du die Wahrheit kennst,
  kannst Du sie nicht verheimlichen und wirst sie
  über die vier Winde in die Welt hinaustragen,
  ohne auf die Früchte Deiner Predigt zu warten.

Mit aller Liebe eines Sohnes umarme ich Dich zärtlich,

immer Dein

Don Mario

Mein Geliebter ist schön und stark,
    ausgezeichnet vor Tausenden.
Sein Gesicht ist wie reines Gold.
Seine Locken sind üppig und rabenschwarz.
Seine Augen sind wie Tauben an Wasserbächen;
Die Pupillen, in Milch schwimmend,
    wie Tauben auf einem Wasserspiegel.
Seine Wangen sind wie duftende Beete,
    darin Gewürzkräuter sprießen.
Seine Lippen wie Lilien;
    sie tropfen von flüßiger Myrrhe.
Seine Finger sind wie Ringe aus Gold,
    mit edlen Steinen besetzt.
Sein Leib ist wie eine Platte aus Elfenbein,
    mit Saphiren bedeckt.
Seine Schenkel sind weiße Marmorsäulen,
    gebaut auf Sockeln von Feingold.
Seine Gestalt ist wie der Libanon,
    erlesen wie Zedern.
Sein Mund ist voller Süße;
    alles ist Wonne an ihm.
Das ist mein Geliebter,
    seht, das ist meine Liebe, mein Geliebter,
    ihr Töchter Jerusalems.

Hohelied 5, 10–16

Mutter, lebe wohl!

Die Geschichte einer Exkommunikation

Eine Reaktion der kirchlichen Hierachie auf die Veröffentlichung meines Buches war leicht vorauszusehen. Es war auch im Sinne des Verfassers, Interesse – wie auch immer – an der eindringlichen Stimme aus dem Osten zu erwecken, die das Einsetzen einer neuen Zeit der Erlösung für diese an tiefen Wunden leidende Menschheit verkündet.

Offen gesagt, ich hätte nie gedacht, daß die katholische Kirche eine so anachronistische Maßnahme ergreifen würde; ich habe ernstlich darüber nachgedacht, (also mir nicht nur vorgestellt) wie ich mich verhalten hätte, wenn anstatt des Briefträgers mit der per Eilpost übersandten Mitteilung meiner Exkommunizierung, plötzlich ein paar Gendarmen vor meiner Türe gestanden hätten, um mich zum Scheiterhaufen zu führen.

In diesen Tagen habe ich mir noch einmal den schönen, wenn auch bitteren Film von Liliana Cavani, »Galileo«, angesehen. Ich habe versucht, an mir selbst die Szene der Verurteilung Giordano Bruno's und dessen Feuertod zu erleben. Der qualvolle Schrei des von Flammen umgebenen Mönchs hatte mich zutiefst beeindruckt. Ich fragte mich: hättest du den Mut, dem Feuertod entgegenzutreten? Die Angst um den Verlust des Leibes ist uns ja angeboren – aber der bloße Gedanke, ich könnte nachgeben, brachte mich in Verwirrung. Ich dachte auch: Feuer tötet in wenigen Minuten – eine schreckliche, aber kurze Zeitspanne.

Wie aber ginge es mir, wenn mich, anstelle dieses Feuers, die Flammen des Verrats an der Wahrheit verzehren würden? Diese Verdammung wäre bestimmt die schändlichste, und es gäbe kein Mittel, – auch nicht die mildernde Wirkung der Zeit – das diese Schmach auslöschen oder auch nur lindern könnte.

Die italienische Presse hat meiner Exkommunizierung große Aufmerksamkeit geschenkt. Bei einigen Journalisten habe ich eine ausgewogene Beurteilung meines Falls feststellen können. Andere haben, aus Oberflächlichkeit und Unkenntnis, die sogenannten indischen Heiligen mit wahrer Göttlichkeit verwechselt und sich in diesem Wirrwar verirrt. In der katholischen Presse las man natürlich ein einstimmig negatives Urteil, verbunden mit dem Vorsatz, den Verurteilten moralisch zu vernichten.

Der Vatikan hat es absichtlich vermieden, einen regelrechten Prozeß für die Untersuchung meines Falls einzuleiten. Ich war ausschließlich mit Kardinal Camillo Ruini, Vikar der Diözese Rom, in Verbindung. Kardinal Ratzinger, Vorstehender der Hl. Kongregation für Glaubenslehre, die einzige für meinen Fall zuständige Stelle, ist scheinbar überhaupt nicht befragt worden: es wäre sonst schwierig zu verstehen, daß seitens dieser Kongregation keine Aufforderung an mich gerichtet wurde, für ein Verhör zur Verfügung zu stehen. Noch unwahrscheinlicher ist es, daß der Papst persönlich zu Rate gezogen wurde. Meines Wissens ist der Papst ablehnend gegen die Androhung oder Durchführung von Säkularisierungen an Priestern eingestellt.

Was meine Verurteilung als Häretiker und die darauffolgende Bestrafung betrifft, sind die betreffenden Entscheidungen mit überraschender Schnelle getroffen worden, wie der Tatbestand, auf den wir später zurückkommen werden, deutlich zu verstehen gibt. Für den Angeklagten (in der Kirchensprache als »de-

340

linquens«, das heißt »Verbrecher« oder »Schuldiger« bezeichnet) war keine gerichtliche Verteidigung vorgesehen. Bis heute ist es mir unverständlich, daß der »außergerichtliche« Weg eingeschlagen wurde, auch wenn mir auf diese Weise – wie mir ein kirchlicher Richter zu verstehen gab – viele Demütigungen und psychologische Belastungen erspart blieben.

Im Hinblick auf diese kurz angedeuteten Umstände habe ich den Vorschlag des Verlegers wahrgenommen, einerseits um den Tatbestand zu klären, andererseits um das Publikum – aus Katholiken und Nicht-Katholiken bestehend – in die Lage zu versetzen, sich über die Vorgänge eine eigene Meinung zu bilden, um so mehr als ich über Informationen und Dokumente aus erster Hand verfüge, die meines Erachtens als direkte Quelle das glaubwürdigste Material für eine freie Meinungsbildung darstellen. Die Zeitungen sind oft im Verdacht, vorgefertigte Meinungen zu vertreten, um ihren jeweiligen Arbeitgebern nicht zu mißfallen. Meine Person hat dagegen nichts mehr zu verlieren und verfolgt ausschließlich den Zweck, eine kurze Chronik der Geschehnisse zu verfassen, ohne literarische Bestrebungen oder subjektive Überarbeitung des Materials. Es ist nicht meine Absicht, den Leser zu beeinflussen. Ich habe deshalb vorgeschlagen, diese Nachschrift am Ende des Buches in Form eines Anhangs erscheinen zu lassen.

Die Umstände meiner Vertreibung aus der Kirche, aus dieser Kirche, die ich weiterhin wie eine Mutter lieben werde – trotz dem Ausbleiben jener mütterlichen Zuneigung, die auch ein schlecht geratener Sohn von ihr zu empfangen hofft –, will ich damit dem Leser und den späteren Generationen anvertrauen. Es ist meine Überzeugung, das jegliches menschliche Urteil umsonst ist. Das einzige Urteil, dem ich ehrfürchtig vertraue, ist das Urteil Gottes; Ihm gegenüber weiß ich, mit reinem Gewissen gehandelt zu haben; alles was ich geschrieben und gesagt habe, ist aus meiner großen Liebe für die Wahrheit entsprungen. Gerade dieser Anhang gibt mir die Gelegenheit, eine Wahrheit an's Licht zu bringen, keine absolute, sondern die an unsere Zeit gebundene Wahrheit, die jedoch nur selten in den Berichten der Zeitungen Beachtung findet.

Als der Papst vor einigen Monaten Galileo Galilei rehabilitierte und die Wissenschaftler um Vergebung für den in der Vergangenheit begangenen Fehler bat, dachte ich an die Mengen von Urkunden und Protokollen, welche die zu Lasten des berühmten Astronomen inszenierten Prozesse und ausgesprochenen Urteile betreffen. Wer weiß, ob die Welt eines Tages die Möglichkeit haben wird, mit eigenen Augen festzustellen, was über Galilei, aber nicht nur über ihn, sondern über all die Fragen, die durch Feuertod, Folterung oder Exil beantwortet wurden, gesagt und geschrieben worden ist. Von diesem Standpunkt aus gesehen, schien es mir wichtig, die Dinge historisch festzuhalten und die Information in die richtigen Geleise zu leiten, damit sie diejenigen erreichen könnte, die für ein solches Problem Interesse haben. Leider sind viele Katholiken, zu viele, über die Mechanismen der kirchlichen Organisation nicht aufgeklärt und fügen sich einer durch falschen Anstand getarnten Unwissenheit.

Ich erkläre, daß ich alle mit meiner Exkommunizierung verbundenen Geschehnisse hier der Wahrheit gemäß beschrieben habe. Die Gespräche mit den Geistlichen, die damals meine Vorgesetzten waren, sind von mir unmittelbar, nachdem sie stattgefunden hatten, aufgezeichnet worden, um damit den Sinn des Gesprächs ganz frisch wiederzugeben. Die Briefe sind in meinem und im Besitz der vatikanischen Archive. Einige sind, nach Gutdünken der katholischen Behörde, von der Presse benützt worden, als es darum ging, die Nachricht meiner Exkommunizierung zu verbreiten. Die Besorgnis der Medien, die Information in der von der Kirche vermittelten Version weiterzugeben war beeindruckend, um so mehr als nach knapp vier Monaten die gleiche Information als Neuigkeit noch einmal durch die gesamte italienische und schweizer Presse durchgegeben wurde. Es wäre naiv, diese Besorgnis auf den Fehler einer Presseagentur zurückzuführen.

Aber kommen wir zu den Tatsachen.

Während der ersten Monate nach der Veröffentlichung meines Buches – also September–Oktober 1991 – war der Bischofssitz der Diözese Bergamo sozusagen vakant. Der Bischof hatte seinen Rücktritt aus gesundheitlichen Gründen und mit Hinblick auf sein hohes Alter beantragt. In früheren Jahren hatte ich versucht, mit diesem Bischof, Mons. Giulio Oggioni, Kontakt aufzunehmen und hatte ihm einen Brief geschrieben, der nie beantwortet worden ist.

Ihm folgte der jetzige Bischof der Diözese Bergamo, Mons. Roberto Amadei, mein ehemaliger Dozent für Kirchengeschichte während meines Theologiestudiums (1965–69). Ich nahm mir vor, die Gelegenheit wahrzunehmen und einen Meinungsaustausch mit ihm herbeizuführen, denn seit 1978 war es mir nicht mehr gelungen, einen solchen zu erreichen. Meiner Absicht wurde durch einen Anruf der Diözese zuvorgekommen; man teilte mir mit, daß der neue Bischof mich sehen wollte. Auch wenn ich unter diesem Anruf eher einen Anlaß zu einem Verweis vermutete, hielt ich es jedenfalls für ein gutes Zeichen, daß die Einladung auch meinem Wunsche entsprach.

Mit dem Sekretariat vereinbarte ich ein Datum und erwartete mit Ungeduld den festgelegten Termin: 16. März 1992.

Mons. Amadei begrüßte mich freundlich und hieß mich Platz zu nehmen. Nach den üblichen Höflichkeiten fing er an, von meinem Buch zu sprechen. Was die diesbezügliche Unterhaltung betrifft, werde ich den Bischof mit B. abkürzen und mich mit M.).

B. – Rom hat mich angerufen, um mich über dein Buch zu informieren. Darin vertrittst du Ideen, die nicht mit denen der Kirche in Einklang sind. Zum Beispiel ist Christus für uns Jesus Christus, und es kann keinen anderen Christus geben. Du unterscheidest zwischen Christus und Jesus.

M. – Ja. Ich will damit sagen, daß es einen Unterschied zwischen dem göttlichen und dem menschlichen Wesen Jesu Christi gibt: das erste entspricht dem Inhalt, das zweite dem Behälter; das erste ist wahr, das zweite illusorisch.

B. – Gerade hier liegt der wesentliche Unterschied zwischen dem, was du sagst, und der offiziellen Doktrin, der Lehre der Kirche. Ich kann deine Einstellung nicht teilen. Und darüber hinaus setzest du Christus und Baba auf die gleiche Ebene!

M. – Die Dinge stehen nicht gerade so, aber es ist mir klar, daß man sie leicht so auffassen kann. Ich verstehe, daß es schwierig ist, die Dinge zu erklären, wenn einen Jahrhunderte von Überlieferungen belasten; aber, Monsignore, wer kann Gott daran hindern, die Form, die er will und wann er will, anzunehmen?

B. – Mario, Gott kann sich nicht widersprechen. Wenn er uns offenbart hat, daß er der einzige Erlöser in Jesus Christus ist, kann er seinem eigenen Wort nicht untreu werden.

Die Unterhaltung über dieses Thema läuft weiter. Es wird auch das Thema des Einziggeborenen und dasjenige der Wahrheit behandelt, der Wahrheit, die in toto und bedingungslos von Christus verkündet worden ist, usw. Auch Jesus als Mensch sei nicht verschwunden, er sei ewig wie Christus, so daß die beiden nicht getrennt existieren können, daß die zwei als eins betrachtet werden müssen. Ich schaue ihn verblüfft an; dann wende ich mich mit folgender Frage an ihn:

M. – Meinen Sie damit, daß der Leib Jesu noch existiert? Aber wo denn, Monsignore?

B. – Zum Beispiel in der Eucharistie.

M. – Das können Sie einem Kinde beibringen; aber auch ein Kind wird Ihnen nichts anderes sagen können, als daß es ein Stück Brot sieht. Wo verbirgt sich oder zeigt sich der wahrhaftige Leib Jesu?

B. – Siehe, Mario, auch in dieser Hinsicht denkst du anders als die Kirche ...

M. – Was bedeutet das, Monsignore? Hat die Kirche sich nie geirrt?

B. – Lassen wir das sein. Das hat nichts damit zu tun.

M. – Warum muß immer ein Moment kommen, in dem es heißt: »Laß' das sein?« (es war nicht das erste Mal, daß er sich auf diese Weise mir gegenüber ausdrückte). Gestatten Sie mir eine herausfordernde Frage: In den heiligen Schriften steht geschrieben, daß Christus wiederkommen wird. Wie werden wir ihn erkennen?

B. – (nach kurzem verlegenem Zögern) Dieses Ereignis tritt am Ende der Geschichte ein, wenn die Menschheit ihre Existenz beschließt.

M. – Glauben Sie wirklich, daß in einem Universum, das die Astronomen als unfaßbar groß und in fortwährender Expansion darstellen, die Geschichte dieser kleinen Menschheit von einem einzigen, endgültigen Ende gezeichnet sein kann?

B. – Es existieren keine anderen Welten. Also ist es so.

M. – Wir brauchen die Existenz anderer Welten garnicht vorauszusetzen .... Wenn aber die Menschheit endgültig und einmalig mit sich Schluß macht, wozu soll dann der Leib Christi eine glorreiche Wiederkehr erfahren? Um sich wem zu zeigen?

Ich fange an, mich an der Diskussion zu begeistern; die Stimmung ist, auf Grund unserer alten Dozent-Student-Beziehung, vertraulich, aber gleichzeitig bin ich mir bewußt, daß ich einen gefährlichen Gesprächsstoff angeschlagen habe. Ich sehe in ihm den pensionierten Geschichtsprofessor, und er sieht in mir, so nehme ich an, den Studenten. Ich greife das Thema wieder auf, und meine Fragen entspringen dem Vertrauen, er bringe meinem Suchen und Fragen Verständnis entgegen.

M. – Gibt es keine Möglichkeit, Thesen neu zu formulieren? Auch sie sind ein Produkt des menschlichen Intellekts. Könnte in jener These nicht ein Fehler enthalten sein?

B. – Aber nein, Mario, sonst würden wir ja gegen das Prinzip des Widerspruchs verstoßen ....

M. – Das Prinzip des Widerspruchs in Kontradiktion! Ich bin mir bewußt, daß ich für Euch ein Häretiker bin.

Ich gebrauche das Wort »Häretiker« in der Gewißheit, daß mein Gesprächspartner, als Historiker, als anachronistisch abtun würde; ich erwartete von ihm irgend eine verurteilende Äußerung über eine Vergangenheit, die ich auf ewig für tot und begraben betrachte. Der Bischof aber schweigt, senkt den Kopf, bringt kein Wort hervor.

Ich lächle und sage:

M. – Und jetzt. Was werden Sie mit mir machen?

B. – Ich weiß es nicht.

Die Stimmung war eisig. Ich versuchte das Gespräch wieder aufzunehmen, diesmal von einem anderen Standpunkt aus.

M. – Verdienen die Theologen, die meine Ideen unterstützen – wie ich in meinem Buch zitierte – denn keine Beachtung? Die Kirche setzt sich doch auch aus Menschen zusammen und hat sich ja immer am Gedankengut der Theologen und Asketen bereichert.

B. – Die Kirche ist in Ordnung – aber keine »Primadonna«, wie du im Brief deines Buches behauptest – denn sie stützt sich auf Jesus Christus. Um Gott zu erkennen genügt die Lehre der katholischen Kirche, die uns die korrekte Interpretation der heiligen Schriften liefert. Theologen erzeugen keine Lehren. (sic)

M. – Aber unsere gesamte Theologie schöpft doch aus den Werken der Theologen, zum Beispiel des hl. Thomas, den ich in meinem Buch mehrmals zitiere.

B – Der hl. Thomas macht keine Kirchenlehre!

M. – Warum müssen wir ihn dann im Seminar so gründlich studieren, warum besitzt er dann eine so große Bedeutung, fast wie die Bibel? Wollen Sie vielleicht behaupten, daß Gott einzig und allein durch die Lehre der katholischen Kirche erreichbar ist?

B. – Gerade das sage ich. Es gibt keine Rettung außerhalb der Kirche.

Jetzt fühlte ich mich völlig entwaffnet.

Ich habe hier nur einige der Grundfragen unserer Konversation berührt; der Bischof hat jedoch immer wieder versucht, bei der Behandlung der verschiedenen Themen mich davon zu überzeugen, daß ich im Irrtum war. Ich könnte auch sagen, es war eine Art Verhör; aber eher war es ein Test, um zu prüfen, wieweit ich wirklich das glaubte, was ich geschrieben hatte. Das war bestimmt der Hauptzweck unserer Unterhaltung. Meine Situation schien eindeutig hoffnungslos, insbesondere als er subtile Versuche anstellte, um eine Änderung meiner Einstellung zu bewirken. Ich versicherte ihm, daß ich nie und niemals, weder jetzt noch in der Zukunft, die Eingebungen meines Gewissens verleugnen werde.

Ab und zu nahm mein Gesprächspartner das Buch in die Hand und las ein paar Sätze daraus, um sie zu kommentieren und zu widerlegen; dann legte er es wieder auf den Tisch, mit der Titelseite nach unten. Er bezog eine doktrinäre Einstellung. Manchmal schenkte er meinen Worten Beachtung, aber ich merkte, daß er dann wieder meine eigenen Worte benützte, um mir zu beweisen, daß ich mich irrte.

Er nahm mir gegenüber keine inquisitorische Haltung ein. Im Gegenteil, er hörte mir mit Milde zu, und sein Tadel war sanft. So empfand ich es jedenfalls. Es war, als ob er – mit der Miene eines Menschen, der eine unanfechtbare Wahrheit ausspricht – immer und immer wieder das Gleiche wiederhole: du bist im Irrtum, wir sind im Recht!

Manchmal habe ich die Gelegenheit verpaßt, ihm sachlich zu widersprechen, oder heikle Themen mit Gelassenheit zu diskutieren; aber ein Salongespräch ist dazu wenig geeignet. Es war vorauszusehen, daß jegliche Verteidigung der Wahrheit, wie sie in meinem Buch steht, bald sinnlos werden sollte. Ich unterließ es nicht, von Sai Baba zu sprechen, von seiner Botschaft und von der großen Verwandlung, die er im Herzen der Menschen bewirkt.

M. – Bevor wir unsere Konversation beendigen, möchte ich euch (das »euch« ist mir entschlüpft, nicht im Sinne eines »pluralis majestatis«, sondern als Ausdruck des Kollektiven) davon überzeugen, daß – wie es auch aus unserem Gespräch hervorgeht – es nicht die Wahrheit selbst ist, die die Menschen trennt, sondern ihre Interpretation. Warum denkt ihr nicht über die Tatsache nach, daß viele derjenigen, die Sai Baba aufsuchen, Katholiken sind, die ihren katholischen Glauben erneut erleben wollen, so wie es Sai Baba empfiehlt?

B. – Auch wenn ich deine Position respektiere, möchte ich jedoch einen Vergleich aufstellen, der dir vielleicht unangebracht erscheint: auch ein Mörder kann das Werkzeug der Erlösung werden; dadurch hört er aber nicht auf, ein Mörder zu sein.

M. – Ihr Vergleich scheint mir – ehrlich gesagt – äußerst unglücklich.

Der Bischof, der Unverschämtheit seiner Äußerung bewußt, entschuldigte sich, wiederholte aber mehrmals denselben Begriff mit den gleichen Worten, und lud mich dann zum Kaffee ein. Ich lehnte dankend ab. Er erkundigte sich nach meiner Telefonnummer und begleitete mich höflich zur Türe, schaute mir nochmals tief in die Augen und bat mich, beim Herrn für ihn einzutreten. »Und ich empfehle mich Ihren Gebeten« – antwortete ich fast scherzend – »ich scheine es dringend nötig zu haben.«

Der allgemeine Eindruck war der eines ernsten Gedankenaustauschs. In Wirklichkeit war es, als ob meine Gedanken an eine Mauer prallten, hinter der sich seine absolute Gewißheit barg, als Katholik der allerbeste zu sein. Was danach geschah, war ganz in diesem Sinn.

Wenige Wochen später erschien in der katholischen Tageszeitung »L'Eco di Bergamo« (es ist allgemein bekannt, daß es sich um ein von der Kurie unterstütztes Blatt handelt) ein von einem Dozenten des Seminars verfaßter Artikel in mehreren Fortsetzungen, in dem verschiedene Stellen meines Buches diskutiert wurden. Es war die erste offizielle Stellungnahme des Klerus. Der Kollege, ganz dem Klerikerstil getreu, hatte es offenbar überflüssig gefunden, mit mir vorher Kontakt aufzunehmen. Deswegen hielt ich es für unangebracht, auf seine schweren Beschuldigungen coram populo zu reagieren. Von Freunden erhielt ich die Artikel zugeschickt, und es erreichten mich auch zahlreiche Anrufe von Personen, die mich ermutigten, jene von einem unbekannten Kollegen gefällten Urteile abzulehnen. Viele haben sich gewundert, daß ein Priester einen anderen Priester auf so harte Weise angreifen kann.

Am 24. Mai erhielt ich vom Vikariat in Rom per Eilpost einen eingeschriebenen Brief. Man brauchte keine besonderen Seherkräfte, um dessen Inhalt zu erraten. Er lautete wie folgt.

Rom, 18. Mai 1992. Prot. N. 447/92
Kardinal Camillo Ruini,
Generalvikar seiner Heiligkeit Johannes Pauls II.
für die Diözese Rom.

IN ERWÄGUNG

– daß der Bischof von Bergamo, mit Schreiben vom 17. Dezember 1991 das Vikariat darauf aufmerksam gemacht hat, daß die schriftlichen Abhandlungen, die in der Öffentlichkeit abgegebenen Aussagen und die zumindest verwirrenden Thesen des Priesters Mario Mazzoleni hinsichtlich des indischen Meisters Sai Baba – zu welchem er sich als überzeugter Anhänger bekennt – große Verwirrung und Anstoß bei den Gläubigen bewirken;

– daß der Priester, am 23. November 1990, der Katholischen Kirche ein Buch mit dem Titel »Wer ist Sai Baba« gewidmet hat, in dem er, von der löblichen Absicht ausgehend, das Wirken des göttlichen Geistes in jedem Menschen und in jeder religiösen Erfahrung zu suchen, am Ende zur Ablehnung der Wahrheit des katholischen Glaubens gelangt;

– daß eine aufmerksame Lektüre des Buches beweist, daß der Verfasser den katholischen Glauben an die Dreieinigkeit und an Christus als einzigen Erlöser verloren hat und daß, hauptsächlich in den an einen Freund gerichteten Briefen die Einzigkeit Christi als Erlöser ausdrücklich von ihm verneint wird;

– daß die Aussagen des Priesters, welche den Anspruch des Sai Baba, eine Inkarnation Gottes zu sein, anerkennen, dessen Werke, Wunder, Sprüche und Lehren verherrlichen, schwerwiegende Äußerungen gegen den Glauben darstellen;

– daß Don Mario Mazzoleni's offizielle Stellungnah-

350

men Verwirrung und Anstoß bewirkt haben, da sie von einem Priester kommen, der sein Priesteramt in der katholischen Kirche immer noch innehat;

– daß, in Würdigung der Widmung des Buches, die den guten Glauben des Verfassers erkennen läßt, es um so unerläßlicher ist, den Priester zur Einsicht seines Irrtums zu bewegen, mit der dringenden Aufforderung, dem Ärgernis ein Ende zu setzen und zur Lehre der Kirche zurückzufinden,

ERSUCHT

den Priester Mario Mazzoleni, innerhalb der Frist von zwei Monaten von seiner häretischen Glaubenseinstellung abzukommen, das Ärgernis zu beenden, seine Irrtümer eindeutig zu widerrufen; mit der Warnung daß, im Falle des Unterbleibens der Widerrufs, man zu Bekanntmachung der Exkommunizierung latae sententiae wegen Häresie nach Can. 1364 vorgehen wird, und daß infolgedessen dem Priester die Befugnisse der Amtsgewalt entzogen werden, solange er nicht zur katholischen Kirche zurückfindet.

Er lädt den selben Priester zu einem persönlichen Gespräch in sein Büro im Vikariat in Rom ein, und zwar an folgenden Terminen: 3. Juni 1992, 10.00 Uhr, oder 6. Juni 1992, 12.00 Uhr.

Camillo Kard. Ruini
Generalvikar

Ich war mir des Ernstes meiner Situation bewußt, aber ich muß gestehen, ich litt nicht besonders darunter. Im Gegenteil, die Aufforderung zu einem Gespräch schien mir eine gute Gelegenheit, dem Kardinal von meiner Erfahrung zu erzählen und die Persönlichkeit Sai Baba's in das richtige Licht zu rücken. Als katholischer Priester hatte ich immer von dieser Möglichkeit geträumt. Ich verabredete den Termin des 3. Juni, den Todestag des Papstes Johannes XXIII.

Glücklicherweise fand ich Freunde, die mir eine Unterkunft in Rom zur Verfügung stellten, wodurch Reise- und Aufenthaltsspesen tragbarer für mich wurden. Nach langer Wartezeit von zwei Stunden wurde ich endlich empfangen. Der Kardinal sprach nicht sehr viel, aber er hörte mir zu und musterte mich derweilen mit undurchdringlicher Miene unter seiner Brille hervor.

Ich fühlte mich wohl; ich hatte keine Angst, und in meinem Inneren war unentwegt der Gedanke an Jenen gegenwärtig, der den Lauf der Geschehen bestimmt. Ich dachte an das, was Sai Baba öfters wiederholte: »Siehe Gott in jedem Menschen. Ich nehme die Gestalt aller an«. Während der Kardinal die Blätter meines Dossiers sammelte, versuchte ich, mit einem gewissen Behagen, mir unter seinem Gewand die Figur Sai Baba's vorzustellen: »Deine Pläne sind wunderbar«, dachte ich bei mir, »und du selbst bist wunderbar. Was teilst Du mir an Rolle zu?« Es war mir, wie wenn ich einen Film anschaute, in dem der Kardinal und ich uns zugeteilte Rollen spielten.

Auf dem Schreibtisch des Kardinals lagen wenige Schriftstücke – die Briefe einiger Bischöfe (von Lugano, von Bologna usw.) die sich gegen mich ausgesprochen hatten, Bischöfe, die ich nicht kannte und nie das Vergnügen hatte, kennen zu lernen – und mein Buch, diesmal mit der Titelseite nach oben. Ich beobachtete, wie der Kardinal das Photo des Svami einen Moment lang betrachtete.

Wir sprachen über Verschiedenes. Um in meinen Ausführungen korrekt zu sein und auch nichts auszulassen, was wichtig sein konnte, habe ich ihm die Themen, über die ich mit ihm sprechen wollte, in einem Schreiben festgehalten. In diesem Schreiben ist also alles, was ich sagte, genau wiedergegeben.

Hier der Inhalt:

Eminenz,

In diesen Zeilen möchte ich gerne alles das aufzeichnen, was in einem Gespräch vielleicht nicht ganz so klar zum Ausdruck kam.

Zu allererst möchte ich mich bei Ihnen für die Aufmerksamkeit bedanken, die sie mir geschenkt haben, und für die Gelegenheit, die Sie mir geboten haben, die Gründe meines Verhaltens persönlich vorbringen zu können. Ich erwartete mit Ungeduld Ihren Ruf, denn ich empfand das Bedürfnis – was für ein Beschluß mir gegenüber auch gefaßt werden sollte – meinen Vorgesetzten von jener Erfahrung zu berichten, die täglich und fortdauernd positive Spuren in mir hinterläßt. Die Botschaft Sri Satya Bai Baba's ist von der Idee eines grenzenlosen Oekumenismus geprägt: hiermit ist aber keine synkretistische, chaotische Verschmelzung der Religionen untereinander gemeint, sondern die konstante Suche nach den verschiedenen Religionen gemeinsamen Werten, die einem einzigen Glauben entsprechen, dem Glauben an die Liebe.

Aus Sai Baba's Lehre, die ich seit zwölf Jahren erforsche, geht immer wieder hervor, wie es nicht sein Ziel ist, eine neue Religion zu gründen, sondern das Gewissen der Menschheit zu beleben. All diejenigen, die zu ihm kommen, versucht er einem auf Wahrheit, Aufrichtigkeit, Friedlichkeit, Liebe und Gewaltlosigkeit gegründeten Dasein zuzuführen. Diejenigen, die seinen Ashram besuchen, fordert er auf, die Grundprinzipien ihres jeweiligen Glaubens tiefer zu erleben. Die Menschen, die sich an ihn wenden, sind oft nicht praktizierende Gläubige, oder solche, die sich von ihrer Kirche entfernt haben. Das wahre Wunder, das sich in diesen Personen immer wieder erfüllt, ist das

Wiederaufleben des Bedürfnisses nach einer neuen Annäherung an ihre eigenen Konfessionen.

Ich bitte Sie, Eminenz, lassen wir diese Menschen nicht vor der Türe stehen; sie erleben einen sehr heiklen Moment, und für unsere Kirche bedeutet ihre Zurückgewinnung einen Erfolg edlen Apostolats und praktischer Evangelisierung. Sai Baba will keine neue Kirche, er will daß die schon existierenden mehr Menschen erfassen.

Ich weiß, die Bildung von Sekten stellt ein großes Problem für die Kirche dar. Aber ich bin absolut sicher, daß Sai Baba klare Verfügungen gegeben hat, damit sich keine der offiziellen Glaubensgemeinschaft entgegenwirkenden Gruppen bilden, und daß, falls sich Personen zu Gemeinschaften zusammentun, dies ausschließlich im Sinne der Teilnahme an karitativen Tätigkeiten oder des Studiums der heiligen Schriften geschieht. Ich möchte darauf aufmerksam machen, daß ein Hare Krishna oder ein Zeuge Jehova's oder ein Adventist nie einer Messe beiwohnen würden; ich versichere Ihnen dagegen, daß es in den Pfarrkirchen viele Anhänger Sai Baba's gibt, die mit erneuter Inbrunst beten und die Kommunion mit einer so mystischen Bereitschaft empfangen, wie sie bei normalen Christen sehr selten anzutreffen ist. Die Anhänger Sai Baba's versammeln sich einmal in der Woche zu Gesang und Gebet, und ihre Verehrung gilt dem gleichen Gott, zu dem wir in unseren Kirchen beten.

Ich kenne sämtliche Sai Baba gewidmeten Zentren und habe die Mitglieder von vielen Gemeinschaften schon mehrmals aufgefordert, die Exotik ihrer Szenerie, die auf ihre Begeisterung für Indien zurückzuführen ist, einzuschränken und bei den jeweiligen Pfarrämtern anzufragen, ob ihnen für ihre gemeinschaftlichen Gesänge und Gebete nicht die Benutzung der Pfarrkirche gestattet werden kann. Aber die vielen noch existierenden Mißverständnisse und Vorurteile veranlassen leider diese Gläubigen, sich weiter fern von der Kirche zu halten.

In letzter Zeit haben mich viele Priester aufgesucht, um mehr über Sai Baba und seine Lehre zu erfahren. In diesen Monaten habe ich auch zahlreiche Briefe, insbesondere von Katholiken, mit Worten der Anerkennung erhalten. Dissonante Äußerungen und von Krachmachern veranlaßte Hetzereien sind Ausdruck einer kleinen Minderheit.

Was mich bei dieser Erfahrung am meisten schmerzt ist das Bewußtsein der Oberflächlichkeit, mit der man Sai Baba und seine Botschaft abfertigt, während es Tausende von Menschen aller Länder, Rassen und Religionen gibt, die sich mehr und mehr an seiner ergreifenden Größe erbauen. Diese ganzen Jahre hindurch konnte ich immer wieder feststellen, wie Intellektuelle und Gelehrte sich mit immer größerer Häufigkeit zu all dem bekennen, was sie mit eigenen Augen sehen und mit eigenem Herzen empfinden.

Eminenz, ich will hier nicht im Einzelnen auf die in meinem Buch behandelten theologischen Fragen eingehen. Ich bin mir bewußt, daß meine Ausführungen zu Zweifel und Verwirrung Anlaß geben können. Glauben Sie mir, es war bestimmt nicht meine Absicht, Anstoß zu erregen. Wenn es trotzdem geschehen ist, mag daran mein unbefangener Eifer schuld tragen, und ich bin bereit, den angerichteten Schaden wieder gut zu machen.

Ich verspreche, keine öffentlichen Vorträge mehr zu halten und den Medien keine Interviews über Sai Baba mehr zu liefern, wenn es mir gestattet wird, mein Priesteramt – dem ich während all dieser Jahre nachgekommen bin, ohne es mit fremden Theorien zu entstellen – weiter zu bekleiden.

Da es mir einzig und allein daran gelegen ist, unserer Kirche auf rechtschaffene Weise die Persönlichkeit des Sai Baba näher zu bringen, und ich Wert darauf lege, keinen Bruch hervorzurufen, bin ich bereit, an einer Untersuchungskommission teilzunehmen, die den Auftrag hätte, sich mit der Figur Sai Baba's zu befassen, unter der Bedingung, daß das Problem auf wissenschaftliche, vorurteilslose Weise angegangen wird. In dieser Beziehung möchte ich darauf hinweisen, daß ich mit zahlreichen Ärzten, Physikern, Wissenschaftlern in Kontakt bin, die seit Jahren den »Fall« Sai Baba verfolgen.

Wie Sie auch über mich entscheiden sollten, ich bin immer bereit, auf irgendeine Weise, zum Beispiel in Forschung oder Beratung, der Kirche zu dienen, denn ich werde mich weiter mit ihr verbunden fühlen.

Mit Verehrung, in domino,

Don Mario Mazzoleni
Rom, den 3. Juni 1992

Als ich das Thema Sai Baba und dessen ökumenische Botschaft aufgriff, sagte der Kardinal, mit einem Anflug von Besorgnis in der Stimme: »Es kann keinen Oekumenismus geben, denn die vollkommene Wahrheit ist ausschließlich der katholischen Kirche enthüllt worden«. Diese Worte haben mich tiefer verletzt als die Drohung der Exkommunizierung.

Aus unserer Unterhaltung habe ich den Schluß gezogen, daß mein Vorgesetzter das Buch nicht gelesen hatte, wie er mir später bestätigte; daß er dagegen mit der Lektüre desselben einen Untergebenen beauftragt hatte, den er dann die diesbezügliche, absolut negative Bewertung verfassen ließ.

Bevor das Gespräch zu Ende kam, traute ich mich dem Kardinal folgende Frage zu stellen: »Eminenz, wenn Sie an meiner Stelle diese Erfahrung erlebt hätten, eine Erfahrung, die Ihnen ein Wesen mit unbegrenzten Möglichkeiten vor Augen geführt hätte, ein Wesen das in der Welt der Wissenschaften Erstaunen erregt, das Gelehrte aller Fächer und sogar Asketen in die Knie zwingt, das jede Art von Wundertaten vollbringt, das ein Gefühl unendlichen Friedens durch den bloßen Blick zu übertragen fähig ist – was würden Sie in diesem Fall tun?«

Der Kardinal antwortete nicht sofort. Er nahm sich Zeit und sagte dann: »Ich würde diesen Stuhl, den ich einnehme, verlassen«.

Ich war nicht ganz sicher, ob dieser Ausspruch auf mich gezielt war, oder ob er auf ein eigenes Bedürfnis hinwies, sich in einer Situation dieser Art zurückzuziehen, um nachzudenken.

Zuletzt, nach fast einer Stunde Unterhaltung, lobte der Kardinal mein Vorhaben zu schweigen, und sprach sich anerkennend über ein für mich plädierendes Schreiben aus, das ich ihm im Auftrag des Pfarrers meines Dorfes übergeben hatte. Dann holte er ein maschinengeschriebenes Blatt hervor, sagte, es handle sich um eine Formel, die ich unterschreiben sollte und fing an sie vorzulesen: »Ich, Mario Mazzoleni usw. usw. erkläre daß ......«. Der Kardinal unterbrach plötzlich die Lektüre des Textes. Er legte das Blatt beiseite und bat mich, ihm innerhalb von zwei Monaten, vom Datum des eingeschriebenen Briefes ab gerechnet, eine Mitteilung einzusenden, in der ich meine Absichten klar formulierte. Ich bekam den Text der Abschwörung nicht ausgehändigt und kann ihn deshalb nicht wiedergeben, aber ich weiß wohl, wie solche Texte abgefaßt sind.

Er begleitete mich zur Türe seines Arbeitszimmers, an das ich mich noch von meiner Studienzeit in Rom her erinnerte, als es Kardinal Poletti innehatte. Ich küßte ihm die Hand und nahm den ersten Zug zurück nach Mailand, tief in Gedanken versunken, aber ein ausgesprochenes Gefühl des Friedens im Herzen.

Ich war gerade mit den Vorbereitungen für eine neue Reise nach Indien beschäftigt. Dort erwartete mich der Meister, der mir den Trost spendet, den kein anderes Wesen fähig ist, mir zu übermitteln. Ich faßte den Entschluß, die Antwort noch vor meiner Abreise abzuschicken, auch mit Rücksicht auf den von meinen Vorgesetzten festgelegten Termin.

Bevor ich anfing den Brief niederzuschreiben, sammelte ich mich im Gebet und bat Sai Baba, mir die richtigen Worte einzugeben und mir zu ermöglichen, jeglichen Ausdruck zu vermeiden, der hart oder erbittert klingen konnte.

Verehrte Eminenz,

zu Ihrem oben angeführten Schreiben möchte ich mich auf folgende Weise äußern:

Hinsichtlich der zu meinem Buch »Wer ist Sai Baba?« erhobenen Kritik, die, wie ich aus Ihren Ausführungen entnahm, die Meinung eines beauftragten, nicht unparteilichen Rezensenten darstellt, fühle ich mich nicht verpflichtet, gegen die vorgebrachten Meinungen Stellung zu nehmen – obwohl jedes Rechtsverfahren eine Stellungnahme meinerseits vorgesehen hätte – noch meine als unwiderruflich häretisch bezeichneten Aussagen zu verteidigen. Ich erlaube mir, aus der Enzyklika »Dignitatis humanae« demütig zu zitieren: »Jedermann hat die Pflicht, und also auch das Recht, in Glaubensfragen der Wahrheit nachzugehen............und zwar in freier Suche«; »der Mensch erkennt und versteht die Imperative des göttlichen Gesetzes dank seinem eigenen Gewissen«; »man kann ihn also nicht zwingen, gegen sein Gewissen zu handeln, noch daran hindern, nach seinem Gewissen zu handeln, ganz besonders wenn es sich um den Glauben handelt«. Ich mache also darauf aufmerksam, daß die Forderung eines eindeutigen Widerrufs – unter Drohung der Exkommunizierung – mindestens in Widerspruch zur offiziellen Lehre der Kirche steht.

Als Verfasser des oben genannten Buches bestätige ich wiederum, daß ich meinem katholischen Glauben nicht abtrünnig geworden bin; im Gegenteil, seit meiner Begegnung mit dem großen »indischen Meister« Shri Satya Sai Baba fühle ich, daß ich diesen meinen Glauben auf vollendetere Weise erlebe, im Geiste einer wahren Verbundenheit mit allen Religionen, die als gemeinsames Ziel das Erreichen des gleichen einzigen Gottes verfolgen, des Gottes, der sich jeglicher Definition und Form entzieht.

Was die Alternative, die Sie mir nun gestellt haben – Verbannung aus der Kirche oder Verbannung des Gewissens – betrifft, kann ich nicht und will ich mich nicht für letztere entscheiden, denn die Institutionen begleiten den Menschen ja nicht über den Tod hinaus; das einzig Wahrhaftige, was der Mensch Gott vorweisen kann, ist das Gewissen. Der Herr »der die Herzen erforscht« ist unser Richter; wenn meinerseits ein Fehler (hinsichtlich meiner Ablehnung zu Widerrufen) begangen worden ist, bete ich zu Ihm um seine Vergebung und Erleuchtung; sollte ich dagegen im Wahren sein, bete ich zu Ihm um Vergebung für diejenigen, die mich verurteilen.

Dem »vom Vater vor allen Jahrhunderten geborenen Christus«, der das Gute und das Böse der Menschheit überlebt und der nie sterben wird, sei Lob in Ewigkeit.

AUM Shanti Shanti Shanti!

Santa Croce, 14. Juli 1992
Priester Mario Mazzoleni

Das Datum des Schreibens entspricht dem Gurupurnīmafest, dem Fest des Meisters, das, wie Sai Baba mehrmals erklärt hat, sich im Herzen eines jeden von uns abspielt. Dieser Zufall hat mich gefreut, und ich bin unbeschwert abgereist.

Sai Baba, der über meine Situation von niemandem etwas gehört haben konnte, verhielt sich mir gegenüber besonders aufmerksam und freundschaftlich. Er schuf einen Ring für mich, als ob er unsere Beziehung festigen wollte, und steckte ihn mir an den Ringfinger der linken Hand. Zweifellos wußte er über alles Bescheid und lieferte mir später in mehreren Fällen den Beweis dafür.

Ich war überzeugt, ich würde bei meiner Rückkehr die Entscheidung des Vatikans vorfinden, aber es lag kein eingeschriebener Brief unter meiner Post. Über dieses Schweigen war ich ziemlich erstaunt und, ich muß bekennen, auch etwas nervös. Wenn man schon hingerichtet werden soll, dann besser heute als morgen. Um so mehr, dachte ich, als das hier zuständige Gericht seine Gnade oft mit einer Verspätung von Jahrhunderten erteilt – soweit eine Gnade überhaupt vorgesehen ist.

Donnerstag den 24. September 1992 bekam ich den schicksalhaften Brief. Diesmal handelte es sich um eine regelrechte Verordnung, auf doppeltgefalteten Bogen aus starkem, gelbem Kanzleipapier großen Formats abgefaßt. Am Briefkopf, in der Mitte, das Wappen des Kardinals Ruini in orangefarbenem Druck, bestehend wie üblich aus dem traditionellen »galero«, dem roten Hut mit roten Kordeln und fünfzehn Seidenquasten pro Seite. Unter dem Hut das persönliche Wappen: ein Schild mit einem auf offenem Buch liegendem Kreuz.....darunter ein Schriftstreifen mit dem für meinen Fall bedeutsamen Motto: »Veritas liberabit nos« (die Wahrheit wird uns frei machen)!

Die Verordnung – mit allem Drum und Dran – wiederholte wörtlich den Text des vorhergehenden Schreibens, mit einigen Ergänzungen: zum Beispiel daß, im Hinblick auf die von mir gefaßte Entscheidung, »die Angelegenheit nicht weiter hinausgeschoben werden konnte«, und daß »im Sinne des außergerichtlichen Verfahrens nach Can. 1364, mit den von Can. 1331 vorgesehenen Folgen vorgegangen würde«. Mit diesem Beschluß entledigte sich der Verfasser der Verordnung jeglicher Verantwortung für das Unterbleiben eines normalen Gerichtsverfahrens – das einen vom Angeklagten gewählten oder amtlich zur Verfügung gestellten Verteidiger vorsieht, so wie es in der weltlichen, wie auch in der kirchlichen Rechtsausübung die Norm ist, und wie es zum Beispiel im Falle von P. Leonhard Boff und anderen geschah.

Die Verurteilung lautet folgendermaßen: Exkommunizierung latae sententiae wegen Häresie auf Grund der Vorschriften des Ca. 1381 und mit den von Ca. 1331 vorgesehenen Folgen. Die Verordnung schließt mit folgender Formel: »Obige Verweise sind solange gültig, bis der Priester, durch die Gnade Gottes, von seinem Verharren im Irrtum Abstand genommen hat, wie es im Can. 1347 § 2 angeführt ist«. Letzteres erklärt die Bedeutung der Definition »latae sententiae«.

Um dem Leser ein vollständiges Bild der Situation zu liefern, in welcher sich ein Geistlicher nach seiner Exkommunizierung befindet, werde ich auf einige Details aufmerksam machen. Viele, die über meine Situation informiert waren, ließen deutlich erkennen, von dieser Maßnahme überhaupt nichts zu wissen und sie meistens mit der sogenannten Enthebung »a divinis« zu verwechseln; letztere ist im Bereiche des mönchischen und weltgeistlichen Klerus die häufigste. Ich muß jedoch bekennen, daß auch mir viele Einzelheiten bis zu diesem Moment unbekannt waren.

Die Amtsenthebung »a divinis« bedeutet Verbot sämtlicher Handlungen, die dem Betroffenen durch das Sakrament der Ordination übertragen worden sind. Der dem Dienst enthobene Geistliche darf also keine Messe zelebrieren, keine Beichte entgegen nehmen, noch jegliches weitere Sakrament erteilen. Aber er kann sie empfangen. Es ist ihm untersagt, die diesbezüglichen Riten zu vollziehen, aber er kann an ihnen teilnehmen und von ihnen Gebrauch machen, er kann die Kommunion empfangen, er kann beichten usw.

Die Exkommunizierung dagegen ist eine Maßnahme, durch die die Obrigkeit verbietet: 1. Als Zelebrant die Eucharistie und jegliche Feier des offiziellen Gottesdienstes zu vollziehen; 2) Sakramente oder sakramentale Riten zu zelebrieren oder zu empfangen; 3) Ämter der kirchlichen Behörden oder Ministerien zu bekleiden oder 4) kirchliche Aufträge entgegen zu nehmen. Falls der Schuldige obige Verordnungen nicht beachtet, muß »er entfernt oder die Zelebrierung unterbrochen werden, soweit es schwerwiegende Gründe nicht verhindern« (Can. 1331). Es ist also deutlich, daß die Exkommunizierung, die jeden Katholiken treffen kann und die verurteilte Person aus der ekklesialen und kirchlichen Gemeinde völlig ausschließt, mit verschiedenen Gründen erteilt werden kann – in meinem Fall ist es die Häresie – und daß der Exkommunizierte in jeder Hinsicht als Ausgestoßener betrachtet wird. In früheren Zeiten durfte er nicht einmal die Kirche betreten, und es war ihm versagt, auf dem Friedhof beigesetzt zu werden. Noch vor wenigen Jahrhunderten endete seine irdische Existenz auf dem Scheiterhaufen inmitten des Hauptplatzes der Stadt.

Auf die damit verbundenen wirtschaftlichen Probleme möchte ich nur flüchtig eingehen. Der exkommunizierte Priester verliert jeglichen Anspruch auf Gehalt; er wird, wie man sagt, ohne Abfindung entlassen; er hat kein Recht auf irgendeine Entschädigung, und ihm ist dadurch von einem Tag zum anderen jeglicher Unterhalt versagt.

In katholischen Kreisen wird ab und zu behauptet,

daß es sich um eine »Arznei« handle, mit der die Kirche versucht, den Kranken »zu heilen«, in der Hoffnung, er würde wieder in den Stall zurückfinden. Da die Kirche die Sakramente immer als »Medizin« für das Erreichen Gottes dargestellt hat, wie kann dann, unter den oben genannten Bedingungen, die »Genesung« eintreten? Handelt es sich nicht eher um eine Strafe, und wäre es nicht besser, es offen zu sagen, ohne Heucheleien?

Damit ist also meine Existenz als Priester zu Ende; ein Kapitel meines Lebens kann ad acta gelegt werden.

Auch wenn das Thema für mich nun nicht mehr aktuell ist, fühlte ich mich doch verpflichtet, diesen Bericht zu verfassen. Die mir auferlegten Verbote können mich jedoch am Zutritt zum Göttlichen nicht hindern. Aber sie hindern mich daran, dem katholischen Gottesdienst beizuwohnen; mir ist versagt, an der warmen Stimmung einer Mitternachtsmesse teilzunehmen und in die ergreifenden Weihnachtsgesänge einzustimmen. Aber ich kann weiter mit dem Herrn auf Du und Du sprechen, zu ihm beten, ihn lieben, ihm begegnen. Alle können es. Auch Atheisten ist es gewährt zu beten. Das ist der wahre Trost, den mir niemand nehmen kann. Es gibt keinen einzigen Menschen auf der Welt, der die Macht hat, dich von Gott zu trennen.

In einer religiösen Institution zu sein, bedeutet nicht automatisch, auch in Einklang mit Gott zu stehen. Mit dem Göttlichen übereinzustimmen bedeutet: jedermanns Gewissen achten und dem eigenen Gewissen Gehör schenken. So kann einer sagen: »Wenn Gott mit uns ist, wer kann schon gegen uns sein?«

»Why fear when I am here?«

Mario Mazzoleni
S. Croce, 4. 8. 1993

Lieferbare deutschsprachige Literatur
von und über Sathya Sai Baba (SSB)

HERAUSGEBER:

Sathya Sai Vereinigung e.V. Bonn	Sathya Sai Philosophische Vereinigung
Shri Sathya Sai Baba Buchzentrum	Postfach 191 oder Seisgasse 18/19
Grenzstr. 43, D-6057 Dietzenbach	A-1171 Wien A-1040 Wien

I. Texte von Sathya Sai Baba
DM

Sathya Sai Baba: **Besinnung auf Gott** (Dhyāna Vāhinī). Über den Prozeß der wirklichen Meditation, 2. überarb. Aufl. 1989, 128 S., kart. ISBN 3-924739-32-3., Best. Nr. 1033 — 15,-

Sathya Sai Baba: **Mensch und göttliche Ordnung** (Gītā Vāhinī). Erklärende Ausführungen Sathya Sai Babas zur Bhagavad Gītā machen ihre Bedeutung für die gesamte Menschheit deutlich, 3. überarb. Aufl. 1993, 216 Seiten, kart. ISBN 3-924739-60-9, Best. Nr. 1001 — 18,-

Sathya Sai Baba: **Strom des Friedens** (Prashānti Vāhinī). SSB lehrt uns das Geheimnis des Friedens, 3. Aufl. 1992, 116 S., kart. ISBN 3-924739-33-1, Best. Nr. 1003 — 15,-

Sathya Sai Baba: **Lebe die Liebe** (Prema Vāhinī). Über die höchste Form der Liebe: die gesamte Schöpfung als Einheit zu sehen und sie zu bejahen, 2. Auflg. 1991, 139 Seiten, Leinen, ISBN 3-900790-00-0, Best. Nr. 1005 — 24,-

Sathya Sai Baba: **Ewige Wahrheiten** (Bhārathīya Paramārtha Vāhinī und Sathya Sai Vāhinī). Sai Baba vermittelt die Weisheit der Veden in ihrer Bedeutung für unseren Erkenntnis- und Lebensweg, 3. überarb. Aufl. 1993, 192 Seiten, kart., ISBN 3-924739-59-5, Best. Nr. 1002 — 18,-

Sathya Sai Baba: **Quellen der Weisheit** (Sūtra Vāhinī). ‚Sūtra' bedeutet: ‚Das, was mit wenigen Worten tiefe Bedeutung enthüllt'. Erläuterungen zu den Aphorismen der Brahma Sūtras, 3. Aufl. 1992, 68 Seiten, kart., ISBN 3-924739-27-7, Best. Nr. 1004 — 15,-

Sathya Sai Baba: **Erziehung zur Selbsterkenntnis** (Vidya Vāhinī). Sai Baba erklärt die Grundprinzipien des Wissens und weist auf die enge Verbindung zwischen Erziehung und Geisteswissenschaft hin. 2. überarb. Auflg. 92, 104 Seiten, brosch., ISBN 3-924739-55-2, Best. Nr. 1006 — 15,-

Sathya Sai Baba: **Sommersegen in Brindavan** (Summershowers). Vorträge vor Schülern und Studenten in Brindavan, die in die Wahrheit und Weisheit der indischen Kultur einführen und in denen Sathya Sai Baba Seine göttliche Botschaft der Liebe erläutert. Brosch.

-**Bd.** 1 (1972), 2. Auflg. 1989, 176 Seiten, ISBN 3-924739-19-6, Best. Nr. 1008 — 12,-

-**Bd.** 2 (1973), 2. Auflg. 1987, 220 Seiten, ISBN 3-924739-14-5, Best. Nr. 1034 — 12,-

-**Bd.** 3 (1974), 1. Auflg. 1991, 180 Seiten, ISBN 3-924739-41-2, Best. Nr. 1083 — 12,-

-**Bd.** 4 erscheint 1993

Sathya Sai Baba: **Bhagavad Gītā.** Vorträge SSB´s zur Bhagavad Gītā, zsgst. u. bearbeitet von Al Drucker. 1. Auflg. 1992, 304 S., bro., ISBN 3-924739-42-0, Best. Nr. 1072 — 18,-

Sathya Sai Baba: **Der Weg nach Innen** (Sādhana). In einer Zusammenstellung wichtiger Auszüge aus Reden Sathya Sai Babas erfährt der Suchende, wie er auf dem Pfad geistiger Übungen (Sādhana) göttliches Bewußtsein verwirklichen kann, 3. überarb. Aufl. 1990, 256 Seiten, brosch., ISBN 3-924739-15-3, Best. Nr. 1009 — 12,-

Sathya Sai Baba: **Sai Baba erzählt. Kleine Geschichten und Gleichnisse** (Chinna Katha). 2. Aufl. 1990, 320 Seiten, brosch., ISBN 3-924739-28-5, Best. Nr. 1060 — 12,-

Sathya Sai Baba: **Sathya Sai Baba spricht - Bände 1-11.** Reden SSB´s zu versch. Anlässen. Alle Bände kartoniert.

-**Bd.** 1 (Reden 1953 - 60) 2. Auflg. 1991, 160 Seiten, ISBN 3-924739-16-1, Best. Nr. 1041 — 18,-

-**Bd.** 2 (Reden 1960 - 62) 1. Auflg. 1991, 176 Seiten, ISBN 3-924739-48-X, Best. Nr. 1042 — 18,-

-**Bd.** 3 (Erscheint 1993/1994)

-**Bd.** 4 (Reden 1963 - 65) 1. Auflg. 1990, 272 Seiten, ISBN 3-924739-43-9, Best. Nr. 1044 — 18,-

-**Bd.** 6 (Erscheint 1994)

-**Bd.** 9 (Reden 1974 - 75) 3. Auflg. 1993, 208 Seiten, ISBN 3-924739-07-2, Best. Nr. 1007 — 18,-

-**Bd.** 10 (Erscheint 1993/1994)

-**Bd.** 11 (Reden 1979 - 82) 1. Auflg. 1992, 232 Seiten, ISBN 3-924739-53-6, Best. Nr. 1051 — 18,-

Bockelmann, S.: **Hingabe - Wesen der Liebe**. Diese Zusammenstellung von Aussagen 10,–
SSB´s und Jesu Christi verdeutlicht die Einheit ihrer Botschaften. 5. überarbeitete Aufl.
1989, 120 Seiten, brosch., Best. Nr. 1016

Bockelmann, S.: **Liebe - Wesen und Botschaft eines Avatars**. Aussagen SSB´s über die 10,–
transformierende Kraft der Liebe. 4. überarb. Aufl. 1989, 108 S., brosch., Best. Nr. 1017

Craxi, S. und A.: **Einheit ist Göttlichkeit** (Unity is Divinity). Auszüge aus Reden und 15,–
Schriften SSB´s, 2. Aufl. 1986, 164 S., Leinen, ISBN 3-924739-09-9, Best. Nr. 1012

Friedrich, Anita: **Weg und Ziel**. Sammlung v. Aussprüchen Sai Babas über Ziele, Aufgaben 5,–
und Regeln der Sathya Sai Organisation, 1991, 45 Seiten, brosch., Best. Nr. 1095

Gandhi, C. L.: **Sai Avatar - Band I**. 365 Aussprüche SSB´s zur Göttlichkeit des Men- 5,–
schen und zur rechten Lebensweise. 184 S., brosch., Best. Nr. 1062

Kunz Bijno, M.: **Der Avatar unserer Zeit**. Ein Avatar gilt als göttliche Verkörperung auf 8,–
Erden. Zitate aus Reden und Schriften Sai Babas über Zweck und Ziel Seiner Inkarnation.
6. Aufl., 1992, 80 Seiten, brosch., ISBN 3-924739-37-4, Best. Nr. 1013

Kunz Bijno, M.: **Es gibt nur einen Gott**. Aussagen Sai Babas zur Einheit der Religionen. 8,–
5. überarb. Aufl. 1991, 80 Seiten, brosch., ISBN 3-924739-01-3, Best. Nr. 1014

Mavinkurve, B.: **Die Wiederholung des Namen Gottes** (Namasmarana). Zitate SSB´s 7,–
über die Bedeutung dieser Übung, 2. Auflg. 1991, 56 S., brosch., Best. Nr. 1070

Philips, Ludger: **Meditation**. Aussagen Sathya Sai Babas über die Praxis der Meditation. 10,–
6. Aufl. 1990, 160 Seiten, brosch., ISBN 3-924739-13-7, Best. Nr. 1018

Ralli, Lucas: **Sai Botschaften für Dich und mich** (Sai Messages for you and me). Die
Botschaften offenbaren, daß es für die Menschheit nur eine Religion gibt: die Religion der
Liebe und nur einen Weg: den Weg zu Gott. Brosch.

-Bd. 1. 2. Auflage 1990, 160 Seiten, ISBN 3-924739-23-4, Best. Nr. 1061   12,–

-Bd. 2. 1. Auflage 1990, 184 Seiten, ISBN 3-924739-44-7, Best. Nr. 1074   12,–

-Bd. 3. 1. Auflage 1992, 176 Seiten, ISBN 3-924739-58-7, Best. Nr. 1075   12,–

Sathya Sai Briefe, München. (Hrsg.): **Ansprachen zur 5. Weltkonferenz** 19.-24. Nov. 4,–
1990. 2. Auflage 1992, 60 Seiten, brosch., Best. Nr. 1091

II. Texte über Sai Baba, Sein Leben, Sein Wirken, Seine Lehren, Seine Wunder sowie Erfahrungen der Autoren mit Sathya Sai Baba (SSB)

Bock, Richard und Janet: **Sai Baba - Sein Leben und Wirken**. Nach dem Filmtext „Aura 2,–
of Divinity". 3. Auflage 1991, 16 Seiten, brosch., Best. Nr. 1023

Drucker, A.: **Ich bin — Der Weg zur höchsten Wahrheit**. Workshop über Spiri- 4,–
tualität beim Europa-Treffen Pfingsten 89 in Hamburg. 3. Aufl. 1992, 64 S., brosch.,
ISBN 3-924739-45-5, Best. Nr. 1094

"Erziehung in Menschlichen Werten", Herausgeberin: Petra von Kalinowski

-Bd. 1: Börsig, Petra: **Beiträge zur Erziehung**. Eine Sammlung von Ansprachen und 4,–
Materialien, 2. überarb. Aufl. 1989, 56 S., brosch., ISBN 3-924739-35-8,
Best. Nr. 1037

-Bd. 2: Krystal, Phyllis: **Begrenzung der Wünsche** (Suggestions for study groups and 4,–
individual use of the ceiling on desires program). Vorschläge zur Arbeit mit
diesem Programm, 3. überarb. Aufl. 1992, 44 S., brosch., ISBN 3-924739-12-9,
Best. Nr. 1032

-Bd. 3: Flaig, Beatrice A.: **Für das Leben lernen**. Erfahrungen einer Lehrerin mit 4,–
der charakterlichen Erziehung von Kindern, 3. Aufl. 1989, 32 S., brosch.,
ISBN 3-924739-315, Best. Nr. 1024

-Bd. 4: Kalinowski, Petra von: **Wer bin ich?** Eine Annäherung an die Frage unseres 4,–
Lebens. Text und Vorschläge für den Unterricht. 1991, 80 S., brosch.,
ISBN 3-924739-04-8, Best. Nr. 1073

Fechner, Erhard: **Überwindung der Krise** (Turning the tide). Der Autor stellt allgemein 8,–
verständlich dar, was Sai Baba uns lehrt, ohne sich direkt auf Ihn zu beziehen. Ein besonders
schönes Geschenk für Interessierte auf dem spirituellen Weg, 3. Aufl. 1991, 94 Seiten,
brosch., ISBN 3-924739-17-X, Best. Nr. 1035

Fischer-Glückler, W.: **Der kleine Vogel Sadhana**. Die Geschichte vom jungen Manu und 28,–
dem Vogel Sadhana. Ein anregendes Beispiel spirituellen Wachstums. 1991, 52 S., kart.,
ISBN 3-928344-30-7, Best. Nr. 1087

Flach, Mildred: **Meine Begegnung mit der Liebe Gottes**. Als Christin berichtet die Au- 4,–
torin über ihre bewegenden Erfahrungen mit SSB, 3. Aufl. 1989, 48 S., bro., Best. Nr. 1022

Friedrich, R.: **Horizonte**. Grundlagen-Studienkreise. Eine Anleitung mit Textsammlung. 10,–
1991, 158 Seiten, brosch., Best. Nr. 1090

Friedrich/Malina: **Seva - Selbstloses Helfen und Dienen**. Erläuterungen u. Betrachtungen zum tieferen Verständnis d. selbstlosen Dienens, 3. überarb. Aufl. 1992, ca. 60 S.,
Best. Nr. 1029

Hislop, Dr. John: **Gespräche mit Sathya Sai Baba** (Conversations with Shri Sathya Sai 12,– Baba). In Gesprächen mit Dr. Hislop und anderen beantwortet Sai Baba viele uns bewegende Fragen, 4. Aufl. 1991, 160 Seiten, brosch., ISBN 3-924739-02-1, Best. Nr. 1011

Hislop, Dr. John: **Mein Baba und Ich** (My Baba and I). Bericht eines gottsuchenden, 15,– amerikanischen Geschäftsmannes über den Weg, den Sai Baba ihm und anderen zum inneren Gott weist. Mit Faksimile Briefen von Sai Baba. 2. Auflg. 1989, 318 Seiten, brosch., ISBN 3-924739-20-X, Best. Nr. 1038

Kasturi, N., M.A., B.L.: **Die Girlande aus 108 Edelsteinen** (Garland of 108 Precious 18,– Gems). Gott erscheint uns Menschen in unendlich vielen Formen; 108 Namen werden hier erläutert, 3. Aufl. 1992, 135 Seiten, Leinen, ISBN 3-924739-61-7, Best. Nr. 1015

Kasturi, N., M.A., B.L.: **Sathya Sai Baba, Sein Leben Bd. 2** (Satyam, Shivam, Sundaram). 18,– Biographie Sai Babas, 2. Aufl. 1990, 244 Seiten, kart., ISBN 3-924739-22-6, Best. Nr. 1052. (Die Bände 1, 3 + 4 sind in Vorbereitung.)

Krystal, Phyllis: **Sathya Sai Baba - Ziel aller Reisen** (The ultimate Experience). Der Weg 15,– einer Amerikanerin zu Sai Baba und mit Seiner Führung zu ihrem eigenen Selbst, 3. Aufl. 1991, 260 Seiten, brosch. ISBN 3-924739-21-8, Best. Nr. 1065

Malina, Heinrich: **Sai Bhajans**. Sammlung von 108 Lobgesängen (Bhajans) mit deutscher 12,– Übersetzung, 4. Aufl. 1990, 200 Seiten, brosch., Best. Nr. 1030

Malina, Heinrich: **Bhajan-Tonbandkassetten zum Liederbuch, 7 Kas.** , Best. Nr. 2502 60,–

Malina, Heinrich: **Einmal Puttaparthi und zurück**. Hinweise und Tips für eine Reise zu 5,– SSB. 4. überarb. Auflg. 1992, 88 S., brosch., ISBN 3-924739-57-9, Best. Nr. 1097

Mittwede, M.: **Spirituelles Wörterbuch Sanskrit - Deutsch**. Enthält die wörtliche Bedeu- 18,– tung von über 3000 Sanskritwörtern aus den Bereichen Religion, Philosophie, Gottesnamen, Yoga, Vedānta etc. Es gibt zugleich einen Zugang zur indischen Mythologie, Ethik und Kultur und bietet sich an als Hilfe zu spiritueller Erkenntnis. 1992, 280 S., bro., ISBN 3-924739-56-0, Best. Nr. 1082

Murphet, Howard: **Sai Baba Avatar**. Murphet läßt verschiedene Menschen über ihre 36,– Erfahrungen mit Sai Baba und Sein Einwirken auf ihr Leben berichten, 1986, 271 Seiten, brosch., ISBN 3-922800-25-4, Best. Nr. 1020

Murphet, Howard: **Sai Baba und Seine Wunder** (Man of Miracles). Neben Wissens- 12,– wertem über Biographie, Sendung und Lehre des Avatars Sai Baba enthält dieses Buch eine Fülle von Berichten über Seine Wunder, mit denen Er Menschen segnet, beschenkt und heilt, 2. Aufl. 1991, 272 Seiten, brosch., ISBN 3-924739-18-8, Best. Nr. 1040

Murthy, Dr. M.V.N.: **Schöpfer und Schöpfung** (Nature, God and Man). Vorträge über 4,– die Beziehungen zwischen Natur, Gott und Mensch, 3. Auflage 1990, 40 Seiten, brosch., ISBN 3-924739-39-0, Best. Nr. 1025

Murthy, Dr. M.V.N.: **Wer ist ein Jünger des Herrn?** (Who is a Devotee of the Lord?). 4,– Diese Vorträge behandeln die in der Gītā beschriebenen Qualitäten eines wahrhaft Suchenden, 3. Auflage 1990, 32 S., bro., ISBN 3-924739-38-2, Best. Nr. 1026

Roloff, R. (Hrsg.): **Kleines spirituelles Wörterbuch Sanskrit-Deutsch**. Eine Wort- 10,– sammlung aus den Lehren von SSB. 159 S., bro., ISBN 3-924739-46-3, Best. Nr. 1099

Safaya, R.: **Die fünf Grundprinzipien der Sathya Sai Lebensphilosophie**. 1990, 26 S., 3,– brosch., Best. Nr. 1098

Sandweiss, Dr. Samuel, H., M.D.: **Der Heilige und der Psychotherapeut** (The Holy Man 15,– and the Psychiatrist). Die innere Entwicklung eines amerikanischen Psychotherapeuten von Hilflosigkeit und Zweifel zu der Erkenntnis der alles durchdringenden Liebe Gottes, 5. Aufl. 1992, 272 Seiten, brosch., ISBN 3-924739-36-6, Best. Nr. 1019

Sathya Sai Philosophische Vereinigung Wien: **Der Mensch auf dem Wege zur Voll-** 5,– **kommenheit**. Über die fünf menschlichen Grundwerte und ihre Bedeutung in der Erziehung, 1988, 42 Seiten, brosch., ISBN 3-900790-01-9, Best. Nr. 1027

Sathya Sai Vereinigung e.V. Bonn: **Entwicklung der Menschlichen Werte in uns**. 2,– Kurzfassung der vorstehenden Broschüre, 1990, 16 S., brosch., Best. Nr. 1039

Sathya Sai Philosophische Vereinigung Wien: **Mit Baba leben** (Living with Baba). Wert- 4,– volle Hilfen auf dem Weg. 1991, 26 Seiten, brosch., Best. Nr. 1088

Die Legende des Buddha. Eine Broschüre für Kinder; zum Anschauen, Lesen und 4,– Selbermalen, 2. Aufl. 1992, 56 Seiten, brosch., Best. Nr. 1071

Ein Verzeichnis der vom Sathya Sai Baba Buchzentrum Deutschland lieferbaren englisch-sprachigen Literatur kann dort angefordert werden.

TONBANDKASSETTEN und VIDEOKASSETTEN

Bei der SSB-Medienstelle c/o Benno Wesener, Karl-Hertel-Str. 90, 8500 Nürnberg 50, kann ein Katalog über Tonband- und Videokassetten (VHS) angefordert werden.

SATHYA SAI BRIEFE

Erscheinen 1/4 jährl. Bestellen bei R. Leonardy, Wilhelm Busch Str. 41/7, 8000 München 71

essenz + evidenz

In dieser neuen Taschenbuchreihe sprechen wir die Intelligenz fragender Menschen unserer Tage an, die sich mit den steigenden Produktions- und Verbrauchskurven in gewissen Ländern und Bevölkerungsschichten der Erde nicht zufriedengeben können, die dahinter die Fragwürdigkeit und Brüchigkeit unserer Traditionen und Institutionen, die, steigende Unzufriedenheit und Hoffnungslosigkeit wachsender Kreise vor allem jüngerer Menschen nicht übersehen können. Die Auswahl der veröffentlichten Schriften ist vor allem bemüht um ideologiefreie Information, um Beiträge zu zentralen Problemen in allgemeinverständlicher Form und unbestechlicher kritischer Sicht. Sachliche Kürze, sprachliche Klarheit als Ausdruck und Folge überlegener Einsicht sind Bedingung für die Aufnahme in die Reihe.

Inhalt